KB159465

Creative writing & speaking
for undergraduates

대학생을 위한 창의적
글쓰기와 말하기 기초
- 원리와 응용

서승아

동국대에서 국어교육학 박사 학위를 취득하고 서울대 국어교육연구소에서 박사 후 연수 과정을 마쳤다. 서울시교육연구정보원 꿀맛논술 운영위원 및 EBS 논술평가위원, KBS 드라마칼럼니스트와 서울신문사 연예통신원으로 활동하였으며, 동국대 · 방송대에서 강의하였다. 현재는 서울예대에 재직하고 있다.

저서로는 〈창의적 논증 교육론〉과 〈국어 화행 요소의 문법성 연구〉, 논문으로는 〈고전서사텍스트의 수용 방식에 대한 연구〉와 〈토론교육의 내용 체계 연구〉, 〈토론 기반 말하기 학습에 대한 연구〉, 〈문화컨텐츠 창작을 위한 국어논증력 연구〉 등 다수 있다.

`개정판`

대학생을 위한 창의적 글쓰기와 말하기 기초 – 원리와 응용

개정판 발행 2017년 9월 5일
개정판 2쇄 발행 2018년 3월 15일

지은이 서승아 ▎**펴낸이** 박찬익 ▎**편집장** 권이준 ▎**책임편집** 조은혜
펴낸곳 (주) 박이정 ▎**주소** 서울시 동대문구 천호대로 16가길 4
전화 02) 922-1192~3 ▎**팩스** 02) 928-4683 ▎**홈페이지** www.pjbook.com
이메일 pijbook@naver.com ▎**등록** 2014년 8월 22일 제305-2014-000028호

ISBN 979-11-5848-334-0 (03710)

* 책값은 뒤표지에 있습니다.

대학생을 위한 창의적

글쓰기와 말하기 기초

원리와 응용

개정판

CREATIVE
WRITING & SPEAKING
FOR UNDERGRADUATES

서승아 지음

(주)박이정

  저자는 창의적인 표현 능력에 대해 연구해 오면서 적절한 교수·학습 방법이 무엇일지 생각하고 개정판을 펴낸다. 모국어 표현교육이 꼭 예술가의 양성을 목적으로 전개되는 것은 아니지만, 결과적으로 인간 또는 인간의 언어 행위를 대상으로 한다는 점에서 예술교육의 성격과 다르지 않다. 개인의 언어 사용 습관이 형성됨에 있어 사회가 요구하는 의사소통 역량을 대상으로 국민의 국어 능력을 생각해야 할 언어 교수자가 표현교육의 목표와 성격을 지향하는 것은 교육자로서의 소명이다. 따라서 이 책은 국민의 국어 능력을 향상시키는 국어교육의 본질적 목표에 부응한다.

  특별히 모국어 사용자로서 대학생의 언어 사용 습관을 볼 때, 표현 능력의 의의와 현상에 대한 고찰이 필요하다. 사회가 요구하는 표현 능력의 성격을 알고 자격요건으로서 충족됨을 증빙하는 것이 마땅하지만 이와 관련된 객관적 자료는 계속 필요한 실정이다. 대학생의 수준을 표준화한 근거자료나 타당한 척도가 개발되지 않았으며, 표준어 규정 및 표준발음법이 대신하고 있을 뿐이다. 모국어를 얼마나 정확하고 유창하게 구사하는가를 측정하는 데 적절한 도구가 마련된다면, 대학생의 표현 능력을 개별 적성과 장소·직무·직급 등에 따라 가늠할 수 있을 것이다. 그러나 분명히 해야 할 것은 실제 대면 상황에서 얼마나 세련되게 상호작용이 이루어지는가 하는 점이며, 면접자의 판단 기준에 부합되는 능력이 대인 상황에서 확인될 때라야 신뢰성이 담보될 수 있다. 이를 위해 본 개정판이 현대인의 표현력을 판단하는 데에 활용되기를 바란다.

이 책은 대학생의 표현 능력 함양을 위한 목적으로 초급 독자부터 중급 독자까지를 고려한 범용성 교재이다. 저자는 표현에 관련된 전문 이론의 지식을 풀어쓰고 도움말을 넣어 학습의 효율성을 도모하였다. 먼저 1부에서는 말글을 통한 표현의 이론(理論)을 정리하였다. 대학생들이 실제적으로 말글을 통해 표현 과제를 수행해 나가면서 인지해야 할 것들을 직접 발견할 수 있도록 구성하였다.

개정판에서는 2부를 중점적으로 보완하였다. 자신에 대한 관찰을 보다 더 깊고 세심하게 할 수 있도록 하기 위해 표현 방법을 다양화하고, 표현의 결과 질을 보장하는 과정을 증명코자 하였다. 대학생들이 독자의 입장에서 실제 표현 능력을 꼼꼼히 쌓아 가는 동안 사고력을 발휘하고, 이를 창의적 표현에 연결할 수 있도록 도우면 기초(基礎) 훈련을 더욱 꼼꼼히 할 수 있을 것이다. 필자는 예상 독자들이 표현의 정확성과 논리성, 적절성을 학습하는 절차를 따르고, 아울러 다양한 양식의 표현 경험과 접하는 기회를 제공하였다.

3부는 응용편(應用編)으로 사고력의 심화·확장을 꾀한 단계이다. 그 내용은 첫 번째로 주제별 읽기자료에 의한 사고 훈련을 하는 것이다. 즉, 〈바탕 다지기〉-〈작품 보기〉-〈의문 품기〉-〈창작자의 눈〉-〈적용하기〉의 단계로 구성된 부분이 있다. 〈바탕 다지기〉에서 배경지식을 구축하여 〈작품 보기〉에 이르게 하고, 〈의문 품기〉에서 비판적 사고(批判的 思考)를 촉발하며, 나아가 〈창작자의 눈〉에서 상상력을 고양시켜 창의성 교육(創意性敎育)과 관련되도록 편성한 것이다. 특별히 여기서는, 주제별로 사고력을 함양하게 함으로써 인지능력과 정서의 발달을 도모하였다. 두 번째로, 필자가 개정판에서 고전 자료에 대하여 읽기 방법을 제안한 장이 있다. 독자의 성향에 따라 읽기자료가 윤색되고 재조명될 수 있다는 것은 읽기자료의 가치를 재생산하고 문화컨텐츠 창작의 자원을 재창출하는 작업이 가능하다는 것을 의미한다. 모쪼록 젊은 세대들로 하여금 한국문화의 정체성을 자각하여 자기 나름의 창의적 발상과 표현을 생산하기를 바란다.

이 책의 기획은 물론 완성에 있어 박사후 연수 과정 지도교수님과 난곡 선생님의 은덕(恩德)이란 이루 헤아릴 수가 없다. 자료 구성 및 책의 모습을 갖추어 가는 동안 시공(時空)을 초월한 노작(勞作)도 노작이지만 두레박을 우물 위에서 내리고 물을 길어 올려주는 끈이 없고서야 감히 생각도 못할 일이다. 저자와 자주 소통하며 소중한 마음을 보여 준 서울예술대학교 학생들은 이 책의 이정표이다. 특별히 서울예술대학교의 송교빈, 용길성, 유상혁, 김휴, 김수현, 김진호, 이혜원 학생들의 노력과 열정을 잊지 못한다. 저자에게 지금은 아직 가야 할 길이 멀고 낯선 망망대해(茫茫大海)를 유람(遊覽)하듯 집을 나선 시점이지만 이 책을 믿고 큰 닻을 내려 주신 박찬익 사장님, 순탄(順坦)한 항로(航路)로 인도하여 노를 내어 주신 권이준 실장님, 섬세한 손길로 멋지게 노를 저어 주신 조은혜 대리님, 새 집에 멋지게 열고 들어갈 문을 달아주신 황인옥 디자이너님께 감사한 마음을 올린다. 이 모든 만남과 행운이 하나님의 은혜로 가능했고, 이렇게 맺은 결실이라 생각하면 할수록 무한 영광스럽다.

예장(藝場)에서
지은이 씀.

제2부
실제

제3부
응용

: 주제별 글쓰기

Ⅶ. 글쓰기의 토대 및 발전

부록

• 원칙 / 전략 목차

제1부

이론

창의적인 표현 활동으로서 말하기와 글쓰기는 관습적으로 굳어져 있지 않아 한국인에게 익숙하지 않지만, 최근 급변하는 사회에서는 매우 긴요한 경쟁력으로 인식되고 있다.

I. 대학생의 표현 능력

우리 사회에서 표현 능력은 자기를 드러내는 방법들 가운데 고차원적인 힘이다. 특히 이 능력은 언어를 지각하고 분석하는 힘에 관하여 상대방과의 관계를 조절하기까지 여러 단계를 거친다. 상대방이 있는 시간과 공간, 상대방의 성격, 시·공간에 맞는 목적 등을 조사하고, 이를 고려하여 언어를 선택하는 수고로움에 의해 표현 행위가 나타난다.

대학생은 성인 사회에 진입하려고 준비하는 대상으로서 청소년기에 사용했던 표현보다 더 세련되고 정확한 수준의 표현을 구사할 수 있어야 한다. 그렇다면 대학생 스스로 자신의 언어 표현 능력을 점검할 필요가 있다. 어떻게 하면 세련되고 정확한 언어로 자신의 생각을 표현할 수 있을까?

고대 수사학의 시대로 거슬러 올라가 인간의 표현 능력이 어떻게 형성되고 유용하게 발휘되는지를 알아봄으로써 신비로운 인간 능력에 대한 탐구를 시작해 보자. 여기서는 인간의 놀라운 능력으로서 의사소통의 비밀을 밝혀 보기로 한다. 그 비밀 속에는 인간의 마음이 담겨 있기에 상황에 따라 상대방을 감동시키고 소기의 목적을 달성하는 힘도 배양하게 한다.

우리 공동체의 문화를 널리 알리는 일이 단순히 언어로써만 가능하지는 않을 터, 언어 사용자들은 언어를 둘러싸고 있는 여러 요인들을 고려해야 한다. 개인이 속한 공동체의 규범, 관습, 법에 따라 인간 생활을 영위하면서 일어나는 감정과 생각들을 세련되고 진실하게 묘사하는 것은 인간의 영혼을 위로하는 일이다. 말을 하지 않아도 가슴으로 느낄 수 있는 소통이야말로 거짓됨이 없기 때문이다.

1. 표현 행위의 성격과 교육적 처방

진단할 내용
- 인간의 표현 능력을 설명할 수 있다.
- 인간의 표현하기를 분류할 수 있다.
- 표현 능력을 신장시킬 수 있는 전략을 설명할 수 있다.

표현 행위는 두 가지 수단에 의해 구분된다. 하나는 말에 의한 표현이고, 다른 하나는 문자에 의한 표현이다. 전자는 듣기 활동을, 후자는 읽기 활동을 이끌기 때문에 각각 다른 성격을 전제한다. 듣기에서는 감각적인 능력을, 읽기에서는 이성적인 능력을 요구한다. 그래서 효과적인 듣기를 위하여 노랫소리처럼 박자나 리듬을 제공하는 것이 좋고, 효과적인 읽기를 위해서는 논리적인 구성이나 서사적인 전개 방식을 상황에 따라 선택할 수 있다.

표현하기를 계획할 때 염두에 두어야 할 것은 소재와 방법, 분량이다. 듣는이에게 유익한 내용을 효과적인 방법으로 주어진 시간에 적절하게 계획할 필요가 있다. 이에 관하여 이론적으로 밝혀진 바가 있다. 그라이스(Grice)에 의해 대화의 격률(원칙)로 제시된 네 가지가 있다. 네 가지는 양의 격률, 질의 격률, 관련성의 격률, 방법의 격률이다. 이를 따르면 말은 필요한 만큼, 증거가 있는 것으로 진실되게, 연관성 있게 타당한 것으로, 간결하고 명쾌하게 함으로써 인격을 드러낼 수 있는 도구이다.

[원칙1] 상대방이 알고 싶어 하는 소재를 조사하라.

듣는이의 성향, 듣는이가 참여하는 상황, 목적에 따라 내용을 선정해야 한다.

입시를 앞둔 수험생에게 격려의 편지를 쓴다고 가정하자. 편지 형식은 학교에서 단체로 보게 될 영상자료일 수도 있고, 개인적으로 아는 후배에게

건넬 손편지일 수도 있다. 각각 무슨 내용으로 구성할 것인지 생각해 보자. 각각의 상황에 맞게 표현하는 내용은 어떻게 다를까?

아래의 자료는 한국의 어느 고등학교에서 발행한 가정통신문이다. 이 글을 쓴 사람은 학교장이고, 그 학교와 관련된 학부모들을 대상으로 구성된 글이라는 것을 알고 읽을 때 그 내용을 파악하기 쉽다. 학교의 대표가 다수의 학부모들을 대상으로 글을 쓸 때는 높임 표현을 사용해야 하며, 목적을 뚜렷하게 나타낼 필요가 있다. 학교장으로서 학부모들에게 무엇을 전달해야 하는지가 분명하지 않으면 이 글이 전달될 이유가 없기 때문이다. 또한 학부모들을 이해시키거나 설득하는 목적으로 쓰게 되는 까닭에 학교 대표로서의 학교장은 공손한 어조로 명료하게 표현하는 것이 좋다. 아래의 글을 서간문 형식에 따라 글을 분석해 보자.

집단을 대상으로 한 서간문	분석
젊음과 열정으로 학창 시절의 잊지 못할 추억을…	
○○고 교장 ◇◇◇	[발신자 표기] 제목 아래에 밝힘으로써 서두를 구성한다.
베이징 올림픽에서 우리나라의 젊은이들이 수많은 어려움을 극복하고 자신의 소질을 살려, 오직 젊음과 열정으로 올림픽 역사상 최대인 31개의 메달을 획득하여 스포츠 강국으로 조국의 위상을 세계에 과시하는 것을 보았습니다. 우리의 '88 서울 올림픽과 2002 월드컵을 보면서 한없이 부러워하던 중화민족이 '100년의 꿈'이라는 올림픽을 성공적으로 개최함으로써 세계를 놀래킨 것도 우리는 똑똑히 보았습니다.	[첫인사] 주요 메시지와 관련된 멘트로 도입부를 구성하는 것이 좋다.
1988 올림픽과 2002 월드컵 때 우리 민족의 단합과 열정, 그리고 무한한 자신감을 반추하면서 베이	[주요 내용] 도입부의 첫인사에서 이미 암시된다. 자

집단을 대상으로 한 서간문	분석
징 올림픽이 진행되는 내내 우리 모두에게 자신은 물론 민족의 미래를 위해 무엇을 할 것인가를 깊이 생각해 보는 시간이 되었으리라고 생각합니다.	세하고 구체적으로 쉽게 내용을 구성해야 한다.
이번 개교 105주년 기념 〈○○ 한 마당〉과 특활 발표회를 통하여 ○○ 학생 여러분들은 올림픽 메달 리스트들처럼 감추어진 재능과 미래에 자신이 열정을 바쳐 추구해야 할 일을 발견하는, 소중한 기회를 만들기 바랍니다. 스스로 잠재력과 자신감을 확인하는 기쁨과 감동의 시간을 위하여 여러분들이 얼마나 애써 왔습니까?	
진정 ○○인의 하나됨, ○○의 역사와 전통을 확인하고 기쁨과 자랑이 넘치는 시간이 되기를 바랍니다. 이 시간은 분명 아름다운 학창 시절의 잊지 못할 추억으로 기억될 것입니다.	[끝인사] 청중에게 당부하거나 본문과 관련된 개인적 소망을 언급할 수 있다.
자랑스러운 축제의 한 마당을 펼치는 ○○의 딸(아들)들을 자랑스럽게 여기며 아낌없는 박수와 격려를 보냅니다.	[문체] 많은 청중을 대상으로 하는 공식적 상황에서는 보편적인 어휘와 높임 표현을 사용한다.

윗글을 문단별로 구분해 보면 무엇을 왜 말하려는가가 점차적으로 드러난다. 첫 문단은 우리나라 젊은이들의 올림픽 참가 현실에 대해 언급함으로써 긍정적인 관점에서 시작되고 있다. 도입부를 통해 체육에 관련된 내용을 다룰 것이라고 짐작할 수도 있다. 다음 문단에서는 우리나라 체육의 과거 경력들을 뒷받침함으로써 보다 강조하고자 하는 바를 뚜렷하게 알도록 하고 있다. 그렇다면 필자의 학교에서는 체육에 관해 무엇을 준비하고 있는지를 독자가 궁금해할 수도 있을 것이다. 두 개의 문단만 보더라도 앞으로 무슨 내용이 나올 것인지, 그리고 필자인 학교장의 의도가 무엇인지까지 짐작할 수 있는 것이다.

세 번째 문단에서 바로 학교장의 의도를 확인할 수 있다. 그것은 바로 개교기념일에 개최되는 행사에 대해 소개하는 것이다. 즉, 학교장의 입장에서 앞서 세계적인 체육대회를 언급하면서 학교 구성원인 젊은이들의 능력을 인정한 의도가 비단 체육뿐만 아니라 다양한 분야에서 잠재력을 살리는 길에 대해 얼마나 뜻있는가를 말해준다. 학교의 정규 교과 시간을 피해 학생들의 재능을 발휘할 수 있는 기회를 마련하겠다는 소신과, 학부모들로부터 신뢰감을 얻으려는 의지가 포함되어 있다.

네 번째 문단에서는 바라는 것이 무엇인가를 학부모들에게 분명히 드러내고 있다. 즉 학교장의 메시지는 학부모들의 참석과 격려를 요청하는 것이다.

끝으로 학부모의 입장을 대신하여 학교장의 목소리로 학생들을 격려하며 글을 맺고 있다. 이는 학부모와 학교장의 입장을 일치시킨 부분이기도 하다. 어른으로서의 공통된 입장에서 학생을 바라보는 태도는 학교 현장을 보지 못하는 학부모에게 신뢰를 줄 수 있으므로 공감대 형성에 기여한다.

[원칙2] 상대방의 기호를 고려하여 소재를 선정하라.

표현할 내용이 정해지면 표현 방법에 대해 생각할 차례이다. 말하는이는 듣는이의 수준이나 성격을 파악해서 효과적인 표현 방법을 생각할 필요가 있다. 어떻게 하면 보다 효과적으로 메시지를 전달할 수 있을지를 고려해야 한다. 메시지의 성격에 어울리는 보조 자료를 선정할 수도 있다.

보조 자료를 선정할 때에는 누구에게, 어떤 목적으로, 어떤 상황에서 메시지를 전달할 것인지를 고려해야 한다. 어린아이들에게 놀이를 목적으로 심포지엄 형식의 강연을 한다면 어린아이들이 얼마나 주의 집중하여 들을 것인지 생각해 보자. 또 성인들의 대담 상황에서 동화구연을 하듯이 발언을 하는 것도 적절하지 않다. 글도 마찬가지이다. 결혼 청첩장을 쓰는 데 어려운 전문용어들을 사용한다면 읽는 사람에게 굉장히 부담을 주게 된다. 표어를 지을 때에도 머릿속에 빨리 저장할 수 있는 분량과 명료한 어휘를 고려하지 않으면 표어로서의 가치를 나타낼 수 없다. 인간의 단기기억용량은 5-7개에 지나지 않는다. '빨주노초파남보'는 일곱 개의 음절수로서 인간에게 부담을 주지 않는 용량으로서 최대이다. 자신의 개성을 상대방이 기억하게끔 5-7개의 음절수로 표현해 보자.

가령 현대를 살아가는 인간은 7가지 요건을 갖추도록 요구받고 있음에, 해당되는 자질을 어떻게 간명하게 표현할지 생각해 보자. 그 요건들을 각각 순우리말 1음절로 표현하면 '끼, 깡, 꼴, 끈, 꿈, 꾀, 꾼'이다. 이들은 각각 재능(끼), 대범성(깡), 외모(꼴), 관계(끈), 목표·가능성(꿈), 이성(꾀), 전문성(꾼)을 의미한다.

[원칙3] 상대방의 연령과 성격에 따라 분량을 정하라.

효과적으로 메시지를 전달하기 위해서는 듣는이(또는 독자)의 성격에 따라 분량을 조절하는 것이 좋다. 나이가 어린 상대일수록 간결하고 정확하게 전달할 수 있어야 한다. 상대방의 집중력을 예측하여 유익하게 메시지를 전달할 수 있는 지혜가 필요하다.

또한 목적과 상황에 따라서도 메시지의 분량을 조절해야 한다. 오락 목적으로 메시지를 구성한다면 지루하지 않은 내용이어야 하므로 듣는이나 독자에게 부담을 주지 않도록 짧은 일화를 연결한 방식 등이 적절하다. 강연이나 학술적인 글이라고 하더라도 문단을 나누어 각 문단에 소제목을 붙임으로써 주의를 끌어야 한다. 한 문단은 다섯 내지 여섯 개의 문장으로 이루어지는 것이 좋다. 담화에서도 다섯 내지 여섯 개의 발화로 이루어진 구성이 청취력을 높일 수 있다. 필자의 욕심이 앞선 나머지 내용이 길어지면 주제나 초점에서 벗어난 화제를 포함할 수도 있으며, 장황하게 구성됨으로써 설득력을 잃기 때문이다. 그래서 듣는이의 반응을 고려하며 말할 때처럼 글쓰기에서도 독자와의 상호작용을 염두에 두어야 한다. 어떤 독자가 어떤 성격의 글을 읽고 싶어 할지를 조사하는 것은 글을 쓰는 이가 가져야 할 준비 자세인 것이다.

1) 좋은 글, 글을 잘 쓰는 사람은?

좋은 글을 잘 쓰는 사람은 소재 선정에서부터 공을 들인다. 방법적으로 독자가 감동받을 만한 어휘를 신중하게 선택하기에 독자는 대체로 주요 어휘를 중심으로 기억하게 된다. 따라서 글을 잘 쓰기 위해서는 어휘 선택에 있어 조심스러워 해야 한다. 한편 독자의 성격에 따라 문장의 길이를 조절하는 태도도 필요하다. 그러므로 독자의 입장에서 글을 읽을 때는 주요 어휘를 짚어 낼 수 있어야 하며, 긴 문장으로 구성한 글일수록 반복되는 어휘에 주목하는 것이 좋다.

2) 좋은 말, 말을 잘 하는 사람은?

키케로가 웅변가의 능력으로 언급한 내용은 아리스토텔레스가 강조한 것과 같은 세 가지 요소이다. 이 요소들은 듣는이와 말하는이, 메시지의 관련성을 보장한다. 메시지를 전달하려는 이가 어떻게 듣는이를 배려하며 메시지를 구성했는가가 인격을 가늠하는 잣대로 간주된다.

따라서 말을 잘 하는 사람은 말할 시간과 공간의 성격을 파악하고, 목적에 맞게 듣는이의 성향을 고려하여 말할 내용을 준비한다. 말은 글보다 더 쉽고 정확한 어휘로 조직될 때 효과적이다. 또 문장이나 발화를 어떻게 연결하고 어떤 형태를 선택하는가에 따라 대인관계능력도 알 수 있게 된다.

※ 좋은 글(말)의 요건

✓오해가 없게 하라. logos

상대방이 오해를 하지 않도록 표현하기 위해서는 논리적인 구조로 내용을 구성하는 것이 좋다. 의견을 뒷받침하는 근거들을 적절하고 타당하게 구성함으로써 오해를 막을 수 있는 것이다. 여기에 대한 연습은 뒤에서 개요 쓰기를 학습할 때 하도록 한다.

✓따뜻하게 다가가라. pathos

글을 쓰는 것도 말을 하는 것도 모두 사람과 사람의 의사소통 행위이다. 사람은 상대방의 표현에 관심을 보임으로써 소통할 수 있다. 소통이 지속될 때라야 사람들 간의 관계가 형성된다. 말과 글에 거짓이 없고 따뜻한 정서가 담겨야 상대방의 마음을 움직일 수 있다.

✓자신을 믿게 하라. ethos

말하는 사람이나 글쓰는 사람은 상대방에게 불쾌감을 주어서는 안된다. 언제나 좋은 말, 좋은 글을 접하는 것은 위로를 받거나 이치를 깨달을 때나 바람직한 삶을 영위하는 데에 길잡이(스승)를 만나는 것과 같다. 따라서 웅변가나 작가에게는 많은 사람들의 길을 안내하고 이끌 수 있는 지도성이 필요하다. 여기에 덕성, 책임감, 사랑 등이 필요하다. 이러한 정신을 포괄하여 '인격'이라 부른다.

3) 나는 어떤 사람?

　창의적으로 생각하는 사람은 사물을 보더라도 남과 다른 관점에서 볼 수 있어야 하고, 상황에 따라 다채롭게 해석할 수도 있어야 한다.
　내 눈에 비친 이것을 어떻게 설명하면 좋을까?

　위의 그림을 보고 '나'의 어떤 면에 빗대어 말할 수 있을지 생각해 보자. 가령 맷돌은 음식의 재료를 가는 기능을 한다. 즉 이것은 부드럽게 무엇을 갈아서 어떤 음식의 맛을 내거나 모양새를 좋게 할 수 있다. 이 도구의 활용에 대하여 가령 딱딱한 콩을 갈아서 가루를 내면 어디에 쓰일지를 생각해 보자. 콩가루를 고명으로 쓴 떡도 있을 수 있고, 콩가루를 물과 섞어 끓인 다음 국수나 비지를 만들어 먹을 수도 있다. 인간의 모습에 이것을 빗대어 보면 어떤 책을 읽고 소화를 잘 시키는 능력을 가졌다고 할 수도 있을 것이다. 또는 어떤 어려움이라도 인내하고 삭일 줄 아는 성격에 빗대어 말할 수도 있을 것이다.
　그럼, 이제 구체적 상황을 통해 나의 표현 능력을 알아보기로 하자.

길에서 만 원짜리 지폐 30장을 보았다.

지금 나는 등록금을 모으고 있다. 시급 7,000원의 식당일을 하루 10시간 꼬박 석 달간 했다. 한 달만 일하면 등록금 전액을 내 힘으로 마련하게 된다. 눈앞에 있는 300,000원을 주울 것인가?

만약에 A와 같은 상황에 '나'가 처해 있다고 가정하자. 그때 나를 보고 있는 사람은 10살 난 꼬마와 예순이 훨씬 넘어 보이는 노숙인이다. 난 그들에게 무어라고 말할까?

생각의 방향

돈이 꼭 필요한 상황들을 견주어 보고 어디에 돈을 써야 할지를 가늠할 수 있다. 아니면 나의 목적을 이루기 위한 수단으로 모은 돈이기에 다른 무엇도 생각할 수 없다. 어느 쪽을 선택하면 인격이 높다고 할 수 있을까?

내일이면 내 분식집을 개업한다. 구청에서는 실내 인테리어를 보고 나를 마을의 홍보사절로 위촉했고, 내 가게는 전시품이 되었다. 내 가게 앞에 만 원짜리 1,000장이 든 가방이 있다.

이 돈을 어떻게 할 것인가?

생각의 방향

사업자금을 위해 노력한 세월이 몇 해던가? 그동안 벼르고 별러 온 일을 생각하면 눈물이 난다. 그런데 횡재수가 있는 날인가? 그동안의 고생을 보상받기라도 하는 듯이 공돈이 발견되었다. 공으로 얻는 것을 어떻게 생각해야 하나?

4) 나를 분석하라.

나의 마음은 어떠한가?

> **"지금 나는 _____ 하다."**

앞 문장의 빈칸을 채워 보자. 지금 나의 마음을 따라 솔직하게 표현하는 연습을 해 보자. 나를 꾸미거나 계획하지 말고 있는 그대로의 나를 관찰할 때 비로소 내가 어떤 사람이고, 무슨 생각을 하는 존재인지를 알 수 있게 될 것이다.

(1) 나를 총체적으로 살펴라.

나의 머리 위에는 십여 년 동안 나를 지켜 준 전등이 있다. 그런데 문득 불빛이 깜빡거리기 시작한다. 나는 의자를 놓고 그 위에 올라가 전구를 갈아 끼우려고 한다. 그런데 의자가 심하게 흔들린다. 나는 어떻게 해야 할까? 이 문제를 해결하려면 먼저 나의 위치를 알아야 한다.

지금 초조한가, 위태로운가? 무엇 때문에 나는 이렇게 떨고 있는 것인지 곰곰 생각해 보자. 무엇을 바라고 있는데 그것을 좇기가 너무 힘들고 고달픈 상황임을 느끼는가? 아니면 바라는 것이 없어 고민할 것도 없는데, 고민 없이 하루하루를 살아가기가 따분한가? 아니면 불빛도 없는 깜깜한 구석에서 벗어날 꿈도 꿀 수 없는 신세로 암담해 하고 있는가?

그럼, 어디로 갈까? 좋은 표현 능력은 나의 위치에 맞게 드러나야 한다. 나를 품위 있는 사람으로 소개해 보자. 품위 있는 표현은 어휘의 선택, 정교한 문장구조에 따른다. 흔히 장난삼아 쓰는 어휘를 빼고, 가급적 표준어를 사용하여 주어와 술어가 분명한 구조로 표현해야 한다.

(2) 나는 성능이 좋은 자동차!

나를 상품화하는 것은 가치를 발견하는 작업이다.

이십여 년을 달려온 인생, 김봉두

나를 거울에 비추어 보고 내가 쓰는 언어, 손짓, 시선, 표정을 관찰해 보자. 또 나를 보고 있는 주변 사람들의 반응도 들어 보자.

나는 무엇을 좋아하는가? 어떤 음식, 어떤 맛을 좋아하는 사람인가? 내가 좋아하는 색깔은 무엇이며, 내가 되고 싶은 사람은 무슨 직업을 가진 사람인지 생각해 보자. 물론 어렸을 때의 꿈과 지금의 꿈이 다를 수 있다. 나이를 먹으며 달라진 꿈들을 비교해 보면서 나의 생각이 어떻게 변화했는지 생각해 보자. 그러면 나의 모습이 보인다. 만일 이것을 생각하기 어렵다면 제3부(응용편)에서 주제별로 글쓰기를 함으로써 단련될 수 있을 것이다. 제3부를 펼쳐 보라.

아래의 몸 윤곽을 짚어 가며 내 머리 속에 든 생각, 내 손으로 할 수 있는 것, 내 다리로 갈 수 있는 곳들, 내 가슴으로 느낄 수 있는 것, 내 눈으로 보고 있는 것, 내 입에 좋은 것, 내 귀로 들은 것 등을 생각해 보자. 그러면 내가 자주 하는 것이나 좋아하는 것들을 통해 내가 누구인지 어떤 존재인지를 알 수 있을 것이다. 이렇게 나를 관찰하는 과정은 나의 독특한 특징을 알아보기 시작해서 사람으로서 공통적으로 갖추어야 할 능력을 생각하는 순서를 따른다. 이것은 곧 이상적인 나의 모습을 찾아가는 과정이기도 하다.

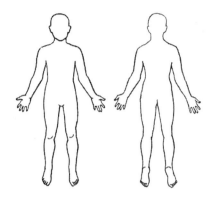

　"내가 어디까지 갈 수 있을까?"라는 물음은 내가 할 수 있는 것의 범위와 관련된다. 그리고 내가 할 수 있는 것은 내가 어디를 얼마나 다녀왔는가를 나타내기도 한다. 그리고 그곳들이 어떤 곳인지도 말해 준다. 그래서 사람은 장소와 시간을 통해 성숙해지고 의미를 갖게 된다.

　그러나 나는 늘 미완성된 존재이다. 스스로 하고 싶은 것도 많고 해야할 것도 많다고 생각한다. 매순간 나를 사람들에게 알리기 위해 여러 곳들을 다니고 많은 말들을 한다. 그럼에도 부족한 것은 어디서 또 어떻게 채워야하는지 알 수 없다. 꿈을 꾸는 존재는 꿈을 채우기 위해 바쁘고 힘들어한다. 반면에 꿈을 꾸지 않는 존재는 해가 왜 뜨고 지는지를 알지 못하며 알려고 하지도 않는다. '내일 해가 뜨면 무엇을 하겠다'는 마음도 갖지 못한다면 하루는 따분하게 지나갈 것이다. 이제 내게 필요한 것을 점검해 보자. 그런데 지금 내가 필요로 하는 것은 내게 없는 것이다. 차근차근 생각해보자. 내게 없는 것을 찾는 시간도 필요하지만, 내게 없는 것을 어디서어떻게 찾을 수 있는지도 알아야 한다. 그리고 필요한 것을 구하기까지드는 시간도 계산하게 된다. 그러나 그것은 어디까지나 잠정적일 뿐 정답으로 얻게 되는 것이 아니다.

(3) 인체와 자동차

사람은 참으로 정교하게 창조되었다. 사람이 최고로 발명해 낸 자동차의 구조를 살펴보면 꽤 복잡하다. 자동차가 달려가는 것은 사람이 달려가는 것을 본뜬 것이고, 자동차에 기름을 넣어야 움직일 수 있는 것도 사람이 음식을 먹고 움직이는 것과 닮았다. 그리고 쉴 새 없이 자동차가 달렸다가 엔진이 과부하 상태에 이르러 고장나듯이 사람도 잠을 못 자고 노동하면 과로에 의해 병에 걸리고 심지어 병원에 입원하게 된다. 이렇게 인체와 자동차의 닮은 점은 많다. 더 생각해 보자.

인체의 이두박근, 삼두박근과 같이 자동차도 견고하게 짜여질수록 기동력을 갖게 된다. 다음 그림을 보면 인체 외형의 곡선이 자동차의 모습과 흡사하여 외부의 저항을 적게 받도록 설계된 원리를 눈치챌 수 있다.

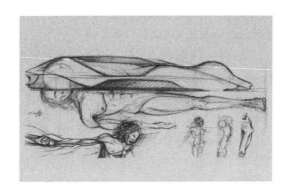

위의 그림을 다음과 같이 세로로 다시 봄으로써 인체를 더 잘 이해할 수 있을 것이다. 종아리 근육만 보더라도 자동차의 외형을 상상할 수 있다. 자동차 안의 구조도 인체의 외형과 비슷하게 그려져 있다. 다만 인체는 세로로 움직이고 자동차는 가로로 움직이도록 되어 있는 점이 다르다. 인간의 두 발은 자동차의 네 바퀴로 변형되어 있다.

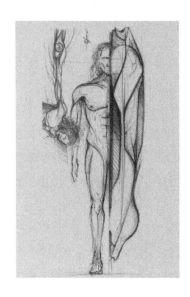

- 골격 : 인체의 내부에서 튼튼한 뼈가 몸을 지탱해 주는 것처럼 자동차 깊숙이 들어 있는 철골을 중심으로 자동차의 부품들이 결합된다. 이 부품들에 의해 작동 기능이 형성되어 균형을 잡고 전체를 지탱한다.
- 내부 기관 : 자동차 부품을 교체하여 차를 보존하는 것은 인체 내에서 질병으로 손상된 장기를 인공으로 바꾸어 수명을 유지하는 것과 같다.
- 연료 : 음식물을 섭취하여 움직이는 인간과 같이 자동차도 휘발유나 경유를 주입함으로써 작동된다.
- 서비스 : 수술을 받은 환자에게 수혈을 하듯이 자동차도 수리를 하거나 고장을 예방하기 위해 정기적으로 서비스를 받는다.
- 점검 : 정기적으로 건강검진을 받은 사람은 질병의 위험으로부터 벗어날 수 있다. 마찬가지로 자동차도 정기적으로 점검받음으로써 안전운행을 도모할 수 있다. 그런데 인체를 보존하기 위해 내부기관들에 해가 되는 음식을 먹거나 하여 병원을 자주 다니면 해롭지 않겠는가? 인체가 계속해서 손상을 입었을 때 무한리필은 불가능할 것이다. 인공 장기를 끼운다고 원래 장기의 기능과 똑같아지지는 않는다. 자동차도 제조 직후보다 사용 연한이 오래될수록 그 성능이 약해진다. 노화되면 될수록 성능은 퇴보되게 마련이다.

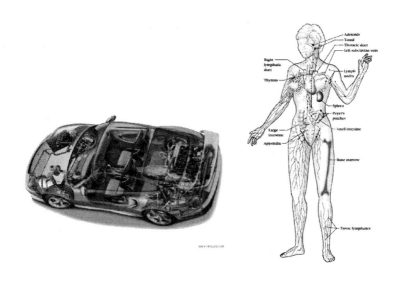

(4) 자동차의 점검

나는 서울에서 부산까지, 부산에서 서울까지 쉬지 않고 달려왔다. 나에게 무슨 일이…?

내가 몇 시간 동안 어떤 상품을 홍보하면서 판매를 기획하고 있다고 하자. 상품의 모양새, 상품의 효과, 다른 상품의 문제점 등을 설명한 시간이 무려 다섯 시간이다. 내게 무슨 일이 일어날까? 목이 마르거나 쉬고, 더 이상 발음하기가 곤란해졌지만 아직 상품을 팔지 못해 더 홍보해야 한다. 물을 너무 마셨더니 배도 아프다. 그래도 내게는 의욕과 정열이 넘친다. 마음은 아직 청춘이나 몸이 노쇠해 버린 것 같다. 몸이 피곤해지니 고객들의 반응도 별로 좋지 않아 보인다. 내가 이 순간의 어려움을 극복하기 위해 무엇을 해야 할까?

나에게 필요한 것은 무엇일까? 내가 사용한 표현으로 상대방에게 어떤 영향을 주었는지 돌이켜보자. 내가 사용한 표현에 대해 분석할 필요가 있다. 어휘의 종류, 문장구조의 유형, 고객을 부르는 말(호칭), 상품을 가리킨 표현(지칭), 고객과의 관계를 친밀하게 생각했는지 거리를 두고 말했는지 등을 분석해 볼 필요가 있다. 고객의 입장에서 메시지를 구성했다면 상품을 사용하는 입장에서 표현해야 맞다. 그런데 상품의 입장에서 '써 주세요'와 같은 표현으로 고객에게 전달되었다면 괜히 연민과 동정의 심리를 요구한 결과로 궁색해 보일 수도 있다. 이러한 태도는 자신감이 부족해 보일 수 있으므로 상황에 따라 적절한 표현을 선택할 필요가 있다.

(5) 나의 바퀴 무늬

내가 지나간 자국은 어떤 모습일까? 내가 한 인격체로서 상대방과 대화를 나누고 나서, 또는 나의 글이 읽는이에게 어떤 영향을 주었을지 궁금할 때가 많다. 내가 선택한 어휘, 내가 어휘를 연결한 방식에 따라 상대방은 감동할 수도 있고 외면할 수도 있다.

사람이 사용하는 언어 속에는 개인의 성격이 담기게 마련이다. 말이나 글로 표현하기 위해 선택되는 언어 요소들이 인간의 인지 능력에 따르기 때문이다. 글에 나타나는 개성을 '문체(texture)'라 하고, 말에 나타나는 개성을 '발화체(figure)'라고 한다. 문체나 발화체는 그 사람의 가치관 내지 세계관에 좌우된다. 즉 어떤 경험에 의해 사람의 성격이 어떻게 형성되었는가를 알 수 있듯이 어떤 사고 경험을 통해 글이나 말이 산출되었는가를 알 수 있다. 물론 경험세계에 대한 해석과 반성이 긍정적이고 분석적이어야 한다. 이러한 경험들로써 상대방을 감동시킬 수 있는 말과 글이 나오기 때문이다.

　나는 중학생 때 자전거로 전국 일주의 경험을 했다. 그리고 고등학생 때는 한강에서 수영을 했다. 그때 그 경험은 성인들과 겨룬 시합에 참가한 것이었는데 뒤지지 않는 성적을 냈다. 대학교 진학을 위해 나는 체육 분야 쪽으로 지원하려고 했으나, 부모님의 반대로 경영대학에 원서를 냈다. 나의 체육 특기 적성은 취미생활을 하기에 부족함이 없으니 틈틈이 시간을 내어 살릴 수 있을 것 같다. 그리고 비슷한 적성을 가진 사람들끼리 모여서 친목을 도모할 수도 있을 것 같다.

　체육과 관련된 모임을 결성하여 내가 할 수 있는 것에는 무엇이 있을까? 나의 적성을 발휘할 만한 세계들을 생각해서 내가 지나갔을 때 어떤 무늬로 사람들에게 기억될지를 생각해 보자.

(6) 아이템 설득하기

　'나'라는 아이템을 설명해 보자. 조리 있게, 따뜻하게, 믿을 만하게 표현해야 한다. '나'는 어디에 쓰이기를 바라며, 어떤 성능을 지니고 있고, 얼마 동안 단련된 결과인지, 고장나면 수리가 가능한지 등을 생각해 볼 수 있다. 이러한 정보들은 나의 어린 시절부터 현재까지 삶의 궤적을 추적함으로써 찾을 수 있다. '나'의 이름을 아이템 제목으로 정하고, 이름의 뜻을 해석하면서 어떤 성격의 아이템인지를 추리해 볼 수 있다. 그리고 그 추리 내용을 관련 경험을 통해 증명하는 식으로 구성해서 설득해 보자.

2. 인간의 표현 행위

진단할 내용
- 의사소통의 요소를 설명할 수 있다.
- 의사소통 전략을 설명할 수 있다.

인간의 표현 행위를 '의사소통'이라고 한다. 의사소통의 성격상 이 행위를 할 줄 아는 사람은 생각을 말이나 글로 드러낼 줄 아는 존재라는 것이다. 의사소통은 인간과 인간이 서로 생각을 공유하고 주고받는 고차원적 행위로서 그 자체만으로도 품격 있는 것이다. 의사소통을 구성하는 요소로 크게 세 가지를 들 수 있다. 누가, 왜, 무엇을 가지고 하는 행위인지를 생각해 보면 의사소통의 요소를 직감하게 된다.

- 의사소통의 주체 : 누가
- 의사소통의 도구 : 무엇으로
- 의사소통의 목적 : 왜

1) 표현은 사람의 얼굴이다.

"말은 사람이다."라는 표현은 말을 사용하는 사람의 품격이 말 속에 드러난다는 의미를 지니고 있다. 이 말은 문체(Style)의 정의로 쓰이기도 하는데 어떤 작가의 문장인지를 가늠하게 해주는 준거이다. 글 속에서 어떤 언어가 선택되고 조직되었는가를 보면 작가의 태도, 성향까지도 추리할 수 있다. 이 문체는 글을 쓰는 사람의 경험과 지식, 관점 등을 응축하고 있는 형상이다. 선인들은 몸과 말, 글, 판단력을 바람직한 인간형의 잣대로 삼았다. 즉 몸가짐이 바르고, 말과 글에 기품이 서려 있으며, 판단이 바른 사람에게 본받을 점이 있다고 본 것이다. 이를 身·(言)·書·判이라고 하는데, 이들 가운데 '언어(말글)'가 인간의 특성을 말해 주는 주요인이다.

그렇다면 말은 어떻게 해야 하는가?

이 물음에 답하기 위해서 말과 인간의 관계를 생각해 보자. 시인의 말과 정치가의 말이 어떻게 다른지 생각해 보자. 시인은 정서를 전달하는 데에, 정치가는 국가이념을 실천하는 데에 뜻을 둔 직업인이다. 정서를 전달할 때에는 감정에 호소하거나 강요하려고 해서는 안 된다. 독자가 정서적으로 감동받을 수 있도록 해야 하므로 한쪽에 치우치지 않아야 한다. 한편 국가이념을 실천하는 정치가의 경우 편견에 사로잡혀 있거나 허무맹랑한 것을 좇아서는 안 된다. 합리적으로 나라 안팎의 현상들을 바라보는 관점을 지니고 있을 때 정치가로서의 신념이 형성된다.

표현하는 행위는 수사학·문학·윤리학의 문제이다. 수사학적으로는 열거, 대구, 대조, 도치, 반복, 비유 등의 기법을 사용하는 능력과 관련된다. 또 문학적으로는 독자(청자)의 마음을 사로잡을 수 있게 서정적으로 혹은 서사적으로 메시지를 생성하고 조직하는 능력과 관련된다. 윤리학적으로는 독자(청자)의 생각을 사회적 통념에 비준하여 바로잡거나 안내하여 원활한 일상생활과 사회생활을 도울 수 있어야 한다.

한편 언어의 기능면에서는 생물학과 심리학의 문제를 고려해야 한다.

① 유전적으로 인간만이 언어 구사 능력을 가졌기 때문에 발달된 능력임을 입증한다.
② 이야기는 듣는 사람을 전제한 말이므로 상호 지향적 관계에 유념해야 한다.

언어를 사용하는 능력으로써 인간의 우월성을 증명할 수 있기 때문에도 인간은 누구나 존중받고 싶어 한다. 그러한 심리로 만족할 만한 장소에 자신을 위치시키고 위치에 걸맞는 이름을 부여받을 때라야 인간적 권리를 누릴 수 있다.

김춘수 시인의 '꽃'에서 참다운 대화는 인간성을 되찾는 방법임을 가르쳐 준다. 꽃이라는 이름을 붙여 준 것에 그치지 않고 명명행위로써 사회적 관계를 맺는 것이다. 개인이 사회적 위치를 부여받을 때 비로소 자기정체감이 획득되고 역할을 수행할 수 있게 된다. 역할이란 자신의 존재(존립) 근거를 알게 하는 근거가 되며, 소명의식을 가지고 가치관을 형성하도록 이끈다.

> 내가 그의 이름을 불러 주기 전에는
> 그는 다만 하나의 몸짓에 지나지 않았다.
>
> 내가 그의 이름을 불러 주었을 때,
> 그는 나에게로 와서
> 꽃이 되었다.
>
> 내가 그의 이름을 불러 준 것처럼
> 나의 이 빛깔과 향기에 알맞은
> 누가 나의 이름을 불러 다오.
> 그에게로 가서 나도
> 그의 꽃이 되고 싶다.
>
> 우리들은 모두
> 무엇이 되고 싶다.
> 너는 나에게 나는 너에게
> 잊혀지지 않는 하나의 눈짓이 되고 싶다.
>
> — 김춘수, '꽃'

명명행위에 응답할 수 있는 조건이 갖추어졌을 때 자신의 존재 의미를 알게 된다. 나의 이름이 지닌 의미를 분석해 보고, 그 의미에 걸맞는 경험들이 기억나는지 보라. 또한 위의 시를 패러디한 "라디오와 같이 사랑을 끄고 켤 수 있다면"(장정일 作)을 보는바와 같이 변형의 방법으로 창조할 수도 있다. 근·현대에는 정보통신에 의해 의미가 생산되고 공유되므로 인간관계에 있어서도 정보력이 막강한 영향을 준다.

내가 단추를 눌러 주기 전에는
그는 다만
하나의 라디오에 지나지 않았다.

내가 그의 단추를 눌러 주었을 때
그는 나에게로 와서
전파가 되었다.

내가 그의 단추를 눌러 준 것처럼
누가 와서 나의
굳어버린 핏줄기와 황량한 가슴 속 버튼을 눌러 다오.

그에게로 가서 나도
그의 전파가 되고 싶다.

우리들은 모두
사랑이 되고 싶다.
끄고 싶을 때 끄고 켜고 싶을 때 켤 수 있는
라디오가 되고 싶다.

― 장정일, '라디오와 같이 사랑을 끄고 켤 수 있다면'

미래사회 아니 4차 산업혁명의 시대를 맞은 지금 전파보다 더 크게 작용하는 힘이 무엇일지 생각해 볼 필요가 있다. 스마트 기기를 통해 사물인터넷의 사용이 활발해지는 세상은 전파의 차원을 넘어 뇌파의 차원으로 소통 방식이 달라질 것이다. 그러면 위의 시는 어떤 단어에 의해 또다시 패로디될 수 있을까?

빠르게 진화하는 세상 속에서 개인은 정체성을 확립하기 위해 어떤 경험들을 쌓아 자아를 형성할지도 생각해 볼 일이다. 지난 날의 '홍길동'이라는 이름을 한자로 표기하여 '洪吉動'으로 했다면, 그 의미는 두루 공정하고 정의롭게 정치해 줄 영웅을 바라는 마음이라고 풀이할 수 있겠다. 그러면 홍길동은 영웅의 한 모습이 되리라 예상할 수 있다. 작품을 읽고 나면 그가 과연 그러한 이름처럼 살아왔는지, 또 현재까지 그렇게 살아가고 있는지를 점검해 볼 수 있다. 개인의 입장도 마찬가지로 성찰해 보고 여러 가지 목적을 위한 글을 구성하면서 자신이 얼마나 적합한 인재인지를 가늠하게 되는 것이다. 가령, 학창시절에 학생회장으로서 학교를 위한 봉사에 적극 참여하였다면 리더십 있는 유형으로 인정할 만하겠다. 이렇게 자신이 지닌 경험들을 이름과 같은 정표와 연결하고 분석해 보자.

2) 표현 양식의 두 가지, 말과 글

먼저 말하기를 통해 인간의 표현 능력을 생각해 보자. 말하기는 발표불안감이 없는 사람에게 유용한 표현 방식이다. 대면 상황에서 말하기는 대범성을 요구한다. 더욱이 청중과 눈을 맞추거나 청중의 질의에 답변할 수 있을 정도라면 자신감을 가질 수 있는 내용으로 말할 경우여야 한다. 다만 우리 한국 사회에서는 말하기보다 글쓰기를 중시하는 분위기를 보인다. 말의 경박함이나 언행불일치를 들어 말의 중요성을 인정하지 않는 까닭도 있지만 상하 위계질서가 뚜렷한 세계 속에서는 대면 상황이 허락되지 않기 때문이기도 하다. 나아가 어떤 상황에서 말하기가 효과적인지를 따져 볼 필요가 있다.

- 말하기(Speaking)와 구술성(Oracy)

제1 차적 구술성은 문자문화를 기반으로 나타난다. 소쉬르(Saussure)는 표현하기가 의사 전달의 기본이라 하였고, 삶에 긴요한 것을 '말'로 꼽았다. 토크쇼 담화에서 말로 대인관계의 문제를 해결하는 경우, 대체로 갈등이 잦은 상황은 고부 간, 노사 간, 부부 간, 부자 간, 모녀 간에서 찾을 수 있다. 말로 불거진 갈등은 말보다 글로 푸는 것이 나을 때가 있다. 이렇게 말과 글은 상호보완적 관계를 가진다.

제2 차적 구술성은 '매체'에 의해 나타나는데 말보다 전화, 라디오, TV, 인터넷 등의 환경에서 소통이 좀 더 자유롭지만 의도적으로 통제하는 방식으로서의 표현 행위가 생산된다. 직접 말을 할 때는 상대방과 마주보며 들을 수 있게 거리를 두어야 한다. 그렇기 때문에 원거리에서는 말을 할 수 없다. 매체를 통해서는 원거리에서도 전달이 가능하며 시청각적 효과를 더할 수 있다. 직접 말을 하고 듣는 행위가 미디어 양식에 의해 조정될 수도 있다. 즉 전파·통신을 통해 말이 전달됨으로써 목적이나 성격에 따라 메시지가 통제·편집되는 것이다. 앞서 토크쇼 담화를 예로 들었을 때 갈등 해소 과정이 제작자의 의도에 의해 편집될 수 있다. 해결을 보여줌으로써 인간성을 고양시키는 것이 방송의 기능성(윤리)으로 인식되기 때문이다.

[원칙4] 공손하고 예의바르게 말하라.

사회 속에서 사람들은 관계를 맺으며 살아간다. 사람들 사이에 지켜야 할 약속이 있듯이 언행에도 주의를 기울여야 한다. 가정에서, 학교에서, 직장에서 만나는 사람들과 나눌 수 있는 대화상황을 떠올려서 어떠한 말로 관계를 잘 맺을 수 있을지 생각해 보자.

(1) 가정에서

할머니께서 전화를 하셨다. 아버지를 바꿔 달라고 하셨는데, 아버지께

전하는 말을 바르게 표현하려면 어떻게 해야 할까?

"아버지, 할머니께서 전화하셨습니다."
"아빠, 할머니 전화요."
"아버지, 할머니가 전화했어요."
"아버지, 할머니께서 전화하셨어요."
"아빠, 할머니가 아빠 바꿔 달래요."
"아버지, 할머니께서 아빠랑 통화하시고 싶대요."

어떤 표현이 바른지 곰곰 생각해 볼 필요가 있다. 아버지는 할머니보다 아랫사람이니 가장 높여야 할 사람은 할머니이다.

한편 할머니에게 아버지의 뜻을 전달할 경우에는 할머니의 입장에서 생각해 보고 표현할 수 있다.

"할머니, 아버지가 전화했어요."
"할머니, 아버지가 할머니랑 통화하고 싶대요."
"할머니, 아빠가 전화하셨어요."
"할머니, 아빠가 통화하시고 싶대요."

우리가 표현할 때 흔히 저지르는 잘못에 대해 생각해 보자. 할머니에게 말을 하는 입장의 연령과 관계를 고려하여 높임말을 선택할 수 있다. 아주 친밀한 사이에서는 가끔 반말도 허용되는 경우가 있으나, 우리 문화권에서는 윗사람에게 전하는 상황에서는 높임말을 사용하는 것이 일반적이다.

오늘이 아버지 생신이다. 학교 행사의 일시와 장소를 부모님께 알려 드리고 늦은 귀가 시간을 허락받고 싶다. 낮 시간이라 집에는 할머니 혼자 계신다. 할머니께 그 내용을 전하고, 맞벌이로 바쁘신 부모님께 전해야 하는데 어떻게 표현해야 뜻을 이룰 수 있을지 고민이다. 전화로나마 할머니께 고민을 털어 놓고, 할머니께서 해 주실 말씀을 상상하며 대화를 엮어 보자.

"할머니, 오늘 아버지 생신이시잖아요? 그런데 오늘이 저희 학교에서 축제를 하는 날이에요. 오후 6시에 시작해서 밤 9시에 끝난다고 해요. 저희 집 저녁 식사는 저녁 7시에 시작되는데, 어떡하죠?"

"할머니, 오늘 아버지 생일이잖아요? 그런데 오늘이 우리 학교에서 축제를 하는 날이거든요. 오후 6시에 시작하면 밤 9시나 되어야 끝나걸랑요? 우리집 저녁 식사는 저녁 7시나 되어야 시작하는데, 어떡하죠?"

위의 두 표현을 비교해 보고 어떻게 고치면 더 바른지를 생각해 보자. 가장 높여야 할 사람은 할머니이고, 말하는이의 입장에서는 할머니와 아버지 두 분 다 높여도 된다. 또 곳곳에 젊은이들 사이에서 유행하는 언어습관이 삽입되어 있다는 점도 알 수 있다. 이에 대해 주의를 기울여 천천히 또박또박 말해야 한다.

부모님께 메모를 남긴다고 생각하고 내용을 적어 본다면 또 어떻게 달라질지 생각해 보자.

"부모님, 오늘 부득이하게도 저희 학교가 축제로 바쁩니다. 게다가 저는 학생회장이어서 학교 행사에 빠질 수가 없습니다. 제가 자리에 없어도 제 마음은 집에 가 있습니다. 너무 서운해 하지 마세요. 생일을 축하합니다."

"부모님, 저는 오늘 부득이하게도 교내 축제 준비로 학교에 있어야 될 것 같아요. 게다가 저는 학생회장이므로 학교 행사에 빠질 수도 없는 몸입니다. 제가 자리에 없어도 제 마음은 집에 있으니 너무 서운해 하지 마세요. 생신을 축하드립니다."

위의 두 표현을 비교해 보고 바른 표현에 대해 생각해 보자. 자식의 입장에서 부모님은 말하는이보다 윗사람이므로 높임말을 써야 한다. 어휘 선택에 있어서도 높임 표현을 고를 수 있어야 한다. 선어말어미를 사용하거나 해서

술어 표현도 높임의 의미가 나타날 수 있도록 신중하게 구성해야 한다. 그런데 친밀한 관계에서는 높임 표현을 생략하기가 쉽다. 예를 갖추어야 하는 상황에서는 상대방과의 친밀한 관계를 떠나 높임 표현으로 정중하게 대해야 한다.

한편 근래에는 감정 서비스 업종에 종사하는 사람들이 종종 사물을 높여 말하곤 한다. 가령 "주문하신 음식이 나오셨습니다."와 같은 표현을 사용하는 습관이 그러한데, 이것은 잘못된 표현이다. 이러한 표현은 누구를 위한 태도인지 생각해 보자. 고객을 위한 마음인가, 기업을 위한 마음인가? 이러한 표현이 발생한 이유를 생각해 보자. 한국인들은 지나친 공대 표현으로써 상대방으로부터 호감을 얻으려고 한다. 젊은 사람들의 경우에 과도하게 높임 표현을 사용함으로써 애교 섞인 태도를 비추기는 해도 절대 올바른 표현으로 비치지 않는다. "주문하신 음식이 나왔습니다."가 딱딱한 느낌을 준다면 "주문하신 음식을 가져왔습니다." 또는 "ㅇㅇㅇ 음식을 주문하셨죠?" 와 같이 바꾸어 표현할 수도 있겠다.

(2) 백화점에서

백화점에서 부모님께 드릴 선물을 고르고 있다. 알맞은 치수와 색상을 점원에게 묻고 싶다. 어떤 물음이 공손하게 느껴지는지 생각해 보자.

"언니, 저희 부모님께 드릴 건데요, 어떤 옷이 좋을까요?"
"아가씨, 나의 부모님께서 입으실 옷을 고를 건데요, 어떤 옷이 적당할까요?"
"언니, 우리 부모님께 선물할 옷을 고르고 있는데 좀 도와주세요."

"아가씨, 부모님께 드릴 옷 좀 같이 골라 봐 주세요."

동생에게 어울릴 만한 옷을 사고 싶다. 동생이 좋아하는 종류와 색상 등의 정보를 누군가에게 전하고 싶다. 그 정보를 점원에게 전달하려 한다. 어떻게 물으면 좋을까? 아래 표현들은 흔히 듣는 표현들이다. 잘못된 부분을 짚고 '**올바른 표현 생활**'에 대해 토론해 보자.

"언니, 내 동생한테 어울릴 만한 옷을 추천해 줘요."
"아가씨, 제 동생 생일 선물로 줄 옷이면 어떤 게 좋을까?"
"언니야, 요즘 대학생들은 어떤 옷을 입나?"
"아가씨야, 동생 있어? 아가씨 동생 남자야, 여자야? 동생은 어떤 옷을 좋아해요?"

다만 옷을 사려는 주체가 누구인지 모호하게 비치지 않도록 주의해야 한다. 또 소비자와 점원의 입장이 뚜렷하게 구별되어야 언쟁을 피할 수 있다. 가령 "제 동생한테 어울릴 옷을 좀 골라 주세요."나 "점원아가씨가 좋아하는 옷으로 골라 줘요.", "여기서 가장 인기 없는 옷은 뭐예요?"와 같은 말은 점원을 당황하게 만들 수 있다.

3) 표현 행위 : 말하기와 글쓰기

말을 할 때도 글을 쓸 때도 책임감을 가져야 한다. 항상 큰 소리로 많은 사람들에게 말을 한다고 가정하고 그들이 어떻게 들을지를 헤아려서 적절한 표현을 생각해야 한다.

큰 소리로 말을 할 때는 내가 왜, 누구에게, 어떻게 말해야 하는지를 생각하게 된다.

[원칙5] 교훈을 줄 수 있게 써라.

① 좋은 글의 기준 : 치우치지 않게 생각을 드러내는 능력이 중요하다.
② 좋은 독자 : 읽을 줄 아는 사람은 혜안을 가진 사람이다. 글쓴이의
　　　　　 의도를 정확하게 간파해 내기 위해서는 중심 내용을 잘
　　　　　 요약하는 일에서 비롯된다.
③ 좋은 글이란, 신명의 경지를 통해 뜻을 통찰할 수 있게 하고 사물의
　 자연법칙을 꿰뚫으면서 교훈을 주는 글이다.

[원칙6] 세 가지를 조심해서 써라.

기자에게는 세 가지 금기 사항이 있다.
첫째, 종교에 대한 편견을 버려야 한다.
둘째, 지역에 대한 편견을 버려야 한다.
셋째, 여성에 대한 편견을 버려야 한다.
비단 기자뿐만 아니라 어떤 필자도 편견을 가져서는 안 된다. 독자들은
필자의 편견에 예민하게 반응한다. 가능한 한, 독자의 마음을 어루만져
주는 글을 써야 한다.
우리 전통문화 가운데에서 연암 박지원의 글쓰기 방식은 우언(寓言)과
외전(外傳)으로 구성되는 특징을 보인다. 우언은 이야기를 통해 주제를
드러내고, 외전은 실제 사례를 기술함으로써 우언을 증명하는 양식이다.
연암은 우언에서 철학적 탐구 자세를 나타내고 외전으로써 독자로 하여금
생각하게 한다.

[원칙7] 문장 중심으로 분석하라.

문단은 문장들의 연결로 이루어진다. 문장과 문장을 연결하는 곳에 접속
어를 꼭 쓸 필요는 없다. 접속어가 없어도 의미상 연결되는 수가 많다.
의미상 연결되도록 하는 장치로는 유사한 의미의 어휘를 문장마다 선택하

는 것이다.

[문장1] 심성이 개방적인 내 친구들은 독서를 많이 한다.
[문장2] 반면 덜 개방적인 내 친구들은 그렇지 않다.
[문장3] 따라서 독서는 사람을 개방적으로 만들어 준다.

위의 세 문장은 독서를 한다는 사실과 반대되는 사실을 연결하고 독서의 필요성을 덧붙임으로써 맺고 있다. 그런데 독서를 하는 경향과 반대되는 경향에 의해 독서의 필요성이 추론되지 않는다. 그러므로 독서의 필요성을 강조하기 위한 문장들이 더 상세하게 구성되어야 한다. 아래에 예시된 문장들의 짜임을 보고 상세하게 표현하는 일의 좋은 점을 생각해 보자.

[원문] 심성이 개방적인 내 친구들은 독서를 많이 한다.
[원문] 반면 덜 개방적인 내 친구들은 그렇지 않다.
[보충] 독서를 많이 할수록 도전적인 생각들, 즉 원래 갖고 있던 생각에 의문을 제기할 수 있게 해 주는 생각들과 더 많이 마주치게 되는 것 같다.
[보충] 독서는 또한 틀에 박힌 일상에서 벗어나게 해 주고, 얼마나 다양한 삶이 있을 수 있는지를 보여 준다.
[원문 수정] 따라서 독서는 개방적인 사람이 되도록 이끌어 준다.

위에 보충한 문장들을 보면, 독서를 하면 좋은 점들을 포함함으로써 끝문장의 의미를 부각시킨다.

4) 쓰기의 절차

고대 수사학에서는 발상-배열-표현-기억-발표의 순서로 사회적 관점을 표명하고 청중을 설득한다. 발표를 할 때 플라톤은 청중의 영혼을 알아야 한다고 했고, 아리스토텔레스는 청중의 정서를 이해해야 한다고 했다. 그래야만 청중을 설득할 수 있는 힘을 얻게 되고, 배열과 논증을 효과적으로 사용하여 기술적으로 설득력을 발휘할 수 있다는 이유에서이다. 음성의 크기와 안정성, 목소리의 억양 변화(대화적/논쟁적/증폭적 톤의 선택적 사용), 신체 동작의 신뢰성을 고려하여 발표를 해야 한다. 물론 이 요소들은 상황에 따라 선택되어야 한다. 가령 기자들이 앵커에게 사건을 전달할 때 차분한 어조보다는 약간 증폭적 어조를 사용함으로써 사태의 심각성을 지각하게 할 수 있는 것이다. 또 앵커가 시청자들에게 논쟁적으로 발화하면 시청자들은 편안한 마음으로 듣지 못할 것이다.

[원칙8] 계획을 세우고 써라.

말할 내용을 써 나가면서 알 수 있는 것들이 있다. 언제 말할 내용을 써서 준비하면 조리 있게 말할 수 있다. 또 말하듯이 글 쓰는 법을 터득할 수 있다. 그래서 글쓰기는 다음과 같은 순서로 이루어질 때 성공적으로 수행된다.

① 조사하기 : 문서, 동영상, 포럼, 블로그 등을 섭렵하라.
② 제목 정하기 : 5~7개의 핵심어로 표현하라.
③ 소주제 정하기 : 논점에 따른 3~7개의 소주제를 선정하라.
④ 미리 점검하기 : 실용성과 정신적 가치를 판단해 보라.
⑤ 초고 쓰기 : 자연스럽게 소주제별로 문단을 구성해 보라.
⑥ 편집하기 : 잠시 휴식하고, 낭독 또는 토론을 통해 재구성하라.
⑦ 완성하기 : 파일 생성, 퇴고로 마무리하라.

5) 오디세이 계획

  오디세우스의 모험을 생각해 보자. 사람은 태어나서 어디로 가야 하는지를 누군가로부터 지정받지 않고 세상에 던져진다. 처음 구경하는 곳에서 목적지가 어디인 줄을 알고 살기 시작하는 것도 아니다. 인간은 누구나 초등 학교, 중학교, 고등 학교, 대학교 등으로 제도적인 기준에 따라 살아야 함을 인식하지만 의식하지 못하는 사이에 자신의 개성이 순간순간 잠식되는 것을 느끼기도 한다. 어떻게 살아야겠다는 생각을 하게 되는 순간, 자신의 삶을 디자인하려고 할 것이다. 마찬가지로 학교나 다른 사회적 장소에서 어떻게 생활할지를 디자인하려고 할 것이다. 그러나 자신이 어디로 가야 하는가를 불명확하게라도 짐작하고 있을 것이다. 앞으로 5년 후 자신이 살아갈 매우 다른 삶에 대해 생각해 보자. 그리고 나의 꿈을 생각해 보고, 내가 있는 곳과 내가 있어야 할 곳을 구별해 보자. 내가 있는 곳과 있어야 할 곳이 일치한다면 아무런 갈등이 없겠으나 그렇지 않다면 번민하게 될 것이다. 그러나 삶은 그러한 갈등에서 시작된다. 갈등이 있는 지점에서 자신의 서사시는 구성될 수 있다. 서사의 방법으로 자신의 서사시를 써 보자.

  나의 약점 때문에 항상 걱정하시던 부모님께서 나에게 좋은 친구를 정해 주셨다. 그 친구는 내가 어디를 가든 동행해 주었고, 힘든 문제를 풀 때도 함께 의논하며 배움의 즐거움을 느낄 수 있게 도와주었다. 나의 약점은 아킬레우스[1]의 발뒤꿈치처럼 어렸을 때부터 나를 불편하게 한 것이다. 내게 무슨 일이 있었는지를 털어 놓아 볼까? ~

---

1) 아킬레우스의 모험 이야기처럼 자신의 이야기 골격을 세워 보자. 1) 앞만 보고 나아가리라. / 2) 나의 재능과 지혜를 발견하다. / 3) 또 한번 나의 재능과 지혜를 발견하다. / 4) 잠시 유혹에 이끌려 목적을 잊다. / 5) 또 다른 유혹에 빠져 힘들어 하다가 조력자를 만나다. / 6) 다시 목적을 새기게 된 일이 일어나다. / 7) 집으로 가는 길, 나의 귀향길을 안내해 주는 누가 있었다. / 8) 지금, 나는 어떤 사람이 되어 있는가?

위와 같이 자신의 모험 이야기 화소가 마련된 다음에는 상징 기법으로 '나'가 누구인지를 드러내어 본다. 이 상징 훈련은 원형 이미지를 사용하여 자신의 배경을 꾸미는 단계에서부터 시작된다. 원형 이미지는 대체로 물, 불, 빛, 악마로 인식되고 있다. 물은 정화의 의미를, 불은 소생이나 열정 의미를, 빛은 해나 달을 통해 광명 의미를, 악마는 뱀을 통해 유혹 및 재앙 의미를 표상한다. 그 다음으로 주변 사람들의 반응을 조사하여 자신의 이미지를 객관화한다. 자신을 객관화하기 위해 성장과정을 따라 단계별로 정리함으로써 조목조목 보여줄 필요가 있다. 그러한 단계를 분석해 보면 자신이 어떻게 살아야 할지 또는 어떤 방향으로 가야 할지에 대한 밑그림이 보일 것이다. 그 과정상에 조력자가 누구일지도 상상하게 될 것이다. 그리고 나서 종국에 어떻게 되는지를 예상해 본다.

자신을 객관화하는 방법으로는 SWOT 분석[2])이 있다. 내게 있어야 할 것을 알아보기 위해 이 분석 방법을 통하게 되는데, 이 방법은 단점을 보완할 수 있는 노력과 목표를 향한 과정에 대해 구체적으로 알 수 있게 해 준다. 이 분석 방법은 직무인성을 알아보려고 할 때 많이 활용되고 있다.

6) 발표물 제작

발표는 사람들 사이의 상호작용에서 발생하는 양식으로, 그 속에서 교환 된 상징들의 의미를 결정하는 일을 말한다. 이 형식은 고대 수사학에서 연설로 시작되었다. 연설은 집단적 말하기이며, 법률을 통과시키거나 재판 의 판결과 같은 의도적인 목적을 성취하는 데에 관심을 둔다. 연설의 목적은 설득에 있으며, 연설하는 이는 청중에게 목적을 알리고 설득하는 동시에 즐거움을 주어야 한다.

---

2) Strength(강점-체력), Weakness(약점-어학), Opportunities(기회-부모님 응원/전망 있는 분야), Threats(위협-잠/취업난)

[원칙9] 사전 조사를 세밀히 하라.

누구에게, 어디서, 언제, 무엇을 발표할 것인지가 우선적으로 파악되어야 한다. 이를 위하여 발표를 의뢰받았을 때 바로 다음과 같은 정보들을 확인하는 것이 좋다.

- 대상층 확인 : 독자 또는 청중의 성향을 조사하라.
- 목표 설정 : 대상층의 요구를 반영하여 목표를 정하라.
- 형식 선정 : 파워포인트, 동영상, 오디오, 그림, 문서, 사진 등의 다양한 형식을 사용할 수 있지만 대상층의 기호나 성향에 따라 신중하게 선택하라.

(1) 프리젠테이션의 구성 요소

프리젠테이션을 위해서는 아래와 같은 특징들을 염두에 두고 자료를 제작할 필요가 있다.

- 강조 : 글자크기, 글자색 등의 효과로 표시할 수 있다.
- 설명(문제와 해결) : 문제와 해결을 구분하여 구성하는 것이 좋다.
- 경쟁력(차별성) : 삽입하는 자료를 독창적으로 선정하고 배열방식도 체계적이어야 한다.
- 팀(지도성, 협동 정신의 징표)의 협업을 언급할 필요가 있다.
- 모델의 참신함도 중요하다.
- 정보의 성격이 시대에 뒤떨어지지 않고 세대별 관심사를 고르게 수용하는 것이 좋다.
- 행위 요청(설득)을 할 때 완곡한 표현[3]이 좋다.

---

3) 직접적으로 표현하지 않고 돌려서 말하는 방법이 완곡하게 표현하는 것이다. 상대방에게 명령을 하거나 지시를 하는 것보다 자신의 소망이나 자신의 입장을 고백함으로써 상대방의 부담을 감소시킬 수 있다.

(2) 디자인의 기초

프리젠테이션 자료를 만들 때는 빠른 시간 안에 청중을 사로잡을 수 있는 디자인을 고려해야 한다. 하나의 슬라이드에 넣을 수 있는 내용은 최소화하여 눈에 바로 들어오도록 간결한 문자기호나 이미지를 조사하는 것이 좋다. 프리젠테이션은 다음과 같은 사항에 유의하여 제작한다.

- 초기화면(로고, 웹 사이트, 차례 등)
- 연결(초점, 좌/우/중앙 구성, 슬라이드 연결)
- 여백(항목 그룹화)
- 대조(크기/볼드체/배경과의 차이)
- 반복(색/폰트/선 긋기 등)
- 간결한 표현(초과 단어 삭제)
  - ☞ 인간의 단기기억용량(5~7개)을 고려하여 핵심 내용을 선정하는 것이 좋다. '빨주노초 파남보'와 같이 7음절 정도로 정보를 간략화해야 독자들의 머릿속에 오래 기억된다.
- 제목에서의 초점은 즉시 이해 가능한 것이어야 한다.

(3) 동영상 제작 도구

스마트폰의 동영상 녹화 기능을 통해서도 생활 속에서 제작이 가능하다. 영화를 제작하듯이 시나리오를 써서 손수 비디오카메라를 들고 다니며 촬영하는 것도 좋다. 동영상 녹화 자료를 편집할 필요가 있을 때에는 컴퓨터에 기본적으로 내장되어 있는 무비 메이커(Window Movie Maker) 프로그램을 이용할 수 있다. 오프닝(제목 삽입 창)과 클로징 화면을 삽입하는 것도 이 프로그램을 통해 가능하다.

다음의 사례들은 프리젠테이션 자료를 만들기 위해 대학생들이 사전에 계획한 자료들이다. 자료 조사, 시나리오, 콘티의 순서대로 원하는 것을 만들어 낼 때 다음과 같이 다양한 주제의 양식들을 참고해 보자.

사례 1 | 학생 작품

。 주제 : 복수는 누구를 위한 것인가?
• 자료 조사

제목 : 복수는 의미 없는 몸부림
[→첨삭 : 논리적으로 구성되었음. 서론의 기능이 다소 부족함.]

1. 서론

요즘 영화나 드라마를 보면 복수에 관한 이야기들을 많이 살펴볼 수 있다, 복수는 정당한 것 인가? 복수란 영화나 드라마에서처럼 억울한 일을 되갚아 주는 것뿐이라는 것이 아니다. 현실에서 복수는 그저 잔인한 범죄일 뿐이다. 가상 속 복수들을 보며 현실에서 실체인 복수를 깨닫지 못한 많은 사람들은 그저 복수는 상대방이 당한 모습을 보며 짜릿함과 쾌감을 느끼고 있는 게 지금 현실이다.[→첨삭 : 서론에 적절한 문제 제기임] 과연 우리 현실 속 복수들이 짜릿함, 쾌감 또는 자기만족을 줄 수 있을까? 복수가 의미없는 몸부림이라는 것을 깨닫게 해 주기 위해서는 먼저 우리가 복수에 대해 어떻게 생각하고 느끼고 있는지 살펴 볼 필요가 있다.[→첨삭 : 결론에 적합한 내용, 서론에는 왜 복수하려는지, 복수가 범죄 행위임에도 불구하고 왜 영화 등에 복수가 많이 등장하는지를 언급하면서 문제의식을 비추어야 함.]

2. 본론

실제 ○○대 재학 중인 학생들에게 설문 조사를 한 결과 20명 중 18명이 복수를 품었으며, 복수를 당한 만큼 혹은 당한 것보다 훨씬 더 잔혹하게 복수한다는 사람이 50%가 넘는 결과가 나왔다. 또 자신을 모욕하거나 기분이 나쁠 때 복수를 품는 사람들이 대다수였다. 기분이 나쁠 때 사람들은 용서를 할 생각이 아닌 되갚아 줄 생각, 상대방은 더 당해야 한다는 생각들로 가득하다.

복수의 사전적 의미는 해(害)를 받은 본인이나 그의 친족, 또는 친구 등이 가해자에 대해 똑같은 방법으로 해를 돌려 주는 행위라고 나와 있다. 하지만 복수를 가할 경우 철저하게 처벌을 받게 되어 있다. 이는 그 사람에게 똑같이 되풀이를 해 주는 동시에 피해자였던 자신도 그 상대방과 다르지 못한 동일자로 만들어진다는 것을 법이 알기 때문에 그 행동을 하지 못하게 막고 보호하는 것이다. 이렇게 법으로도 철저하게 방어하는 복수... 우리 현실에서 복수를 실현해 결국 자신을 추락시킨 사례들을 통해 복수는 인간의 모순이라는 것을 느껴 보도록 하자

사례1) 한 외국의 사례로는 한 럭비 스타의 딸이 6~7명의 남성에게 성폭행을 당해 에이즈바이러스(HIV)에 감염되었고, 분노한 럭비 스타는 법에 호소하는 대신 사적(私的) 복수를 택하여 3명을 살인, 한명은 살인 미수한 사건이 있었다. 흉악범을 법을 벌주는 것이 아닌 직접 살인함으로써 자신은 사람을 죽이는 더욱 악한 악마로 변한 것이다.

사례2) 국내의 사건을 살펴보면 서울의 한 경찰서에서는 13일 헤어진 여자 친구에 대한 복수심에 야간에 여성만 골라 흉기로 때리고 금품을 빼앗은 A씨(33)를 체포한 적이 있다. 경찰 조사결과 무직인 A씨는 한 달 전 애인과 헤어진 뒤 배신감과 여자에 대한 증오심에 야간에 귀가하는 부녀자들을 대상으로 범행을 저지른 것으로 드러났다.

이 두 사례들을 살펴보면 복수란 정말 짜릿함과 통쾌함을 주는 자기만족의 행동일까? 어쩌면 자신을 암흑에 길로 추락시키는 악마의 속삭임은 아니었을까? 이 두 사례들로 현실에서의 복수를 살펴보고 영화 속에서 복수의 허망함을 들여다보자.

사례3) 영화 〈아저씨〉를 보면, 특수부대 출신인 〈아저씨〉의 주인공

태식(원빈)은 친하게 지내던 옆집 꼬마의 유괴를 계기로 범죄 집단과의 싸움에 말려든다. 하지만 악당의 살을 찢고 뼈를 분지르는 응징을 통해 태식이 해소하는 것은 꼬마 때문에 생긴 분노-뿐만 아니라 자신의 불행했던 과거의 분노 또한 포함된 행동이었다. 모두를 죽인 복수의 끝에 태식이 머리 권총을 대고 스스로 목숨을 끊으려 한다.

복수를 성공적으로 마친 태식이가 자살을 하려 했다. 왜? 자신의 복수가 성공적으로 끝난 태식이는 쾌감과 희열을 느껴야 하지 않을까?

이 여러 사례들을 보면 복수를 성공함으로써 행복해진 사람들은 한 명도 찾아볼 수 없다. 이를 통해 우리는 복수는 결국 의미 없는 몸부림에 불과했고, 결국엔 허망함만이 존재한다는 것을 살펴볼 수 있다.

복수를 하려고 생각하는 사람은, 고의로 자기의 상처를 그대로 둔다. 당한 것을 똑같이, 그보다 더 앙갚음을 하려는 것은 쾌락보다는 자기 자신의 가치를 더 떨어뜨리는 것이라고 생각된다. 결국 복수를 하게 됨으로써 자기 자신도 침략자와 동일시되는 것이다.

3. 결론

복수. 짜릿하고 통쾌할 줄만 알았던 이 두 글자 '복수'. 많은 사람들이 품고 있는 작은 악마 '복수'. 결국 자기 자신마저 추락시키고 처음 의도와는 다르게 결국 상대방보다 더 악한 악마 같은 모습을 만드는 복수. 우리는 기분이 나쁘거나 상대를 증오할 일이 생길 때 여태껏 복수를 꿈꿔 왔다. 하지만, 우리에겐 복수보다 더 상대방을 제대로 응징할 방법, 나를 추락시키지 않고 상대를 벌할 방법을 알고 있다. 바로 용서이다. 어쩌면 완벽한 복수의 끝은 화해와 용서가 아닐까? 용서를 하면 자신의 상처를 그대로 묶어 놓지 않아도 된다. 점점 상처를 치유해 가며 암흑의 길에서 벗어날 수 있다. 자신이 추해지지 않고도 복수의 쾌락보다 더한 쾌락과 희열이 생기는 용서야말로 우리가 복수 대신 품어야 할 마음이지 않을까? 이 복수에 관한 보고서가 당신의 마음의 복수를 용서라는 마음으로 바꿀 수 있기를 바란다.

사례 2 | 학생 작품

◦ 주제 : 모험
• 형식 : 시나리오

S#1. 기지 입구 / 저녁 무렵
  기지 입구에 도착한 유나와 도현. 도현은 주머니에서 예전 연구원 시절에 사용하던 ID카드를 꺼낸다.

유나 (ID카드를 신기한 듯 바라보며) 그게 있어야 들어갈 수 있는 거예요?
도현 (ID카드를 내밀며) 그럼요. 보안 때문에 이 카드가 없으면 못 들어가요. (ID카드를 입구에 갖다 대고 문이 열린다. 재빨리 안으로 들어가는 두 사람.)

S#2. 기지 안 / 저녁 무렵
  기지로 진입한 유나와 도현은 긴 어둠 속 통로를 걷는다. 많은 얘기를 나누는 유나와 도현.

유나 (조용조용히 조심스럽게) 뭐 하나 물어 봐도 돼요? 그 일 있고 나서 왜 하필 여기에 그런 태도로 들어온 거예요?
도현 (주위를 살피며 계속 안쪽으로 들어가며) 그냥 나보다도 힘들 유나 씨가 걱정되기도 하고.. 딱히 갈 데도 없고.. 그래서 온 거예요.

침묵을 지키며 통로를 계속 들어가고 있을 때, 옆쪽으로 이어지는 통로에서 흰 가운을 입은 연구원 한 명이 지나가고 둘은 그의 뒤를 밟는다.

S#3. 문 앞

뒤를 밟던 유나와 도현은 연구원이 도착한 곳 뒤에서 숨을 죽이고 서 있다.

연구원이 문을 여는 순간, 도현은 연구원을 덮친다. 둘은 몸싸움을 벌이고 도현이 연구원으로부터 제압당하고 있을 때 뒤에 서 있던 유나가 소화기로 연구원을 내리쳐 기절시킨다.

S#4. 연구실 안

재빨리 연구실 안으로 들어가는 유나와 도현. 연구실 안에는 할아버지 연구원이 의자에 앉아 놀란 채 둘을 지켜보고 있다.

할아버지 연구원 (의자에서 벌떡 일어서며 둘을 향해) 아니, 당신들은 누구요?

도현 (냉철하게) 당신들의 이러한 비밀 연구의 실태를 밝혀내기 위해서 온 사람들입니다.

할아버지 연구원 (당황하며 역정을 낸다.) 아니, 이 사람들이 지금 여기가 어디라고 함부로 들어와서! (비상 스위치를 누르려고 한다.)

도현 (재빨리 몸으로 할아버지를 막으며 할아버지를 의자에 앉힌다.) 이러지 맙시다. (준비해 온 밧줄로 할아버지 연구원을 의자에 묶는다.) 저희 질문에 참여하시지 못하겠다면 이런 방법 밖엔 없습니다. 죄송합니다.

할아버지 연구원 (한숨을 쉰다.)

도현 (ID카드를 보여주며) 저도 한땐 이 일에 종사했던 사람입니다. 자세히 말씀 좀 해 주세요.

할아버지 연구원 (어쩔 수 없다는 듯이) 그럼 자네도 잘 알지 않는가. 내가 이걸 그렇게 쉽게 말할 수 있는 처지일 것 같나.

도현　(인정한다는 듯이) 물론 아니죠. 그렇지만 이건 단순한 비밀 유지
　　　　와는 별개의 문제예요. 무고한 사람들이 죽어가고 있는 이 일을
　　　　나중에 어떤 부귀영화를 누리겠다고 몸바쳐서 일하십니까.

할아버지 연구원　(잠깐의 생각 끝에) 하.. 그때 서울에서 한 연구원이
　　　　죽었지 않나. 그게 사실은 이 하태도 사람들한테 임상 실험 하려던
　　　　걸 그 연구원이 막으려고 자기한테 실험을 한 거였는데 그 연구원
　　　　도 결국엔 그렇게 되고...

도현, 유나　(한석 죽음의 실체를 듣고는 놀라서 입을 다물지 못한다.)

할아버지 연구원　그 실험을 반대하던 사람도 죽었겠다.. 정부는 그냥
　　　　자기들이 추진하던 대로 실험을 진행한 거지. 나도 일이 이 정도로
　　　　커질 줄은 몰랐지만 이미 이렇게 된 걸 어떡하나.

S#5. 문 앞
　쓰러져 있던 연구원이 일어나서 문 쪽 가까이에 있는 비상벨을
누른다.
　시끄러운 비상벨 소리.

S#6. 연구실 안
유나　(당황해서) 어떡해요?
도현　(재빨리 컴퓨터 쪽으로 다가가서) 잠깐만 기다려 봐요. (컴퓨터로
　　　　폭파장치의 위치를 알아낸다.)

　연구실 밖으로 뛰어나가는 유나와 도현.

S#7. 복도
　둘은 복도를 달려 복도 끝의 엘리베이터를 탄다.

S#8. 복도
　엘리베이터에서 내린 뒤 둘은 폭파장치가 있는 곳으로 달려간다.
달려가던 중 넘어지는 유나. 그 사이 경비원이 쫓아오고 둘은 이

경비원과 몸싸움을 벌인 뒤 폭파장치가 있는 곳으로 다시 달려간다.

S#9. 폭파장치 근처
　폭파장치 근처에 도착하지만 폭파장치에 가까이 가기 위해서는 보안장치를 해제해야 한다. 보안장치 내부에 있는 여러 색의 선들.

도현　(한숨을 쉬며) 아... 이걸 진짜.. 어떡해야 되는 거지
유나　(망을 보며) 무슨 일이에요?
도현　(잠시 고민하다가) 유나 씨, 제일 좋아하는 색이 무슨 색이에요?
유나　(어리둥절해하며) 저요? 빨간색인데... 왜요?
도현　한석이가 저흴 도와줄 거라고 믿어요. (빨간 줄을 단숨에 끊어버린다. 기적처럼 해제되는 보안장치)

S#10. 폭파장치 앞
　보안장치를 해제한 두 사람은 폭파장치 앞으로 달려간다.

도현　이게 폭파장치예요. 이걸 누르고 1분이 지나면 이 기지는 폭파되는 거죠. 유나씨가 누르세요.
유나　그래도.. 돼요?
도현　(고개를 끄덕인다.)
유나　(폭파장치를 누르고 폭파장치의 초시계가 움직인다.)

　재빨리 뛰어 기지를 빠져나오는 두 사람.

- 주제 : 성형, 그것이 알고 싶다
- 자료 조사

거울을 보면 한 번쯤 드는 생각, 남자친구의 반대와 갈등, 각종 이슈가 되는 연예인들의 성형고백 등 한 건물에 몇 개씩이나 들어서는 병원들..

아름다워지고 싶은 본능이 있다면 누가나 한 번쯤 생각해 보고 고민해 봤을 것이 성형이다.

성형수술이라는 것이 처음 등장했을 때보다 더 다양해지고 더 많이 보편화되어 버린 지금 미인이라는 상대적인 기준을 절대적인 기준으로 바꾸어 버린 현재의 우리들이다. 이 절대적인 기준은 서구화의 영향 아래 생겨 버린 전형적인 미인의 공식과 실체이다. 과연 이 전형적인 미인의 공식과 실체는 무엇이며 성형에 대한 내면적 심리는 어떠한지 파헤쳐 보기로 하자.

요즘 세계가 찾고 있는 매력의 기준은 무엇일까? 그것은 바로 동양적 매력이다. 우리는 세계 패션 무대에서 이런 추세를 쉽게 찾아볼 수 있다. 바로 각종 모델 랭킹의 상위권을 바로 동양인 모델들이 선점하고 있다는 점이다. 이렇게 세계가 현재 동양적인 미를 바라보고 있는 지금 이 순간, 동양 국가 중의 하나인 우리나라에서의 미는 정작 어떤 것들이 존재할까? 모습으로 나타나는지 알아보자.

세계에서 바라보는 동양적인 미의 기준은 가로세로 비율이 1 : 3 정도에 쌍꺼풀이 없고 갸름하지 않은 턱과 넓은 이마를 가진 얼굴이라고 하는 것이 설문조사를 통한 결과에 나타났다고 밝혀졌다. 그러나 정작 동양 국가인 한국 안에서는 거꾸로 서구화의 영향으로 대중과 매스미디어로 인해 비현실적인 미의 기준을 만들어 내어 지금 한국 안에서의 미의 기준은 달랐다. 세계의 시선과는 불일치하는 이들, 우리 한국의 미의 기준은 세계가 주목하는 미의 기준과는 달리 조금 더 큰 눈과 오똑하게 각이 선 코를 대중들은 원한다는 것이다. 그 예로 미인의 대명사로 꼽히는 연예인들을 통하여 그 정확한 기준을 세워 보았다. 가장 먼저 가로 세로 얼굴에 차지하는 눈의 비율이 1.5배 정도로 더 크게 굉장히 높게 측정되었고 코와 입술이 이루는 비수각 또한 평균 86.9임에 비하여 미인들은 95~100정도로 더 높게 나왔다. 또한 넓고 펑퍼짐한 턱이 아닌 갸름하면서도 볼록하고 짧은 흔히 말하는 V라인의 턱을 가졌다. 이러한 기준들에 갖춘 얼굴은 1:1:1의 비율이 아닌 1:1:0.8의 비율을 가지게 된다. 이렇듯 우리 한국에서 정작 사람들이 원하는 미의 기준은 바로 위에서 말한 비율, 즉 동안의 비율을 말하는 것이었다.

그렇다면 이런 미의 기준을 생각하고 있는 한국인들은 자신 스스로의 아름다움을 어떻게 평가하고 있을까? 도브에서 실시한 설문조사 결과에 의하면 정작 본인이 아름답다고 생각하는 사람은 1%만이 스스로를 아름답다고 생각하는 것으로 밝혀졌다. 그리고 아시아 여성 중 한국 여성이 성형 수술에 가장 큰 관심을 보였다. 우리가 실시한 설문조사에 응한 학생들 모두가 자신이 멋있다거나 예쁘다고 생각하지 않는다고 대답하였고, 이유는 자신의 얼굴에서 단점을 하나씩 지적하며 그 단점 때문에 자신의 외모에 만족하지 않는다고 설명했다. 또 그 단점 때문에 성형을 생각한 적이 있었고 그 중에는 실제로 성형 사실을 밝힌 학생들도 있었다. 매스미디어에서 비춰지는 아름다운 외모의 연예인들과 성형 사실을 공개함으로써 아름다워진 연예인들을 보며 성형에 대한 생각을 계속 하게 되고 이런 것을 전달하는 매스미디어가 성형을 부추기고 있다는 생각을 하고 있는 학생도 있었다. 성형에 대해 어떻게 생각하느냐는 질문에도 모두 긍정적인 생각을 가지고 있었다. 왜냐하면 성형을 함으로써 자신의 단점을 보완해 자신감을 얻게 된다는 이유도 있었지만 사회에서도 보기 좋은 아름다운 얼굴을 선호하는 추세라 성형을 해서 좋은 일자리를 얻는 것에 도움이 되는 경우를 많이 봐 왔기 때문이었다. 이 외에도 학생들이 최고의 미인이라고 생각하는 연예인들은 성형외과를 방문하는 사람들에게 제공되는 서구적인 또렷한 이목구비를 가지고 있는 연예인의 이름을 언급하는데, 이로써 미의 기준이 동양적인 매력은 배제되어 있다는 것을 알 수 있었다. [→첨삭 : 동양적 미의 기준에 대해 자세히 언급해야 함.]

　이런 한국에서는 세계가 바라보는 동양적인 매력을 찾지 못하고 있다. 위에서 말한 서구화의 영향으로 만들어진 비현실적인 미의 기준에 자신의 외모를 바꿔서 맞춰가려는 추세이다. 이렇게 이상화된 미의 기준 안에서 살아가는 사람들이 성형을 하고 정답 없는 기준에 자신의 외모를 맞추려는 지금 우리는 이 기준이 과연 올바른 것인지 다시 한 번 고려해 볼 필요가 있다.

사례 2a | 학생 작품

#1. 한국의 모델들

내레이션　최고의 모델 셋이 한 자리에 모였다. 세계 유명 패션쇼의 단골 게스트 한혜진, 화보 촬영 섭외 1순위 장윤주, 그리고 세계 모델 순위 19위인 혜박……

내레이션　요즘 패션모델들에게는 몸매보다 얼굴이 우선이다. CF와 화보촬영이 주를 잇고 얼굴 전체가 곧 상품이 되기 때문이다./

내레이션　이 세 사람의 얼굴에는 공통점이 있다. 각진 턱과 불거져 나온 광대뼈, 쌍꺼풀이 없는 작고 치켜 올라간 눈, 그리고 그다지 높지 않은 코……

내레이션　어쩌면 우리 주변에서 흔히 봄직 한 아주 평범한 얼굴들이다. 하지만 전 세계 미용전문가들은 이들의 얼굴에 대해서 찬사를 쏟아붓고 있다.

내레이션　과연 우리도 이들의 얼굴을 미인이라 생각할까?

[→첨삭 : 비디오 또는 오디오에서 어떻게 처리할 것인지를 밝혀 주어야

함. 가령 내레이션으로 처리한다면 '내레이션'이라는 지시를 넣어
주어야 함. 그리고 내레이션마다 배경 이미지가 달라지는 점을
고려해서 어떤 이미지를 삽입할지를 제시해 주어야 함.]

#2. ○○대학교 캠퍼스
MC 혜박, 장윤주, 한혜진이 아름다운 얼굴이라 생각하십니까?
남자1 다들 못생기지 않았어요? 네 동양적인 매력이 있어요.
여자1 (고개 끄덕이며) 네. 자신만의 매력을 당당하게 표현할 줄 알고,
그리고 한혜진씨 같은 경우는 보기에도 누가 봐도 예쁘잖아요.
여자2 네. 동양인만의 특유의 골격과 생김새가 있는데 그것이 저는
매력적이라고 생각합니다.
여자3 아름다운 얼굴인데 예쁜 얼굴은 아닌 것 같아요.

#3. 연구소 내부
조용진 / 한남대 얼굴연구소 소장 (손으로 얼굴을 만지며) 얼굴 가로가
1 : 1.3. 이것이 우리 한국인의 얼굴을 구성하는 아주 기본적인
특징이었습니다.

#4. 한국인의 평균 얼굴 사진
내레이션 그렇다면 한국 여성의 평균 얼굴은 어떤 모습일까? 한국형의
평균 얼굴과 미인형 얼굴은 차이가 있다.
조용진 눈이 작은데 쌍꺼풀이 있는 형을 좋게 보고 있고, 눈썹이 쳐지고
약간 흐린 편인데 눈썹이 약간 진하고 길고 치켜 올라간 눈썹을
좋게 보고 있고 또 입이 작은 편인데 입이 큰 형을 좋게 보고
있는 겁니다.

#5. 얼굴동상이 있는 실험실 내부
내레이션 왜 사람들이 선호하는 미인형 얼굴은 우리의 평균 얼굴과는
완전히 반대일까? 그 대표적인 예가 쌍꺼풀이다.
조용진 여자의 경우에 68%가 쌍꺼풀이 없는데 거의 세계에서 가장

높은 수준에 속합니다.

MC　(의아해 하며) 그런데 실제 거리를 다니다 보면 쌍꺼풀 있는 사람이 많이 있던데요?

조용진　(머쓱하게 웃으며) 그렇죠. 수술하신 분들이 그만큼 많겠죠.

#6. ○○대학교 캠퍼스

(인터뷰)

MC　자신의 얼굴에 만족합니까?

남자1　아니오. 저는 만족하지 않습니다.

여자1　아니오.

여자2　아니오.

여자3　아니오.

MC　만족하지 않는다면 왜 그런가요?

남자1　제가 약간 미간이 넓은 데 그게 조금 불만족스럽습니다.

여자1　마음에 안 드는 부분이 거울을 볼 때마다 발견돼요.

여자2　음. 제 자신이 어느 한 부분이 못생겼다고 생각하기 때문입니다.

여자3　얼굴이 너무 커요. (웃는다.)

MC　자신의 얼굴에서 가장 마음에 드는 부분은 어디입니까?

남자1　저는……. 글쎄요. 마음에 드는 부분은 생각한 적 없는데…….
　　　(눈웃음 지으며) 눈이라고 생각합니다.

여자1　마음에 드는 부분이요? (귀엽게) 눈?

여자2　눈이요.

여자3　눈이요.

MC　그 이유는 무엇입니까?

남자1　제 뭐가 그. (카메라 보며) 매력 있지 않아요?

여자1　웃는 상이어서

여자2　눈에만 쌍꺼풀 수술을 했기 때문입니다.

여자3　저도 한 번의 수술을 통해서 굉장히 매력적인 눈을 가졌다고 생각합니다.

MC　자신의 얼굴에서 가장 싫은 부분은 어디입니까?

남자1 아까도 말했다시피 미간이 가장 마음에 들지 않습니다.

여자1 어……. (턱 만지며) 얼굴형이요.

여자2 코요.

여자3 뭐 눈, 코, 입이 싫은 것은 아닌데요. 얼굴 크기가 싫어요.

MC 그 이유는 무엇입니까?

여자1 턱에 살이 많아서.

여자2 코가 너무 크기 때문입니다.

\#7. 연구소 내부

(인터뷰)

조용진 (웃으며) 우리 한국인에게 많이 있는 특징, 즉 유전적 특징이 잘 발현된 곳 이 부위를 우리 한국인이 집중적으로 만족하지 않는 다 이렇게 말할 수 있겠네요. 25세 26세까지 얼굴형이 만들어지면 그 이후에는 거의 변하지 않는데 그 변하지 않는 얼굴에 대해서 늘 만족하지 못하고 일생을 살아가야 되는 겁니다.

\#8. ○○대학교 캠퍼스

(인터뷰)

MC 성형을 희망하십니까?

남자1 할 수 있다면 하는 것도 좋죠.

여자1 하고 싶긴 해요.

여자2 더 희망하지는 않아요.

여자3 필요하면 희망은 하는데 보형물 넣고 하는 것이 일단 겁나요.

\#9. 성형수술 상담을 마친 후 친구의 집

(웃음소리 들리면)

내레이션 상담을 마친 후 은희 씨는 사흘 전 턱수술을 받은 한 친구를 만났다. 붓기로 인해 제대로 말조차 할 수 없는 상태인데.

친구 뭐!

은희 씨 (웃으며 친구를 가볍게 친다) 그 만화영화 같은데 나오는
친구 웃기지마. 실밥 터져.
은희 씨 (웃으며) 아 진짜 아프겠다.

친구 피호스 뽑을 때 죽는 줄 알았어.
은희 씨 (손으로 입을 가리키며) 호스를 어디서 뽑아?
친구 (손을 저으며) 진짜 싫어. 진짜 싫어.
은희 씨 (친구를 바라보며) 안쓰럽다.
친구 너도 할 거잖아.
은희 씨 안쓰러운데 하고는 싶어. (전화벨 울린다.)
친구 (손으로 그 때 상황을 묘사하며) 자기도 할 거면서……. 너는 내가
　　　　이렇게 피 호스를 꽂았는데도 하고 싶냐. (핸드폰 쳐다보며) 독한 년
MC 아니 그렇게 아픈데 왜 했어요?
친구 (머리 만지며) 예뻐지려고요
은희 씨 (머리 끄덕이며) 그렇지 예뻐지려고요.

#10. 동양인의 얼굴에서 서양인의 얼굴로 바뀌며
내레이션 우리가 태생적으로 갖고 있지 않은 서양인의 얼굴에 가까운
　　　　이목구비, 이것이 대중이 닮고자 하는 미인의 기준이다.

#11. 성형외과 내부
이승철 / 성형외과 전문의 (손으로 화면을 가리키며) 저런 얼굴 조화와
　　　　균형을 일반인이 가지기에는 굉장히 어려운 건 사실이죠.
김병건 / 성형외과 전문의 환자분들이 희망하는 것은 단일화된 목표
　　　　쪽으로 희망하는 것은 사실이에요. 큰 눈, 오뚝한 코, 전국의 모든
　　　　사람이 쌍꺼풀이 있는 게 예쁘다고 느끼는 시대가 됐어요.

#12. 연구소 내부
조용진 어떤 얼굴이 좋은 얼굴이냐는 살아가면서 경험과 학습에 의한
　　　　것이라고 볼 수 있죠. 자기가 늘 대했던 얼굴의 누적상이 뇌에서

기준으로 작용하는 거죠.

#13. 성형 고백한 연예인들 방송화면
내레이션 2000년 이후 연예인들의 성형고백이 붐을 이뤘다. 성형고백
과 함께 매스미디어에서는 자연스럽게 성형을 조장한다.

#14. ○○대학교 캠퍼스
(인터뷰)
MC 매스미디어를 보고 성형을 생각해 본 적이 있습니까?
남자1 네. 주변에서 권유도 많이 했고, 그래서 상담하러 한번 간 적이
있어요.
여자1 네. 생각 많이 해 봤죠.
여자2 네. 연예인들의 성형소식이나 주로 연예인들의 그 예쁜 눈들을
보면 성형수술을 하고 싶단 생각이 있었는데 그래서 저는 성형수
술로 눈을 하게 됐습니다.
여자3 완전 많지요. 매스미디어는 성형을 부추긴다고 생각합니다.
MC 성형에 대해서 솔직한 생각을 말씀해 주세요.
남자1 뭐 잘생겨지고 싶어지거나 예뻐지고 싶어 성형을 해도 저는 문제
가 없다고 생각합니다. 근데 성형을 한다는 게 일단 얼굴에 칼을
대는 거니까 후회하지 않을 정도만 자신이 컨트롤 하고 노력한다
면……. 뭐 예뻐지고 잘 생기면 좋은 것 아닌가요? 네 긍정적입
니다.
여자1 자신만 만족할 수 있다면 생각에 따라 하는 것이 자유롭고 좋다
고 생각합니다.
여자2 (뒷짐 지며) 저는 성형을 더 희망하진 않지만 부정적으로 생각하
지 않습니다. 왜냐하면 요즘은 외모가 외무지상주의의 그런 생각
들도 있지만 요즘엔 외모가 어느 정도 받혀 줘야지 취업하기도
쉽고 뭐 그런 점들이 있기 때문입니다.
여자3 저는 성형이 굉장히 좋다고 생각을 하고 있어요. 성형으로 인해
서 사람들이 자신감도 많이 충만해지고 그래서 성형에 대해서

나쁜 생각으로 말하는 것은 아닌 것 같아요.

MC 우리나라 최고의 미인은?

남자1 음. 아무래도 자연미인인 한가인이 최고의 미인이라고 생각합니다.

여자1 전 배우 고 장진영 씨라고 생각합니다. 외모뿐만 아니라 정신적
으로도 굉장히 아름다우신 분이기 때문에. 그런 분은 또 다시
없을 것이라 생각합니다.

여자2 전지현이라고 생각합니다. 그 수수한 얼굴과 동양적인 조화가
어울린다고 생각하기 때문입니다.

여자3 저는 미인은 이미숙 씨나 전지현 씨, 이효리 씨? 각자의 이효리
씨는 예쁘기도 하고 섹시하기도 하고 전지현 씨는 굉장히 아름다
운 얼굴이에요.

#15. 광화문 우체국 위의 대형 TV

　연예인들의 성형고백을 통해 많은 여성들은 성형을 하면 예뻐진다
는 공식에 세뇌 당하게 된다. 그리고 그 뒤에는 꼭 누구처럼이라는
기준이 붙는다.

#16. 이윤미 씨 집 내부

MC 성형비용은 얼마나?

이윤미 / 32세 유치원교사 정확히 3천만 원 정도. 시집갈 돈 다 털었어
요. (웃으며) 저 지금 아무것도 없어요. 한 10년 좀 안 되게 적금을
부었던 것 같아요. 20살 초반부터 직장생활을 했으니까……. (당
당한 표정으로) 저는 전혀 아깝다고 생각 안 해요. 그만큼 제가
저에 대해서 당당해졌고…….

#17. P양의 방

　소개팅을 마치고 집에 온 P양 [→첨삭 : 그 상황을 간결하게 이미지로
보여줄 필요도 있습니다]

　침대 위에서 핸드폰을 들고 멍하니 있다. 아무런 울림이 없는 핸드
폰.......

P양 침대 위에서 문득 거울을 들어 자신의 얼굴을 본다.

P양 (거울을 보며) 아 내 눈은 왜 이렇지? 광대뼈는 왜 이렇게 튀어
나온 거야……. 코는 왜 이렇게 낮지, 정말 마음에 드는 남자였는
데……. (울음을 터뜨리며) 난 왜 이렇게 태어난 거야……. (소개팅
상황이 원인이 될 수 있으니, 그 상황을 묘사하여 보여 주는 것이
좋겠죠)

#18. ○○대학교 캠퍼스 안
P양 (벤치에 앉으면서 깊은 한숨 쉬며) 휴……. (다짐하듯이) 그래.
성형을 해야겠어. 현영이나 양미라처럼 나도 성형을 하면 자신감
도 생기고 남자에게 더 이상 차이는 일도 없을 거야. 내가 예뻐지
는 길은 이 길밖에는 없어. 모두들 나를 꼬시려고 안달이 나겠지.
맞아, 내 생각이 옳아.......

갑자기 천사가 나타난다.

천사 아니야 아니야, 그건 너만의 개성을 망치는 길이야. 사람마다
각자 개성이 다 다르고 모습이 다른 데 획일적인 미의 기준에
너를 맞출 생각이야?

갑자기 악마가 나타나며

악마 말도 안 되는 소리지. 너만의 개성? 홋, 웃기지도 않아. 그딴
것 누가 알아주기나 해? 평생 모태솔로로 살 거야? 하하하 남자들
예쁜 여자들 보면 침을 질질 흘리잖아. 너도 그렇게 될 수 있어.
네가 바로 남자들의 우상이 되는 거지!
천사 그런 남자는 만날 필요도 없어. 너만의 매력을 알아주는 남자가
나타날 거야. 너는 정말 매력적인 아이야. 그리고 만약 성형을
한다고 해도 돈은 어떻게 마련할거니? 다시 한 번 생각해봐.

악마 너만의 매력을 알아주는 남자? (크게 웃으며) 그런 남자는 없어. 돈은 대출을 받아서 해결하면 되잖아. 대출 받아서 예뻐진 다음에 돈 많은 남자 만나서 결혼하면 되지. 그다음에 남자한테 대출 받은 것 갚아달라고 그래.

천사 그러지 말고, 성형보다는 내면의 미를 쌓는 것은 어떨까? 열심히 공부도 하고, 지식을 쌓고, 너의 일에 최선을 다하는 거야. 넌 충분히 할 수 있고, 그럴 능력을 가지고 있는 사랑스러운 아이야.

악마 이 무식한 천사놈아. 너나 공부 좀 해라. 보이지도 않는 내면의 미를 쌓아서 뭐하냐? 얼굴이 예쁘지 않으면 취직도 안 되는 사회인데. 언제까지 이상 속에서 허우적거릴 거냐.

천사 (언성 높이며) 뭐라고 이놈아! 죽을래?

악마 (놀리듯이) 죽여라 죽여, 이 무식한 천사놈아 하하하

천사와 악마 싸우기 시작한다.

P양 (짜증내듯이) 아 시끄러워. 이것들이 장난하나? (단호하게 주먹을 쥐며) 그래. 결심했어!

#19. 어느 연구실 안

이참 / 한국 거주 30년 카메론 디아즈라고 있죠. 각진 얼굴이고 사각형 비슷한 얼굴입니다. 그런데도 상당히 매력적이거든요. 그리고 조 디포스터도 있고 기네스 펠트로도 있고. 남들이 예쁘다고 생각하는 거는 내가 예쁘다고 생각할 필요는 없거든요. 그것은 어떤 아름다움의 기준을 어디에 두느냐 그거죠. 그런데 저는 동양적인 맛이 쌍꺼풀이 없는 눈의 매력이 있거든요. 그래서 눈은 좀 작아도 상당히 깊이 있고 보면 볼수록 질리지 않거든요. 이번에 미스 유니버스도 일본사람과 우리 한국 사람도 4위까지 했는데, 보면 세계적인 미적 감각이 오히려 동양적인 방향으로 나가고 있고 우리는 반대로 서양 쪽으로 가려고 하는 부분이 있는데.

#20. 모델 워킹

내레이션 한국인이 스스로 콤플렉스라고 생각하고 고치려고 하는 얼굴
의 특징들. / 길게 찢어진 눈, 튀어나온 광대뼈, 작은 입. 이것은
또 하나의 미의 기준이 되고 있다. / 하지만 여전히 많은 여성들이
선망하는 미인의 표본은 대표적인 연예인들의 얼굴이다. / 쌍꺼풀
진 큰 눈, 서양인에 가까운 높은 코, 짧고 갸름한 턱. 한국인에게
드문 얼굴형을 닮고 싶어 하는 것이다. [→첨삭 : 시퀀스를 나누어
서 관련 이미지를 제시해 주는 것이 좋음.]

#21. 한국인의 얼굴형
[→첨삭 : 어떤 이미지 자료 위에서?]
내레이션 언제까지 우리는 나의 얼굴이 아닌 남의 얼굴을 사랑해야
하는 것일까?

#22. 얼굴동상이 있는 실험실 내부
조영진 / ○○대 얼굴연구소 소장 생래적인 우리 모습, 이런 모습을
미인으로 보지 않고 한국인 중에 극히 드문 형, 이런 아주 좁은
그런 얼굴을 미인의 기준으로 머릿속에 정해 놓고 불만족을 가진
채 오늘도 내일도 10년, 20년 후에도 계속 살아가야 되는 거죠.

#23. 외국인 집 안
제니포프 (카메라 가리키며) 어디 가서 아시아 모습 미워하지 마세요.
진짜로요. 자랑스럽게 나는 아시아 사람이다. (얼굴 가리키며) 내
모습 이거에요. 나 같은 얼굴이 이 나라에서 절대 없을 거야. 그
생각해야죠.

#24. 연구소 안
이참 나만의 얼굴, 나만 가지고 있는 것이 그것 가지고 매력을 만들
생각을 하는 것이 올바르다고 생각해요. 결론은 사람마다 매력
있어요.

#25. 웃는 모습이 아름다운 사람들의 모습들
[→첨삭 : 어떤 이미지인지 자세히 설명할 필요 있음.]

내레이션 쌍꺼풀이 있든 없든, 코가 높든 낮든, 너희는 모두 아름다워.
     서로 다르니까…….

#26. 도서관 안
   책상에 앉아 열심히 공부하고 있는 P양
   [→첨삭 : 내레이션이 필요한 장면임.]
   때마침 핸드폰에 문자가 온다. 확인 후 미소 짓는 P양. 짐을 챙기고
도서관 밖으로 나간다.
   [→첨삭 : 내레이션이 필요한 장면임.]

#27. 도서관 밖
   입구에서 기다리고 있는 P양의 남자친구

P양 (웃으며) 나 예뻐? 사랑스럽지?
P양 남자친구 그럼!! 우리 P양이 최고야!! 사랑해!!

   둘이 손을 꼭 잡고 걸어간다.

◦ 주제 : 라이벌
• 콘티

#.프롤로그

0001
라이벌의 모습   // 세상에는 많은 라이벌들이 존재한다.
(막을 여는 비장한 음악)   과거에서부터 현재까지.
0002
사랑의 라이벌모습   // 사랑의 라이벌..
0003
스포츠 속 라이벌모습   // 스포츠 속 라이벌
0004
역사 속 라이벌모습   // 그리고 역사 속 라이벌
0005
군중의 모습   // 누구에게나 라이벌은 있다.
0006
라이벌 사진   // 라이벌이 우리에게 어떤 영향을 미칠까?

〈서브타이틀〉 라이벌 의식 속의 폐해, 비극

〈VCR1〉 #.김연아와 아사다마오

0007
김연아와 아사다마오   // 숙명의 라이벌.
어린시절 경기 모습
0008
두 선수의 프로필(전자효과음)// 나이도 같고 체격도 비슷한 두 선수.

0009

역대 맞대결 결과 자료(전자효과음)

// 아사다마오는 주니어 무대를 휩쓸었으며,
그 당시 김연아는 2위에 머물 수밖에 없었다.

0010

김연아의 훈련 모습 // 김연아는 아사다마오를 보며 피나는 노력
끝에 세계대회에서 빛을 발하기 시작했고
아사다마오와 1위를 다투는 라이벌 상대가 되었다.

0011

김연아 2010벤쿠버 1위 사진

// 김연아는 노력의 결과로 마침내 세계 최강의 자리에 섰다.

0012

2010 벤쿠버올림픽에서 두 선수의 어깨동무 사진(경쾌한 음악)

// 두 선수는 서로를 라이벌로 여기며 선의의 경쟁을 펼쳐 두 선수
모두에게 좋은효과를 가져왔다.
현재 세계 최고의 피겨스케이터로 활약을 하며,
서로에게 라이벌이 있음으로써
그들은 보다 나은 발전을 할 수 있었다.

〈VCR2〉 #. 각종 비리로 얼룩진 국회의원

//그러나... [→첨삭 : 라이벌 재해석 필요]

0013

야당과 여당　　우리나라 정권은 야당과 여당으로 나눠져 있다.

0014

국회의원들의 싸우는 영상 // 두 당은 서로 깎아 내리기 바쁘다.
그래서 우리나라 정치판은 언제나 비판의 대상으로 여겨왔다.

0015

야당과 여당 흑백사진
(비장한 효과음)

// 서로의 존중보다 흠집 내기에만 바쁜 이들.

과연 서로에게 얻는 것은 무엇일까?

0016
두 나라의 국기
(국기 게양 소리)
// 팔레스타인과 이스라엘의 영토 분쟁은 서로를 파국으로 몰고 간다.
자신들의 종교를 가지고 서로를 몰아내야 하는 라이벌의 관계.
0017
전쟁영상   // 서로 배타적인 종교를 가지고,
                            역사를 반목과 질시로 이어온 그들은
                                 상대를 죽이지 않으면
                           자신이 죽는 극단적인 경쟁의 상황에 놓인다.
0018
비극의 모습

                             // 2차 세계대전 이후 서구 열강의
                      일방적인 팔레스타인 지역의 이스라엘 건국은
                      팔레스타인인들이 거주지를 잃는 비극을 낳았다.
                        유엔은 강제적으로 팔레스타인 지역을 분할했고,
                            팔레스타인인을 포함한 아랍인들은
                               당연히 이 분할을 거부하였다.
0019
비극사진(비극의 효과음)   // 그리고 아직도 끝나지 않은 갈등.

〈VCR4〉 #. 취업난

0020
청년 실업 보도 뉴스   // 청년 실업 증가.
0021
공부하는 모습   // 소위 말하는 '스펙'을 키우기 위한 노력.

심화된 현상.

취업경쟁 속에 협동과 배려는 찾아보기 힘들다.

0022

입사 경쟁률　　// 좁아진 취업문. 더 이상 친구가 아닌 라이벌.

0023

괴로워하는 모습　　　　　// 라이벌 구도에서 패배한 자들.

이 경쟁 속에서 도태되는 모습이 과연

무엇을 가르쳐 줄까?

〈VCR5〉 #. 라이벌의 치열한 경쟁 영상

// 보통 라이벌에 관한 사람들의 인식은 선의의 경쟁으로써, 서로에게
긍정적인 영향을 미친다고 한다.

0024

운동선수들의 경기도중 패싸움

// 하지만 지나친 라이벌 구도 속에서 서로를 파국으로 몰고 간다.

0025

국회의원들의 싸움　　// 서로를 짓밟고 일어서야 하는 치열한

경쟁이 빈번한 삭막한 현대 사회는

승자독식의 사회다.

0026

각종 전쟁　　　　　// 지나친 라이벌 의식으로 목표 달성을

위해 수단과 방법을 가리지 않는.

0027

각종 전쟁2　　　　// 본능에 집착해 일종의 반칙을 일삼아

상대를 파멸해 간다.

0028

합격한 구직자와 떨어진
구직자의 모습 비교

// 라이벌에게 처절하게 짓밟혀,

도태되어 가는 사람들의 모습을 흔하게 찾아볼 수 있다.

0029
신문에 보도된 취업난 자살기사
// 이 치열한 라이벌 의식과 구도 속에
우리는 라이벌의 의미를 다시 한 번 생각해 봐야 한다.
라이벌.. 어떻게 해석해야 할까?

<VCR6> #. 일반 시민들의 인터뷰
여러 사람을 대상으로 라이벌이 누구냐는 질문을 한다, 다양한 대답
이 나온다.
(질문) 라이벌이 누구세요 ? (대답) 김현태요.

(질문) 김현태가 누군가요 ? (대답) 저희 반 일등 친구에요. 공부 열심
히 해서 꼭 일등 할 거예요 하하하.

(질문) 라이벌이 누구세요 ? (대답) 제 인생에 라이벌은 빌게이츠예요,
제가 제일 존경하는 사람도 빌게이츠구요, 제가 컴퓨터쪽으로 공부를
하는데 반드시 컴퓨터분야에 빌게이츠를 넘어설 거에요, 그리고 돈도
더많이 벌 거예요. 하하하

(질문) 라이벌이 누구세요 ? (대답) 조인성이요. 하하하....
....

#. 에필로그
(잔잔한 음악)
0030
서로 웃는 경쟁자들   // 현재의 경쟁사회에서 우리는 라이벌에
대한 잘못된 인식을 갖고 있다.
0031
김연아와 아사다마오 어깨동무 // 라이벌을 반드시 이기는 것은

중요하지 않다.

0032

정치인들 악수　　　　　　　// 라이벌을 이기기 위해 노력하는
　　　　　　　　　　　　　　　그 과정이 중요하다.

0033

팔레스타인과 이스라엘 협정　// 우리는 라이벌을 우리가 배워야
　　　　　　　　　　　　　　　하는 대상으로 여기고.

0034

어깨동무하고 웃는 사람들　　// 선의의 경쟁을 통해 아름다운
　　　　　　　　　　　　　　　승부를 내는 것이 중요하다.

II. 표현 학습 1

　먼저, 고대 수사학에서 분류된 진술방식을 알아 두자. 고대 수사학자들은 크게 네 가지 진술방식을 언급하였다. 그것은 바로 서사와 묘사, 설명, 논증이다. 이 방식들을 표현의 기초라고 할 수 있다. 네 가지 방식들이 각각 어떻게 다른지를 알아보고, 표현의 기본 능력을 신장시키기 위해 이 진술방식들을 반복해서 단련해 보자.

　서사는 묘사와 함께 수련해 보면서 그 차이를 알게 되면 더 좋다. 또 설명이나 논증은 각각 풀어서 표현하는 일과 명백하고 간결하게 표현하는 일로서 상호 다른 특성을 지닌 방식으로 이해될 것이다.

1. 서사와 묘사

진단할 내용
- 상황과 목적에 맞는 표현 방법을 설정할 수 있다.
- 바르고 정확한 표현을 식별할 수 있다.
- 대상을 관찰한 대로 묘사할 수 있다.
- 일이 일어난 순서대로 기록할 수 있다.

대상의 움직임을 진행 상황에 따라 문자로 옮겨 놓는 표현 방법부터 알아 두자. 눈앞에서 일어나는 사건을 그대로 옮겨 적다 보면 역동적으로 꼼꼼하게 문장을 구성하는 방법을 터득하게 될 것이다. 한편 정적인 이미지를 표현하는 방법이 있다. 대상을 눈에 보는 듯이 실감나게 표현함으로써 독자의 마음을 사로잡을 수 있다.

1) 서사

서사(narrative)란, 사물의 이동이나 변화 등을 시간적 추이에 따라 구체적으로 진술하는 방법이다. 곧 생활 속에서의 행동과 관련된 기술 양식의 하나를 말한다. 서사하기를 연습할 때는 시간의 흐름에 따라 움직임을 진술하는가에 초점을 둔다. 우리가 행동하고 경험한 모든 것까지 확장하여 서사하기를 연습한다.

서사의 단계에는 두 가지가 있다. 하나는 순차적인 진행이다. 사건이 최초로 야기되는 발단에서 사건이 전개되고, 사건이 가장 고조되는 갈등으로 진행하도록 쓴다. 또 하나는 역행적인 진행이다. 다시 말해, 사태 결과를 먼저 제시하고 그 결과에 이르게 된 내력을 역으로 풀어 기술하는 방식이다. 무엇이 어떻게 해서 일어났는지, 그리고 그 일이 어떻게 전개되었는지를 자세히 써야 하는 것이다.

글을 펼치는 방식을 알아보고자 할 때 기행문 또는 답사문을 쓰는 것도 방법이 될 수 있다. 다음과 같은 전개과정을 보자.

- 철수가 공을 찼다.
- 그 공에 말자가 맞았다.
- 말자는 코피가 나서 보건실로 달려갔다.
- 철수는 된통 혼났다.

위의 네 문장들을 보면 인과관계가 보인다. 즉 공을 차서 누군가가 그 공에 맞게 되고, 그와 같은 불상사를 해결하기 위해 보건실로 달려가는 행동이 연결되며, 잘못을 응징하는 결과가 뒤따르는 것을 파악하게 되는 것이다.

아래의 자료는 서사의 방식으로 씨름을 설명한 것이다.

그 두 사람이 씨름을 했다. 그들은 겉옷을 벗어 붙이고 샅바를 맸다. 둘이는 무릎을 꿇고 앉아서 똑같은 모양으로 두 손을 가지고 샅바를 손으로 감아 잡았다. 드디어 천천히 버티며 일어나더니 심판이 손을 떼자마자 검은 샅바의 선수가 들어치기로 상대방을 단숨에 넘어뜨렸다.

아래의 자료는 일상을 관찰하고 서사하기를 연습한 것이다.

작은 아이가 식탁 유리를 깼다. 마침 동네에 유리 공장이 있어서 사장을 만나 부탁을 했다. 그 공장은 규모가 큰 생산 공장이므로 그런 사소한 일을 맡아 하는 곳은 아니었다. 그런데도 사장은 쾌히 승낙을 하고 종업원을 보내 주었다. 그것은 오로지 이웃 동네 분들의 일이기 때문이라 하였다. 여기서 나는 이웃 사랑의 고마움을 느꼈다. 그 종업원은 우리 집에 와서 식탁의 크기를 재고 나서 집안 가구를 둘러보았다. 그러더니 말없이 깨진 유리를 가로 세로로 자르기 시작했다. 잠깐 동안에 고가구

위에 깨끗한 유리가 얹혔다. 웬만한 사람 같으면 따로 부탁을 해도 귀찮아하며 안 해줄 일을 이 종업원은 스스로 알아서 해준 것이다. 나는 여기서도 이웃 사랑의 고마움을 새삼스러이 느낄 수가 있었다.

2) 묘사

묘사(description)란, 지금 여기에 있지 않은 어떤 형상, 직접 겪어 본 일이 없는 경험, 구체적인 숫자나 형태로 나타낼 수 없는 추상적인 느낌을 직접 보거나 느끼는 것처럼 글로 표현하는 방법이다. 다시 말해 대상의 형태, 색채, 감촉, 향기, 소리, 맛 등 감각적인 것을 생생하게 그려 내는 진술방식을 말한다.

묘사하기에는 두 가지가 있다. 하나는 설명적(기술적) 묘사이다. 이 방식은 대상에 대한 상세하고 객관적인 정보를 전달하는 것을 목적으로 한다. 전체적이고 중립적 시각에서 관찰해야 설명적으로 묘사할 수가 있다. 또 하나는 암시적(함축적) 묘사이다. 이 방식은 대상에 대한 관찰자의 인상을 전달하는 것을 목적으로 한다. 특별히 사실에 대한 열거가 아니라 대상에 대한 느낌을 표현하는 방식이다.

묘사하기는 관점에 따라서도 구분된다. 하나는 고정 관점에서 묘사할 수 있다. 대상을 왼쪽에서 오른쪽으로, 밑에서 위로 카메라를 이동하듯이 (PAN) 묘사하는 방식이다. 이와 달리 동적 관점에서 묘사할 수 있다. 즉 공간적 이동과 초점의 변화를 보여주는(Zoom) 방식이다. 대상으로부터 멀리 떨어져서 대상의 전체적인 실루엣에서 부분을 세밀히 진술할 때 이 방식이 사용될 수 있다.

유리컵은 (매끄럽고/딱딱하고/맑다)
유리컵은 얼음 같다.

수많은 말들이 <u>푸른</u> 들판을 달린다.
수많은 말들이 <u>물결처럼 넘실거리며</u> 들판을 달린다.

　이지러졌으나 보름 가제 지난 달은 부드러운 빛을 흔붓히 흘리고
있다. 칠십 리의 밤길 고개를 둘이나 넘고 개울을 하나 건너고 벌판과
산길을 걸어야 된다. 길은 지금 산허리에 걸려 있다. 밤중을 지난 무렵인
지 죽은 듯이 고요한 속에서 즘생 같은 달의 숨소리가 손에 잡힐 듯이
들리며 콩포기와 옥수수 닢새가 한층 달에 푸르게 젖었다. 한 허리는
왼통 메밀밭이어서 피기 시작한 꽃이 소금을 뿌린 듯이 흐뭇한 달빛에
숨이 막혀 하얗다.

- 이효석, 〈모밀꽃 필 무렵〉중에서

　위의 예문들을 보는 바와 같이 색채어를 넣거나 시 · 청 · 촉 · 후각적
표현들을 통해 표현하고자 하는 대상을 실감나게 묘사할 수 있다. 대상을
묘사하는 주체의 감정이나 태도가 독자에게 어떤 영향을 주는지를 생각해
보면 묘사 능력이 향상될 것이다. 그러므로 묘사든 서사든 작가가 독자를
배려하는 마음씨에 의해 그 효과를 알 수 있는 것이다.

2. 설명

진단할 내용
- 상황과 목적에 따라 의사소통 유형을 식별할 수 있다.
- 상황과 목적에 따라 의사소통 방식을 선정할 수 있다.
- 대상의 속성과 용도 등을 자세히 기술할 수 있다.
- 대상을 다각적 관점에서 설명할 수 있다.

필자(또는 말하는이)는 독자(또는 듣는이)에게 지시를 하거나 명령할 때 자신의 생각을 자세히 전달하게 된다. 이때 상황과 목적에 따라 여러 가지 유형으로 설명할 수 있다. 어떻게 설명하는 것이 효과적인지를 고려하다 보면, 일상 국면에서 대인관계능력을 점검하게 되고 갖가지 특수한 상황에서 문제 해결 전략을 터득하게 될 것이다. 그래서 설명이란, 어떤 대상이나 문제를 쉽게 풀이하거나 사실을 해명하는 방식으로, 이해를 목적으로 한다.

1) 설명의 유형

(1) 확인, 지정

대상을 손가락으로 가리키듯 지정하거나 확인하는 설명 방법이 있다.

(예) 이순신은 명장이자 효자였다.

확인 유형은 손가락으로 어떤 사물이나 사실을 가리키며 말하듯 있는 그대로 일러 주는 것으로, 설명 방식 중 가장 직접적이고 단순한 특징이 있다.

(예1) 축구는 과학이다.(중앙일보)

(예2) 이것은 책이다. 저것은 학교다

(예3) 현미는 키가 제일 크고 똑똑한 여학생이다.

(예4) 복장 자율은 남들을 크게 눈살 찌푸리게 하지 않는다면 형식에
　　 얽매이지 않고 아무 것이나 입어도 된다는 뜻이다.

(예5) 마마 보이는 부모의 영향력에서 벗어나지 못하는 성년을 말한다.
　　 그런데, 그것은 어머니와 아들에 국한된 문제가 아니다.

위의 예문들을 보다시피 "A=B"와 같은 구조로 진술되는 방식이 확인(지정)이다. (예4)와 (예5)는 정의 방식으로 보이기도 하지만 주관적 관점 내지는 주관적 해석에 의한 진술이기 때문에 개념을 정의한 진술로 보지 않는다. (예3) 또한 '제일'이라는 부사어의 애매한 의미 때문에 개념 정의로 보기 어렵다.

(2) 정의

화제의 의의나 용어의 개념, 사물의 뜻을 밝혀 앞으로 전개할 주제의 방향이나 범위에 대해 알려 주는 방식을 '정의'라고 한다. 즉, 어떤 말이 가지고 있는 뜻을 풀이해서 설명하는 방법이다. 이 진술에서는 개념의 피정의항과 정의항이 일치되는 관계가 나타난다. 아래의 예문들처럼 피정의항과 유개념 사이에 종차가 삽입됨으로써 개념이 명백하게 드러난다.

(피정의항), (종차), (유개념)의 관계로 정의문이 진술된다.

(예1) <u>인간은 이성적인</u> 동물이다.

(예2) <u>화성암은</u> 용암이 지표면에 식고 굳어서 된 것이다.

(예3) <u>행복이란</u> 우리가 그것을 인식하고 있는 순간에만 존재하는 감정이
　　 다.(국민일보)

(예4) <u>사형은 그 사회 구성원의 약속으로 한 인간의 목숨을 빼앗는</u> 제도이다.

(예5) 인간은 이성적 동물이다.

(예6) 백색 왜성이 계속해서 중력 붕괴를 일으키면, 별의 내부 밀도가 점점 높아져서 결국 활발하게 운동하고 있던 전자와 원자핵 안의 양성자가 압축되어 중성자로 변한다. 이처럼 중심핵이 중성자만으로 이루어진 별을 '중성자 별'이라 한다. 중성자별은 1934년에 스위스 태생의 천문학자 츠비키와 독일 태생의 천문학자 바데 등에 의해 이미 그 존재가 예언되었다.

중성자별은	중심핵이 중성자만으로 이루어진	별이다.
하위개념(종개념)	개념 차이 설명(종차)	상위개념(유개념)
(피정의항)	(정의항)	

※지정, 정의 비교

(가) 대한민국은 민주 복지 국가다.

(나) 민주 복지 국가란 국민이 주권을 가지고 국민의 힘으로 국민 전체의 행복 추구를 목적으로 하는 나라이다.

(가)는 '대한민국'을 지정한 글이고, (나)는 '민주 복지 국가'라는 단어의 뜻을 밝힌 글로서 정의에 해당한다. 여기서도 알 수 있듯이 정의는 대상이나 용어의 범위, 개념을 규정지음으로써 그 본질적 속성을 명확하게 이해시키려는 설명 방식이며, 지정은 대상이나 단순한 사실을 확인시킴으로써 관심을 제고하거나 다음 내용을 진술하기 위한 기초로 삼으려는 설명 방식이다.

정의항에서는 피정의항의 상위 개념을 포함하고 있어야 하고, 정의항의 외연은 피정의항의 외연과 일치해야 한다. 가령, 삼각형은 평면도형들 가운데 하나로 설명되어야 맞다.

- 삼각형이란 세 개의 직선으로 이루어진 도형이다. (×)
- 삼각형이란 세 개의 직선으로 둘러싸인 평면도형이다. (○)

또 정의항은 피정의항 개념의 본질적인 속성을 진술해야 한다. 고무나 가죽으로 만든 물건 전체를 '신발'이라고 부르지는 않는다.

- 신발이란 고무나 가죽으로 만든 물건이다. (×)
- 신발이란 발에 신고 걷는 데 쓰이는 물건이다. (○)

아래와 같이 피정의항의 개념을 정의항에서 반복적으로 사용해서는 안 된다.

- 사회학자는 사회를 연구하는 학자이다. (×)
- 사회학자는 사회의 온갖 현상, 구조, 질서, 변동 등에 관한 원리나 법칙을 연구하는 학자이다. (○)

긍정적으로 표현할 수 없는 특별한 경우 외에는 정의항을 부정적으로 표현해서는 안 된다[4].

- 아버지란 어머니가 아닌 남자 어른이다. (×)
- 아버지란 자식을 가진 남자이다. (○)

---

[4] 긍정적으로 표현할 수 없는 특별한 경우는 '불사조'나 '무인도'를 통해 알 수 있다. '불사조란, 죽지 않는 새를 말한다.', '무인도란, 사람이 살지 않는 섬을 말한다'와 같이 피정의항에 부정적인 의미가 들어 있는 경우는 정의항에 부정적 표현이 선택된다.

아래의 문장과 같이 애매하거나 비유적인 말로 정의해서는 안 된다.

　시란 세계를 가장 아름답게, 가장 인상적으로 드러내는 표현 방식이다. (×)

　위의 문장은 '가장 아름답게, 가장 인상적인'의 기준이 모호하므로
다음과 같이 수정되어야 한다.

　시란 모든 사물과 현상에 대하여 일어나는 생각이나 느낌을 운율이
　느껴지는 말로써 표현해 놓은 문학 양식이다. (○)

(3) 비교와 대조

　비교는 둘 이상의 사물이나 현상 등을 비겨서 공통점을 설명하고, 대조는
둘 이상의 차이점을 찾아 설명하는 방법이다.

(예1) 인간도 무리를 짓고 살지만 다른 동물들도 무리를 짓고 사는 경우
　　　가 많다. (비교)
(예2) 인간의 집단은 체계가 있으므로 사회라 하고 동물의 집단은 군집
　　　이라 한다. (대조)
(예3) 축구 선수가 한 게임 뛰었을 때의 에너지 양과 야구 선수가 한
　　　게임 뛰었을 때의 에너지 양은 다르다. (대조)
(예4) 사스는 초기에는 감기, 몸살과 비슷한 증상이 있다. 열이 38도
　　　이상 오르고 기침, 오한, 두통, 근육통, 숨가쁨 등 전형적인 호흡기
　　　질환의 특징을 보인다. (문화일보, 비교)
(예5) 진달래가 꽃바구니 둘러맨 시골 봄처녀와 어울린다면 튤립은 네덜
　　　란드 고성(古城)과 공주에 더 잘 어울린다. (문화일보, 대조)
(예6) 고교생이나 중학생이 모두 입시에 매여 사는 것이 안타깝다. 그렇

지만 고등학생은 발등에 불이 떨어져 다른 곳에 눈 돌릴 사이가 없다면, 중학생은 다소 여유가 있는 편이다. (비교)

(예7) 독일의 통일은 하루 아침에 이루어진 것이 아니다. 패전국이면서도 강대국 사이에 민족 동질성을 잃지 않으려는 노력을 지속하여 왔다. 그러나 우리는 강대국의 이해 앞에서 참혹한 민족 전쟁을 치렀고, 그 적대 관계를 아직도 청산하지 못하고 민족을 서로 '적'으로 보며 반세기를 살아 왔다. (대조)

(4) 분류와 구분

분류는 둘 이상의 사물들을 종류별로 가르는 방식으로 하위 개념을 상위 개념으로 묶는 방법이고, 구분은 그 반대 방향으로 상위 개념을 하위 개념으로 나누는 방법이다. 아래의 예들을 통해 확인해 보자.

(예1) 한국어, 몽고어, 만주어, 일본어는 알타이 어다. (분류)
(예2) 체언에는 명사, 대명사, 수사가 있다. (구분)

분류	하위 항목 → 상위 항목	둘 이상의 대상을 종류별로 나누는 설명 방식
구분	상위 항목 → 하위 항목	

(예3) 여성은 폐경기가 되면 별다른 이유 없이 얼굴이 달아오르거나 특별한 일이 없는데도 우울해 하는 등 이런 저런 고통을 받는다. 이런 증상을 통틀어 '갱년기 증후군'이라고 한다.(동아일보)
(예4) 한국어, 몽고어, 퉁구스어는 알타이어족에 속한다.
(예5) 청소를 잘하는 학생, 친구 사이가 좋은 학생, 학급 일에 성의를 다하는 학생이 모범 학생이다.

다음으로, '구분'은 분류의 방식과 반대되는 순서로 진술되는 특징을 보인다. 다음의 예들을 분석해 보자.

(예1) 이라크 포로는 민간인 신분으로 군대에 의해 강제로 끌려나온 비전투요원과 군복을 입은 정식 군인, 외곽 공격에 주력한 게릴라 등 세 부류로 나뉜다.(세계일보)

(예2) 학교는 대체로 초등, 중등, 대학으로 나누어 생각할 수 있다.

(예3) 물고기는 크게 민물고기와 바닷물고기로 나눌 수 있다. 바닷물고 기는 다시 열대 · 아열대 · 온대 · 한대 따위로 나뉜다.

(예4) 지붕은 어떤 자재를 써서 그것을 구성하느냐에 따라 새 지붕, 너새 지붕, 너와 지붕, 굴피 지붕, 초가 지붕, 기와 지붕으로 나뉜 다. 형태에 따라서는 맞배 지붕, 팔작 지붕, 우진각 지붕, 육모 지붕, 갖은모 지붕, 정자 지붕, 십자 지붕, 고패 지붕, 솟을 지붕, 까치구멍 지붕 등으로 나뉜다.

(5) 분석

분석은, 하나의 대상이나 관념을 그 구성 요소들로 나누어 설명하는 방법이다. 즉 외형, 성질, 내부 구조, 전체와 부분 등으로 대상을 속속들이 파헤쳐 보이는 설명 방법이다.

(예1) 물고기는 머리, 몸통, 지느러미, 꼬리로 이루어져 있다.

(예2) 컴퓨터의 구조는 크게 본체와 주변 장치로 나누어 볼 수 있다. 컴퓨터의 본체는 중앙 처리 장치와 기억 장치로 이루어져 이다. 중앙 처리 장치는 컴퓨터의 두뇌에 해당하며, 연산과 제어 등의 작용을 담당한다. 컴퓨터의 본체에는 중앙 처리 장치와 함께 기억 장치가 있기 때문에 여러 가지 정보를 저장할 수 있다. 한편 컴퓨 터는 주변 장치가 함께 붙어 있어야만 제대로 정보를 처리하게 된다. 컴퓨터의 본체로 정보를 들여보내는 입력 장치가 필요하고, 컴퓨터의 본체를 통해 처리된 자료를 밖으로 드러내어 보여 주는 출력 장치가 필요하다. 컴퓨터의 자판은 입력 장치에 해당한다. 컴퓨터의 본체와 연결되는 모니터와 프린터는 모두 출력 장치이다.

(예3) 진공청소기는 모델에 따라 약간씩 구조가 다르나, 그 원리상의

구조는 같다. 진공청소기의 가장 중요한 부분은 노즐, 팬, 모터 및 여과기이다. 표준적인 청소기의 부품은, 보통 유연성 있는 호스, 연결대·카펫용 노즐·마룻바닥용 솔·가구용 부품 및 틈바구니용 부품 등이다. 이러한 것 들 가운데 서로서로 합쳐져서 그 자체로서 하나의 부품을 형성할 때도 있다. 그 밖의 부품도 모델에 따라서는 더 추가되는 수도 있다.

위의 예문들을 보듯이 대상의 외형과 내적 속성, 쓰임 등을 낱낱이 설명해 보임으로써 독자들에게 유용한 정보를 준다.

(6) 예시

예시는, 일반적이고 추상적이며 관념적인 것을 구체적이고 특수한 예를 사용하여 설명하는 방법이다. 아래의 예들은 민족 문화를 설명하기에 적절한 대상, 예보 제도의 필요성을 알기 쉽게 대중적 호기심을 불러일으킬 만한 사례로 제시된 것이다.

(예1) 우리가 계승해야 할 민족 문화의 전통은 창조적 정신 그 자체에도 있다. 예를 들면 원효의 불교 신앙, 김홍도의 풍속화, 박지원의 문학 세계 등이 그것이다.

(예2) 꽃가루 예보제는 전국 여덟 개 지역 병원 옥상에 설치된 채집 장비에 담긴 정보를 이 학회 산하 꽃가루위원회에서 매주 분석해 일반인에게 홈페이지를 통해 공개하는 방식으로 이뤄진다. 예컨대 알레르기를 유발할 우려가 있는 꽃가루가 발견되면 분석 책임자가 이 꽃가루가 다음 한 주 동안 어느 정도 날릴 것이며 알레르기 환자들에게는 어느 정도 영향을 미칠 것인가 등을 분석해 예보하게 된다.(동아일보)

※분류와 분석 비교

분류는 공통되는 성질에 따라 종류별로 나누는 방법이다. 가령, '자동차는 크기에 따라 경차, 소형차, 중형차, 대형차로 나눌 수 있다.'라는 진술은 '경차는 자동차의 일종'이라고 할 수 있기 때문에 분류 방식으로 설명되었다고 본다.

분석은 한 개념의 구성 요소를 나누는 방법이다. 가령, '자동차는 핸들, 타이어, 섀시, 차체, 엔진 등등으로 나눌 수 있다.'라는 진술은 '핸들'은 '자동차의 일종'이라고 할 수 없다.

※예시와 유추 비교

예시는 어떤 사실이나 현상에 대해 구체적인 예를 들어 보이며 설명하는 방식이다. 이는 중심 내용을 더 명시적으로 드러내거나 일반적 진술에 타당성을 높이는 효과를 준다.

유추는 이미 알려진 사실로 잘 알려지지 않은 것을 추측하는 방식이다. 그 두 개 사이에는 '유사성'이 있어야 하며, '확장된 비교' 또는 '비유'라고 불린다. 흔히 인생을 마라톤에 비유하는 것이 유추 방식에 의한 진술이다.

(예1) 인간은 감각 기관을 통해 정보를 받아 들여 머릿속에 저장하였다가 필요할 때에 불러낸다. 컴퓨터도 기계적이기는 하지만 입출력·저장 절차가 인간과 비슷하다.

(예2) 내 친구도 농구 선수로 성공할까? 허재는 농구 선수로 순발력이 뛰어 나며 재치가 있고 체력이 강하다. 그 사람도 처음부터 잘 나가는 선수는 아니었다고 한다. 내 친구는 성실하며 체력도 있고 인간성이 좋다. 꾸준히 노력하면 훌륭한 선수로 클 수 있을 것 같다.

(7) 과정

과정이란 어떤 특정한 결말이나 결과를 가져오게 하는 일련의 행동, 변화, 작용 등에 초점을 두는 전개 방식이다. 서사가 '무엇'에 관심을 둔다면, 과정은 '어떻게'에 관심을 둔다. 아래의 예는 물의 온도가 높아지면 일어나는 변화에 대해 설명한 내용이다.

(예1) 가열되는 비커의 밑면에 접해 있는 물은 온도가 올라가면 그 부피가 팽창하고, 따라서 밀도가 낮아진다. 이렇게 더워져서 밀도가 낮아진 물은 위로 올라가고, 위에 있던 찬물이 밑으로 흘러든다.

(8) 인과

인과란, 어떤 결과를 가져오게 한 힘 또는 그 힘에 의해 결과적으로 초래한 현상에 초점을 두고 전개하는 방식을 말한다. 아래의 예를 보다시피 원인에 해당되는 부분과 결과에 해당되는 부분으로 구조가 짜여져 있는 특징을 인과적이라고 한다. '- 인해 - 영향은', '- 초래하여', '-면 되어 -가져올'의 의미상 기능을 생각해 보자.

(예1) 온실 효과로 <u>인해</u> 지구의 기온이 상승할 때, 가장 심각한 <u>영향은</u> 해수면의 상승이다. 해수면의 상승은 남극과 북극의 빙하가 녹게 되어 생기는 현상이다. 이러한 현상은 바다와 육지의 비율을 변화 시켜 엄청난 기후 변화를 <u>초래하며</u>, 게다가 섬나라나 저지대는 온통 물에 잠기게 된다. 일단 물이 <u>차오르면</u> 해안의 자연 생태계가 <u>파괴되어</u> 어패류 양식 등 수산 양식업에 뜻밖의 큰 해를 <u>가져올 수 있음</u>은 물론이다.

> ※묘사적 설명과 서사적 설명
>
> 　일반적 의미의 묘사가 감각적 인상을 표현하여 주관적 해석을 담고 있는 방법이라면, 묘사적 설명은 대상에 대한 감각적 정보나 인상을 전달하는 방식이다.
>
> 　(예) 아름이는 얼굴이 희고, 키가 크며, 아주 건강하고, 예쁜 아이이다.
>
> 　서사적 설명은, 객관적으로 관찰한 사실과 경과를 제시하여 어떠한 사건을 설명하는 방법이다.
>
> 　(예) 아름이는 올해 열두 살 된 초등학교 5학년에 다니는 여자 아이 이다.

2) 연습 문제

　국가공무원을 선발하는 경쟁시험에서 국어 능력을 알아보는 까닭은 한국인으로서 의사소통능력을 얼마나 지니고 있는지를 판별하는 취지에서다. 상황과 목적에 따라 독자 또는 듣는이를 고려하여 얼마나 세심하게 설명할 수 있는가는 대인관계의 기초라고 할 수 있다. 공무원뿐만 아니라 사회생활을 하는 데에 있어서 설명 능력은 상품을 홍보하거나 공간적 정보를 안내하는 등으로 거의 필수적으로 갖추고 있어야 할 조건이다. 상대방을 얼마나 배려하고 기관에 봉사할 수 있는가를 척도로 알아보는 데에 의사소통능력이 조건지어 있는 까닭이 바로 이러한 이유 때문일 것이다.

〈예제(2002, 9급)〉

※아래 제시문에 쓰이지 않은 설명 방식은 어떤 것인가?

> 천체의 온갖 현상, 곧 천문을 관측하기 위하여 설치한 시설을 천문대라 한다. 천문대의 일종인 경주 첨성대는 신라 선덕 여왕 때 돌로 쌓아 만든 것으로, 높이는 약 8.7미터가 된다. 위는 모가 나 있고 아래는 넓고 둥글어, 그 속에서 위로 올라가도록 되어 있다. 윗부분이 우물 귀틀같이 생긴 것으로 보아 그 위에 천문 관측기를 놓고 하늘을 보았던 것으로 추측된다. 이 건축물이 기교적이라기보다 소박한 맛을 주는 까닭은 삼국 통일 이전에 만들어진 다른 건축물의 경우와 마찬가지이다. 통일 신라 이전의 건축물인 여러 석탑이 소박한 조형미를 보여 주는 데 대하여 통일 신라 시대의 석가탑, 다보탑은 아기자기한 기교로써 세련된 조형미를 보여 준다.

① 분석   ② 예시   ③ 분류   ④ 대조

(풀이)
· 천체의 온갖 현상, 곧 천문을 관측하기 위하여 설치한 시설을 천문대라 한다. - 정의
· 천문대의 일종인 경주 첨성대는 신라 선덕 여왕 때 돌로 쌓아 만든 것으로, 높이는 약 8.7미터가 된다. - 분석
· 위는 모가 나 있고 아래는 넓고 둥글어, 그 속에서 위로 올라가도록 되어 있다. 윗부분이 우물 귀틀같이 생긴 것으로 보아 그 위에 천문 관측기를 놓고 하늘을 보았던 것으로 추측된다. 이 건축물이 기교적이라기보다 소박한 맛을 주는 까닭은 삼국 통일 이전에 만들어진 다른 건축물의 경우와 마찬가지다. - 비교
· 통일 신라 이전의 건축물인 여러 석탑이 소박한 조형미를 보여 주는 데 대하여 통일 신라 시대의 석가탑, 다보탑은 아기자기한 기교로써 세련된 조형미를 보여준다. - 대조, 예시

※ 자신이 쓴 글 속에서도 얼마나 다양한 설명 방법들이 동원되어 있는지 분석해 보자. 상황과 목적을 얼마나 고려하고 있는지를 진단하고자 할 때 설명 능력이 그 준거가 될 수 있다.

3. 논증

진단할 내용
- 전제와 결론의 관계를 판단할 수 있다.
- 비논리적인 표현을 수정할 수 있다.
- 조건문의 진리값을 판정할 수 있다.
- 가설을 검증할 수 있다.

인간은 일상생활 속에서 자신의 생각을 표현하며 산다. 자신의 생각이 무시당하거나 공격받을 때 드는 절망감을 극복하기가 어렵지만 극복하려고 노력하는 것은 인지상정이다. 자신의 생각을 조리 있게 말하는 것은 논리적인 표현 능력이다. 여기서는 논리적인 표현에 대해 학습하기로 한다.

1) 논증이란?

논증은 어떤 주장을 내세워 독자로 하여금 자기 의견을 믿고 따르도록 하는 진술 방식으로, 설득을 목적으로 한다. 이 방법은 논설문, 논문, 연설문 등에 많이 쓰인다.

주제문을 '명제(命題)'라고 한다. 명제는 판단이나 주장이 하나만 있어야 하는 단일성, 판단이나 주장이 분명해야 하는 명료성, 선입견이나 편견이 없어야 하는 공정성을 갖추고 있다.

논증을 효과적으로 이끌어 결론에 이르게 하려면 추론이 필요하다. 추론은 확실한 근거 위에서 이루어지는바, 근거의 확실성을 뒷받침하는 것이 논거이다. 즉 남이 그 주장에 수긍하여 동의해 줄 만한 근거가 논거가 되는 것이다. 그 하나가 사실 논거인데 역사적인 사실, 실험 결과, 통계적인 수치 등 객관적인 자료로 독자의 이성적 판단에 호소하는 논거이다. 또

소견 논거는 옛 성현의 말씀이나 일반화된 윤리관처럼 사람들의 의견이나 가치관을 말한다.

이처럼 종류도 다양한 불량 식품은 대체 어떻게 해야 근절할 수 있을까. 거기에는 두 가지 접근 방법이 필요하다. 우선 원칙적인 면에서 사회 전반의 분위기가 바뀌어야 한다. 불량식품이 자꾸 만들어지는 이유는 단순하다. 남이야 어찌 되든 돈만 많이 벌면 된다는 파렴치한 생각이 그 뿌리다. 이는 우리 사회의 인명 경시 풍조 및 배금주의와 그대로 연결된다. 따라서 근본적으로 시민들의 의식 개선이 이뤄져야 불량식품을 근절할 수 있다. 그러나 의식 개혁은 시간이 걸리는 만큼 대증요법도 필요하다. 불량식품 제조 및 유통을 살인과 같은 중죄로 보고 엄단하는 방법이다. 사실 지금까지 불량식품이 기승을 부린 가장 큰 이유로 꼽히는 게 '솜방망이 처벌'이다. 불량식품 사범으로 기소된들 집행유예나 벌금 몇 푼에 풀려나는 게 대부분이니 그럴 수밖에 없다. 시민들의 각성과 함께 법정 최고형 등 불량식품 사범에 대한 엄벌이 절실하다. (국민일보 2003. 6. 2. [사설] 불량식품 법정 최고형으로)

2) 추리

논증과 관련된 개념 '추리'는 이미 알고 있는 판단에서 새로운 판단을 이끌어 내는 일을 말한다. 즉, 명제를 논거로써 증명하는 일이다. 추리에는 두 가지 방법이 있다. 먼저, 귀납적 추리는 개별적 사항에서 일반적인 결론을 이끌어내는 방법으로서 공식화할 수 있는 것 또는 오랜 경험에서 생성된 속담이나 민간요법으로 알 수 있다. 한편 연역적 추리는, 일반적인 원리에서 개별적인 결론을 이끌어내는 방법으로서 대표적인 예가 삼단논법이다.

연역법은 이미 알고 있는 일반적 진술에서 새롭고 필연적인 구체적 사실을 이끌어 내는 방식이다. 이 방법에 의해 구성된 진술을 보면 말하고자 하는 무게가 대체로 뒤쪽에 있으며, 삼단논법이 대표적이다.

> ※연역적 추리 예:
>
> → 새는 동물이다.(대전제)
> 닭은 새이다.(소전제)
> 따라서 닭은 동물이다.(결론)
>
> (예1) 동물은 죽는다. 사람도 동물이다. 결국 사람도 죽는다.
> (예2) 사람의 기호는 각각 다르다. 나는 녹차를 좋아한다. 형은 커피
> 를 좋아한다. 동생은 다른 것을 좋아할 것이다.

　귀납법은 연역법의 반대 방식으로서, 특수하거나 개별적·구체적인 사실에서 출발하여 일반적 진술로 끝내는 특징을 보인다. 이 방식이 쓰인 진술을 보면 말하고자 하는 무게가 역시 뒤쪽에 담긴다.

> ※귀납적 추리 예:
>
> 가꾸지 않는 곡식 잘되는 법이 없다.(한국 속담)
> 〈일반화: 정성을 다해야 한다.〉
>
> (예1) 나는 녹차를 좋아한다. 형은 커피를 좋아한다. 형제라도 사람
> 의 기호는 각각 다르다.
> (예2) 공자는 죽었다 예수와 석가도 죽었다. 모든 사람은 죽는다.

3) 명제

　논증 방식의 성격을 알기 위해서는 몇 가지 용어를 알아둘 필요가 있다. 가장 중요한 용어가 '명제'이다. 명제의 종류는 세 가지이며 그것은 각각

정언명제, 가언명제, 선언명제이다.

(1) 정언명제

먼저, 정언명제에 대해 알아보자. 이 명제는 집합에 관한 것으로 분석될 수 있는 명제이다. 집합들 사이의 상이한 여러 관계는 정언명제로 긍정되거나 부정된다.

> (예) 어떤 운동선수도 채식주의자가 아니다. / 모든 축구선수는 운동선수들이다./ 그러므로 어떤 축구선수도 채식주의자가 아니다.

정언명제의 표준형식은 아래와 같이 네 가지로 구분된다.

> 전칭긍정명제: <u>모든</u> 정치인은 거짓말쟁이<u>이다</u>.
> 전칭부정명제: <u>어떤</u> 정치인<u>도</u> 거짓말쟁이가 <u>아니다</u>.
> 특칭긍정명제: <u>어떤</u> 정치인<u>은</u> 거짓말쟁이<u>이다</u>.
> 특칭부정명제: <u>어떤</u> 정치인은 거짓말쟁이가 <u>아니다</u>.

다음 진술들에 숨은 명제를 읽어 보자. 명제는 밴 다이어그램으로 표시되기도 한다.

한국무용가는 한국 국적의 무용가인지, 한국무용을 전공하는 무용가인지 중의적으로 이해할 수 있는 표현이다.

> '한국무용가'는 어떤 사람인가?
> - 한국 사람인 무용가 (한국+무용가)
> - 한국무용을 공연하는 무용가(한국무용+가)

아래의 문장들을 밴 다이어그램으로 그려 볼 수도 있다.

> 어떤 영웅도 겁쟁이가 아니다.

어떤 전사는 겁쟁이다.
그러므로 어떤 전사는 겁쟁이가 아니다.
(영웅⊃전사? 영웅⊂전사?)

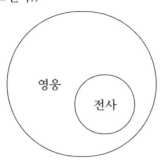

그럼, 이제 명제가 분명히 인식되는 표현으로서 삼단논법을 연습해 보자.

모든 예술가는 이기주의자이다.
어떤 예술가는 빈민이다.
그러므로 어떤 빈민은 예술가이다.

모든 한국인은 인간이다.
모든 서울인은 한국인이다.
그러므로 모든 서울인은 인간이다.

모든 예술가는 독특한 생각을 하는 존재이다.
어떤 영재는 독특한 생각을 한다.
그러므로 어떤 예술가는 영재이다.

어떤 부자도 방랑자가 아니다.
모든 변호사는 부자이다.
그러므로 어떤 변호사도 방랑자가 아니다.

이쯤 되면 유사논증은 과연 타당한지 궁금해질 수 있다. 다음의 진술들을 통해 유사논증의 타당성을 생각해 보자.

모든 토끼는 아주 빠르게 달리는 것이다.
어떤 말은 아주 빠르게 달리는 것이다.
그러므로 어떤 말은 토끼이다.(?)

모든 개는 포유류이다.
모든 고양이는 포유류이다.
그러므로 모든 고양이는 개다.(?)

말을 토끼라고 할 수 없고, 모든 고양이를 개라고 할 수 없으므로 유사한 특성이 발견되었다고 해서 같은 류로 단정 지어 정의 내릴 수 없음을 알게 된다.

(2) 가언명제

두 번째, 가언명제는 전건을 긍정함으로써 후건의 참을 주장하는 시도를 타당하게 보이는 진술로 드러난다.

〈예제〉

한국 국적을 가진 사람이 입영통지서를 받았다면 그 사람은 남자다.
한국 국적을 가진 그 사람은 입영통지서 발급 대상이 아니다.
따라서 그 사람은 남자가 아님에 틀림없다.

위의 예제를 통해 입영통지서의 기능을 설명해 보자. 박지성 선수는 2002년 월드컵에서 국가대표팀 16강에 올랐기 때문에 입영 면제 대상이며, 박태환 선수도 역시 2006년 아시안게임 금메달리스트로서 입영 면제 대상이 된다. 그 밖에도 장애가 있거나 기타 사유로 입영통지서를 받지 못하는 남자들은 얼마든지 있다. 따라서 위 의 논증은 전건 부정의 오류를 저지름으로써 잘못된 논증이라고 판별할 수 있다.

(3) 선언명제

세 번째, 선언명제는 선언관계를 나타내는 말 '또는'이 포함된 진술문으로 알 수 있는 것이다.

〈예제〉

머리 묶은 사람은 여자이거나 남자이다.
우리 학교에서는 남자의 장발을 단속하고 있다.
따라서 우리 학교를 다니는 머리 묶은 사람은 여자이다.

위의 예제를 통해 알 수 있듯이 선언명제는 선언관계를 나타내는 말을 써서 세 개의 문장관계로 나타나는 진술이다. "①A이거나 B이다. ②B이다. ③따라서 A이다."

4) 논증 연습

아래의 문장들은 논증 방식으로 표현된 것이다. 각각의 문장들이 어떤 성격을 나타내는지 분석해 보고, 전체를 설명 방식으로 바꾸어 보자.

천마총의 천마도가 본디 모습을 잃어 간다는 소식이 들린다.
고분의 발굴은 비전문가가 마구 발굴해서는 안 된다.
발굴하기 전에 유물 보존에 필요한 과학적인 배려가 있어야 할 것이다.

논증	설명
천마총의 천마도가 본디 모습을 잃어 간다는소식이 들린다. (문제) 고분의 발굴은 비전문가가 마구 발굴 해서는 안 된다. (주장) 발굴하기 전에 유물 보존에 필요한 과 학적인 배려가 있어야할 것이다. (대안)	천마총은경주시 황남동 제155호 고분 이다. 1973년에 발굴되었는데, 금관과 천마도가 나옴으로써 유명해졌다. 이 고분은 지름 47m, 높이 12.7m의 완전 한 봉토분이며, 세심한 발굴을 통해 매 장물의 본디 모습을 되살릴 수 있었다.

이제는 추론규칙에 의해 논증 연습을 해 보자.

〈표 2〉 추론규칙의 적용 사례

규칙	사실	규칙적용 결과
(1)사실1 IF환자가 인후통을 가지고 있다. AND세균 감염을 의심한다. THEN환자가 인후염을 가지고 있다.	(1)환자의 체온이 38.9	사실2 : 환자 는 열이 있다.
(2)사실2 IF환자 열이 38.9도를 넘는다. THEN환자는 열이 있다.	(1)환자는 두 달 동안 앓 고 있다. (2)환자는 열이 있음 (사실2적용 결과)	사실3 : 세균감 염을 의심한다.
(3)사실3 IF환자는 한 달 이상을 앓고 있다. AND 환자는 열이 있다. THEN 세균 감염을 의심한다.	(1)환자는 인후통을 가지 고 있다. (2)세균감염을 의심한다. (사실3적용결과)	사실1 : 환자는 인후염을 가지 고 있다(결론)

5) 오류

오류는, 대화에서 쓰이는 일련의 논증으로 상대방을 속이려는 책략이거 나 추론의 심각한 잘못을 말한다. 이 개념에 따르면, 오류는 단순히 취약한 논증이나 대화의 규칙을 어긴 것을 말하지 않는다. 오류는 대화의 목표를 방해하거나 대화의 실현을 훼방 놓기 위해 사용되는 논증으로서 심각하고 체계적인 잘못이거나 복잡한 전략이다.

오류의 종류에는 크게 두 가지가 있다. 하나는 형식적 오류인데, 논증의 형식에서 발생하는 오류다. 곧 연역적 규칙을 어길 때 나타나는 것이다. 다른 하나는 비형식적 오류이다. 이는 어떤 대화를 지배하는 대화의 규칙을 어길 때 일어나며, 형식 외의 요인으로서 주로 내용적인 요인으로 인해 발생하는 것이다.

좋은 논증을 판별하는 데에는 네 가지 기준이 있다. 바로 ①관련성, ②전제의 참, ③충분한 근거, ④반박 잠재우기로 구분된다.

(1) 무관련성의 오류

무관련성의 오류로, 대중에게 호소하는 오류가 있다. 이는 많은 사람이 어떤 견해에 찬성한다고 해서 그 견해를 받아들여야 한다거나 많은 사람이 어떤 견해를 반대한다고 해서 그 견해를 받아들일 수 없다고 주장할 때 생기는 오류이다.

〈전제〉 대다수의 사람이 천동설이 옳다고 생각한다.
〈결론〉 천동설은 옳다.

발생학적 오류는, 발생 당시의 성질이 시간의 흐름에 따라 발전하거나 변할 수 있는데도 그것을 무시하고 상대방의 논증을 깎아내리기 위해 시작 단계의 성질을 지금 그대로 전이시킬 때 나타난다.

〈전제〉 일본은 삼국시대에 한반도에 임나일본부를 두어 통치했다.
〈결론〉 일본의 조선 식민지 지배는 정당하다.

(2) 수용가능성의 오류

실제로 전제의 참과 거짓을 판정하기는 어렵다. 따라서 '전제의 참'이라는 개념보다는 전제의 〈수용가능성〉이란 말이 더 적합하다. 즉, 상식이나 개인의 경험적 증거, 더 연구하면 옹호될 수 있는 주장이나 분야의 권위 있는 보고서 등이 수용 가능한 전제이다. 수용가능성의 오류는 전제와 결론의 관계에서 발생하는 것이 아니라 전제 자체의 오류이다.

(3) 순환논증의 오류

아래의 예문과 같이, 어느 쪽이 더 먼저 발생한 것인지를 알기 어렵고 양쪽이 순환됨으로써 혼동하게 되는 오류가 있다.

〈전제〉 시민단체의 강령에 시민 단체는 사회 정의를 구현한다고 씌어 있다.
〈결론〉 시민단체는 사회 정의를 구현한다.

(4) 애매어의 오류

아래의 세 문장들이 잘 연결되는지를 살펴보자.

〈전제1〉 죄인은 감옥에 간다.
〈전제2〉 모든 인간은 죄인이다.
〈결론〉 그러므로 모든 인간은 감옥에 간다.

〈전제1〉의 '죄인'은 사전적 의미에 그치지만 〈전제2〉의 '죄인'은 특정한 종교의 추상적 개념에 해당되는 어휘이므로 서로 다르다.

(5) 불충분한 근거의 오류

전제는 결론의 참을 보장할 충분한 근거가 되어야 한다. 이것이 좋은 논증의 한 가지 조건이다. 불충분한 조건의 오류는 이 조건을 어길 때 발생한다.

(6) 근시안적 귀납의 오류

고려해야 할 요소가 있음에도 불구하고 한 가지 요소만을 부각시켜 결론을 이끌어낼 때 생기는 오류이다. 가령, 표본의 대표성이 의심될 때 오류를 눈치 챌 수 있다.

〈전제1〉 2만 명을 대상으로 설문 조사를 했다.
〈전제2〉 조사 결과 80퍼센트가 프로야구를 좋아한다고 한다.
〈결론〉 우리나라 국민의 80퍼센트가 프로야구를 좋아한다.

(7) 무지논증의 오류

어떤 주장이 참이라는 결론을 얻으려면 참이라는 근거를 제시해야 한다. 참이 아니라는 근거, 즉 거짓이라는 근거가 없다고 주장이 곧 참이 되는 것은 아니다.

〈전제〉 외계인이 존재한다는 증거는 없다.
〈결론〉 외계인은 존재하지 않는다. (실증적 증거가 없다)

(8) 반박 피하기의 오류

좋은 논증이 되려면 논증을 제시한 사람이 논증의 결론에 대한 반박을 미리 제기하고 그것을 효과적으로 잠재워야 한다. 다시 말해서, 예상되는 반박이나 비판을 먼저 제기한 뒤에 그것을 자신의 주장 안에서 해소하는 것이 좋은 논증을 만드는 전략이다.

(9) 반증 무시의 오류(피장파장의 오류)

아래 대화는 흔히 들을 수 있는 예인데, 오류를 범하면서까지 자신의
행동을 정당화하려고 하고 있다.

> A: 곧 시험인데 공부 열심히 해야지.
> B: 너는 나보다 성적도 안 좋잖아.

성적이 좋지 않아도 공부하라고 권유할 수 있고, 아버지가 도둑이라
할지라도 아들에게 도둑질을 하지 말라고 말할 수 있다. 누가 이런 말을
했는지를 따지지 말고 과연 그 말 자체가 옳은지, 즉 내용 자체를 따져야
한다. 그리고 만약 내용이 옳지 않다고 생각되면 그때 반론을 제기해야
한다.

6) 연습 문제

논증에 관하여 학습 과제로 활용할 수 있는 아이디어를 모아 보자. 글의
진술방식은 컨텐츠를 창작하기에 여러 가지 정보원을 수집하도록 안내할
수 있기 때문이다. 진술방식을 통해 논리적이고 명확하게 사고할 수 있다.

(1) 일상 담화의 논법

일상 담화 속에서 화자의 논법을 판단해 보자.

> 밥솥이 좋아야 밥이 맛있더라고요. 근데 3년 정도가 딱 지나면 밥맛이
> 달라져요. 그래서 3년 정도 지나면 밥솥이나 이런 건 꼭 바꿔야 되고

냉장고의 경우에도 성에 끼는 거, 저희 어렸을 때 엄마가 막 성에 깨면서 살았거든요? 근데 지금은 굳이 그렇게까지 살 필요는 없는 거 같아요.(시월드 프로그램 중에서)

밥솥이 좋아야 밥맛이 좋고, 밥솥이 3년 지나면 밥맛이 달라지므로 3년 지난 밥솥은 바꿔야 한다는 것이 현대를 사는 며느리의 생각이다. 시어머니 세대에서는 전기밥솥을 쓰지 않았으므로 현대 며느리의 생각에 동의하지 않는 경우가 많다. 그러나 현대 여성들은 전기밥솥의 수명에 대해 공감하기 때문에 위의 진술은 정당화될 수 있다.

(2) 대학생의 특성 추리

한국 대학생들의 공통된 성격인지, 특정한 대학교의 대학생들에게서 나타나는 특성인지를 구별하기 위해 논증해 보자.

누구는 ( )을 좋아한다.
누구는 ( )을 좋아한다.
누구는 ( )을 좋아한다.
누구, 누구, 누구는 대학교의 재학생이다.
대학생들의 기호는 ( ).

대학교는 ( )을 지향한다.
누구는 ( )을 한다.
누구는 ( )을 한다.
따라서 나는 ( )을 한다.

어떤 환경에 소속되면 그곳의 모든 특징들이 몸에 배어서 상징적인 사람으로 바뀌게 마련이다. 지금 처해 있는 환경에 대해 조사해 보고, 그 결과 자신의 이미지를 추리해 보자.

(3) 설명과 추론연습

우리나라의 김치찌개 종류는 매우 다양하다[5]. 주재료인 김치를 누가 어떤 방식으로 요리하는가에 따라 다양한 요리가 창조될 수 있는 것이다. 그러나 변하지 않는 것은 김치의 속성이다. 이 속성이 변하지 않은 경우에 한해서 김치를 활용한 조리법으로 한국인들에게 용인될 수 있다. 그렇다면 김치의 속성을 설명해 보자.

먼저, 지정 방식으로 김치를 설명해 보자.

· 발효음식이다.
· 영양소를 함유한 음식이다.

다음으로, 정의 방식으로 김치를 설명해 보자.

· 김치, 채소, 두부, 육류, 어패류를 넣고 끓인 음식이다.
· 야채가 한 번 죽어야 제대로 된 맛을 내는 음식이다.
· 배추를 가지고 미생물의 발효를 이용하여 만든 먹을거리다.
· 밥상에 빠지지 않는 전통 반찬으로서 식이섬유를 지닌 저칼로리의 발효식품이다.

그럼, 이제 김치찌개의 속성을 분석해서 설명해 보자.

---

5) 콩나물돼지고기김치찌개, 참치김치찌개, 베이컨김치찌개, 홍합김치찌개, 스팸김치찌개, 묵은지찌개, 김치우거지찌개, 꽁치김치찌개, 순두부김치찌개, 들기름김치찌개, 대패삼겹살김치찌개, 연어김치찌개, 돈가스김치찌개, 김치비지찌개, 김치부대찌개, 돼지갈비김치찌개, 어묵김치찌개, 김치두부찌개, (명절남은)전김치찌개, 총각무꽁치김치찌개(자투리김치찌개), 김치감자찌개, 오리김치찌개, 들깨김치찌개, 파김치찌개, 콩비지김치된장찌개, 갓김치꽁치찌개, 치킨김치찌개, 김치당면찌개, 양배추김치찌개, 국물 없는 김치찌개, 돼지등뼈김치찌개, 뚝배기김치찌개, 황태김치찌개, 훈제오리김치찌개, 쪽파김치찌개, 김치쌈참치찌개, 참치어묵김치찌개, 모듬김치찌개, 돼지앞다리살김치찌개, 목살김치찌개, 빈대떡김치찌개, 납작문어소시지김치찌개, 고등어김치찌개, 육해공김치찌개, 두부참치김치찌개 등

해물, 고기, 야채를 넣어 끓인 음식이어서 많은 영양소를 포함한다. 김치찌개의 대부분은 붉은색을 띠며, 매운 맛이 특징이다. 명절 후에는 기름진 음식들을 그대로 먹기보다 큰 냄비에 김치를 넣고 섞어 끓여 먹는다.

김치찌개는 김치와 찌개의 합성어로서, 김치의 속성과 찌개의 속성이 결합된 성격을 갖는다. 한국의 대표적인 음식으로서 찌개와 국을 비교·대조해 보면 찌개의 속성이 더 분명하게 발견될 것이다.

⟨표 3⟩ 찌개와 국의 성격 비교·대조

구분	찌개	국
국어 사전	고기, 채소, 두부 등을 넣고 간장, 된장, 고추장 등으로 양념을 하여 국물을 바특하게 끓인 반찬	끓이기 조리법의 대표적인 것으로 반상차림에서 밥과 더불어 기본이 되는 (국물이 많은) 음식
장점	간이 없는 곡물 중심의 상차림에 곁들임	영양 손실이 적음
문화	재료가 간단하고 만들기 쉬워 대표적 한국 음식	수용성 성분이 우러나와 구수한 맛을 냄

서양의 피클도 발효 방식으로 조리된 반찬이다. 과연 김치와 같은 조리법으로 만들어지는지 자세히 분석해 볼 필요도 있다. 이러한 분석이 필요한 까닭은 김치의 전통적 성격을 알기 위함이다.

〈표 4〉 김치와 피클의 비교·대조

범주	철수네 김치	영희네 피클
조리법	소금절임	소금절임
	발효6)	발효
주재료	배추	오이
부재료	무, 대파, 밤, 대추	고추, 양파, 파프리카, 당근
양념	마늘, 젓갈, 설탕	설탕, 식초, 향신료
문화	대중화	신세대 취향

위의 두 가지 조리법을 자세히 살펴보면 소금물에 신맛을 가미하는 특징이 발견된다. 이러한 과정은 발효를 촉진시켜 비타민B의 생성을 원활하게 할 뿐만 아니라 재료와 음식에 포함되어 있을 수 있는 네크로 박테리아를 사멸시킴으로써 음식의 보존 기간을 늘이는 기능을 한다.

김치의 속성을 대표할 수 있는 단어는 위와 같이 조리법 분석을 통해 추출되므로 '발효'라고 인정할 수 있을 것이다. 그렇다면 다음과 같은 진술의 타당성을 검증해 보자.

[조리법] 배추를 소금에 절인다.
[주재료] 국산배추가 주재료이다.
[부재료] 맛과 식감을 위해 밤, 대추를 섞기도 한다.
[양념] 무, 마늘, 대파, 젓갈로 양념(김치소)를 만든다.
[문화] 적당한 시기에 서울광장에 모여 김치 담그는 법을 배울 만큼
　　　 대중적이다.

---

6) 미생물이 자신이 가지고 있는 효소를 이용해 유기물을 분해시키는 과정을 발효라고 한다. 발효반응과 부패반응은 비슷한 과정에 의해 진행되지만 분해 결과, 우리의 생활에 유용하게 사용되는 물질이 만들어지면 '발효'라 하고 악취가 나거나 유해한 물질이 만들어지면 '부패'라고 한다.(두산백과)

앞의 진술들을 이해하고자 할 때 '절임' 방식과 '젓갈'의 차이점을 알 필요가 있다. 절임 방식은 소금에 절이는 조리법이다. 이러한 조리법은 한국 음식에서 뻣뻣하고 단단한 조직을 연하게 만들기 위해 필요하다. 반면에 젓갈은 어패류의 살이나 내장, 알을 다량의 소금에 절여 상온에서 일정 기간 동안 발효시켜 만든 식품이다. 발효과정에서 어육 자체의 자가소화효소가 미생물에 의해 분해되어 소화 흡수가 잘 되고, 단백질이 아미노산으로 분해되어 고유한 감칠맛과 독특한 풍미를 내며, 비타민B1, B2, 칼슘(영양소) 등이 풍부한 장점이 있다. 이렇게 하여 검증된 타당성은 다음과 같은 추론규칙에 따라 확인될 수 있다.

〈표 5〉 추론규칙에 의한 김치 속성 검증

규칙	사실	규칙적용 결과
(1)사실1 IF(절인) 배추를 가지고 있다 AND 젓갈을 가지고 있다 THEN 김치를 만들 수 있다	(1)젓갈	사실2 : (절인) 배추가 있다
(2)사실2 IF 젓갈이 있다 THEN 발효음식이다	(1)젓갈이 있다 (2)절인 배추가 있다	사실3 : 발효음식이다
(3)사실3 IF 배추를 하루 동안 소금물에 담가 놓았다 AND 무, 대파, 마늘이 젓갈과 버무려져 있다 THEN 발효음식이다	(1)배추가 하루 동안 소금물에 절어 있다 (2)젓갈을 가지고 있다	사실1 : 김치를 만들 수 있다

다음과 같이 규칙을 적용한 사례는 일반적으로 나눌 수 있는 대화이다.

〈표 6〉 진술의 타당성 검증 사례

규칙	사실	규칙적용 결과
(1)사실1 IF소화가 잘 안 된다 AND몸이 아프다 THEN발효식품이 좋다	(1)바쁜 중에 소화(흡수)를 돕다	사실2 : 상차림이 복잡하지 않은 음식이 좋다
(2)사실2 IF요리하기 귀찮다 THEN발효음식이 좋다	(1)소화를 돕는다 (2)상차림이 간편하다 (사실2적용 결과)	사실3 : 영양소가 고루 들어 있는 발효음식이 좋다
(3)사실3 IF편식을 피해야 한다 AND 소화가 잘 안 된다 THEN 발효음식이 좋다	(1)편식을 피한다 (2)소화흡수가 좋다 (사실3적용 결과)	사실1 : 발효식품이 좋다(결론)

위와 같은 추론에 대해 반박할 수 있다면 어떤 점을 꼽을 수 있을지도 생각해 보자. 가령 발효는 우리나라 고유의 조리법이라는 진술에 대해 반박한다면 어떤 점에 의문을 가지게 될까? 소금절임의 조리법에 대해서라면 피클이나 젓갈을 예로 들어 팽팽하게 맞설 수 있을 것이다. 또 김치가 세계적인 음식이라는 진술에 대해 반박하고자 한다면, 세계 어느 나라 사람들도 김치를 안다고 말할 수 있는지에 대해 의문을 가질 수 있다. 또 김치가 대중적인 음식이라는 진술에 대해서는 우리나라의 남녀노소 모두 김치를 좋아한다는 의미로 이해할 수 있는지를 되물을 수 있을 것이다.

III. 표현 학습 2

　여기서는 글 또는 담화 맥락에서 문장 단위를 어떻게 고려하게 되는지를 알아보기로 한다. 사람들의 심리적 태도에 따라 섬세해지는 표현이 문장 단위로 분석된다.

　글 또는 담화를 구성하는 문장이 어떤 뉘앙스에 따라 서술자(화자)의 의도를 나타내는가 하는 데에도 원리가 있다. 우리말글에는 여러 가지 표현들이 있다. 독자(청자)가 서술자(화자)의 심리적 태도가 담겨 있는 문장(발화) 요소를 인식함으로써 보다 효과적으로 반응할 수 있는 것이다. 이를 국어학적 전문용어로 '양태'라고 한다. 여러 문장서법들도 서술자(화자)의 심리적 태도에 따라 다양하게 해석될 수 있다. 이에 대해 네 가지 범주로 나누어 살펴보기로 한다. 즉 가능성 표현과 희망 표현, 능동과 피동 표현, 주동과 사동 표현의 사용법에 대해서 알아보자.

1. 가능성 표현

진단할 내용
- 가능성 표현의 성격을 설명할 수 있다.
- 가능성 표현을 상황에 맞게 사용할 수 있다.

스스로 당당하게 말할 수 있는 내용에는 어떤 것이 있을까?

자신이 잘 알고 있는 것, 자신이 잘 할 수 있는 것에 대해 생각해 보고, 그 생각을 문자로 표현해 보자. 자신의 능력을 표현함으로써 자신이 알려지게 된다. 이때 선택되는 표현이 가능성 표현이다.

1) 가능성 표현이란?

표현하는 주체의 심리적 태도를 반영하여 섬세하게 기술하는 방식을 '양태 표현[7]'이라고 한다. 양태 표현은 '가능성, 필연성 등과 관련된 내용을 가리키는'(임동훈, 2003: 216)데, 어미에 의해 형성되는 방식과 의존명사·보조용언에 의해 형성되는 방식으로 나누어진다. 전자의 '-을 것 같-/-을 수 있-/-어야 하-/-어도 되-' 중에서 주체의 열린 태도가 비치는 경우는 '-을 수 있-'으로 볼 수 있다. '-어도 되-'는 허락의 뜻으로 해석되고 '-을 수 있-'보다 의미역이 좁다. 가능성 표현은 독자를 긍정적인 태도로 설득하는 경우에도 선택될 수 있다.

다음 표현들에서 알 수 있는 의미를 생각해 보자. '-을 수 있-'의 의미가

---

7) 양태는 화자의 태도를 표현하는 범주로서 주관적 태도를 포함하며, 의무 양태와 인식 양태로 나누어진다. 의무 양태는 사실성의 인식 양태와 달리 실현성을 나타내고, 인식 양태는 추측, 연역, 추정의 의미로 해석되는 명제 양태로 구별된다. 의무 양태는 개체의 성향에 따른 능력으로 해석되는 객관적 의무 양태와 상황에 따라 주어진 능력으로 해석되는 주관적 의무 양태로 나누어진다.(임동훈, 2013 참고)

허가인지, 능력인지 구별함으로써 상황에 따라 적절한 의미를 해석하도록 한다.

① 여기서 무엇을 살 수 있어요?
② 제가 올 수 있어요?
③ 이것 만들 수 있어요?
④ 자전거를 탈 수 있어요?
⑤ 영어를 할 수 있어요?
⑥ 우리말로 바꾸어 말해 줄 수 있어요?
⑦ 요리를 할 수 있어요?
⑧ 이것을 할 줄 몰라요. 그런데 할 수는 있어요.

①과 ②는 '여기서 무엇을 사도 좋다'는 의미와 '와도 좋다'는 의미로 상대방의 행동을 화자가 허가해 주는 의도로 해석된다. 그리고 ③부터 ⑧까지는 모두 '능력'의 의미로 해석된다. 능력의 의미는 능숙한 수준의 행동을 기대한 의도가 깔려 있는 것이다.

'할 수 있다'는 인식에 의해 '할 줄 안다'고 표현하는 순서가 마땅한지, '할 수 있다'는 인식과 '할 줄 안다'는 발화가 밀접하게 관련되지 않은 것인지를 생각해 보자. 다시 말해서, 할 수 있다고 인식한 끝에 할 줄 안다고 발화하는 것이 자연스러운지 아니면 할 수 있다는 인식을 드러내지 않고도 할 줄 안다는 발화만으로 인식이 전제되는지를 판별해 보자. 실제로 모국어 사용자들은 '할 줄 아는' 것과 '할 수 있는' 것의 차이를 인식하고 있다(졸고, 2014 참고). 모국어로 한국어를 사용하는 화자들은 '할 수 있는' 것에 대하여 시도할 만한 수준의 대상이거나 자신감이 있는 대상을 언급할 때 사용하는 표현이라고 했다(졸고, 2014: 338 참조). 반면에 앞의 논의에서 한국인들은 '할 줄 아는' 것은 시도할 만한 가능성을 추측하는 차원이 아니라 실제로 확인된 능력을 밝히는 경우에 사용하는 표현으로 인식한다고 밝혀졌다.

그러면 자신의 능력을 검증한 결과에 대하여 분명하게 표현할 수 있어야 할 것이다. 표현의 명료성은 어느 정도의 경험이 사회적으로 인정받을 수 있는지도 예상한 결과로 확인된다. '할 수 있다'를 사용하여 진술한 문장(발화)을 설득력 있게 보완하기 위해 이 표현의 의미와 기능을 설명할 수 있어야 하는 것이다. 즉 어떤 구체적 상황에서 그 표현을 선택하였는지를 설명할 수 있어야 한다. 화자가 무엇을 할 수 있다고 한 표현에 대하여, 단순히 시도해 볼 만한 것을 말한 것인지 아니면 실제로 여러 번 능력을 인정받은 결과로 확신한 것을 말한 것인지를 구별함으로써 명료하게 나타나는 것이다.

2) 가능성 표현의 활용

아래의 담화 자료는 실제로 한국인 화자가 무의식적으로 표현한 구문을 분석해 보인 것이다.

ㅇ 정보제공–되묻기질문–명료화–직면[8]

[초기문장 생성] 나는 상상을 할 수 있다./나는 상상을 할 줄 안다.
[주어바꿈] 회색 고양이는 상상을 할 수 있다.
[시·공간 정보] 햇살이 들어오는 낮 창가에 엎드려 밖을 구경하는 나의 회색 고양이, 그는 상상을 할 수 있다. 천천히 감았다 뜨는 눈, 그 속에 보이는 그의 수많은 상상들, 나는 나의 회색 고양이가 상상하고 있음을 알 수 있다.
[주어바꿈] 살아 있는 모든 건 상상할 수 있다[9].
[되묻기] 어떤, 상상이요?

---

8) 졸고(2014: 348)에서 재인용한 자료로서, 한국인 화자의 설명 사례들 가운데 하나이다. 이 밖에도, 교수자가 학습자의 표현 능력을 신장시키기 위해 전략적으로 '정보제공-수용-직면', '정보제공-요약-명료화' 등의 촉진 행위를 보인 사례들이 있다. 물론 교수자의 촉진 행위는 상황에 따라 더 다양하게 있을 수 있다.
9) 회색 고양이는 어떤 상상을 할 수 있는지에 대한 정보가 필요하다.

[최종문장 유도10)] 회색 고양이는 무엇을 보고 어떤 행동을 취한 것일까?

회색 고양이는 제 그림자를 보고 고개를 갸우뚱거렸다?

회색 고양이도 제 그림자를 보고 고개를 갸우뚱거리듯 자신의 행동이 어색해 보일 때가 있다.

가능성 표현의 의미가 추측 말고도 확인되나, 자신의 능력을 점검하여 소신 있게 말할 수 있는 것을 표현해서 어떤 기능이 더 있는지 조사해 보자.

---

10) 관찰 가능한 행동을 묘사함으로써 명료한 표현을 생성할 수 있다.

2. 희망 표현

진단할 내용
- 희망 표현의 성격을 설명할 수 있다.
- 희망 표현을 상황에 맞게 사용할 수 있다.

자기소개를 할 때 꼭 언급하는 내용이 취미나 특기라는 데에는 이견이 없을 것이다. 자신의 특기를 통해서 장래희망을 생각하기도 한다. 이때 장래희망을 표현하면서 '-이 될 것이다'를 선택할 수도 있고, '-을 하고 싶다'를 선택할 수도 있다. 전자보다 후자에서 자신의 소망이 더 분명히 드러난다. 전자에서는 타인의 의지로 자신의 장래희망이 정해진 경우도 포함된다.

1) 희망 표현의 사용법

누구나 주체적으로 생각하고 행동하는 존재임을 드러내기 위해서는 원하는 것이 무엇이며, 그것을 어떻게 해야 얻을 수 있는지를 명료하게 표현할 수 있어야 할 것이다. 이때 사용하는 표현들 가운데 가장 빈번하게 쓰는 것이 희망 표현이다. 한국어의 희망 표현은 '-고 싶-'의 모습으로 나타난다. 그런데 대부분의 한국인 화자들은 상상하는 것에 희망 표현을 붙이곤 한다. 실제로 이루어지지 않거나 이룰 수 없는 것과 희망 표현을 연결하는 경향을 보인다[11].

자, 누구나 바라는 것에 대해 허심탄회하게 표현해 보는 상황을 기획해 보자. 무엇을 바라고 있는지 조사할 겸 왜 그것을 바라는지도 들어 보자. 이러한 주제로 담화를 전개해 보면 어떤 상황 속에서 어떤 바람이 생겨나고,

---

11) 필자의 실험으로 자기소개 담화를 경청한 결과, 희망 표현을 사용한 경우가 실천행위로 확인되지 않은 상황에서 표집되었다(2016년도 기준).

그 바람이 과연 이루어질 수 있는 것인지를 확인해 볼 수 있을 것이다. 자기소개를 목적으로 발표를 하거나, 일상 대화가 막힘없이 지속되려면 희망표현이 어떤 상황 속에서 유의미하게 선택되며 효율적으로 기능할 수 있는지를 알게 된다.

[전제조건] 길순은 그림을 잘 그린다.
[지원-발화수반력] 아버지는 길순이 그림 그리기를 바란다.
　　　　　　　　아버지는 길순에게 그림을 그려야 할 의무를 준다.
[결과] 길순은 그림을 그려야 할 의무를 느낀다.
[발화효과] 길순은 그림을 그린다.
　　　　　길순은 그림을 그릴 것이다.
[결론] 아버지는 길순이가 그림을 잘 그릴 거라고 믿는다.
[실현] 결국 길순은 그림 그리기를 전공으로 선택한다.
　　　　지금 길순은 미술대학을 다니고 있다.

2) 쓰기의 실제

다음의 절차로 말하고자 하는 것을 분명하게 표현하는 연습을 해 볼 수 있다. 자신이 희망하는 것을 분명하게 말할 수 있기 위해서는 마땅한 전제가 마련되어야 한다. 무엇을 하고 싶은지, 어떤 사람이 되고 싶은지에 대하여 깊이 생각해 보는 경험이 필요하다. 자신의 적성을 알아보기 위해 깊이 생각하는 방법을 언어 능력으로 알아볼 수 있다. 먼저, 자신이 소망하는 것을 찾아서 다음과 같이 시작해 보자.

장면1: 출발점 희망 표현 명시(forward)

ㄱ. 저는 광고인이 되고 싶습니다.
ㄱ-a. [배경] 광고 전공 학과의 입시요강에 따라 입학지원서를 작성할
　　　수 있고, 면접 질문에 적절한 응답을 할 수 있었습니다.

ㄱ-b. [동기화] 아버지께서 광고회사에 재직하십니다.

가. 저는 그림을 그리고 싶습니다.

가-a. 저는 초등학생 때부터 그림을 좋아했습니다.

가-b. 아버지께서 웹디자이너이십니다.

장면2: 의도 명시(propel)

ㄴ. 저는 TV에서 광고를 자주 눈여겨보았습니다.

ㄴ-c. [중심] 아버지는 제가 TV를 보는 것을 허락하십니다.

나. 저는 틈틈이 그림을 그립니다.

나-c. 부모님께서는 제가 그림 그리는 것을 막지 않으십니다.

장면3: 지향점(처소) 명시(propel)

ㄷ. 저는 대학교 광고창작과에 입학했습니다.

ㄷ-d. [결과] 저는 아버지와 함께 TV 광고를 주의 깊게 봅니다.

다. 저는 미술대학에 다니고 있습니다.

다-d. 저는 미술학원에서 초등 학생들에게 그림을 가르치고 있습니다.

장면4: 도착점(처소) 명시(target, to the position)[12]

ㄹ. 저는 졸업 후 광고회사에 취업할 것입니다.

ㅁ. 저는 지난 여름방학 때 광고회사에서 알바(일일근로)로 근무했습니다.

ㄹ-e. [발화효과] 저는 지금의 전공에 만족합니다.

ㅁ-f. [결론] 방학 때 광고회사에서 인턴 경험을 함으로써 이력을 관리하
고 있습니다.

라. 저는 졸업 후에도 그림 그리는 일을 할 것입니다.

라-e. 저는 그림 그리지 않는 때를 생각해 본 적이 없습니다.

라-f. 저는 그림을 그릴 때 가장 행복합니다.

---

12) 학생들은 대체로 지향점과 도착점을 구분하는 데 어려움을 느낀다. 상급 학교에 입학하
자마자 삶의 목표로 인식된 지 얼마 지나지 않은 경우에 더욱 그렇다. 최종 목적지에
대한 불확실성으로 인해 적절한 표현이 생성되지 않기 때문이다.

실제 자기소개 자료에서 출발점 희망 표현이나 의도(목표), 지향점(propel-target), 도착점(finish-target), 등의 정보들은 쉽게 찾아진다. 누가, 어디에, 무엇을 위해 지원하는가와 관련해서는 자기소개의 필수 정보로 인식되어 있기 때문이다. 자기소개 담화를 구성하기 위해 선행하는 전제조건이 현재 화자의 위치를 확인하는 것에서 출발한다(a/b). 위의 담화 사례에서는 광고인이라는 장래희망을 갖게 된 배경이 학과 입시요강에 적합한 요건으로서 입학지원서와 면접을 통과한 사실로 뒷받침되었다(a). 그리고 화자의 가족과 유관한 직무를 통해 적성과 진로를 신뢰할 수 있는 누군가의 허락을 받은 사실로써 소망한다고 분명하게 말할 수 있다(b). 때문에 화자가 가족과의 조우를 통해 생활습관이 바람직하게 형성될 수 있는 현실은 당당하게 말할 수 있게 하는 힘을 보태어 준다(c). 그래서 화자는 전공과 관련된 직무 공간을 자연스럽게 수용하고(d), 실현할 계획을 세우려는 태도가 정당화된다(e).

우리말의 관습적 특징상 1인칭 주어가 생략되는 경우가 빈번하지만, 자기소개와 같이 희망 표현을 사용하고 목적이 분명하며 공적인 의사소통 상황에서는 반복적으로(iterate) 나타나는 특징을 찾을 수 있다. 자신이 장래 희망을 생각하고 자기소개를 하는 상황에 직면함으로써 스스로 어떤 표현을 사용하는지를 깨닫게 하는 경험이 필요하다. 그 경험은, 인간의 사고과정 속에서 특히 신체어를 사용함으로써 환유·은유 작용을 일으키고 통사 구조의 패턴과 맞물려 드러나는 언어감각을 발견하도록 이끈다.

※ 희망 표현을 넣어서 자기소개글을 써 보자.

3. 능동과 피동

진단할 내용
- 능동의 성격을 설명할 수 있다.
- 피동의 성격을 설명할 수 있다.
- 능동문을 피동문으로 바꿀 수 있다.
- 상황에 따라 능동과 피동을 구별하여 쓸 수 있다.

글을 쓸 때는 정교하게 표현을 다듬는 노력이 필요하다. 이 노력이 문법적 능력과 관련되어 있다는 것을 모르지 않겠지만, 너무 꼼꼼한 태도를 요구하는 까닭에 간과되곤 한다. 글쓰기에서 자주 잘못을 범하는 부분을 알아보기로 하자.

1) 능동과 피동의 관계

인간의 능력을 알아보는 데에는 행동으로 드러난 결과가 결정적인 근거로 작용한다. 눈에 보이지 않는 것을 믿을 사람이 거의 없고 누구에게나 어디에서나 언제나 객관적으로 판단할 수 있는 방법이라야 공정성과 신뢰성이 보장받을 수 있기 때문이다. 그래서 인간의 행동을 보고 논의하는 장에서는 행동의 시작점과 방향을 판단하게 된다. 즉 누구에게서 행동이 비롯되어 종국에 기대하는 것이 어떤 효과를 보일지를 결정하는 것이다.

행동의 시작점은 주체의 의지와 비(非)의지로 나누어진다. 주체의 행동에 대하여 자발적 의지에 의한 행동인지, 타율적 행동인지를 엄정하게 구별함으로써 명료하게 나타낼 수 있는 것이다. 이렇게 행동의 미묘한 의미를 표현하기 위해서는 적절한 문법 요소를 선택하는 능력이 수반되어야 한다. 그러므로 문법 요소의 특질을 알아둘 필요가 있다. 먼저, 주체가 자발적으로 행동한 경우에는 능동 표현을 사용한다. 반면에 다른 대상에 의해 화자가 행동을 하게 된 경우에는 피동 표현을 사용한다. 能動(능동)은 능할 능, 움직일 동 자를 써서 홀로 움직이는 것을 의미한다. 또 被動(피동)은 당할 피, 움직일 동 자를 써서 누구의 힘으로 행동을 당하게 되는 것을 의미한다.

아래의 두 문장을 비교해 보자.

나는 잠자리에서 일어났다.
나는 세찬 바람 때문에 잠자리에서 일어나게 되었다.

능동문을 피동문으로 만드는 방법에는 두 가지가 있다. 하나는 짧은 피동문, 다른 하나는 긴 피동문이다. 전자는 접미사(-이-/-히-/-리-/-기-)를 넣음으로써, 후자는 서술어 뒤에 '-어지다[13]'를 붙여서 피동문을 만든다. 맥락에 따라 자연스러운 표현이 되도록 두 가지 중에서 선택하는 감각이 필요하다.

주체를 강조하고 싶을 때, 행동을 촉발한 원인을 강조하고 싶을 때를 구별하여 능동이든 피동이든 어울리는 것을 선택하면 된다.

2) 쓰기의 실제

내가 스스로 잠자리에서 일어난 사실을 강조하고 싶다면 능동문으로 표현하면 된다. 한편 내가 잠자리에서 일어나게 된 원인을 강조하고 싶다면 피동문으로 표현하면 된다. 대체로 주체인 나의 의지나 판단을 숨기고 겸손하게 표현하고 싶다면 피동문을 선택하는 것이 좋다.

자기소개서에 내가 어느 학교에 지원했고, 어떤 경력을 쌓았으며, 또 어디 어디를 다녔는지를 밝히고자 할 때 나의 생각과 의지로 행동한 것인지

---

13) '-어지다'에 의한 피동법은 '-게 되다'와 교체될 수도 있는데 '-게 되다'는 번역투 표현으로 남용하는 경우가 많아서 신중하게 사용하는 것이 좋다.

아니면 누구의 도움을 받아 나를 성장시켜 왔는지를 구별해서 솔직하게 쓴다. 아래의 빈칸에 들어갈 내용을 적어서 능동문으로 나를 소개해 보자. 만일, 나의 행동으로만 이루어지지 않은 경험이 섞여 있다면 피동문으로 바꾸어야 한다.

       _____ 갔다(가게 되었다[14]).
       _____ 떠났다(떠나게 되었다).
       _____ 옮겼다(옮겨졌다)[15].
       _____ 쌓았다(쌓였다).
       _____ 아름다웠다(아름다워졌다).
       _____ 뛰었다(뛰게 되었다).
       _____ 치렀다(치러졌다).

여기서 자주 혼동하는 경우를 주의해야 한다. 가령, '부딪다'라는 동사의 경우 상황에 따라 '부딪히다'와 '부딪치다'의 두 가지 형태로 갈라져 쓰인다. '부딪히다'는 피동형으로서 '부딪음을 당하다'의 뜻을 가진 말이지만, '부딪치다'는 '-치-'라는 강세접미사를 삽입하여 '부딪는' 행동을 강조한 말(힘줌말)이기 때문에 서로 다르게 사용된다.

---

14) '갔다'의 피동형으로 '-어지다'를 붙여서 '가졌다'로 쓰면 '가지다'의 과거형과 동일한 형태가 되어 의미 전달에 오류가 발생할 수 있다. 그러므로 이러한 경우에는 '가게 되었다'로 쓰는 것이 적절하다. 자동사(목적어가 필요 없는 동사)나 형용사는 '-어지다'를 붙여서 피동형을 만들 수 있지만, 타동사(목적어가 필요한 동사)는 '-어지다'를 붙여서 피동형을 만들 수 없다. 또한 동사의 성격에 따라 짧은 피동과 긴 피동 가운데 한 쪽만 만들 수 있는 경우도 있고 양쪽 다 만들 수 있는 경우도 있다.

15) '옮기다'는 '옮다'의 피동형(접미사 '-기-'가 삽입된 형태)이 아니라 그 자체로 타동사이다. '옮다'는 '전염되다'라는 뜻을 지닌 자동사이고, '옮기다'는 어떤 대상의 공간적 위치를 바꾸어 놓는 행위를 뜻하는 타동사이다.

4. 주동과 사동

진단할 내용
- 주동의 성격을 설명할 수 있다.
- 사동의 성격을 설명할 수 있다.
- 주동문을 사동문으로 바꿀 수 있다.
- 상황에 따라 주동과 사동을 구별하여 쓸 수 있다.

글을 쓸 때는 행위자 또는 주어를 염두에 두게 된다. 주어 또는 행위자가 누구인가에 따라 서술어가 선택되는 경우가 많다. 주어를 지지하는 경우에는 서술어를 주어와 관련있는 단어를 선택하고, 주어보다 행동이 강조되어야 하는 경우에는 주어와 그리 많이 관련되지 않은 단어라도 선택한다. 이렇게 문장 속에서 선택되는 단어들은 필자의 생각 속에서 서로 관련되어 있다.

1) 주동과 사동의 관계

주동문은 스스로 행동하는 주체에 의해 서술된 문장이고, 사동문은 다른 대상에게 행동을 하도록 요구하는 주체에 의해 서술된 문장이다. 主動(주동)은 주인 주, 움직일 동 자를 써서 주인이 움직이듯이 자발적인 의지로 행동하는 주체에 의해 서술되는 문장을 구성하는 방법이다. 그리고 使動(사동)은 시킬 사, 움직일 동 자를 써서 타인이 시켜서 행동하는 주체에 의해 나타내려는 내용을 구성하는 방법이다. 아래의 두 문장을 비교해 보자.

나는 잠자리에서 일어났다.
(누군가가) 나를 잠자리에서 일어나게 했다(일으켰다).

주동문을 사동문으로 바꾸는 방법에도 두 가지가 있다. 하나는 짧은 모습의 사동이고, 또 하나는 긴 모습의 사동이다. 전자는 접미사(-이-/-히-/-리-/-기-/-우-/-구-/-추-/-으키16)-/-이키17)-)에 의해, 후자는 서술어 뒤에 '-게 하다'를 붙여서 만드는 방법이다. 간결하게 주체의 행동만으로 글을 구성하고 싶을 때는 주동문을 중심으로 하는 것이 좋다. 그렇지 않고 상세한 설명이 필요한 경우에는 주동과 사동을 적절하게 선택하여 구성해야 한다.

2) 쓰기의 실제

이력서를 쓰려고 할 때 내용을 수집하고자 자신의 경험목록을 메모하는 경우는 주동문의 모습으로 나타낼 수 있다. 가령 '(나는) 학교를 졸업했다/동아리에서 대표 활동을 했다/작품을 발표했다 등'과 같이 결과 행동만으로 메모를 하는 경우 주동문이 쓰인다. 반면에 자신의 자발적인 행동인지, 누군가의 지도로 얻게 된 결과인지를 분명히 밝혀야 할 경우에는 사동문을 선택하게 된다. 아래의 타동사들을 가지고 주동문과 사동문을 만들어서 자기소개 글을 구성해 보자.

_____	갔다(가게 하였다).
_____	떠났다(떠나게 하였다).
_____	옮겼다(옮기게 하였다).
_____	쌓았다(쌓게 하였다).
_____	뛰었다(뛰게 하였다).
_____	치렀다(치르게 하였다).

---

16) 접미사에 의한 사동문을 만들 때 '-으키-'를 넣어서 만들 수 있는 경우는 '일으키다'의 경우가 해당된다.
17) 접미사에 의한 사동문을 만들 때 '-이키-'를 넣어서 만들 수 있는 경우는 '돌이키다'의 경우가 해당된다.

여기서 능동과 주동을 구별하려고 하기보다 능동과 피동, 주동과 사동의 관계를 파악할 필요가 있다. 서로 대립되는 관계로 두 표현 방법들을 알아두어야 문법적으로 오해를 하지 않는다. 행위자의 관점에서 행동이 어디서 비롯되었으며, 어떤 방향으로 전개되어 어떤 결과와 연결되었는지를 서술할 때 능동과 피동, 주동과 사동의 관계를 밝혀서 전달하려고 하는 의미를 분명하게 나타내는 것이 중요하다.

실제

사회에서 빈번하게 쓰이는 표현 유형들을 조사하여 분석해 볼 필요가 있다. 상황을 구별하여 목적에 따라 적절한 표현을 사용하되 개성적으로 나타낼 수 있는 표현력을 함양하기 위해 여러 가지 양식들을 접해 보자.

Ⅳ. 쓰기의 절차

글은 체계적으로 이루어진다. 작은 단위 요소들이 질서정연하게 결합되고 보기 좋은 모양새로 거듭나기까지 실제 글을 쓰면서 알아볼 필요가 있다. 글을 쓴 사람으로부터 어떻게 글을 썼는지를 묻고 답을 듣는 것보다 실제로 글을 써 보는 훈련이 반복됨으로써 공을 들여 글을 이루는 절차를 알게 되고, 그 결과 얻게 되는 것을 직접 볼 수 있다.

글을 쓰기 위해 필요한 요소들이 무엇 무엇이며, 그 요소들을 어떻게 배열하는지, 일정한 질서를 따라 배열한 모습을 상황과 목적에 따라 재배열하거나 장식하는 등의 활동을 경험하는 일은 사회생활을 하는 것과 비슷하다.

인간이 태어나 인간사회에 소속되고, 환경에 적응하며 자라서 어떤 역할을 갖게 되고 그 역할을 잘 수행함으로써 얻게 되는 것들을 알게 되고, 그 앎의 기쁨 속에서 또 다른 무엇을 꿈꾸는 존재가치를 깨닫는 과정이 글을 쓰는 과정과 흡사하다.

1. 문제 발견과 표현의 원리

진단할 내용
- 글쓰기의 목적을 설명할 수 있다.
- 글쓰기의 효과를 설명할 수 있다.
- 상황에 적절한 내용을 수집·선정할 수 있다.
- 목적에 적절한 내용을 수집·선정할 수 있다.
- 선정한 내용을 논리적으로 조직할 수 있다.
- 조직한 내용을 상황·목적에 따라 다양하게 표현할 수 있다.

고대 수사학에서부터 글쓰기의 절차는 다섯 단계로 구분된다. 이는 고대 키케로와 아리스토텔레스 시대에 표현하기의 체계적인 방법으로 언급된 것이다. 여기서도 다섯 단계를 따라 글쓰기와 말하기 능력을 기르기로 한다.

1) 내용 수집·선정하기

글쓰기의 첫 번째 단계에서는 글을 이룰 자료들을 수집한다. 이 자료들을 한데 모아놓고 주제에 맞는 것들을 선정한다. 한 편의 글을 쓰는 데에는 한 가지 주제가 필요하다.

표현 연습을 하는 데에 있어 대상을 잘 관찰하여 문제를 발견하는 일이 우선이다. 이때는 항상 대상에 감정이입을 해 보는 것이 좋다. 창의적 사고를 이끌어 내기 위해서는 문제를 보고 나의 입장에서 어떻게 해결할지를 생각해 보는 적극성이 필요하기 때문이다.

글의 종류가 다양한 것처럼 글의 내용이 될 제재를 수집하는 방법도 다양하다. 수집한 제재를 표현하는 주체가 누구이고, 어디서 언제 표현하는가에 따라 글의 형식이 결정되기 때문이다. 그래서 글을 쓰기 전에는 상황과 목적을 조사할 필요가 있다. 누구에게 어디서 언제 무엇을 전달하려는가를 분석하고 나면 글의 설득력이 높아진다.

우리나라의 어느 대기업에서 직업을 찾는 단계에 대하여 다음과 같이 제시하였다.

"명확한 목표 없이 쌓은 스펙은 더 이상 경쟁력이 없어요."

이 말은 누구나 똑같은 경력을 쌓기 위해 노력하는 것은 진정 누구를 위한 일인지를 생각해 보아야 한다는 것을 의미한다. 살아가는 것은 자신의 행복을 위해 의미가 있으며 의미 있는 것을 생각할 때 열정과 노력이 생겨나는 것이지 타인이나 집단을 위하는 일이 아니다. 후자의 경우에 노력을 바친다고 생각하면 허무해질 수밖에 없다. 나 자신의 행복을 최우선적으로 고려하지 않을 때 나타나는 부작용은 심각하다. 그래서 직업 찾기는 먼저 경향(trend)을 조사하는 일에서부터 시작된다. 경향을 파악함으로써 직업의 전망과 안정성을 알게 된다. 그 다음으로 좋아하는 일과 잘하는 일의 교집합을 찾는다. 좋아하면서 잘하는 것을 생각해 봄으로써 자신의 적성을 알게 되기 때문이다. 마지막으로 다양한 경험들을 통해 자신의 적성을 검증한 결과가 필요하다. 일일근로 활동이나 봉사활동, 견습생 시절 등의 경험을 통해 자신의 능력을 확인받았다면 학교의 성적표만큼이나 효력이 크다.

모 기업의 휴대폰을 개발하는 데 있어서는 휴대폰 사용자들의 소비 욕구를 분석하는 일이 전제가 된다. 휴대폰을 세밀하게 사용하고 싶어 하는 소비 욕구를 알기 위하여 온·오프라인 시장 조사와 함께 전문가들의 의견 등을 수집하여 펜과 노트의 기능을 도입했다는 이야기가 있다. 이렇게 표현하는 행위는 치밀한 조사활동을 통해야 유의미하며, 목적과 상황을 고려할 때 비로소 독자들로부터 존중 받을 수 있다[18].

내성의 단계를 거침으로써 글쓰기를 효과적으로 수행할 수 있다. 내성이

---

18) 서사하기 또는 묘사하기를 통해 쓸거리(제재)를 찾고, 찾은 제재를 설명 또는 논증의 방식으로 펼쳐 보자.

란 스스로 자신의 이면을 관찰하는 행위이다. 내 안에 무엇이 있는지를 발견해 낼 때 적성에 맞는 진로를 결정하게 된다.

2) 내성 훈련을 하라.

실용적 글이란 사회에서 요구하는 정보를 바탕으로 사회적 의사소통을 위해 구성하는 양식을 말한다. 예를 들어 취업을 목적으로 작성하는 이력서나 자기소개서가 여기에 해당된다. 이러한 글을 쓸 때는 내성(內省) 훈련이 전제되어야 한다. 내성(內省)이란, 자기 자신을 들여다보는 것이다. 그런데 겉모습은 거울에 비추어 보면 되지만, 속마음을 관찰하기란 여간 어려운 일이 아니다. 대부분의 사람들은 일기를 쓰며 반성을 한다. 그러나 이력서나 자기소개서는 반성하는 마음으로만 쓰게 되지는 않는다. 반성을 통해 자신의 희망이나 포부까지 알 수는 없기 때문이다.

내가 개미와 닮은 점이나 벌과 닮은 점을 생각해 보자. 특히 먹이를 구하는 습성이 어떠한지를 살펴보면 인간의 생존전략이나 처세와도 연결된다는 것을 알게 된다. 개미는 부지런히 먹이를 모으는 태도로 상징되는 존재로 유명하다. 그래서 근면하고 성실한 사람을 보고 '개미'에 비유하곤 한다. 또 벌은 꽃의 수정을 도우며 로얄제리를 생산해 내는데, 그 꿀은 벌에게 이로운 양식이라기보다 인간에게도 제공하는 것으로 나눔의 미학을 가르쳐 준다. 이렇게 인간이 곤충들로부터 어떤 정신을 배우게 되는지까지 생각할 수 있다.

- **나를 관찰하며 생각하며**

위의 생명체들을 보고 나의 모습과 닮은 점을 생각해 보자. 내가 거미라면 어떤 어휘를 떠올릴 수 있을까? 그리고 내가 개미라면? 내가 벌이라면?

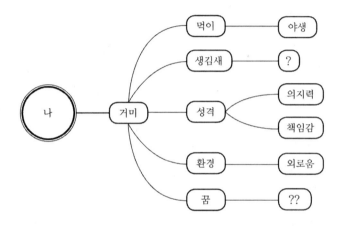

'나'를 살펴보기 위해 대상을 선정한 다음 그 대상의 속성을 관찰하여 브레인스토밍이나 마인드맵으로[19] 관련 어휘를 떠올리고 조직해 보자. 분명 '나'의 이미지가 포착될 것이다.

[전략1] 자신과 비슷한 종을 찾아라.

거미를 소개하는 일을 자기소개와 관련지어 생각해 볼 수 있다. 우선 거미에 대한 관찰부터 한다. 거미를 자세히 들여다보면 어떻게 생존해 가는지를 알게 된다. 그 생존방식에서는 자신이 잘못 생각했던 점들이

---

19) 발상 단계에서 흔히 사용되는 두 가지 기법이 있다. 하나는 한 가지 주제 아래 여러 생각을 떠올리는 브레인스토밍 기법이고, 다른 하나는 특정 주제에 맞추지 않고 자유연상을 하는 기법이다.

밝혀질 수도 있다.

- 거미에 대한 편견
- 거미를 기르는 이유
- 나의 성격, 거미의 성격(나와 거미의 공통점)
- 나의 거미에 대한 의문
- 나의 희망과 목표

[전략2] 자신의 '인간다움'을 생각하라.

자신이 왜 인간인지를 생각해 볼 수도 있고, 왜 인간이어야 하는지를 증명할 만한 단서를 찾아도 좋다. 이렇게 하여 인간다움이란 무엇인지 추리해 보자. 인간에게는 생각할 수 있는 능력, 감정을 통제할 수 있는 이성이 있다. 짐승과 다른 능력을 생각할 때 인간다움이 떠오를 수 있는 것이다. 또 인간은 기본적인 생활에 관해서뿐만 아니라 소질 계발이나 성찰을 위해 판단력을 발휘할 줄도 안다. 동물은 서식지나 주거 문제, 먹이 사냥과 같은 기본적 생계 유지 문제에 민감하지만 인간은 그 밖에도 도구를 다양하게 사용할 줄 알고 여러 가지 목적을 수행할 만큼 활동 범위를 넓힌다.
'나'를 중심으로 인간이 동물과 다른 점들을 생각해 보자.

- 나의 취향과 성격
- 나의 희망과 목표

인간의 욕구 가운데에는 자아실현 욕구가 있다. 이는 하등동물과 구별되는 성격으로서 고차원의 욕구이며, 이 수준에서는 생존이나 보호에 그치지 않고 개인의 정신적 만족을 위해 몰입하는 능력을 발휘하게 됨으로써 창조 행위가 가능해진다.

아래의 몸에 '나다움'을 표시해 보자.

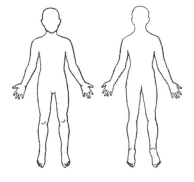

- 다섯 가지 감각기관을 볼 때 나는 사람들에게 어떻게 인식되고 있는가?
- 내 손으로 할 수 있는 것은 몇 가지나 될까?
- 내가 두 발로 얼마나 높이 뛸 수 있고, 두 다리로 얼마나 멀리 가고 있는가?
- 내 뱃속에 무엇이 들어가야 탈이 나지 않는가? 머리 속에는? 가슴 속에는? 얼마나 배를, 머리를, 가슴을 채우며 살고 있는가?

위의 물음들에 답을 찾아 나가면 자기의 재능을 알게 될 뿐만 아니라 개인적인 처세술이나 성격까지 포괄하게 될 것이다.

[전략3] 아이디어 생성을 위해 가정법을 사용하라.

세상사를 관심 있게 바라보기 위해서는 먼저 나의 눈으로 세상을 바라볼 수 있어야 한다. 가정문 '-면, -다.'를 머릿속에 떠올리자. 그리고 1인칭 주어로 시작해서 나의 행동을 생각하자. 내가 지금 여기서 할 수 있는 행동은 무엇일지를 생각하자. 그리고 그 행동은 어떻게 해서 가능한 것인지를 생각하자. 여기서 문제를 해결할 수 있는 자신을 보게 된다.

   ⑩ 내가 ○○맨(우먼)이 되면,
   ⑩ _____숲을 조성하면, 지구 온도의 상승을 막을 수 있다.

문제를 발견하고 나면 해결할 수 있는 방법을 생각해야 된다. 해결 가능성을 진단하고 해결 단서가 찾아지면 이것을 통해 자신의 입장을 분명히 밝혀야만 설득력을 갖출 수 있다.

3) 일상에서 모티브 찾기

문제를 어디서 찾을지도 고민할 일이다. 내게 있었던 일을 떠올려 보면서 어려움을 겪은 순간에 어떻게 대응했는지를 검토해 보자. 나의 생활을 자세히 들여다보면 문제를 발견할 수 있을 것이다. 일상생활에는 여러 가지 문제들이 도사리고 있다. 나의 식생활, 나의 의생활, 나의 주생활, 친구 관계, 여가생활 등으로 나의 습관을 관찰해 보면 세상의 문제들이 보인다.

나는 오늘 점심에 햄버거를 먹었다.
나도 햄버거를 좋아한다.
우리 중 한 명 이상이 햄버거를 먹는다?
(나의 경험 중에서 …이 기억에 남는다. ~께서 들려 주신 말씀 중에, ~ …)

4) 내용 조직

[전략4] 실제 문제-해결 과정을 따르라.

문제와 해결 관계를 표현하는 데에 있어서 기본적 단위는 증거와 주장이다. 증거는 문제를, 주장은 해결을 담고 있는 기술로서 하나의 문장을 구성할 수 있게 해 준다. 물론 그 문제-해결의 주체는 각각 다르지만, 문제를 해결과 연결하는 주체는 하나이다. 바로 자신의 관점에서 문제를 지적하고 해결하기 때문이다.

(1) 증거

증거는 원인과 결과의 관계 구조로 나타나는 부분이며, 원인에 해당되는 내용이다.

⑩ 숲을 조성하면,
⑩ 목초지를 조성하면,

(2) 주장

주장은 증거에 대한 결과로 이해하면 된다. 위의 증거들에 대한 주장으로 다음과 같은 내용이 연결될 수 있다.

⑩ 지구 온도의 상승을 막을 수 있다.
⑩ 이상 기후 현상을 막을 수 있다.
⑩ 숲의 파괴를 막을 수 있다.
⑩ 목초지를 지킬 수 있다.

[전략5] 문제를 다각적으로 분석하라.

문제를 지적한 다음에는 그것을 사회적, 윤리적 관점에서 진단하자. 필자가 지적하는 문제들은 대개 인간사회의 문제들일 확률이 높다. 생활에 불편을 느끼거나 정상적인 생활이 곤란해졌을 때 문제가 발생하게 마련이다. 그리고 그 문제의 원인은 심리적인 면에서 찾아질 수도 있고, 사회구조적으로 얽혀 있는 것일 수도 있으며, 도덕성의 부족에서 나온 것일 수도 있다. 각각 어떻게 해결해야 하는지는 원인이 다양한 만큼 다양하게 찾아질 것이다. 물론 근본적인 원인을 분석해서 문제가 재발하지 않도록 주의를 기울여야 한다.

• 왜 그것이 문제일까?

문제라고 생각되는 것을 찾았다면 사람들에게 자신의 생각을 논리적으로 설명할 필요가 있다. 다음과 같은 순서로 사태의 문제점을 찾아보자.

햄버거의 핵심은 소고기다?

햄버거 왕국은 맥도널드 사(社)?

맥도널드 기업주는 전세계 121개국에 29,000개의 매장을 두었다?

(그러나 ~에서는 ~ 고객의 다양한 기호를 만족시켜 주지 못한다?)

[전략6] 바꾸고 싶거나 해결해야 될 것을 조리 있게 말하라.

문제를 발견하면 그것을 해결해야 하는 이유와 방법을 알리고 설득해야
한다. 그 문제가 해결되어야 한다는 것을 강조할 필요가 있다면 보충할
수도 있다. 문제점들을 찾으면 나의 입장에서 어떻게 할 것인지, 할 수
있는지를 생각해야 한다.

· 그래서 나는 주장한다.

문제 지적 및 분석에 대한 결과로 '그래서'를 이을 수 있는 내용이 온다.
위의 문제를 해결할 수 있는 내용 가운데 가장 근원적 대책은 무엇일지
생각해 보자.

우리는 목초지를 조성해야 한다.

(그래서 나는 ~에 지원한다.)

실제

※자기 자신의 진로 적성을 생각할 때 자기의 문제점을 분석하고 개선 방향을
설계하는 과정이 전제된다. 그 과정 이후에 직업을 선택할 수 있다.

틀 안에 갇혀 지냈을 때 (무엇에 비유할 수 있을까?)
신문을 보기 시작하면서, (비판적 사고가 시작된다.)
학급 회의에서, (무엇을 건의하고, 어떻게 실천하나?)
기자가 되면… (소명의식 : 어떤 분야에서 뛸까?)

[전략7] 주제를 펼치기 위해 먼저 요약하라.

긴장과 이완을 통해 글의 골격이 탄탄해지며 독자들은 그러한 모습에서 마음을 움직인다. 글 속에서 요소들 간의 대립 관계가 분명할수록 긴장이 생긴다. 의미를 가진 최소의 자립 단위가 단어이다. 말하고자 하는 바를 단어 수준에서 메모하라. 메모해 놓은 몇 개의 단어들을 가지고 하나의 문장으로 엮어 보면 대충 하고 싶은 말이 무엇인지 드러난다. 물론 단어 간 의미관계가 대립적일 수도 있고 유의적일 수도 있다.

- 주제 : 늘어놓은 생각을 요약한 것
- 펼침 : 요약한 생각을 늘어놓는 것
  ※ 긴장감 있는 펼침 : 이항대립(대조)

주제가 펼쳐지는 동안 중심 문장은 뒷받침 문장들의 지원을 받아 문단으로 구성된다.

실제 분석

1) 지금 내 머릿속에 떠오르는 단어? **햄버거!**
2) '햄버거' 하면 떠오르는 것들?
   햄버거, 불(열), 소, **광우병**, 목초지, 중앙아메리카, 축산단지, 방목, **사막**, 곡식, **기아**, **영양실조**, 열대우림, 숲, **파괴**, 지구, 온도, 조절, 기후, 악몽, 커넥션, 아악!

3) 햄버거 커넥션의 체계 형성
   햄버거의 연상 어휘로 문제-해결, 원인-결과 등의 구조를 조직하여 다음과 같은 체계를 형성할 수 있다.

악,옹?

앞의 컷마다 설명된 표현들을 살펴보면 주요 정보를 알 수 있다. 전체 내용을 시간, 공간, 목적, 대상으로 나누어 주요 정보가 어디에 어떻게 나타나 있는지 정리해 보자.

• 햄버거 커넥션의 구성

앞의 동영상을 컷 단위로 잘라서 구조를 분석해 보자.

- 지구의 평균 온도 0.6도 상승
- 온도 조절 능력을 상실한 지구
- 곳곳에서 이상 기후 현상
- 악몽
- ?
- 햄버거, 숲, 해일,… 연관성?
- 두 조각의 빵과 야채, 그리고 고기로 만들어진 패티
- 200명의 미국인이 1개 이상의 햄버거 소비
- 햄버거 왕국 맥도널드 사
- 전세계 121개국에 29,000여 개 매장
- 햄버거의 핵심, 소고기
- 소를 키우기 위해 목초지 조성
- 1970년대 말 중앙아메리카 전체 농토의 2/3
- 축산단지로 전환
- 매년 남한 땅 크기의 목초지가 과도한 방목으로 사막화
- 목초지의 풀과 함께 지구에서 생산되는 곡식의 1/3을 먹어 치우는 소
- 매년 4천만 명에서 6천만 명 기아로 인한 영양실조로 사망
- 우리가 1인분의 고기와 우유 1잔을 얻으려면 소에게 22인분의 곡식을 먹여야 한다.
- 소를 키우기 위해 파괴되는 숲, 열대우림
- 소고기 100g, 햄버거 하나를 만들기 위해 열대우림 1.5평이 목초지로 변신

- 그래서 두 조각의 빵과 야채, 한 조각의 고기가 햄버거의 전부는 아니다.
- 햄버거 하나를 얻기 위해/소를 키우고/소를 키우기 위해 목초지를 만들고/숲을 태우고/사라진 숲은 지구의 온도를 높이고/지구 곳곳에서 이상 기후 현상 발생/나는 오늘도 해일에 떠밀려 가는 악몽을 꾼다.

컷 단위로 정리된 위의 내용을 육하원칙에 따라 다시 정리해 보자. 육하원칙에 따라 글을 읽으면 핵심 정보가 무엇인지를 우선적으로 알게 된다.

- 누가 : (나는)
- 언제 : (오늘도/ 거의 매일)
- 어디서 : (일상적 공간에서)
- 어떻게 : (해일에 떠밀려 가는 악몽으로 괴롭다)
- 왜 : (삶의 터전을 잃어버릴 듯한 공포감으로부터 벗어나기 위해서)
- 무엇을 한다 : (햄버거를 먹지 않으리라 다짐한다)

위의 정보들 가운데 '무엇이'와 '어떻게'에 해당하는 정보는 '누가/언제/어디서/왜/무엇을 하다(어찌하다)'라는 구조 속에 내포절로 구성될 수 있다. 다음과 같은 글을 살펴보자.

나는 오늘도 일상적 공간에서, 해일에 떠밀려 가는 악몽으로 괴로운 순간을 경험한다. 그래서 삶의 터전을 잃어버릴 듯한 공포감으로부터 벗어나기 위해 햄버거를 먹지 않으리라 다짐한다.

◆골격 알고 다지기 – 개요 작성

개요는 글을 쓰기 전에 세우는 설계도와 같다. 그리고 개요는 글을 다 쓰고 나서 요약하는 것과도 성격이 분명 다르다. 그래서 이것은 중심 문장과 뒷받침문장으로 구성되기보다는 가정과 주장의 관계로 간결하게 나타난다. 구상한 개요를 차근차근 전개하고 나서 주요 내용을 정리한 것이 요약이다. 개요는 아래의 그림과 같이 증거와 주장을 연결하는 사이 사이에 가정과 단서조항을 넣어서 모습을 만든다.

(1) 개요의 모습

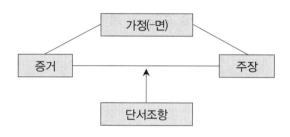

[전략8] 명제 속에 포함된 논리를 찾아라.

명제는 세 가지 형식으로 진술된다. 내용상 앞의 절이 참이면 뒤의 절도 참인 경우가 있고, 형식상으로는 뒤의 절을 복문으로 구성해서 조금 복잡한 문형으로 진술할 수도 있다. 복문이 된 뒷절도 참인 앞절에 대해서 결과적으로 참이 되어야 한다. 또 연결 표현에 의해 명제를 구성하면서 구체적인 조건에 의해 결과를 진술할 수 있는데, 이때 결과는 과학적 근거에 의한 판단 내용과 같이 나타난다.

- p→q
(P : 까마귀가 난다, q : 배가 떨어진다)
'까마귀 날자 배 떨어진다.'

- p→(~q→r)
(p : 철수가 문을 연다, q : 노크를 하다, r : 영희가 화를 낸다)
'철수가 문을 여니 노크를 하지 않았다고 영희가 화를 냈다.'

- $(p(x) \land q(x)) \rightarrow r(x)$ [∧;–이고]

(p(x) : 단것을 먹지 않음, q(x) : 혈당이 200이 넘음, r(x) : 검진 필요)

'단 것을 먹지 않았는데도 혈당수치가 200이 넘으면 검진이 필요하다.'

(2) 개요 만들기

[전략9] 개요는 조건절과 함께 작성하라.

아래 대화를 보면, 조건절을 포함하여 논리적으로 조직해 가는 흐름을 확인할 수 있다.

> **검사원** 누구든지 혈당 측정치가 120이 되면,
> 그것은 당뇨병에 걸렸다는 확실한 신호입니다.
> **홍춘향** 몽룡아, 내 혈당이 200이 넘었어.
> **김몽룡** 그럼, 의사에게 가서 점검을 받아야 해.
> **방단이** 아씨가 방금 전에 단 음식을 드시지 않았다는 조건에서 말예요.

(3) 가정이란?

독자가 궁금해 하는 질문을 해소할 수 있는 일반적 원리의 형태를 '가정' 이라 한다.

아래의 대화 속에서 논리적 표현을 찾아보고, 일상적 대화 상황을 접할 때마다 논리 훈련을 해 보자.

> **쾌걸** 다른 아이들이 모두 새 운동화를 갖고 있어요. 나도 하나 필요해요.
> **월매** 아이들이 모두 절벽 아래로 뛰어내린다면 너도 뛰어내리겠니?
> ☞다른 사람들이 모두 새것을 가지니까 너도 새것을 가져야 한다는 가정은 (맞다/틀리다).
> **쾌걸** 이 광고를 보세요.
> **월매** 그래서?

(☞그 광고가 사실일지라도 내가 그것이 너한테 운동화를 사 줘야 한다는 것과 관련이 없는 것 같은데.)

쾌걸 부모님은 나를 사랑하지 않고 있음에 틀림없어요.

월매 그만하자.

(☞네가 암시하는 증거는 사실이다. 나는 너한테 운동화를 사 주지 않는다. 그리고 너의 가정이 사실이라고 하자. 자식을 사랑하지 않는 부모는 운동화를 사 주지 않는다. 그러나 너의 주장은 가정이 틀렸다. 그 이유는 어느 특정 부모가 자녀에게 운동화를 사 주지 않는다고 해서 자식을 사랑하고 있지 않다고 유추할 수 없기 때문이다.)

(4) 가정 쓰기

가정은 다음과 같은 순서대로 쓸 수 있다.

① 어떤 표현이든 가정을 도출하여 두 부분으로 나눈다.
(증거/주장)

 정부기구가 자연재해를 예방하기 위해 예산을 사용하였는데 재해의 발생이 거의 같은 빈도로 발생하면,(증거)
 당해 정부기관은 예산을 낭비한 것이다.(주장)

② 검토하려는 논술의 증거를 가정의 증거 부분에 열거하고, 주장은 주장 부분에 열거한다.

 산림청은 산불을 예방하기 위하여 수백만 달러를 사용하였지만 산불의 발생 빈도가 일정하다면, (증거)
 산림청은 예산을 낭비한 것이다.(주장)

③ 증거로 제시된 내용이 가정에 의하여 허용된 종류인지, 특정 주장이 가정에 위배되지 않는가를 판단한다. 증거를 구성하는 요소들은 가정에서 제시한 요소를 더 구체화시킨 것으로 결합된다.

◆가정에서 제시한 증거는 일반성을 띤다.

문제를 해결하는 주체로서 개인보다는 단체가 낫고, 단체들 가운데에서도 공신력 있는 곳에서 설득력을 보장한다. 공신력 있는 곳은 문제를 해결할 수 있는 단서조항을 담보하고 있기 때문이다.

앞의 자료들을 통해 가정은 다음과 같이 분석된다.

- 정부기관
- 예산 사용하기
- 자연재해 예방하기
- 빈도의 차이가 없음.
  - ☞ 가정의 주장 부분에는 예산을 낭비하는 정부기관을 언급하고 있다.

◆구체적인 증거의 예

- 한 구체적 정부기관(미국산림청)
- 구체적 예산을 사용하였다(수백만 달러).
- 구체적 재해의 예방에 실패하였다(산불).
- 산불의 빈도 차이가 없다.
  - ☞ 주장에서는 구체적 액수의 예산을 낭비하는 구체적 정부기관(산림청)을 언급하고 있다.

◆구상 단계의 개요

아래 내용을 문장별로 분석하여 처음 무엇을 쓸지를 어느 정도로 기록해 두는 것이 좋은가에 대해 생각해 보자.

⎡오늘날⎦ 프랭클린 루스벨트 대통령은 가장 존경을 받는 역사적 인물의 하나로 추앙되고 있지만,(배경) 그가 재임 당시에는 중산층 미국인에게 별로 인기가 없었던 것 같다.(주장) 예를 들어, 그는 신문매체로부터 사회주의를 주창한다고 지속적으로 비난을 받았다(증거)면, 이것은 당

시의 루스벨트 행정부가 선거권자들과 문제가 있다는 징표이다.(주장)
1938년 미중부 지역 신문의 70%가 루스벨트 대통령이 정부가 은행을
관리하여야 된다는 주장을 하였다고 공격을 퍼부었다.(추가증거)

구상한 것은 대체로 다음과 같은 순서로 산출된다.

> "쓰고 싶은 것은 어떤 배경에서 선정된 것이고, 그러한 배경에서 내가
> 주장하고 싶은 것은 무엇이며, 그 주장은 어떤 현상을 보고 나온
> 것인데, 신문을 보니 어떤 사실이 그 생각을 강하게 지지해 주었다."

[전략10] 개요의 주요 내용을 질문 형태로 준비하라.

내가 왜 이것을 써야 하는지부터 확인하자. 그리고 그 목적을 확인할
때 쓰려고 생각했던 내용이 적합한지 다시 생각하자. 누구에게 그것을
전달할 것인지도 고려하자. 이 글을 읽을 사람들의 성향에 맞게 표현할
방법도 생각하자.

[준비할 내용]
- 하고 싶은 말이 무엇인가?
- 어떤 증거를 댈 수 있는가?
- 그 증거가 당신의 주장을 어떻게 정당화시켜 주는가?
- 그런데 예외적인 예가 있는가?
- 나의 주장을 과연 확신할 수 있는가?
- 여기에 예외적인 예는 없는가?
- 그럼 당신의 주장을 얼마나 강하게 말할 수 있는가? 지지할 근거가
  또 있는가?

[전략11] 쓸 거리가 준비되면 그것을 펼쳐 보여라.

준비한 내용을 전개할 때는 글쓴이 주체의 입장에서 독자를 상대로 어떻게, 왜 말하려는가를 차근차근 서술하면 된다. 아래의 순서대로 글을 전개해 보자.

- 내가 주장하는 것은…
- 내가 증거로 제시할 수 있는 것은…
- 나는 …과 같은 일반적 원리에 입각하여 말할 수 있다.
- 그에 대한 답도 있다. 먼저…
- …과 같은 조건이 성립되고 …이 있는 한, 확신한다.
- …과 같은 경우는 예외로 인정하고자 한다.
- 나의 주장은 …의 측면에만 국한시키고자 한다.

[전략12] 가정을 파헤쳐 보라.

가정을 분석하면 무엇 때문에 무슨 주장을 하는지가 분명하게 보인다. 글을 읽고 핵심 내용을 간추릴 때에도 이 두 가지 내용을 초점으로 알고 뽑아내도록 한다.

교양물을 제작하고자 할 때 다음과 같은 가정을 세웠다고 하자.

- 가정1

  - 정부기구가 자연재해를 예방하기 위해 예산을 사용하였는데 재해의 발생이 거의 같은 빈도로 발생하면,(증거)
  - 당해 정부기관은 예산을 낭비한 것이다.(주장)

- **가정2**

  〈증거〉
  - 숲을 조성하면,
  - 목초지를 조성하면,

  〈주장〉
  - 지구 온도의 상승을 막을 수 있다.
  - 이상 기후 현상을 막을 수 있다.
  - 숲의 파괴를 막을 수 있다.
  - 목초지를 지킬 수 있다.

◆가정을 분석하면 문장이 보인다.

가정은 증거와 주장으로 이루어져 있기 때문에 조건문으로 만들 수 있다. 다음과 같은 조건문이 이루어졌다면, 이를 지원하기 위해 어떤 근거들이 필요할지를 생각해 보자.

> "우리가 햄버거를 너무 좋아하면, 햄버거 왕국은 살리고 환경은 파괴
> 된다."

◆문장을 자세히 쓰면 문단이 이루어진다.

쓸 내용을 조목조목 구성할 때에는 다양한 기능의 문장들을 생각할 필요가 있다. 인간은 변화를 추구하는 존재로서 단조로운 구성에 의해서는 감동 받지 못하기 때문이다.

◆문단을 향하여

[전략13] 빨주노초파남보… 문단에도 색깔이 있다.

문단을 기능에 따라 다채롭게 이루는 것은 독자들에게 인상 깊게 보이도록 하거나 주요 내용을 각인시키기 위함에서이다. 재미있는 이야기를 들려주듯이 주의를 환기시키고 말하려는 것의 범위를 소개하기 시작하여 본론으로 들어가는 순서가 독자들로 하여금 안정감 있게 내용을 따라갈 수 있도록 한다. 그런데 독자들이 계속 내용을 따라가게 내버려 두어서도 안 된다. 초점을 밝힌 다음에는 독자 스스로 결과적으로 어떻다고 판단할 수 있게 도와야 하며, 깔끔하게 맺어야 한다.

그래서 문단은 다음과 같은 기능의 문장들로 연결된다.

도입-설정-사건-초점-결과-평가-정리

위 햄버거커넥션의 체계를 문장의 기능에 따라 정리해 보자.

도입 : 우리는 가끔 악몽을 꾼다.
설정 : 햄버거, 숲, 해일, … 연관성?
사건 : 맥도널드 사, 햄버거 왕국 되다.
초점 : 햄버거의 핵심, 소고기
결과 : 소를 키우기 위해 파괴하는 열대우림
평가 : 빵과 야채, 고기가 햄버거의 전부는 아니다.
정리 : (요약) 햄버거 하나를 얻기 위해/소를 키우고/소를 키우기 위해 목초지를 만들고/숲을 태우고/사라진 숲은 지구의 온도를 높이고/지구 곳곳에서 이상 기후 현상 발생/나는 오늘도 해일에 떠밀려 가는 악몽을 꾼다.

◆**내 생각을 알릴 때는 먼저 골격부터 정비하라.**

기획안 형식에 맞추어 생각을 전달하고자 할 때 기획안에 담겨야 할
필수 정보들을 아래와 같이 뽑는다.

①제목과 함께 우측 상단에 기획자의 이름을 기재한다.

②형식 : 시간과 성격을 구분하여 형식을 선택한다.

③장르 : 교양/뉴스/영화/다큐/쇼 등의 장르 가운데 예상 독자층에
적합한 것을 고른다.

④주제 : 증거와 주장의 관계로 도출된 것이어야 한다.

⑤기획의도 : 기획자의 기획 목적을 생각해 본다. 어떤 문제에 대한
해결을 꾀하는가?

⑥차별화 전략(비판적 해석, 창의적 실천) : 관련 자료들을 분석해서
다른 접근을 찾는다.

⑦내용 구성 : 장르 구성 요소를 먼저 소개하기 시작해서 줄거리를
적어 본다. 컷으로 나누어 대강의 내용을 추려 볼 수도 있다.

◆**다음으로, 중심 생각을 상세화하라.**

글을 쓰는 일은 가정을 세우기 시작해서 가정을 증거와 주장으로 나누어
분석하고, 펼쳐 내는 순서로 상세화 하는 것이다.

①가정 구상하기

②주요 문장 쓰기 : 모티브를 잡고, 문제-원안-주장의 순서로 구성한다.

③펼치기(문단 구성하기) : 도입-설정-사건-초점-결과-평가-정리의
순으로 구성한다.

④제목 붙이기(내용-관점-형식)이 드러나도록 제목을 생각한다.

(예) 보고서(에세이)에는 '춘향전의 사회학적 고찰'로, 다큐멘터리 같
은 컨텐츠에는 '여성 리더로서의 춘향'으로 붙일 수 있다.

◆기획안 개요

아래의 글은 학생이 작성한 기획안의 초안이다. 첨삭 내용을 바탕으로 기획안이 어떤 모습으로 구성될 글인지 예상해 보자.

주제 : 변신

(1) 첨삭 내용 : 문제의식 좋으나 구체성과 정확성 부족함. 기획안과 보고서를 구별할 필요 있음. 보고서는 일반 논술 형식이나 기획안은 기획의도와 전략에 대한 내용이 포함되어야 함.

처음에 변신과 변모 사이에서 무엇을 선택할지 고민을 했다. 그러나 변모는 심적인 변활 포함하기 때문에 제외를 했다. 변신의 플롯은 과거에서부터 많이 사랑받아 왔다. 그 이유는 사람들이 현실에서 만족하지 못하는 부분을 변신의 플롯에서 대신 만족감을 얻고, 자기 자신 또한 현실에서 변신하여 더 편하거나 좋은 삶을 살기를 바라기 때문이다. 다만 과거에는 이러한 것이 상상에서 끝났다면, 현대에 와서는 외모에 있어서의 변신이 생활의 변신으로도 가능해졌기 때문에 자기의 노력 없이 행해진 변신에 대한 논란이 생겼다.

(2) 첨삭 내용 : 목적과 문제 제기가 분명하게 드러나 있음. 좋은 서두임.

변신에 대한 부정적 담론은 외모 또한 성공을 위한 조건이기 때문에 시작되었다. 다만 과거에는 타고난 외모를 바꾸는 것이 상상 속에서나 가능한 일이었으나 현대에 와선 그렇지 않게 되었다. 과학 기술의 발전이 상상을 현실로 만든 것이다.

혹자들은 정당한 대가를 지불하는 행위인데 어째서 나쁘냐고 반문한다. 그러나 이는 사회의 약속을 어기는 행위이기 때문에 비판을 받는다. 그 약속은 바로 '노력한 사람이 성공한다.'는 약속이다.**(3) 첨삭 내용 : 약속보다 보편 윤리로 접근해야 적절함. 일반적으로 사회의 약속은 일종의 규약으로서 제도적 성격으로 인식됨. 노력한 사람이 성공하도록 사회는 어떤 제도를 마련해 놓았다는 진술이 가능함.** 이는 현대사회, 좀 더 정확히 해서 자본주의 사회를 이루는 근본적인 전제이다. 모두에게 기회의 평등을 부여하고 그 틀 안에서 노력한 사람에게 성공이 주어져야 자본주의 사회는 무너지지 않고 유지될 수 있다. 외모를 고치는 행위는 대가를 지불한다고 해도 대부분의 경우 자신의 노력은 배제되어 있다. 그래서 현대사회의 질서를 흔드는 행위가 된 것이다.

물론 변신이라는 것은 외모의 변신에만 한정된 것이 아니다. 만약 그렇게 한정한다면 그동안 사랑받아온 변신의 플롯은 사장되어야 할 것이다. 그러나 변신은 자신의 위치가 바뀌는 것도 포함한다. 이런 형식의 변신은 대부분 피나는 노력을 동반한다. 예를 들어, 슈퍼스타k 라는 프로그램에서 피나는 노력 끝에 우승하여 자신의 처지를 개선한 허각 또한 변신을 했다고 볼 수 있다. 이러한 변신은 사회 질서를 해치지 않기 때문에 긍정적인 함의를 가진다.(4) **첨삭 내용 : 이 문장에 대한 분석이 필요함. 즉 예를 통한 분석이 필요함.**

이러한 전제 아래에서 동영상을 제작하였다. 물론 직접적으로 질문을 던지지는 않고, 변신의 종류를 분류하여 각각의 예시를 보여준 후 동영상이 끝나고 직접 질문을 던져 논의를 이끌어나가는 것으로 가닥을 잡았다. 콘티는 조장 ○○○, 시나리오는 ○○○, 제작 및 발표는 ○○○이 하는 것으로 진행된다.

첨삭 내용(1)은 사회적 요구와 반응에 민감한 방식이 기획안임을 알 수 있게 한다. 보고서도 시의적인 내용을 구성할 때 독창적이지만 기획안은 보다 더 현실적인 내용을 담는 양식이다.

첨삭 내용(2)는 목적과 문제 제기 모두 현실의 관찰에서 비롯되어야 함을 알게 한다.

첨삭 내용(3)은 사고력의 수준을 향상시키고 글을 씀에 있어 정교화하도록 촉진한 것이다.

첨삭 내용(4)는 독자를 배려한 수사 전략으로서 예시를 권유한 것이다.

이러한 첨삭을 통해 학생 스스로 아래와 같이 수정한 결과를 보자.

수정안

1. 기획의도 : 여러 가지 변신의 모습을 알아보고 현실에서는 어떤 변신들이 행해지고 있는지 알아본다.

2. 주   제 : 변신

3. 형　　식 : 교양물

4. 장　　르 : 다큐멘터리

5. 차별화 전략 : 변신의 다양한 모습을 묶어서 정리한다.

6. 구 성 안

(1) 전체 내용의 요약
약 7∼10가지 변신의 사례를 각각 두드러지는 특징을 기준으로 약 4개 묶음
으로 정리한다. 특징은 외양만의 변신, 인격의 변신, 존재 근원의 변신, 위치
상승에 의한 변신으로 나뉜다. 그리고 현실에서는 어떠한 이유로 변신을 하는
지 2∼3가지 요인으로 나누어 제시한다.

(2) 주요 내용 :
[기]
각자에게 주어진 현실은 불만스럽게 마련이다. 정말 삶이 힘들던 과거에도,
그리고 삶의 여건이 나아진 현대에도 현실에 만족하는 사람은 찾아보기 힘들
다. 변신의 이야기는 그래서 매력적이다. 변신을 한 당사자들은 대부분 더 나
아진 현실을 영유하게 된다. 사람들은 이야기나 현실의 인물들이 더 나은 삶을
영유하는 것을 보며 대리만족을 느끼게 된다.

[승]
이렇듯 불만족스러운 현실에 대한 대리만족은 변신 플롯을 사랑받게 한
원동력이다. 그래서 대부분의 변신 이야기는 더 나은 현실을 영유하게 되는
결말을 맞지만 어떠한 변신을 하는지는 다르다. 먼저, 과거에 가장 흥성한 종
류는 존재 근원의 변신이다. 이는 대부분 한때 인간이었으나 모종의 이유로
변하게 된 '괴수'가 다시 '인간'으로 변하게 되어 행복한 결말을 맞게 된다는
구조를 지닌다. 이는 미녀와 야수, 호두까기 인형 등이 있고 약간 다르지만
피노키오도 이러한 속성을 지닌다. 또한 위치 상승에 의한 변신도 위의 속성을
지닌다. 이는 과거에도 존재했고, 시간이 지나 근대, 현대에서도 꾸준히 등장
했다. 별 볼일 없던 사람이 어떠한 상황을 거쳐 자신의 위치를 상승시키는

플롯이다. 과거에는 신데렐라가 일개 하녀에서 공주로 변신하는 예시가 있었고, 근대에는 레미제라블에서 장발장이 죄수에서 선인으로 변신하는 예가 있었으며, 현대에는 슈퍼스타k 같은 프로그램에서 어려운 삶에서 모두의 주목을 받는 삶으로 변신한 예시들이 꼽힌다.

[전]

하지만 모든 변신 플롯이 더 나은 현실로 향하는 것은 아니다. 변신이라는 것이 변하는 것을 의미하기에 그냥 변하기만 하는 종류가 있고, 변한 결과 파멸로 치닫는 경우도 있다. 전자의 경우는 대부분 외양만의 변신을 뜻한다. 이러한 변신은 플롯에 큰 영향을 미치지 않는 경우가 많다. 아내의 유혹, 트랜스포머(...)등이 이런 경우에 속한다. 후자의 경우는 기본적으로 플롯에서까지 비참한 것을 보고 싶어하지 않는 사람들의 기대에 부응하지 못하기 때문에 찾기 힘들다. 다만, 대부분의 경우 인격면에서 변신하는 경우가 많다. 대표작으로는 지킬박사와 하이드가 있다.

[결]

이렇듯 변신은 우리에게 친숙한 소재이다. 그리고 현실의 모두는 각자의 변신을 꿈꾼다. 현실에서 변신은 대부분 자신의 목적을 이루기 위해 행해진다. 우리는 무대에서 공연을 하거나, 면접을 보거나, 선을 볼 때 대상에게 어필하기 위해 외양에서의 변신을 꾀하며, 자신에게 주어진 틀을 깨고 더 나은 삶을 위하여 변신을 꾀하기도 한다. 이렇듯 변신은 우리와 동떨어진 이야기가 아니다.

5) 요약

'요약'이란 글의 화제(topic)와 중심 생각(main idea)을 짧은 형식으로 재진술하는 수행을 말한다. 그리고 요약 내용은 전체 글의 분량에 대하여 5분의 1 정도가 적당하다. 요약을 잘하게 되면 글을 잘 이해할 수 있다는 사실을 보일 수 있다. 글쓴이의 중심 생각에 독자가 동의할 때만 비로소 요약이 이루어진다.

(1) 요약은 논리를 요구하는 기술이다.

요약을 잘하기 위해서는 글의 구조를 파악해야 하고, 중심어도 찾을 수 있어야 한다. 글은 대체로 화제-논증-추론(정당화)-결론으로 구조화된다. 한편 글의 유형은 목적에 따라 분류되는 것이 일반적이다. 즉 설득, 설명, 정서 표현 등의 목적으로 글을 구성하며 효과적으로 수사 전략을 사용한다.

[전략14] 요약의 순서대로 훈련하라.

요약 훈련(Arbor, A., 1994 : 105-130)
1) 글을 훑어보고 부제를 기억한다.
2) 글의 유형을 생각하여 주요 정보의 파악에 도움을 준다.
3) 글을 읽으며 주요 정보에 밑줄을 긋는다.
4) 주제를 함축한 핵심어를 적는다.

연습

※ 아래의 글을 문단별로 요약해 보자.

[P1](S1)'웰빙'(well-being)이라는 말의 사전적 의미는 '행복', '안녕', '복지' 등이다. (S2)그리고 웰빙이 시대의 화두로 등장하게 된 것은 '물질적 삶의 병폐를 넘어 정신적으로 건강하고 아름다운 삶을 획득하자'라는 취지에서이다. (S3)후기산업시대의 가장 근본적 문제는 인간이 물질적 삶의 풍요에 비하여 정신적 삶의 풍요를 향유하지 못하고 있다는 점이며, 그에 따라 전자에 걸맞게 후자를 새롭게 발견하고 계발하고 창조하자는 것이 웰빙 운동이다. (S4)이는 이전의 삶과 다른 방식으로서의 삶을 말하며, 이전의 삶에서 정신적으로 한층 진일보한 삶을 말한다.

[P2](S1)우리의 주변에서 우리를 압박하는 웰빙은 기형적이다. (S2)웰빙은 '수준 높은 삶'을 지시하며, 한마디로 '물질(화폐)을 통해서 고급스러워지는 삶'의 다른 이름이다. (S3)화폐가 없으면 웰빙을 구경하고 동경

하기만 해야 한다. (S4)웰빙이라는 것은 화폐를 들여서 살 수 있는 그 무엇으로 알려지고 있다. (S5)웰빙의 상품화는 바로 웰빙의 타자화이다. (S6)'나'의 삶이 여기에 있고 웰빙의 삶이 저기에 있으므로, 나의 삶이 웰빙의 삶에 도달해야 한다는 식의 타자화이다. (S7)이것은 '나'의 삶과 웰빙의 삶을 철저하게 분리시키는 일이다. (S8)자신이 사는 삶 속에 웰빙의 삶이 있어야 할 따름인 것을, 자신의 삶을 부정하고 웰빙의 삶을 살아가야 한다는 것으로 환치시켜 놓고 만 것이다. (S9)웰빙의 삶이란 '나'의 삶 속으로 '참-살이'하는 삶이 들어오는 것에 다름 아니다. (S10)과 거에 웰빙의 삶이 있었기에 그것을 되찾아야 한다는 식이 되어서도 안 되고, 미래에 웰빙의 삶을 살기 위해 지금 준비해야 한다는 식이 되어서도 안 된다. (S11)바로 '지금 여기'에서 웰빙하고 있어야 한다. (S12)지금 여기에서 나의 전 존재가 '참-살이'를 향하여 열려 있어야 한다. (S13)웰빙은 '나'의 삶의 손님이 아니라 '나'의 삶의 주인이다. (S14) 본래 '참-살이'는 '나의 삶'과 '항상 가능한 어떤 참-살이'를 분리했기 때문에 제대로 실현되지 못한 것이었는데, 이제 다시 '나'의 바깥에 또 하나의 '참-살이'를 설정해 놓고 그것에 도달해야 한다고 믿는다는 것은 어리석기 그지없는 일이 아닌가.

[P3](S1)그렇다면 다시 '참-살이'로서의 웰빙을 어떻게 하면 왜곡시키지 않은 채로 제대로 이해할 수 있을 것인가. (S2)먼저 웰빙이라는 것이 철저하게 개인적인 것임을 분명하게 해야 한다. (S3)웰빙이 사회와 국가의 복지라는 정책적 측면과 상관없이 각 개인의 주체적 복지('여가 즐기기')라는 측면에서 들어왔다는 사실을 강조하고자 하는 것이 아니다. (S4)중요한 것은 모든 사람에게 공통적인 그런 웰빙은 가능하지 않고 각자에게 적합한 그런 웰빙만이 가능하다는 점이다. (S5)이 세상에 자신과 동일한 사람도 없고 자신과 동일한 삶도 없듯이, 자신이 추구하는 '참-살이'가 다른 사람의 '참-살이'와 결코 동일한 것일 수 없다. (S6)각각의 사람은 각자에게 맞는 방식의 '참-살이'를 찾아서 행하면 되는 것이다. (S7)각자의 본분에 따라 각자에게 만족할 만한 '참-살이'를 알고 행해야 하는 것이다. (S8)이것을 안분지족(安分知足)의 '참-살이'라고 불러 볼

수도 있겠다. (S9)그러므로 세상에서의 '살이' 속에서 제각각의 사람들은 자신에게 고유하고 특별한 '살이'를 분명하게 인식하면서 그 '살이'를 보다 '참되게' 하는 방식을 모색하고 실행해야 한다.

– 박효엽, '지금 여기, '나'만의 웰빙'(2002, ebsi 논술예제 게시용)

윗글을 세 부분으로 나누어 중심어를 찾아본다. 중심어는 문장마다 반복되어 쓰이기 때문에 독자가 가장 많이 나타난 단어에 주목할 때 찾아진다. 가장 많이 나타난 단어는 '웰빙'이다. 그리고 이와 비슷한 단어들도 중심어휘로 볼 수 있다. 본문 속에서 '참살이'가 비슷한 의미로 관계하며 이 또한 반복되어 쓰이고 있다. 그러면 그 단어를 넣어 말하는 바가 강하게 나타난 문장들을 찾아봄으로써 문단별로 무엇을 말하는지 또는 필자의 태도를 추측할 수 있다.

글은 대체로 구체적인 내용에서 일반적 진술로 진행하는 방식과 거꾸로 일반적 진술을 구체적 내용들로 확인·증명하는 방식으로 구성된다. 전자가 귀납적 전개 방식이고, 후자가 연역적 전개 방식이다. 윗글은 웰빙의 사전적 정의에서 시작해서 우리 주변의 모습을 묘사하며 어떻게 살아야 하는가를 제시하는 구조로 전개된다. 따라서 윗글은 사전적 정의대로 나타나 있지 않은 현상에 문제를 제기하고 새로운 의견을 내놓는 순서로 전개된 사례이다. 주제는 끝에 드러나 있으며, 주제를 지원하기 위한 내용은 앞부분에 놓여 있다.

[전략15] 글 속에서 중심 명제를 찾아라.

한 축은 '웰빙은 행복, 안녕, 복지 등이다'이고, 다른 한 축은 '물질적 삶의 병폐를 넘어 정신적으로 건강하고 아름다운 삶을 획득한다'이다. 즉 윗글은 웰빙에 대하여 사전적 정의에 대해서 실제적 정의로 접근한 구조를 보인다.

[전략16] 문단과 문장의 기능과 구조를 분석하라.

윗글은 크게 네 단락으로 구성되어 있는데, 각 단락은 어떤 표시로 구분되는지 확인할 필요가 있다.

[단락P1] -이란/-은 (정의)
[단락P2] 주장한다. -에 따르면 (취지 또는 목표)
[단락P3] 하지만 요즘은 (내용 전환 및 초점 근거)
[단락P4] -야 한다. (의견 또는 방향)

위와 같이 구분되는 단락들을 상세화한 결과 아래와 같은 구조로 분석해 볼 수 있다.

〈표 7〉 문단별 문장의 기능 분석

문단	처음(P1)	가운데(P2)	끝(P3)
문장	S1(정의)	S1(문제)	S1(확인)
	S2(취지)	S2-S10(S1 보충)	S2(해결 방안)
	S3(대상)	S11-S13(해결)	S3(오해)
	S4(S2 보충)	S14(판단)	S4-S8(S2 보충)
	-	-	S9(정리)

(2) 알고 싶은 정보를 찾아라.

다음의 글은 신문기사인데, 그 내용은 방송 컨텐츠에 대한 리뷰이다. 리뷰의 전제는 방송 컨텐츠의 내용을 보는 듯이 기술한 부분에서 확인된다. 다음의 예시 자료를 읽고 주요 내용을 요약해 보자.

예문

'한식대첩' 경상도 VS 전라도, 자존심 건 요리 대결.. 승자는?

각 고장 대표들의 명예를 건 요리 경연 '한식대첩'에서는 전라남도와 경상 북도의 자존심을 건 결승전이 전파를 탔다.

지난 30일 방송된 올리브 '한식대첩'에서는 고장의 자존심을 지키려고 경 연에 참가한 경북 대표(김정순, 김남연)와 전남 대표(이미자, 정금례)의 대결이 펼쳐졌다.

경연 전 그들의 다짐부터 치열했다. 우승을 뺏기면 땅을 치고 통곡할 것 같다는 경북 대표 김정순 씨, 호흡을 잘 맞춰서 자존심 상하지 않고 침착하게 하겠다 선언한 전남 대표 정금례 씨. 이들은 지역 요리 문화의 민간 전수자로 서 자타가 공인한 실력가다.

심영순 심사위원은 오첩반상을 미션으로 발표했다. 대표들은 지역 문화를 발굴하고 전승하려는 의의를 알리기 위해 정성을 다해야 한다. 밥, 국, 김치, 장, 찌개 외의 다섯 가지 찬을 내는 것이 오첩반상이다. 이 오첩반상은 전남 대표들에게는 자주 해 본 것이고, 경북 대표들에게는 선비들이 많이 사는 곳이 라서 유리하다는데 과연 우승의 영광은 어느 지역으로 갈까?

심 위원은 심사 기준으로서 "음식 색깔과 조리법, 영양이 고루 들어 있는지, 오방색(청, 적, 황, 백, 흑)을 제대로 넣었는지 그 조화를 보겠다"고 했다. 공정 한 경연을 앞두고서 두 팀은 먼저 악수부터 하고 식재료를 가져와 요리에 임 했다. 식재료부터 그야말로 지역 문화의 향연이었다. 경북은 안동 간고등어와 포항 문어를, 전남은 장흥 소고기와 전북 완도, 목포 풀치를 선보였다. 생소한 풀치는 먹갈치로 유명한 목포의 옛 맛을 느낄 수 있는 것이고, 서울시험 보러 갈 때 합격한다는 속설이 깃는 포항 문어의 대결이기도 하다.

심사위원들에게 전남(정금례 씨)은 고기를 재워 놓는 과정에서부터 솜씨를 자랑하면서 광양 숯불구이를, 경북(김정순 씨)은 안동 한우로 장조림을 맛볼 수 있는 기회를 제공했다. 또한 경북의 콩가루냉잇국과 전남의 소고기뭇국은 부드러운 식감을 내기 위해 한몫 했다.

경연이 워낙 큰일이라 정금례 대표는 가스레인지 옆에 둔 유리그릇을 미처 치우지 못하고 깨뜨려서 손가락을 다치는 불상사도 겪었다. 경북의 김정순 대표도 결승전이어서 손이 벌벌 떨린다고 했다.

그들은 실력이 모자라서 긴장한 것이 아니다. 예선에 참가했던 대표들도 모자라지 않지만 두 지역 대표의 실력은 남다르다. 모두 조리법과 식재료, 간, 모양, 색깔 등 정성을 들이지 않은 데가 없다. 경북의 전 요리는 토끼 모양의 연근에 쑥물을 들여 색깔까지 신경을 썼고, 전남의 토하젓과 풀치로 식감을 더하기도 했다. 경북의 송이 장조림에 맞서 전남의 전복조림, 경북의 냄비밥과 전남의 애호박나물에까지 지역을 대표하는 맛이 무궁무진하다.

과연 우승의 여신은 어디에서 미소를 지을 것인가? 경북의 맑은 국과 간고등어의 매콤한 맛이냐, 전남의 소고기뭇국과 꽃게찌개냐?

심사위원들은 전남 요리에 대해 매생이굴전과 양파새우전을 비롯해서 맛이 정갈하고 전복조림의 부들부들한 식감도 좋다며 감탄했고(오세득 심사위원), 과하지 않게 매콤한 맛과 부드러움으로 후덕한 인상을 주는 요리라고(고형욱 심사위원) 했다. 또 게장을 약간 넣은 고소한 밥과 청호박을 익힌 솜씨에 대해서도 극찬을 받았다(심영순 심사위원).

한편 경북 요리는 바다 해물들이 가진 맛을 잘 승화시킨 요리(고형욱 심사위원), 삼색전의 맛이 조화로운 것(조희경 심사위원)에 감탄하였다. 다만 북어 보푸라기 무침이 촉촉하지 않은 점과 간을 미리 하여 질겨진 장조림, 콩비린내가 옥의 티였다(심영순 심사위원).

마침내 우승의 여신은 전라남도 팀의 편에 섰다. 전남 팀은 즐겁고 감사하다는 소감을 전하면서 가족들과 포옹하며 감격스런 순간을 맞이했다.

'한식대첩'은 '마스터 셰프 코리아'에서 의도한 개인의 요리 솜씨를 선보이는 것 못지않게 지역 문화의 가치를 찾아 주는 의미도 선사한다. 앞으로도 프로그램의 자존심을 지켜 다양한 요리를 발굴함으로써 한류 전파에 기여할 것으로 기대를 모은다.

— 정이채, Copyrights ⓒ서울신문사(2013-12-3)

앞의 글을 읽고, 방송 컨텐츠 〈한식대첩〉의 성격과 참가자와 심사평을 중심으로 요약해 볼 수 있다. 방송의 목적을 고려하여 제작진이 시청자들에게 무엇을 전달하려는지 예측해 본다면 리뷰의 내용을 짐작할 수 있을 것이다.

앞 기사문의 제목을 통해 가장 먼저 프로그램의 성격을 알 수 있을 것이다. 즉, 대결구도를 설정하여 결국 승자를 가리는 데 목적이 있는 컨텐츠임을 알 수 있다. 그렇다면 제작진이 무엇의 승자를 가려냄으로써 무엇을 돋보이게 한 것인지를 찾아보게 될 것이다.

2. 글의 체계

진단할 내용
- 글의 체계대로 글을 쓸 수 있다.
- 문단의 개념과 성격을 설명할 수 있다.
- 다양한 문장으로 글을 구성할 수 있다.
- 상황과 목적에 맞게 어휘를 구사할 수 있다.

글은 음운이 모여 음절을 이루고, 음절과 음절이 만나 단어를 이루고, 단어들이 모여 문장을 이루고, 문장과 문장이 만나 문단을 이루는 체계로 나타난다. 인간의 생각은 의미를 전달하는 단계의 문장에서 온전하다고 할 수 있다. 단어는 의미를 담고 있지만, 인간의 가치관이나 세계관에 의해 단어를 조정하는 수준이 되지 못한다.

1) 문단

문단이란 문장들의 유기적인 결합이다. 즉 전체 글에 대한 중간 조직체를 말한다. 이것은 다른 말로 '단락'이라고도 하는데, 이는 글 조각을 의미하는 명칭이다.

한 토막의 생각이 완결된 段落(조각으로 떨어진 단위)은 글쓴이가 독자의 이해를 돕기 위해 분절한 것이다.

(1) 다채로운 문단의 모습

[전략17] 단락을 기능에 따라 구성하라.

단락은 겉모습과 속모습을 갖추고 있다. 겉모습은 형식을, 속모습은 내용을 의미한다. 실제 글 속에서 내용 단락은 하나의 중심 생각을 드러내는 부분이고, 형식 단락은 들여쓰기로 구분한다.

아래 자료를 읽으며 문단의 특성을 생각해 보자.

※예제1

아래 글의 문장별로 중심어휘가 무엇일지 찾아보자.

(1)창조란 무엇인가, 유(有)의 어머니요. (2)유란 무엇인가, 무(無)의 자식이다. (3)세상에 어머니 없는 자식이 없다는 것은 대개 말들은 할 줄 알지만, 창조물의 기원에 대해서는 아는 사람이 드물다. (4)어찌 이를 일상에 추리해 이해함이 이리도 어려운 것일까?

※예제 분석

위의 자료에서 주요하게 보이는 단어를 뽑아 보자.

창조	유		
유	무	자식	
어머니	자식	창조물	기원
일상	추리	이해	

단락은 중심어를 한 번이라도 포함한 문장들로 이루어진다. 단락은 중심 어휘를 반복적으로 써서 통일성을 드러낸다. 중심어휘는 같은 말, 비슷한 말을 포괄한다. 아래 단락에서 문장마다 나타난 중심어휘를 골라 보면 위의 예제 분석과 같이 나타날 것이다.

①창조는 유를 낳는 것이다.
②유란 측량할 수 없는 우주적 진리를 담은 것이다.
③일시적인 제조 행위는 마음을 감동시키지 못한다.

④예술가는 마음의 중심을 꿰뚫는 유를 짓는다.
⑤창조를 하겠다면서 무를 기피해서는 안 된다.
⑥예술의 유는 무에서부터 비롯되어야 한다.

위의 문장들은 다음과 같은 요지로 간추려진다.

예술은 오래 감동을 줄 수 있을 때 그 가치를 논할 수 있는 것이며, 이것이 무에서 나온 창조 행위로 증명될 때 감히 말할 수 있는 장르이다.

[전략18] 문장의 기능별로 단락을 이루어라.

문단은 '단락'이라고도 하는 것으로, 글을 이루는 내용상의 단위이다. 단락은 유사한 기능의 문장들로 짜여져 있지 않다. 시작-중간-끝 부분의 기능에 따라 적절한 문장을 생성해야 한다. 대개 문단은 다음과 같은 기능의 문장들로 이루어진다.

- 도입…포괄적이고 간단하게 쓴다.
- 설정(배경)…대개 때, 장소로 제시한다.
- 사건…쟁점(사회적 이슈)을 나타낼 수 있어야 한다.
- 초점…주제문 또는 소주제문으로 나타난다.
- 결과…'그러므로'와 연결되는 내용이다.
- 평가…독자의 반응을 추리하거나 시사점으로 진술된다.
- 정리…대체로 끝 문장에 나타나는 부분이다.

• 방송 보도

방송 보도문의 경우는 어떤 문장들로 단락이 구성되는지 살펴보자. 먼저 중심어휘를 통해 문장을 구성해 보자. 방송 보도문의 어휘를 살펴봄으로써 어떻게 문단이 이루어지는지를 알 수 있을 것이다. 방송 보도문은 객관적 사실 정보로 구성되는데, 아래의 어휘 연결은 사회적으로 관련된 의미를 표상하여 주제를 추론하게 한다.

[건조-가뭄-기후변화-지구온난화]

글을 쓰기 위해서는 무엇을 쓸 것인가부터 생각하는 것이 일반적이므로 쓸 내용을 생성하는 단계에서부터 문단을 머릿속에 그리게 된다. 쓰려고 하는 것을 어휘 수준에서 생성하고 나서 그 결과를 이항대립으로 구분해 보자. 생성한 어휘를 다음과 같은 방식으로 분류·조직할 수 있다.

산-숲   산불-불길
[생산성]   [소멸성]

•방송 보도문의 구조

방송 보도문은 아래와 같이 구조화되어 있다. 방송 보도문의 구조는 문을 열고, 들어가서 점점이 세세하게 관찰하고, 나오는 과정과 같이 분석된다.

1)도입 : 가뭄 때문에 산불이 발생하다.
2)설정 : 오늘 새벽 충북 괴산에서 산불이 일어났다.
3)사건 : 건조 현상이 지속되어 발생가능성이 높아졌다.
4)초점 : 산불 위험을 예측해 보니
5)결과 : 세 시간 만에 숲과 마을이 사라지다
6)평가 : 대형 산불로 발생할 위험이 있는 곳이다.
7)정리 : 기후변화가 산불을 악화시킨다(경고).

•방송 보도문의 분석

보도 장르는 주요 소식을 소개하는 앵커와 실제로 상세한 내용을 전달하는 기자에 의해 구성된다.

컷을 구성하는 일도 중요하지만 컷에 적절한 보도 문구를 삽입하는 데에

도 고도의 집중력이 요구된다. 차라리 보도 문구에 맞추어 컷을 준비하는
것이 더 쉬울 수도 있다.

(1) 문제 제기(앵커)

①심한, 겨울 가뭄으로 잔뜩 메말라 있어서, 산불이 작년보다 훨씬 더 많이 나고 있습니다.[도입-요약]

②특히 이번 달 중순부터는, 대형 산불이 잦을 것으로 예측됐습니다. [설정]

③김승환 기자[사건 이후~끝]

(2) 본문(기자)

가뭄 때문에 산불이 발생하다.

④오늘 새벽 충북 괴산의 국유림에서 불이 나, 0.1헥타아르의 숲을 태우고 가까스로 진화됐습니다.[도입](0.28)

⑤올 들어 80번째 산불입니다.[설정](0.03)

⑥지난 일요일은 하루에 8건, 지난 달 15일에도 전국에서 7건의 산불이 동시다발적으로 발생했습니다.[사건](0.07)

⑦올해 산불 건수는 예년보다 50퍼센트, 지난 해보다 다섯 배나 더 많습니다.[사건](0.06)

⑧가뭄이 가장 극심한 영남 지방에, ( ) 피해가 집중됐습니다.[초점](0.04)

⑨산림청은, 올해 우리나라는 예년보다 한 달이나 일찍 산불이, 많이 발생하는 산불 위험 시기에 돌입할 것이라고 말했습니다.[결과](0.1)

⑩건조 현상이 지속되고 있기 때문에, 2월 중순 들어서는 중부 내륙이나 산불이 굉장히 다발할 가능성이 높습니다.[평가](0.09)

(3) 본문2(기자)

⑪산림청과 기상청이 오늘 공동으로 작성한 산불 위험 예측 지도입니다.[도입](0.06)

⑫영남과 전남, 강원도 일원으로 산불 위험지역이 확산됐고,(0.05) 경북 동해안 지방은 대형 산불이 발생할 위험이 높습니다.[설정](0.03)

⑬강릉과 속초, 울진 등 동해안 지방은 상대 습도가 공기 중에 습기가 거의 없는 상태인, 20퍼센트 아래까지 떨어졌습니다.[사건](0.09)

⑭지난 2007년 산불이 났던 울진에, 지금 다시 불이 나면 어떻게 될까,(0.06) 컴퓨터로 예측해 봤습니다.[초점](0.02)

⑮초속 7미터의 강풍을 타고, 불길이 30분에 1.2킬로미터씩 해안 쪽으로 급속히 이동해, 불과 세 시간 만에 동해안 일대의 시가지가, 온통 불길에 휩싸입니다.[결과](0.11)

⑯세 시간 만에 770헥타아르, 축구장 700개 면적의 숲과 마을이, 사라질 것으로 예측됐습니다.[결과](0.08)

⑰빠른 바람이 불고 이런 상태에서 불이 난다면, 양양 산불이나 삼척 산불처럼, 그렇게 대형 산불로 발전할 위험이 있습니다.[평가, 정리](0.5)

(4) 끝(기자)

⑱기후변화는 산불을 더 악화시킵니다.[도입](0.03)

⑲지구온난화로, 지난 30년간, 한반도 봄철 습도는, 5퍼센트나 감소했습니다.[설정](0.06)

⑳기후변화가 진행될수록, 우리나라의 산과 들이 건조해져, 대형 산불의 발생가능성이, 높아진 것으로 나타났습니다.[사건,초점](0.08)

㉑산림청은 지금까지, 남부와, 동해안 지역에 주로 발생했던 대형 산불이 앞으로는 중부와, 서해안 지역까지 발생할 가능성이 높다고, 경고했습니다.[결과,평가](0.11)

㉒***뉴스 김승환 기자입니다.[정리]

[전략19] 대조 효과를 통해 긴장감 있는 글을 구성하라.

〈과학 VS 비과학〉

• 식량과 인구(Food & Population, BBC)

[주제] 우리들은 지금까지 지속적으로 증가하는 인구를 먹여 살릴

만큼 충분한 식량을 어떻게 생산해 낼 수 있는지에 대해 알아보았습니다. 그럼에도 불구하고 많은 사람들이 굶어 죽는 이유는 이 같은 해결방법을 실행에 옮기지 못했기 때문입니다.

- 페루 '산촌마을' 대 '영국 도시'(1979)

[전략20] 제목에 중심 내용을 응집시켜라.

학술적인 글의 제목에는 왜, 무엇을, 어떻게 쓰는지를 담는다. 예를 들어 방언을 언어학적으로 살펴보는 연구를 할 수 있다. 한편 대중에게 보편적으로 전달하려는 목적 아래에서는 문화적 특성을 찾으려는 의도로 글을 쓸 수도 있다.

(1) '방언의 언어학적 고찰'에 대한 글은 다음과 같은 방식으로 전개될 것을 암시한다.
✓방언 : 쓸 내용
✓언어학적 : 관점(근거집합, 단서조항, 연구 방법)
✓고찰 : 글의 형식(학술보고서)

(2) '방언에서 우리 문화 찾기'에 대한 글은 다음과 같은 방식으로 전개될 것을 암시한다.
✓방언 : 자료
✓우리 문화 : 가치 또는 목적(역사성, 정서, 민족성)
✓찾기 : 답사, 인터뷰, 보도, 다큐멘터리 형식

[전략21] 단락을 신비롭게 구성하라.

단락을 구성할 때 필요한 가장 작은 요소는 단어이다. 좀더 자세히 말하면 단어는 의미를 지닌 최소의 자립 형태로서, 1음절어부터 4음절어까지 다양하다. 단어들을 가지고 다음과 같은 요소로 단락을 구성한다.

✔글자(단어)…의미 있는 기호

✔故事(고사)…신뢰성

✔운…리듬(독자의 집중을 고려)

✔조응…앞뒤 문장의 연결

✔비유…독자의 이해에 기여하는 장치

✔억양, 반복…독자의 기억을 촉진하는 요소

✔함축…표현의 경제성

✔여음…감동을 주는 효과(말의 울림)

• 가장 큰 단락(글)의 구성

가장 큰 단락은 글이라고 불리는데, 이것은 어떻게 구성되는지에 대해 생각해 보자. '재미있고 구수한 생활 속 문화(방언)'에 대한 글을 쓴다고 가정하고, 아래와 같이 생각을 이어 보자.

①동기 부여 : 최근 들어 논쟁거리로 떠오르는 것을 조사하자.

②영화 황산벌, 김제동의 사투리와 입담…①을 보조

③서울의 중산층 마트에서 방언을 들을 수 있는가? ①을 보조하는 문제를 지적해 본다.

④이유는 무엇인가? (여기서 문제 제기는 동기 확충의 기능을 한다)

⑩지리적 안목으로(관점)

⑤원인을 분석하고, 어떻게 논할 수 있는가? (탐구 방법)

〈가정〉 ──── 면, ──────

⑩사투리를 쓰면, 정감 있어 보인다. / 사투리를 쓰면, 공식성이 덜하다.

(2) 문단의 유형과 전개 방식

[전략22] 단락을 다양하게 배열하라.

단락을 어떻게 배열하느냐에 따라 독자를 설득하는 정도가 다를 수 있다.

효과적으로 글을 쓰기 위해 주요 내용을 어디에 위치시킬지에 대해 생각해 보아야 한다.

단락은 글 조직 방식에 따라, 내용상 기능에 따라 몇 가지 유형들로 나누어진다. 이 유형들은 내용의 자연스러운 연결과 독자의 흥미를 유지하고 말하는 바를 강조하기 위한 전략이다. 빨리 정보를 전달해야 할 때 주요 내용을 앞에 놓을 수 있다. 차분하게 정보를 전달할 때에는 주요 내용을 뒤에 위치시킬 수 있다. 주요 내용을 처음과 끝에 반복적으로 위치시킬 수도 있다. 동기를 유발해서 주요 내용을 이끌어 내고 보충 내용을 연결할 수 있다. 편안하게 진술해 가는 무괄식도 있다.

두괄식-주요 내용을 앞부분에 놓는 전략

(1)-{(2)~(4)}

미괄식-주요 내용을 뒷부분에 놓는 전략

{(1)-(4)}-(5)

양괄식-지루함을 없애는 전략

큰 환대를 받았다=마음을 활짝 열었다

중괄식-주요 내용을 가운데에 위치시키는 방법

보통사람들에게 기회를 제공한다.
인터넷은 분열을 촉진한다.
극우 성향의 사람들까지 참여하기를 꾀한다.

길 복판의 아이들-붉은 머리 구릿빛 살결-윗도리 벗은 (외모), 돌멩이 주워 온다(행동)-벽돌조각-이 빠진 그릇은 없다-풀을 뜯어 온다-초록빛 물건-돌멩이로 풀을 짓찧는다-같은 행동 반복-놀아 본다

☞위 무괄식 구성의 관찰 내용에서 무엇을 말할 수 있을까? 쓰는 사람에 따라 전달하려는 내용이 다르게 보일 수 있다. 위의 내용을 어떤 문단과 연결하는가에 의해 쓰는 사람의 관점을 비출 수 있다.

[전략23] 단락을 전개하는 데에도 원리가 있다.

단락을 전개할 때는 세 가지 원리를 따른다.

✓통일성(Unity)…내용 선택의 원리
✓연결성(Coherence)…내용 배열의 원리(이음말 사용)
✓강조성(Emphasis)…주요 내용을 집중적으로 다루기 위해, 도치/반복/병치의 방법을 쓴다.

(예시)
현대 사회는 정보화 사회라는 제재로 글을 쓴다고 하자. 누구에게 어떤 목적으로 글을 쓸 것인지 생각하고, 효과적으로 전달할 수 있게 단락을 유형별로 배열해 보자.
위의 문단을 문장별로 나누어 분석해 보자. 각 문장의 기능이 다르게 나타난다.

예전의 사회는	[배경]
하지만 지금은 정보는 막강한 힘	[초점]
이런 정보화 사회는 빨라졌다	[예시]

<u>컴퓨터 패션의 한 유행</u>　　　　　　　　　　　　　　[주장]
컴퓨터=정보기기, 패션=정보

　독자들이 글을 접했을 때 자연스럽게 인지할 수 있는 순서는 분위기 조성 단계에서부터 시작된다. 일반적으로 글쓴이는 주의 환기에 의해 독자들이 받아들일 태도를 갖추게 하고, 초점어휘로 이동하여, 예를 통해 증명하고 확인하는 입장을 밝힌다.

• 주제문의 특성

　주제문은 어떤 특성을 지니고 있는지 생각해 보자. 주제문은 말하고자 하는 바를 머릿속에 강하게 기억시키기 위해 세우는 전략이다.

　　1)명쾌하고 선명하게 보일 것을 정하라. [초점화]
　　2)범주를 적절하게(쓸 수 있는 만큼 단조롭지 않게 범주를 정하라.)
　　3)한 문장에 한 가지 내용을!
　　※초점 씬도 마찬가지.

[전략24] 속속들이 수사전략을 넣어 보라.

　효과적으로 글을 쓰기 위해 선택하는 기술들이 있다.

　　1)상술… 구체적으로 말하면, 자세히 말하면, 곧
　　2)예시(설명할 때), 예증(설득할 때)… 보기를 들면, 이를테면
　　3)인과… 왜냐하면, 그래서
　　4)정의, 분석
　　5)비교, 대조

이러한 전략들은 고대 수사학에서 비롯된 것이라고 할 수 있는데, 기원이 되는 구조를 아래에 소개한다. 이는 말하기와 글쓰기에 유사하게 적용된다.

①발견 : 말할 내용을 관찰해서 소개한다.
②배치 : 서론-사실 기술-논증 구성-결론(자연적 구성)으로 배치
※사실 기술은 추정(인가 아닌가)-정의(무엇인가)-성격규정(어떠한
가)-쟁점으로, 논증 구성은 입장과 반박의 순서로 나타난다.
③표현 : 명백함/간략함/개연성/즐거움을 주어야 한다.
④연기 : 몸짓을 적절하게 사용해서 청중의 주의를 끌어야 한다.
⑤기억 : 강조(확대/축소)와 요약을 통해 청중이 기억하게 한다.

• 문장의 배열(시퀀스 구성)

문장을 배열하는 원리는 시퀀스를 구성할 때에도 동일하게 적용된다. 햄버거 커넥션과 관련하여 근래의 문제를 연상하면 다음과 같은 장면들을 구성할 수 있다. 도입(오프닝)을 구성한 양식 두 가지를 아래와 같이 비교해 보자. 첫 번째 구성안은 개요 수준이고, 두 번째 구성안은 보다 상세한 수준이다.

(1) 개요 수준

#1. 도입(오프닝)
(N)우리는 가끔 악몽을 꾼다.
(cut1)지구의 평균 온도 0.6고 상승
→ 이슈(배경)
(cut2)온도 조절 능력을 상실한 지구
→ Zoom-In(대상)
(cut3)곳곳에서 이상 기후 현상 발생
→ Zoom-Out(생활세계 관찰)
Continuity(연속체/제작대본)

(2) 상세화 수준

#1. 오프닝
(자막) 지구의 평균 온도 0.6도 상승
     (딱딱한 표면이 밀려나며 나타나는 불)
     E 초시계
#2. 해일 영상
(자막) 온도 조절 기능을 상실한 지구, E 초시계
#3. 해일에 무너지는 다리 영상
(자막) 곳곳에서 이상 기후 현상 발생, E 초시계

2) 문장

글자들이 의미를 나타낼 수 있게 완결된 상태를 '문장'이라고 한다. 다시 말해, 문장은 하나의 통일된 사상이나 감정을 글자로 나타낸 것이다. 문장을 어떻게 조직하면 독자나 청중의 마음을 사로잡을 수 있을지 생각해 보자.

(1) 문장 설계

[전략25] 상대방을 고려하여 문장을 설계하라.

문장은 주어부와 술어부로 연결된다. 문장의 길이에 따라 단문과 복문(접속과 내포)으로 나누어지며, 단문은 간결하여 긴박한 상황에서 효과적으로 쓰인다. 반면에 복문은 상세하게 천천히 내용을 기술할 때 선택된다.

보도 장르의 경우 사건 현장에서 기자들은 간결하게 뉴스를 전달하는가 하면, 강연 담화에는 상세하게 설명하는 장르에 맞게 복문이 주로 선택된다. 글쓴이의 성향에 따라 단문과 복문의 선택 정도도 다르다. 연령이 높을수록 복문을 사용하는 경향이 강하며, 저연령층에서는 그 반대로 나타난다.

[전략26] 문장을 엄격하게 따져 보라.

(1) 호응에 유의하라.
주어와 술어, 목적어와 술어, 부사어와 술어의 관계가 조화로워야 한다.

(2) 문법 요소들이 정확하게 사용되었는지 점검하자.
　-조사의 사용
　-중복된 표현 삼가(경제성 원리에 입각하여 간결하게 표현하자.)
　-피동문/사동문의 형태 삼가
　-수식구조(수식어는 피수식어의 앞에 위치)

(2) 어휘의 배열 방법

[전략27] 어휘를 체계적으로 배열하라.

어휘와 문장은 시퀀스와 씬의 관계와 비슷하다. 단어들의 집합으로 문장이 이루어지듯이 몇 개의 시퀀스를 나열함으로써 하나의 씬(장면)이 완성된다.
문장은 논리적 구조로 이루어지는 체계이므로 어휘를 배열함에 있어 나름의 질서를 포함해야 한다.

(1) 어휘와 시퀀스
… 행위동사들을 배열함으로써 내용의 흐름을 그릴 수 있다.

(2) 문장과 씬(Scene)
… 시퀀스의 모음으로써 상황을 설명할 수 있다.
　(일련의 행위가 장면을 구성한다.)

"뜀틀 넘기" 상황을 구성하는 일련의 동작을 생각해 보자. 동작 하나 하나는 어휘로 표현되며, 이 어휘는 시퀀스의 배열로 조립된다.

(예)

-심호흡을 한다,   →두 팔을 내린다,

→E 출발!   →발을 내딛는다,

→달린다, (얼마 후)   →뜀틀 앞에 선다,

→두 손으로 뜀틀 앞쪽을 짚는다,

→발판을 구른다,   →뛰어오른다,

→내려선다,   →차렷

"프러포즈"(사랑의 기호)를 표현하기 위해 어떤 행위동사들이 선택되며, 그것들이 어떻게 연결됨으로써 장면이 구성되는지를 생각해 보자.

-(주먹을) 보인다,

-(주먹을) 편다,

-(목걸이가) 떨어진다,

→흘러내리는 목걸이

-(눈동자가) 내려간다,

→O.L. 훑어내리는 눈동자

-(목걸이가) 반짝거린다,

-O.L.(두 눈이) 반짝거린다.

한 가지 사실(사태)은 비유적으로 여러 상황에 적용될 수 있다. 위의 행동을 다른 상황에서 찾아보자. 목걸이 대신 다른 물건을 사용하면 여러 상황들이 연상될 것이다.

🔍 생각해보기

체육 시간에 수영을 배울 때 준비 운동을 하고 다이빙하러 계단을 올라가 훌쩍 뛰어내리는 일련의 동작을 나누어 보자. 다이빙 장소를 향해 가는 동작도 거리에 따라 나누어 묘사할 수 있다. 뜀틀넘기의 도움닫기에서 착지동작까지 묘사한 글과 비교해 보기도 하자.

3) 어휘 선택과 표현

글을 쓰거나 여러 사람들 앞에서 발표, 강연, 연설 등을 할 때 주요 내용을 어휘에 담게 마련이다. 이 경우, 단어를 선택함에 있어서는 몇 가지 기준이 있다.

(1) 어휘의 정확성 및 적절성

[전략28] 의미가 정확한 어휘를 선택하라.

일상적 상황에서 쉽게 혼동하고 있는 말들을 찾아보자.

    1-1)쫓다 : 있는 자리에서 떠나도록 밀어내다,
            급하게 뒤를 따르다
    1-2)좇다 : 남의 뒤를 따르다

    (예)
    사냥꾼이 여우를 쫓는다.
    선인의 발자취를 좇는다.

    2-1)占領(점령) : 일정한 자리를 차지하여 제 것으로 하다
    2-2)占據(점거) : 차지하다(차지할 점/의지할 거)

    (예)
    고지를 점령하다.
    어느 집회에서 서울역 광장을 점거하여 농성할 예정이다.

[전략29] 쓸데없는 반복을 피하라.

글을 쓰다 보면 같은 말을 반복함으로써 언어를 낭비하기도 한다. 의미가

중복됨으로써 불필요하게 단어를 쓰는 경우도 있다. 특별히 강조하기 위한
의도가 아니라면 반복할 필요가 없다.

> 1-1)賂物(뇌물) 1-2)收賂(수뢰) :
> ☞'뇌물을 수뢰하다'고 표현한 경우, '뇌'의 반복은 불필요하다.

> 2) 쓰이는 用途(용도) :
> ☞'쓰이는'과 '용(用)'의 반복은 불필요하다.

> 3) 驛前(역전) 앞 :
> ☞'전(前)'과 '앞'은 불필요한 반복이다.

말하는 이의 의도를 애써 전달하려고 고른 단어가 잘못 선택된 경우도
있다.

> 4)기여하다(+) : 도움이 되도록 이바지하다
>   (디젤 차의 증가는 지구온난화에 기여한다?)
> ☞문제를 일으키는 현상에 도움을 준다고 표현할 수 없다.

> 5)홍수(-) :
>   (케이블 TV는 채널의 홍수, 정보의 홍수라는 시대를 열었다)
> ☞'열다'는 긍정적 의미를 지니므로 '홍수'와 어울리지 않는다.

> 6)도가니(+), 썰물(-) : 첨가와 빼기의 의미가 각각 어울리는 상황을
>   생각해 보자. 이는 '욕망의 썰물'이나 '사랑의 도가니'가 어색한 이유
>   로 설명할 수 있다. (욕망의 도가니, 사랑의 썰물)

(2) 순화어

[전략30] 일상에서 잘못 쓰이는 언어에 주의하라.

무분별한 외국어/한자어/외계어 사용은 자제해야 한다.

◆ **외국어 순화**

1) 피날레☞ 끝맺음
2) 아이덴티티☞ 주체성(또는 정체성)
3) 럭키한☞ 운이 좋은
4) 신스틸러(scene stealer)☞ 명품 조연
5) 갈라쇼☞ 뒤풀이 공연
6) 내비게이션☞ 길 도우미
7) 더치페이☞ 각자 내기
8) 레시피☞ 조리법
9) 로하스☞ 친환경살이
10) 롤모델☞ 본보기상
11) 보이스피싱☞ 사기전화
12) 싱크홀☞ 함몰 구멍/땅꺼짐

◆ **한자어 순화**

1) 如何히(어떻게)
2) 可及的 神速히(가급적 신속히) ☞ 될 수 있는 대로 빨리
3) 取扱(취급)하여 ☞ 다루어
4) 破竹(파죽)의☞ 거침없는 ※破竹之勢(파죽지세)
5) 제조원☞ 만든 곳
6) 시건장치☞ 잠금장치
7) 매점☞ 사재기

◆ **외계어 순화**

'청춘이란?'이라는 제목으로 글을 쓰려고 할 때, 먼저 대한민국의 20대가 사용하는 언어를 생각해 보자. 속된 말들뿐만 아니라 통신기기의 사용으로 줄임 표현을 많이 씀으로써 다른 세대와 소통을 차단하는 경우가 많다. 또한 출처가 불분명한 어휘도 많다. 이러한 문제들을 조사해 보자.

- 오덕후
- 소시 : '소녀시대'의 준말
- 움짤
- 짤방
- 뭥미

위의 단어들이 어떤 상황에서 쓰이는지 상상해 보고, 문자를 풀어서 그 의미도 추리해 보자. 아래의 상황 속에서 그 의미를 확인하고, 우리말의 오용에 대해 토론해 보자.

어느 날, 길을 가다가 선배 언니를 만났다.
"언니!"
"어, 학교 가는 거야?"
"학등이요."
"학등이 뭐야?"
"학원등록이요."
'헐!'
"참 언니, 제가 올린 절규하는 소시 오덕후 영상 봤어요? 진짜 웃겨요."
"아, 아니."
집에 들어온 나는 컴퓨터를 키고(→켜고) 검색을 시도했다.
화면엔 소녀시대의 공연을 보고 절규하는 남학생이 나왔다.
"아, 소시가 소녀시대였구나."
"그럼, 오덕후는 뭐지?
"오 덕분에 후끈한데?"
"아, 오타쿠, 오타쿠[20]가 뭐야?"

---

20) '오타쿠'의 기원은 일본말 '집'에서 유래한다. 우리나라에서 요즘은 무언가에 편집증적으로 달라붙는 사람을 일컬어 '오타쿠'라고 한다. 좁은 의미로만 쓰면 미소녀, 애니, 넓은 의미로 쓰면 자신이 좋아하는 것에 집착하는 것이 마니아를 능가하는 사람을 지칭하는 새말이다. 마니아는 무언가를 즐기는 사람이지만, 오타쿠는 무언가를 연구하고 집착하며 맹목적으로 숭배하는 대상으로 삼은 사람들이다. 최근에는 '안경을 쓴 살찐 사람'의 의미로 쓰이기도 한다. 비슷한 말로 폐인, 마니아, 팬이 있다.

"흠, 이건 또 뭐지? 레이싱걸 움짤?
(화면엔 움직이는 레이싱걸의 사진이 나온다.)
"움직이는 짤방? 짤방은 또 뭐야?"
"짤림방지? 사진을 안 올리면 게시물이 짤려서 올리는 거라고?"
"휴, 어렵구나. 배우지 않으면 소통이 안 되는 시대가 온 거야."

〈참고자료〉

※대한민국의 이모티콘

예제	설명	예제	설명
ㅠ_ㅠ ㅜ_ㅜ ㅠㅠ ㅜㅜ	우는 모습	ㅇㅅㅇ ㅇㅁㅇ ㅁㅅㅁ	놀란 모습
-_-^	한쪽 눈썹 치켜세우기	@_@	뱅글뱅글
^^;;;;;	땀을 흘리는모습	^^ ㅅㅅ ㅆ	눈 웃음
――	모음 'ㅡ'를 이용한 삐진모습	ㅇㅠㅇ	토하기 또는 침흘리기

※동양의 이모티콘

예제	설명	예제	설명
(^_^) (^^) (^―^) ^^	미소짓는 모습	(^o^)	웃는 모습
(^_^;	겸연쩍어하는 모습	(*_*)	놀란 모습

예제	설명	예제	설명
(;_;) (T_T)	우는 모습	(@_@)	눈이 뱅글뱅글 도는 모습
^^* (^^* ^^// ^///^ -///- -_-	부끄러워하는 모습	(-_-) (——)	눈을 가늘게 뜨고 불만을 표시하는 모습
=^.^=	고양이	U · ェ · U	개
◀〈 : =	오징어	O : : =	문어
/^o^₩	후지산 (웃는 모습의 변형)	_()_	(불교)합장 (손 모아 인사하는 모양)

※서양의 이모티콘

예제	설명	예제	설명
: -) :) =)	미소짓는 모습	: -(: ( )- :	슬픈 모습
: ﹁(	우는 모습	: /	불만에 찬 모습
: l	말을 안 하는 모습	: -D : D	웃는 모습
: -P : p	메롱	;-) ;) (-;	눈짓하는 모습
B-) 8-)	선글라스 낀 모습, 쿨한 모습	: -O : O	놀란 모습
XD	배꼽을 잡고 웃는 모습	: V	입을 크게 벌린 모습
〈3	하트		

이모티콘을 넣어서 편지를 써 보자. 그리고 교수님께 보내는 편지글로 바꿔 보자[21]. 두 글을 비교해 보고 독자의 성격에 따라 이모티콘이 미치는 영향을 토론해 보자. 세대 간에 소통이 단절되는 현상은 언어(기호)의 공통적 사용 권한으로부터 벗어났을 때 발생한다.

(3) 표기의 정확성

[전략31] 표기를 정확히 하라.

아래 문장들에서 표기가 바른 표현을 고르고 틀린 표현을 바로잡아 보자. 규칙은 사례들을 비교한 결과로 나온 공통적 요소로 형성된다.

규칙1) 앞말의 받침이 울림소리일 때 된소리로 표기된다.
　　　①길동은 문득 유년 시절을 떠올렸다. (예외)
　　　②한밤중 열차 소리에 아기엄마의 어깨가 움질 했다. (움찔)
　　　③선생님의 사랑이 담북 담긴 카드를 받았다. (담뿍)
　　　④너무 잔득 먹었더니 숨쉬기가 힘들다. (잔뜩)

규칙2) 과도한 피동 표현도 삼가야 하며, 받침 'ㄴ' 다음에 오는 첫소리로 'ㄹ'을 쓰지 않고 'ㅇ'을 쓴다.
　　　파헤치다(　)/파헤쳐지다(　) 전율(　)/전률(　) 행열(　)/행렬(　)

규칙3) 발음하기에 편한 것을 우선으로 선택한다.
　　　①여자가 한을 품으면 <u>오육월</u>에도 서리가 내린다. (　　　)
　　　②너의 천재성은 이곳에서 흙 속에 <u>묻친</u> 진주와 같다. 〈예외: 피동접미사 -히-〉(　　　)
　　　③부모님께 <u>승락</u>(허락)을 받아야 떠날 수 있다. (　　　)

---

21) 이 바꿔 쓰기 연습은 부록의 〈윤문하기〉에서 더 심화 훈련을 할 수 있다. 부록을 펼쳐 보자.

규칙4) 장소를 나타내는 말 뒤에는 '-에서'가, 원인을 의미하는 상황에
　　　　는 '-에'가 쓰인다.
　　　　①이렇게 궂은 <u>날씨에서</u> 배를 탈 수가 있을까? (　　　　)
　　　　②<u>공원에는</u> 쓰레기를 함부로 버려서는 안 된다. (　　　　)
　　　　※위 표기들 가운데 옳은 것을 기준으로 규칙을 생각해 보자.
　　　　더욱이/더우기　　　　바깥/밖깥　　　　오뚜기/오뚝이
　　　　애닯다/애닳다　　　　오른쪽/오른 쪽　　설거지/설겆이
　　　　가엾다/가엽다　　　　하려고/할려고　　귀띔/귀틤

・ 바른 단어를 사전에서 확인하라.

　(1)알타리무 → 총각무
　(2)사로채우다 → 사로잠그다
　(3)열심이 → (부사를 만드는 환경에서 '이'와 '히'를 구별하자.)
　(4)개수통 → (적절한 환경에 맞는 어휘를 생각해 보자.)

・ 부사어를 적절한 곳에 넣어라.

　(1) 모름지기
　(2) 결코
　(3) 도저히
　(4) 비록
　(5) 차마
　　☞차마 : '못하다, 않다, 없다' 등 부정하는 말과 함께 쓰인다.
　　　결코(決─) : 어떤 일이 있어도 절대로의 의미로 쓰이며 부정형과 호응된다.
　　　모름지기 : 추측의 의미를 표현할 때 문두에 쓰인다.
　　　도저히 : 부정하는 말과 쓰인다.
　　　비록 : '-하더라도'와 호응된다.

- **사전에서 어휘의 의미를 찾아보고 정확하게 표현하라.**

  (1) 서점을 찾는 독자들이 부쩍 늘어나는 <u>추세</u>이다.
  → 서점을 찾는 독자들이 부쩍 늘어나는 현황이다.
  (2) 뚝섬 시유지는 영동대로 <u>또는</u> 남부순환로가 교차하는 곳에 있어 금싸라기 땅으로 불리는 곳이다.
  → 뚝섬 시유지는 영동대로와 남부순환로가 교차하는 곳에 있어 금싸라기 땅으로 불리는 곳이다.
  (3) 집에 있던지 <u>또는</u> 학교에 가던지 네 마음대로 해라.
  → 집에 있든지 학교에 가든지 네 마음대로 해라.
  (4) 119 신고 전화를 걸 경우 전화번호 <u>또는</u> 주소 등이 상황실 모니터에 나타난다.
  → 119 신고 전화를 걸 경우 전화번호와 주소 등이 상황실 모니터에 나타난다.

- **어색한 표현에 주의하라.**

  (1) 정현이는 바니 인형을 <u>너무너무</u> 좋아한다. /
  정현이는 바니 인형을 <u>아주</u> 좋아한다.
  ☞ '너무'는 부정적 의미와, '아주'는 긍정적 의미와 연결된다.

  (2) 이사를 갈 때는 이웃을 보아야 한다. /
  이사를 옮길 때는 이웃을 보아야 한다. /
  이사를 할 때는 이웃을 보아야 한다.
  ☞ '옮길 (이)' 자를 생각해서 의미의 불필요한 반복이 없게 하자. 동사의 의미를 대표하여 포괄적으로 쓰이는 경우에 '하다'를 쓸 수 있다.

  (3) 록 공연장에 참가한 사람들의 대략 절반쯤이 머리가 길다. /
  록 공연장에 참가한 사람들의 절반쯤이 머리가 길다.
  ☞ '대략'과 '쯤'은 비슷한 의미로서, 정확치는 않으나 얼추 비슷한 만큼을 짐작하는 경우에 쓰인다.

• 표기 방식에서 원리를 찾아라.

다음 단어들을 발음할 때 공통적으로 찾을 수 있는 원리는 무엇일까?

규칙5) 'ㄱ, ㅂ' 받침 뒤에서 나는 된소리는 같은 음절이나 비슷한
음절이 겹쳐 나는 경우가 아니면 된소리로 적지 않는다.

국쑤(x) → 국수(o)	깍뚜기(x) → 깍두기(o)
딱찌(x) → 딱지(o)	색씨(x) → 색시(o)
싹뚝(x) → 싹둑(o)	싹뚝싹뚝(x) → 싹둑싹둑(o)
법썩(x) → 법석(o)	갑짜기(x) → 갑자기(o)
몹씨(x) → 몹시(o)	

Ⅴ. 장르별 쓰기

  여기서는 상황과 목적에 따라 여러 가지 양식의 글쓰기 연습을 할 수 있다.
사회적으로 통용된 양식은 글쓰는이의 지식과 교양을 나타내기에 활용할 수 있는
요소가 된다. 실용적 글 가운데 대표적으로 이력서와 자기소개서를 비롯하여
한국 문화권에서 소통되는 관혼상제 의례 양식으로 확장한다. 또한 일상생활
속에서 가볍게 다루어지는 편지글 쓰기도 다시금 살펴봄으로써 실수로 잘못 쓰고
있는 표현이 없는지 성찰해 보자.

  나아가 현장에서 자주 쓰이는 양식들을 접함으로써 표현 능력을 더 단련한다.
각종 매체의 글을 읽고 감상을 표현하는 데에도 다양한 형식이 창조될 수 있다.
나타내려는 뜻을 보다 효과적으로 전달하기 위해 어떤 형식이 적절한지를 고민해
보는 경험도 실력을 향상시키는 데에 필요하다. 이를 위해 자세하게 관찰하는
활동은 전제가 된다.

  관찰법을 활용해서 감상문, 일지, 전시보고서, 공연보고서, 모니터링, 현장답사
보고서를 써볼 수 있다. 실제 예시 자료를 통해 쓰기 요령을 터득해 보도록 하였다.
그리고 전문적인 필자의 학술적인 글을 읽거나 쓸 수 있는 경험도 맛볼 수 있을
것이다.

1. 실용적 글쓰기

진단할 내용
- 사회에서 요구하는 서식대로 글을 쓸 수 있다.
- 자기표현의 전략을 다양하게 쓸 수 있다.

실용적인 글은 사회 속에서 특정 목적을 위해 약속된 양식이다. 우리 사회 속에서 젊은 세대들은 취업이나 창업 등과 같은 목적으로 글쓰기를 수행하는 경우가 많으며, 통과의례적으로 이러한 양식의 문서들이 가진 특징을 학습해야 성숙한 시민으로 인정받을 수 있다.

취업을 목적으로 한 글에는 대표적으로 이력서와 자기소개서가 있다. 이력서는 핵심적인 내용을 조목조목 밝힌 글이라고 한다면, 자기소개서는 이력서의 정보들을 상세하게 설명한 글이라고 할 수 있다. 이력서에 개인의 인적 사항들을 사실 그대로 적게 마련이다. 그 사실들은 객관적이기 때문에 거짓이 없지만, 그 사실들이 목적에 따라 얼마나 보편타당한지를 보여주는 해설이 바로 자기소개서이다. 그러므로 자기소개서는 이력서를 쓴 사람의 정당화 능력에 의해 구성된다.

1) 자기소개서

학생들에게 글쓰기 능력은 취업 등의 현실적 목적을 위해 필요한 능력으로 인식되고 있다. 이러한 목적 때문에 이력서나 자기소개서가 학생들에게는 다른 글쓰기 유형보다 친숙하다. 자기소개서에는 보편적으로 담고 있는 핵심 정보들이 있는데, 관습적으로 쓰이고 있는 틀을 변용하여 개성적으로 드러낼 필요가 있다. 가령 자신을 대신할 수 있는 제목을 집약적으로 제시하거나 본문을 독창적인 기호로 구성하는 것이다. 다만 개성적으로 쓴다고 해서 논리적 구성방식에서 벗어나지 말아야 한다. 독창성만 생각하다 보면 글을 읽는 사람을 고려하지 않고 주관적으로 쓸 수 있기 때문이다. 취업 준비생과 인사 담당자 간의 관계에서 가장 주요하게 인식되는 항목이 일의 태도와 강한 업무 능력(자질)이다. 문서 형식도 인사 담당자가 주목하는 부분이다. 외국인 인사 담당자의 경우는 지원자의 전공, 사전 업무 경험, 동아리 활동, 철자법을 중요시한다. 요컨대 자기소개서는 창의적으로 쓰되 사회에서 수용하는 방식과 표현으로 구성되는 양식이다.

자기소개서를 쓰기 전에 이력서를 구성하면 자신에 관한 사실 정보들을 알 수 있다. 이름, 나이, 성별, 주거지, 주민번호, 학력, 경력 정보들을 메모해 보자. 이 정보들은 나의 기호로 인식된다.

[전략32] 성장과정을 요약적으로 제시하라.

이력서를 쓸 때 주의할 점은, 평범한 연대기적 서술이다. 이러한 표현은 고용주의 눈길을 끌지 못한다. 예를 들면, 태어난 고향이나 가족관계, 가훈 등을 배경으로 하여 '저는 강원도 인제에서 2남1녀 중 막내로 태어나'로 시작하는 경우가 그렇다.

위와 같은 문구를 피하려다가 자신의 성장과정이 너무 평범하다고 생각 되어 자기소개서를 구성하는 일이 곤혹스럽게 다가올 수 있다. 이러한 문제를 해결할 수 있는 방법으로서 한 가지는 개인보다는 집단의 성격을 분석하는 일이다. 가령 자신을 세대의 특징으로 생각해 보는 것이다. 아래 의 내용을 통해 자신의 성격을 진단해 보자. 자신이 어떤 시대의 모습을 지니고 있는지를 알게 된다면 현재 사회생활을 하는 데 적합한 정도와 부족한 점을 판단할 수 있을 것이다.

- 베이비부머 : 1955~1964년 출생(40대 후반~50대 중반)
- 386세대 : 60년대 출생, 80세대, 탈권위적, 탈지역적, 운동권 문화, 진보정치

- X세대 : 1971~1984년 출생, 자기중심적, 소비와 유행에 민감
- Y세대 : 베이비부머 세대의 자식, 1980년 전후 출생, 소가족 문화, 자기중심적
- W(월드컵)세대, P(실용적/참여적)세대 : IT첨단기기와 서구문화에 익숙한 세대, 먹는 걱정을 하지 않는 세대,
- 2000년 이후 취업(BRAVO직장인) : Broad network, Reward sensitive, Adaptable, Voice, Oriented to myself
- Z세대 : ZZZ, 8~14세(어린이와 청소년 사이), 낀(Twin) 세대, 유행에 민감, 압박감(시험), 자살충동, 고독
- N세대 : 뉴밀레니엄 세대, 삐삐·pc통신(정보화 세대)
- C세대 : Chemical(중독된), 미쳐야 산다(전문성이 부각된 사회상)

다음으로, 성장과정에 대해 소개할 때는 가족 문화와 학교 등의 집단 속에서 자신을 관찰해 본다.

◆ 가훈[22]의 비밀

자신이 어떤 성격의 소유자이고, 기호 또는 성향이 어떠한지를 판단하지 못할 때 먼저 집안 분위기에서 추리해 낼 수 있다. 집안 분위기는 가훈에 잘 드러난다. 한 가정의 지침이나 생활규범이 가훈에 담길 수 있기 때문이다. 그 가훈을 지키며 살아가는 가족들을 관찰해 보자. 가족들의 생활방식을 관찰함으로써 본받아야 할 점도 알게 되고, 자신이 가야 할 길에 대해서도 얼추 짐작할 수 있다.

---

22) 가훈을 사자성어로 요약해서 제시할 수도 있다. 물론 사자성어는 관련 이야기를 함축하고 있어서 서사적 모티브의 기원이 되는 것이며, 모티브의 전개 과정에서 자신이 속한 집단과 비교(대조)를 함으로써 이야기는 무한히 확장된다.

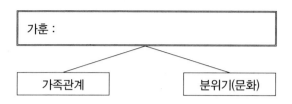

```
가훈 :
```

```
가족관계        분위기(문화)
```

집안을 이끌어 가는 가치관이 무엇인지를 생각하고 나서 자신의 사고방식이 언제 어떻게 형성되었는지를 추적해 보라. 다음과 같은 질문들에 답하면서 자기소개서의 개요를 세워 볼 수 있다.

- 나의 사고방식이 언제 어디서 형성되기 시작했나?
- 나의 성격이 언제 어디서 형성되기 시작했나?
- 가족이라는 망(울타리) 속에 숨어 있는 나는 어떻게 보이는가?
- 내가 있는 곳은 통제집단? 개방집단?
  - ☞ 통제집단은 수직구조로 엄격한 위계질서를 갖추고 있다. 우리나라의 대가족 제도가 여기에 해당된다. 그리고 개방집단은 구성원들이 수평구조로 조직되어 있으며, 토론이나 토의 문화가 형성될 수 있는 환경이다.
- 성격 및 장단점 :
'내 성격은 외향적…명랑…적극적…낙천적이다.'라고 썼다고 하자. 이러한 표현은 비슷한 어휘를 나열한 경우로서 단순한 진술로 비친다. 대조 관계의 어휘도 생각해 내어 좀더 유창하게 표현할 필요가 있다.
- 간접 묘사 :
가까운 가족이나 친구의 표현을 인용하거나 자신의 성격이 드러나는 사건을 제시한 후 실마리를 푼다.

◆학교생활(학창시절) :

대학에서 보낸 세월 동안 한 것들을 먼저 일일이 나열해 보자. 그리고 그러한 경험들을 통해 지금의 '나'가 어떤 평을 듣고 있는지 생각해 보자. 더 깊이 생각하면, 학교의 창학이념을 따라 대학생활을 어떻게 꾸몄는가를 점검해 보는 것이다.

- 업무 수행에 도움이 될 교내외 수상경력, 동아리활동, 여행 경험 일일 근로활동
- 교우관계나 취미, 특기, 병역
- 창의적 활동, 세계화에 기여한 경험
- (무조건적인) 봉사정신 또는 희생정신

◆지원동기 및 포부 :

학교생활을 근거로 생각해 볼 때 무엇을 지향할 수 있는지부터 진단해야 한다. 학교생활이 앞으로의 목표를 지원해 주었든 못했든 양쪽에서 왜 그러했는지를 설명할 수 있어야 한다.

- 해당 기업의 업종이나 특성과 자신의 희망을 연결하라. (지원 회사에 대한 정보는 인터넷, 신문, 잡지, 사보, 논문 등을 활용하여 조사함으로써 얻을 수 있다.)
- 일에 대한 의욕과 인생관을 피력하라. (간략히 나타낼 수 있어야 특정 업무에 대한 신념이 확인된다.)

[전략33] 쓸 거리를 먼저 정하고, 어디서부터 시작할지를 생각하라.

✓무엇을 어떻게 쓸 것인가?

쓸 거리(무엇)를 선정할 때는 먼저 누구에게 무슨 목적으로 전달할 것인지 그 환경을 알아보아야 한다. 병상에 있는 친구에게 위로 목적으로 편지를 쓰는 상황인데, 학교의 축제에 대해 소개하면서 방문을 요청하는 내용을 쓰는 것은 곤란하다. 아파서 쉬어야 할 친구에게 학교 방문은 곤혹스러운 요청이기 때문이다. 또한 사실보다 과장되게 내용을 구성해서도 안 된다. 상대방이 불참할 것을 알면서 과장되게 내용을 전하게 되면 글쓴이를 신뢰

하지 못하게 된다. 그래서 글쓰기는 심리적 여건과 윤리적 요소를 고려한 행위이다. 물론 독자가 글을 읽고 요지를 분명하게 파악할 수 있도록 조리 있게 내용을 구성해야 한다. 글쓰기의 전제조건을 다음과 같이 정리할 수 있다.

[심리] 독자의 연령, 성격, 요구사항 등을 고려해야 한다.
[윤리] 과장 없이, 축소하지 않고 내용을 구성해야 한다.
[논리] 독자가 이해하기 쉽게 문단을 조직해야 한다.

대학생들은 자신을 소개하는 글을 많이 접하게 된다. 대학에 입학할 때부터 방학 동안이나 대학을 졸업할 즈음에 취업을 목적으로 자기소개서를 자주 쓰기 때문이다. 그런데 고용주의 입장에서는 많은 자기소개서들을 차근차근 볼 시간이 없다. 바쁘게 업무에 골몰해 있는 시간이 출·퇴근 시간 동안에 채워져 있는데, 그 시간으로도 빠듯할 때가 많다. 그러면 자기소개서는 도입부에서부터 눈에 띄어야 한다. 간략하면서도 인상적인 문구를 개발할 필요가 있지만, 그 내용은 자신의 개성을 충분히 담고 있어야 한다.

✓ 자기소개서의 도입부
실제로 대학생들이 도입부를 염두에 두고서 자기소개서를 써 보면, 다양한 문장 표현을 선택하는 사실이 드러난다. 중요한 것은 눈에 띄게 도입부에 나타나지만, 글쓴이에 대해 얼마나 잘 소개하였는지가 질적 측면에서 증명될 수 있어야 한다. 근래는 최소 비용의 최대 효과를 위한 경제 논리가 무한 경쟁의 사람들 사회에 적용되는 시점이다. 개성적인 정보로 자신의 능력을 상대방에게 각인시킬 필요가 있다. 대략 대학생들이 자기소개서를 쓸 때 도입부를 여러 가지 유형으로 나타낼 수 있다.

✓제목 제시형 : 제목은 본문을 가장 집약적으로 나타내는 기능을 하기
때문에 사용 어휘와 종결 표현을 통해 필자의 성격과
태도를 나타낼 수 있다. 제목 제시형에는 아래와 같은
유형들로 다양하게 나타난다.

- **열린 문장구조형** : 신문기사의 제목으로도 빈번하게 쓰이는 양식으로
서 학생 취업을 요청하는 상황에 적절한 표현으로
선택될 수 있다.
- **정의형** : 신념이 불확정적인 필자에게서 드물게 비치는 유형이지만,
취업을 목적으로 의욕적인 태도를 비출 때 사용 가능하다.
- **구호형** : 적극적 의지가 드러나는 유형으로서 지원자 스스로 다짐한
바를 노출하는 의도가 담겨 있다.
- **명령형** : 적극적 의지가 드러나는 유형으로서 구호형과 비슷하며, 가
장 의욕적인 태도가 담겨 있다.
- **대구형** : 리듬감을 살려 읽는이로 하여금 기억하게끔 배려를 나타내
는 유형이다.
- **수식구조형** : 간단한 수식구조를 통하되 명사로 종결함으로써 단호한
어조를 느끼게 하는 유형이다.
- **주장형** : 일반적으로 취업을 희망하는 필자가 의도를 고스란히 담아
내는 유형이다.

다음의 사례들은 위의 여덟 가지 도입부 유형들 가운데 선택된 자료들이다.

연습 ───────────────

(열린 문장구조형) 성실함으로 세상을 밝혀 - 기자 지원
(정의형) 사업가는 만들어지는 사람이 아니라 태어나는 사람이다. - 라디
오 프로듀서 지원자
(명령형) 직접 보고 듣고 체험하라. - 카피라이터 지원

아래 도입부들을 유형에 따라 분류해 보자.

- 성실함으로 세상을 밝혀 - 자료1, 기자 지원
- 사업가는 만들어지는 사람이 아니라 태어나는 사람이다. - 자료2, 창업 글쓰기
- 하면 된다. - 자료4, CPA 지원
- 필요한 사람이 되겠습니다. - 자료5, 금융계 지원
- (특정 과목)을 향한 끝없는 노력 - 자료8, 교사 지원
- 직접 보고 듣고 체험하라! - 자료9, 카피라이터 지원
- (특정 과목)에 대한 끊임없는 사랑 - 자료11, 교사 지원
- 오바마의 포용력! 힐러리의 리더십! - 자료13, 프로듀서 지원
- 자신이 있어야 할 곳에서 빛이 나는 사람 - 자료15, 외국계 금융업 회사
- 기억에 남는 여행을 만드는 존재가 되고 싶습니다! - 자료19, 여행사 가이드 지원
- 진실된 마음으로 세상을 울리겠습니다. - 자료21, 라디오 프로듀서 지원
- 대체할 수 없는 인재가 되겠습니다. - 자료26, 마케팅 부문 지원
- 욕 먹는 교사가 되겠습니다! - 자료27, 교사 지원
- 나설 때와 물러날 때를 아는 인재 - 자료29, 회계 법인 지원
- 주는 기쁨을 아는 사람이 되고 싶습니다. - 자료30, 교사 지원
- 회사 어디서나 필요로 하는 사람이 되고 싶습니다. - 자료31, 일반 회사 지원
- 새로운 곳을 향한 첫걸음 - 자료33, 일반회사 지원
- 꿈의 문을 향하여 - 자료37, 무역회사 지원
- 가르침을 즐기는 교사가 되겠습니다. - 자료43, 교사 지원
- 작은 나비의 날갯짓 - 자료44, 교육 분야 지원
- 나만의 경험! 나만의 깨달음! - 자료45, 지원 분야 미기재
- 여러 사람들과 즐겁게 무언가를 하는 아이 - 자료49, 지원 분야 미기재

- 신념을 가지고 사는 인생이란 - 자료50, 회계 법인 지원
- 사람을 사랑하고, 학교를 사랑하고, 국어를 사랑하는, 그런 교사가 되겠습니다. - 자료56, 교사 지원
- 학생 등 뒤에서 학생을 보듬을 수 있는 교사가 되기 위해 - 자료58, 교사 지원

위의 사례들을 보다시피 지원 분야에 따라 초점 정보를 선택하여 눈에 띄는 표현 형식으로 도입부를 구성한다. 지원 분야에 적절한 초점 정보는 취업하려고 하는 기관과 업무의 특성을 고려하여 선정해야 한다. 그리고 그 초점 정보에 맞는 요건을 자신에게서 찾아 도입부에 제시해 주는 것이 좋다. 유형별로 자료들을 분류해 보면 열린 문장구조형(자료1, 37, 58), 정의형(자료2, 50), 구호형(자료4), 명령형(자료9), 대구형(자료13, 45), 수식 구조형(자료8, 11, 13, 15, 28, 33, 44, 49), 주장형(자료5, 19, 26, 27, 30, 31, 43, 56)으로 확인된다.

✓첫 문장 제시형

제목에서는 가장 개성적인 특징을 내세울 수 있지만, 거기에 철학적이거나 보다 명료하게 덧붙일 만한 세부 정보까지 담기는 어렵다. 그래서 어휘 수준에서 함축적인 표현을 생성해 내는 제목 제시형의 경우, 뒷받침 내용 요소를 문장 수준에서 보완할 수 있는 것이다. 첫 문장에서 상대방의 눈길을 끌려고 할 때 아래와 같은 내용이 취업을 목적으로 하는 글에 어울린다.

- 자신의 가치관
- 좌우명
- 성장과정의 서사구조화
- 예시자료의 비교 분석
- 전기적 사실
- 가풍이나 가훈

- 개성
- 이름 풀이
- 성격 비유

연습

(가치관) 객관적으로 세상을 바라보는 일은 즐거운 일입니다. - 기자 지원
(전기적 사실) 1990년 2월 28일, 우렁찬 울음소리로 나를 세상에 처음
알렸습니다.
(주장형) 진실된 마음으로 세상을 울리겠습니다. - 프로듀서 지원

첫 문장에 어떤 내용을 비침으로써 자신을 주목받게 할 수 있는지 생각해
보자. 아래 사례들을 분석 또는 비평하면서 자신의 특징을 한 문장으로
표현해 보자.
위의 유형들을 참고로 하여 아래 도입부들을 분류해 보자.

- 객관적으로 세상을 바라보는 일은 즐거운 일입니다. - 자료1
- '하면 된다.' 이 말은 제가 가장 좋아하는 말입니다. - 자료4
- 광주광역시라는 한 지역에 한 아이가 살고 있었습니다. - 자료5
- 어느 저는 생명이 돋아나는 따뜻한 봄날에 서울 어느 한 가정의
  꽃으로 태어났습니다. - 자료6
- 콩쥐팥쥐, 신데렐라. 이 두 이야기의 공통점은 악한 계모가 등장한
  다는 것입니다. - 자료7
- 1990년 2월 28일, 우렁찬 울음소리와 함께 나를 세상에 처음으로
  알렸습니다. - 자료13
- 저희 집 가훈은 '생각하며 살자.'입니다. - 자료14
- 옛날부터 옷과 스타일에 관심이 많았다. - 자료16
- 1990년 4월 3일, 탄생의 기쁨을 가족들에게 선사하며 세상의 빛을

듬뿍 받았습니다. - 자료18

- 넓은 눈으로 세상을 봐야 한다고 자주 말씀하시던 부모님 아래 저와 오빠 이렇게 네 식구가 한 지붕 아래 오순도순 지내왔습니다. - 자료19
- 제가 생각하는 참된 교사상. 그것은 학생들, 그리고 다른 선생님들과 융합하여 참 교육을 실행하는 데 있다고 생각합니다. - 자료20
- 제 이름은 ○○○입니다. 길이길이 평화롭게 살라는 뜻입니다. - 자료23
- 저는 야구를 아주 좋아합니다. - 자료25
- '인간은 태어나면서 자신밖에 할 수 없는 사명을 갖고 태어난다.' 어릴 적 아버지께서 늘 해 주신 말씀입니다. - 자료47
- '배운 것을 활용하여 나 자신뿐만 아니라 다른 사람에게도 이로움을 줄 수 있는 삶을 사는 것' 이것이 바로 제 삶의 모토이자 어렸을 때부터 집에서 교육받은 덕목들 중 하나입니다. - 자료52
- 안녕하십니까. 내일의 태양 ○○○입니다. - 자료53
- 저는 우리나라에서 가장 아름다운 풍경을 가지고 있는 ○○○에서 태어났습니다. - 자료54
- 어렸을 때 들은 이야기 중 가장 기억에 남는 것은 "어디에 혼자 내놓아도 살아남을 아이"라는 말이었습니다. - 자료57

위의 사례들은 자신의 가치관(자료1, 20), 좌우명(자료4), 성장과정의 서사(자료5), 예시 자료의 비교 분석(자료7), 전기적 사실(자료13, 18, 54), 가풍이나 가훈 소개(자료14, 19, 47, 52), 개성 제시(자료16, 25, 57), 이름풀이(자료23), 성격 비유(자료53)로 나눌 수 있다. 이들은 모두 자기에 대한 정보들인데, 개인의 사상이나 사실 정보는 물론 소속된 문화적 특성까지 다양하게 내포하고 있다. 그리고 인용은 자료57에 쓰인 바와 같이 자기소개서에서는 신뢰성을 줄 수 있는 방법으로 적절하다. 한편 '태어나다'를 '우렁찬 울음소리로 알리다', '세상의 빛을 받다'와 같이 대체한 기술이나 적극적이고 열정적인 모습을 대체한 '내일의 태양'에서 볼 수 있듯이 수사적 기법

(은유)이 활용될 수 있다. 이와 반대로 자료25처럼 간결 명료한 표현을 문두에 놓음으로써 독자들을 압도할 수 있다.

✓ 첫 단락 제시형

문장 수준에서보다 자세하게 자신을 소개하려면 단락에서 가능하다. 가장 논리적이고 체계적인 방법으로 자신을 소개하는 경우에 이 유형을 선택할 수 있다. 여기에도 아래와 같은 세부 유형들이 있을 수 있다. 이 유형들 모두 다양한 기능의 문장들로 이루어지는데 다만 문장들 간의 논리적 관계에 따른다.

- 판단-기술-단서의 구조
- 결과-근거-강조의 구조
- 비유-평가의 구조
- 전제-결론의 구조
- 상징-기술-확장의 구조
- 숫자기호 배열

위의 유형들을 참고하여 아래 도입부들을 분류해 보자.

(1) 객관적으로 세상을 바라보는 일은 즐거운 일입니다. 틀 안에 갇혀 보지 못했던 사실을 깨닫기도 하고, 그로 인해 새로운 세상을 만나기도 합니다. 어려서부터 뉴스와 신문을 권유하신 부모님 덕택에 객관적인 시각을 갖게 되었습니다. 나아가 비판적인 사고도 하게 되었습니다. 한 신문사를 고집하지 않고 여러 신문을 함께 구독한 것이 객관적 시각을 갖는 데 많은 도움이 되었습니다. 저의 이러한 점은 초등학교 시절부터 보이기 시작했습니다. 학급회의 시간이면 서로 다른 의견으로 다툼이 일어나곤 했습니다. 모두들 자신의 주관에 얽매어 해결점을 찾지 못할 때 제가 나서서 객관적인 합의점을 찾곤 했습니다. (자료1)

윗글은 문장(1)에서 '즐거운 일'이라는 판단이 드러나고, 둘째 문장에서 그 즐거운 일을 상술하고 있으며, 그 다음 문장에서 '뉴스'와 '신문'으로 구체화하고 있다. 이러한 성격의 도입부는 자신에 대한 '객관적 시각'을 증명하기 위해 적절한 단서를 제공한 것이다.

(2)'하면 된다.' 이 말은 제가 가장 좋아하는 말입니다. 또한 저희 아버지께서 저에게 해 주신 말 중에 가장 감명 깊게 들은 말입니다. 아버지께서는 제가 중학교 때에 다니던 직장을 그만두시고 새 사업을 시작하셨습니다. 그때 아버지께서는 매우 힘들어 하셨습니다. 하지만 아버지는 곧 힘을 내서서 사업을 안정되게 하시고 저를 부르셔서 하는 말이 저 말이었습니다. 힘든 시간을 이겨내시고, 저 말씀을 하실 때, 저는 생각했습니다. '아...... 아버지가 얼마나 힘드셨을까......', '나도 열심히 공부해야겠다.' 만약 아버지의 저 말이 없었다면, 저는 지금 아무것도 아닌 사람에 불과했을 것입니다. (자료4)

위의 자료4는 첫 문장을 결과로 제시하고, 이어서 출처를 밝히면서 자신의 집안 분위기를 소개한 유형으로 볼 수 있다. 그리고 이것은 단락 끝에 부정의 가정형을 통하여 강조할 수 있음을 보여 준다.

(3)별의 등급 측정 방법은 두 가지가 있습니다. 하나는 사람의 육안으로 측정되는 밝기로 등급을 매기는 실시등급이고, 다른 하나는 별의 실제 밝기를 나타내는 절대등급입니다. 저는 만약 이 두 가지의 방법으로 사람을 평가한다면 어떤 측정 방법을 기준으로 해야 할지 생각해 보았습니다. 실시등급이 외모나 첫인상, 차림새, 목소리, 말투 등 겉으로 드러나는 모습이라면 절대등급은 사람의 내면과 진실성이라고 생각합니다. 물론 겉으로 드러나는 모습도 중요하지만 사람의 내면 또한 놓치기 쉬우면서도 중요한 부분이라고 생각합니다. 그러나 진정한 내면을 보기 위해서는 많은 시간을 갖고 진실된 대화를 나누어봐야 하기 때문에 이와 같은 자기소개서나 면접만으로는 저의 절대등

급을 알 수 없을 것이라고 생각합니다. 그렇지만 저에 대한 거짓 없는 소개로 조금이나마 저를 평가하는 절대등급의 기준이 되었으면 합니다. (자료32)

위의 자료32는 별의 측정 방법에 견주어 채용 기준에 대한 지원자의 생각을 비치고, 그 기준들 가운데 자신이 적합한 인재임을 정당화한 유형이다. 그러므로 이 유형은 비유의 방법을 통해 먼저 평가자의 눈길을 끄는 전략으로 볼 수 있다.

　(4)항상 아침마다 눈을 뜨는 장소는 서울시 ○○동에 위치한 저희 집의 제 방 안입니다. 이사 온 지 아직 1년 정도 되었지만 특유의 적응력 때문인지 예전부터 살던 곳처럼 친숙합니다. 어렸을 때부터 자주 이사를 한 탓에 군대를 포함하면 이곳은 제7 번째 보금자리입니다. 이러한 상황 때문인지 어디를 가든지 당황하거나 낯설어하지 않고 잘 적응하며 항상 제 물건을 정리 정돈하는 습관이 있으며 분실하지 않도록 잘 챙깁니다. (자료38)

위의 자료는 장소를 설정하여 '적응력'을 소개하기 위한 단서를 제공한 경우이다. 다만 내용에 있어 적응력과 정리 정돈 습관은 관련성이 극히 적다. 여기서 두 가지 성격을 연결할 수 있는 매재가 필요하다.

　(5)내 이름은 손이슬(드라마 '내 이름은 김삼순'에서 차용된 소제목. 스토리는 심플하게, 감정은 길게, 웃음은 호탕하게, 눈물은 진하게 그린 작품)
　수다 예찬
　꿈을 쏘다 (자료41)

위의 자료는 내용을 셋으로 구분하고 각각에 소제목을 붙여 구성한 유형이다. 세부 내용은 이름, 성격, 포부로 구분되는데, 이들은 자기소개서의 핵심 정보로서 자신의 가치관이 드러나도록 재진술한 것으로 볼 수 있다.

(6)[0] 이 숫자는 제가 초등학교 때부터, 대학교까지 다니면서 수업을
빼먹은 횟수입니다.
[2] 이 숫자는 제가 대학교 입학하자마자 용돈을 벌기 위해 과외한
학생의 명수입니다.
[3] 이 숫자는 제가 고등학교 때 학급 대표를 맡은 횟수입니다.

위의 자료는 숫자기호로 자기를 상징한 경우이다. 이같이 숫자기호에
자신의 태도와 성격을 함의시킴으로써 간결한 방식으로 자기를 소개할
수도 있다.

(7)어릴 적부터 이어온 책임감(성장 배경)
활발하고 활달한 아이, 승부욕이 강한 아이(성격의 장·단점)
(전공 및 경력 사항)
피할 수 없다면 즐겨라(지원 동기 및 입사 후 포부)

위 자료는 통상적으로 구성되는 자기소개서의 내용 항목을 재구성한
경우이다. '책임감, 승부욕, 즐겨라'와 같은 어휘는 자기를 표상할 수 있는
가장 작은 표현 단위로서 기능한다. 또한 그러한 중심어들이 모두 음절수를
셋으로 맞추고 있어 율동감도 주고 있다. 언어 표현의 율동감은 전달력을
보완하며 개인의 문체 효과로 나타나 매우 효과적인 기호가 된다.
실용적 글쓰기의 한 유형으로 취업 목적 글쓰기는 도입부를 어떤 유형으
로 구성하느냐에 따라 성공의 척도가 매겨질 수 있다. 이는 자기소개서
쓰기에 있어 언어 사용의 경제성 원칙과 함께 현대 사회·문화적 맥락에서
창의성이 연합되어 긴요한 장르적 특성을 생성해야 하는 요건을 확인시켜
준다. 여기서 창의성은 글쓴이 개인의 문체적 특징과도 연결되는데, 다시
말해 그것은 글쓴이가 상황 맥락에 적절한 표현 단위를 선택해야 하는
행위로 나타난다. 물론 그 표현 단위는 음운, 어휘, 문장, 문단 수준으로
다양하게 설정될 수 있다. 그리고 자기소개서 도입부 전략은 글쓰는 이에

따라 또는 예상독자의 성별, 직업, 계층, 연령에 따라 융통성 있고 유창하게 생산될 수 있다.

아래의 자료들을 읽고, 창의적인 자기소개서의 특징에 대해 더 토론해 보자. 개인적으로 생각하는 창의적 자기소개서는 어떻게 표현될 수 있을까?

[0] 이 숫자는 제가 초등학교 때부터, 대학교까지 다니면서 수업을 빼먹은 횟수
입니다.
[2] 이 숫자는 제가 대학교 입학하자마자 용돈을 벌기 위해 과외한 학생의 명수
입니다.
[3] 이 숫자는 제가 고등학교 때 학급 대표를 맡은 횟수입니다. - 교사 지원자

별의 등급 측정 방법은 두 가지가 있습니다. 하나는 사람의 육안으로 측정되는 밝기로 등급을 매기는 실시등급이고, 다른 하나는 별의 실제 밝기를 나타내는 절대등급입니다. 저는 만약 이 두 가지의 방법으로 사람을 평가한다면 어떤 측정 방법을 기준으로 해야 할지 생각해 보았습니다. 실시등급이 외모나 첫인상, 차림새, 목소리, 말투 등 겉으로 드러나는 모습이라면 절대등급은 사람의 내면과 진실성이라고 생각합니다. 물론 겉으로 드러나는 모습도 중요하지만 사람의 내면 또한 놓치기 쉬우면서도 중요한 부분이라고 생각합니다. 그러나 진정한 내면을 보기 위해서는 많은 시간을 갖고 진실된 대화를 나누어 봐야 하기 때문에 이와 같은 자기소개서나 면접만으로는 저의 절대등급을 알 수 없을 것이라고 생각합니다. 그렇지만 저에 대한 거짓 없는 소개로 조금이나마 저를 평가하는 절대등급의 기준이 되었으면 합니다. (자료32)

다음의 자료는 대기업에 입사한 경우로서 취업에 성공한 경험담을 인터뷰한 것이다. 이러한 자료를 통해 취업에 관해 시대적 징후를 파악할 수 있다.

Q : 현재 맡고 있는 직책과 어떤 업무를 수행하고 있는지 간단히 소개해 주시겠어요?

A : ○○전자 미디어솔루션센터 Enterprise Solution 그룹에서 일하고 있는 입사 6개월차 신입사원입니다. 요즘 가장 핫한 이슈가 되고 있는 ○○○탭의 B2B 비즈니스 업무를 하고 있답니다^^

Q : ○○에 입사를 지원하게 된 계기는 무엇인가요?

A : 경영학과에 입학하면서부터 취업을 목표로 했기 때문에 국내 최고 기업인 ○○전자를 꿈꾸고 있었어요. 마케팅 일을 하고 싶었는데 전세계를 무대로 다양한 제품을 갖춘 ○○전자라면 다양한 경험을 해볼 수 있겠다고 생각했죠.

Q : 입사 준비는 어떻게 하셨나요? 또 필요한 건 어떤 게 있을까요?

A : 대학생일 때 다양한 경험을 하려고 많이 노력했어요. 동아리, 학회, 학생회, 기업 마케터, 교환학생 등.. 굉장히 바쁘게 생활했던 것 같아요. 회사생활을 미리 경험해 보고 싶어 인턴도 3군데에서 해 봤구요. 이런 다양한 경험들이 자기소개서를 풍부하게 해준 밑천이 되었어요. SSAT는 정답이나 결과 점수를 알 수가 없기 때문에 반응이 제각각이에요. 준비해서 잘 봤다는 사람도 있고, 많이 찍었는데도 합격한 사람도 있고, 저 같은 경우는 2~3주 정도 기출문제집을 보면서 공부를 하고 시험을 쳤어요. 평소에 신문을 꾸준히 보면서 기본적인 상식을 쌓아 두면 '상식'부분 문제를 푸는 데 큰 도움이 됩니다. SSAT 합격자 발표가 나고 면접까지 약 2주 동안 스터디 그룹을 만들어 실전처럼 면접 연습을 많이 했어요. 같은 직군에 지원하고 SSAT에 합격한 비슷한 사람들과 함께하는 면접 스터디는 꼭 추천하고 싶습니다.

Q : 마지막으로 사회생활의 선배로서 취업을 준비하는 대학생들에게 해 주고 싶은 말은?

A : 대학생의 가장 큰 특권이 '자유'인 만큼 그 나이 때만 할 수 있는 것들을 모두 시도해 봤으면 좋겠어요. 즉 무조건 취업을 위한 스펙을 쌓기보다 마음 가는 대로 이것저것, 다양한 경험을 해 보는 것이 가장 좋은 것 같습

니다. 특히 여행!!! 그리고 연애!!! 그리고 취업을 준비하는 후배님들은, 기업의 자기소개서 양식을 구해서 한번 미리 써 보세요. 생각보다 쉽지 않을 겁니다. 미처 모든 칸을 채울 경력이 없을 수도 있습니다. 자신의 상황을 냉정하게 평가해 볼 수 있기 때문에 주기적으로 자소서를 써 보고 업데이트를 하는 것이 큰 도움이 될 거예요.

— 온라인 사외보 〈ㅇㅇ이야기〉에서

아래의 자료는 인간의 단기 기억 용량을 고려한 자기소개서로 볼 수 있다. 이 글을 참조하여 자신의 개성을 상징할 수 있는 최소 단위로 무엇이 있을지 생각해 보자. 한글 자모, 알파벳, 기타 외국어, 상형문자, 사자성어 등 여러 단위들을 조사해 보고 자신의 독창적인 기호를 개발해 보자.

학생 글

[0]
이 숫자는 제가 초등학교 때부터, 대학교까지 다니면서 수업을 빼먹은 횟수입니다.
초등학교부터 고등학교 까지 지각, 조퇴, 결석 모두 깨끗하며, 개근상은 물론이고 대학교 와서 과 공식적인 행사(답사)외엔 결석은 한번도 한적이 없습니다. 교사의 자질에 있어서 성실도는 가장 중요한 것이라고 생각합니다. 이는 제가 교사에게 필요한 자질 중 성실성에 있어서 부합되는 부분이라고 생각합니다.

[2]
이 숫자는 제가 대학교 입학하자마자 용돈을 벌기 위해 과외한 학생의 명수입니다.
또한 지금 과외를 하고 있는 학생의 명수이기도 합니다. 그리고 처음에 과외한 학생과 지금 과외 하고 있는 학생은 동일합니다. 이는 제가 학생에게 오래 과외를 맡길만큼 실력이 있고, 학습 능력을 향상시켜 주었으며, 신뢰감을 주었기 때문이라고 생각합니다. 이 또한 제가 교사에게 필요한 실력과 신뢰에 있어 부합되는 부분입니다.

[3]
이 숫자는 제가 고등학교 때 학급 대표를 맡은 횟수입니다.
저는 어느 집단에 소속하게 되면, 처음은 아니지만 시간이 지나면 일정 궤도에 오르고 리더의 위치까지 올라갑니다. 고등학교 1학년 1학기 때 전학을 왔지만 1학기 동안 친구들에게 신뢰감과 지휘력으로 2학기 때 반장으로 선출되었습니다. 학생들을 이끌어 나가는 리더십 또한 교사 됨에 있어서 중요한 자질이라고 생각합니다.

문서에 문자로 기록하는 방법 말고도 시각성을 더 부여하여 PPT 형식을 차용할 수도 있다. 실제 학생들의 제작물을 통해 눈에 띄는 자기소개서에 대해 토론해 보자. 아래 두 가지 형식으로 구성한 자기소개서들을 보고 개성적인 자기소개서의 개요를 써 보자. 두 편의 사례에서 공통적으로 알 수 있는 점은 자기소개서가 자신의 개성을 관찰한 흔적이 뚜렷이 나타나야 한다는 사실이다.

학생 글 1-1

(주)○마트 2011년 상반기 인턴사원 모집 (대졸인턴)
※○마트 인재상의 재구성
1) 도덕인 : 예의범절을 갖춘 사람
2) 실천인 : 긍정적이고 적극적인 사고를 바탕으로 자신의 역할을 신속하고
　　　　　　꾸준히 하는 사람
3) 전문인 : 변화에 민첩하게 대응하며 지속적인 자기개발을 통해 경쟁력을
　　　　　　갖춘 사람

1. 성장과정(자신에 대한 소개)

〈항상 메모를 합니다〉
저는 항상 메모를 합니다. 메모를 하게 된 계기는 여자 친구 때문이었습니다. 때는 2010년 김연아 선수의 금메달이 달린 올림픽 경기가 있던 날이었습니다. 저는 즐거운 마음에 김연아 선수의 멋진 모습에 감탄하며 시간을 보내고 있었습니다. 얼마 후 여자 친구의 전화가 오고 여자 친구의 싸늘한 목소리를 들었습니다. 저는 여자 친구가 왜 화를 내는지 알 수가 없었습니다. 알고 보니 그날은 여자 친구와 만난 지 1000일째 되는 날이었습니다. 그날 토라진 여자 친구를 달래 주었는데 정말 고생했습니다. 이런 일을 계기로 작은 것 하나부터 메모하기 시작했고 지금 메모는 제 생활의 일부분을 차지할 정도로 매우 중요한 습관이 되었습니다. 또한 해야 할 일들을 꼭 메모하고 실천하려 노력합니다.
이러한 메모습관은 사람과의 약속뿐만 아니라 인간관계를 중요시하는 유통 업무 전반에 도움이 될 것이라 확신합니다.

2. 지원동기 및 포부

(1)지원동기
〈아르바이트생이었지만 정규직원보다 더 많이 팔았습니다.〉
군 전역 후 ○○백화점 패션 브랜드에서 3개월 동안 아르바이트를 하면서 혼자 하루에 120만 원의 매출을 올려 많은 칭찬을 받았고, '판매왕'이라는 별명도 얻게 되었습니다. 그 당시 매장의 일일 매출은 50~60만 원이었던 것으로 기억합니다. 처음에는 모르는 사람을 만나 제품에 대해 설명하고 설득하여 판매한다는 것이 저에게 쉽지 않았습니다. 그래서 어떻게 하면 효과적으로 제품을 팔 수 있을지 생각한 끝에 제품에 대해 분석하고 고객의 요구와 특성을 고려하여 고객에게 맞는 제품을 추천해 주었더니 좋은 결과를 얻을 수 있었습니다.
이런 과정을 거치며 영업 업무에 매력을 느끼게 되었고 제가 즐기며 잘할 수 있는 일이 유통 업무라 생각되어 지원하게 되었습니다.

(2)포부
〈전국에서 고객의 불평이 가장 적은 지점으로 만들겠습니다.〉
"고객님의 불평 일기"를 만들어 고객들의 요구사항이 무엇인지, 무엇을 원하는지를 파악하겠습니다. 아울러 고객의 소리에 귀기울여 고객 만족에 힘쓰도록 하겠습니다. 이를 실천하기 위해서,

(1) 매일 각 브랜드에서 있었던 사소한 불평에 대하여 정보를 모을 것입니다.
(2) 일정 기간 모은 정보 중에 빈도수가 잦은 것들에 대한 목록을 만들 것입니다.
(3) 그 목록을 각 브랜드의 직원들에게 전달하고 교육을 실시해 고객만족도를 올리겠습니다.

3. 성격상의 장단점

(1)장점 : 〈처음 만난 사람들과도 금세 친해집니다.〉

저의 장점은 초면인 사람들과도 잘 친해진다는 것입니다. 대학 2학년 때 수업을 마치고 전철을 타고 집에 가는 중에 한 아주머니의 옆에 앉게 되었습니다. 아주머니께서는 어두운 표정으로 중학교 1학년인 아들이 공부를 안 한다는 걱정을 하셨습니다. 그래서 아주머니께 저의 경험담 등 이런저런 이야기를 나누었고, 결국 한 정거장을 지나쳐 버렸습니다.

다시 반대로 지하철을 타고 돌아와야 했던 경험이었지만 이렇게 사람들과 금방 친해지는 것이 영업 직무에서 새로운 고객을 확보하는 데 큰 도움이 될 것임을 자신합니다.

(2)단점 : 〈부탁을 거절하는 데 서툽니다〉

저의 단점은 남의 부탁을 잘 거절하지 못한다는 것입니다. 때때로 이런 성격 때문에 몸이 피곤하기도 합니다. 2008년 백화점에서 판매 아르바이트를 하는 중에 한 고객님이 이 제품의 다른 색상을 보고 싶다고 부탁을 하셨습니다. 재고를 파악해보니 지하 3층 창고 깊은 곳에 한 개의 제품이 남아 있었습니다. 그래서 저는 즉시 지하 창고로 가서 힘들게 제품을 찾아 올라왔습니다. 그러나 그 고객님은 생각한 것과 달라 마음에 들지 않는다며 미안해하셨습니다. 솔직히 조금 짜증이 났지만 웃는 얼굴로 인사를 했습니다. 얼마 후 그 고객님이 오셔서 저를 기억하시고는 그때 고마웠다며 많은 제품을 사 가셨습니다.

이런 일화로 부탁을 잘 거절하지 못하는 단점이 업무에는 큰 장점이 될 수 있다고 생각합니다.

4. 살아오면서 중요했던 일

〈막노동은 제 인생의 전환점이었습니다.〉

막노동은 공부를 해야겠다고 마음먹게 해준 고마운 계기였습니다. 그때는 제가 23살이었고, 여름이었습니다. 군대를 갓 전역해 무엇이든 할 수 있을 것이란 자신감에 아파트 건설 막노동을 시작했습니다. 그러나 막노동은 그리 만만하지 않았습니다. 물에 축축하게 젖어 질펀한 작업화가 저를 괴롭혔고, 쉴 틈 없이 옮겨야 하는 쇳덩어리들이 저를 지치게 만들었습니다. 게다가 쉬는 시간에 빵을 먹으며 '공부해야 몸이 힘들지 않다'라는 부모님의 말씀이 떠올라 눈물을 흘렸습니다. 집에 가고 싶은 마음은 굴뚝 같았지만 제가 벌여 놓은 일은 마무리를 해야 했기 때문에 이를 꽉 물고 참았습니다. 이것을 계기로 '공부하자'라는 결심을 하였고, 늦었지만 열심히 공부하여 OO대학교에 입학하였습니다.

이제 우리 OO마트 영업 유통 분야에서 또 한 번의 인생의 전환점을 반드시 이루어 내겠습니다.

※응시 기업 및 분야 : △△전자

〈자기소개서의 구조 안내〉 살아오면서 부딪혔던 가장 큰 장애물을 끝까지 완수한 사례를 기술하고, 그 난관을 극복하기 위해 어떠한 노력을 하였고, 그 결과는 어떠했는지 기술하십시오.(50자 이상 1200자 이내 입력)

(사례)
"군고구마 장사를 통해 문제해결의 처음과 끝을 알았습니다."

(실패/난관에 대한 간략한 배경설명) 2003년 대학교 1학년 겨울방학 때 아르바이트 계획을 세우던 중에 친구의 "고구마 장사나 할까?"라는 말 때문에 시작된 일입니다.

(어려움과 그 어려움의 발생 원인) 영등포 시장에 가서 고구마 통과 고구마를 사서 지하철 출구 앞에서 장사를 시작했습니다. 첫 날과 둘째 날, 태운 고구마가 반, 덜 익은 고구마가 반이었습니다. 또, 고구마가 익었는지 여부를 확인할 수가 없어서 그냥 팔았는데, 며칠 뒤, '그 속을 알 수 없었던 고구마'를 구입하신 손님들께서 찾아오셔서 항의를 하시는 바람에 장사를 그만둘까 싶었습니다. 어떤 할머니께서는, 손님들이 고구마를 사고 있는 와중에 오시더니 "내가 사 간 고구마가 다 탔어!"라고 큰소리로 말씀하시면서 우리가 태워먹은 고구마를 직접 들고 오셨었고, 성깔 있어 보이시는 아주머니께서 오시더니 덜 익은 고구마 먹다가 이빨 나갈 뻔했다며 "아무리 학생들이라지만 장사 이딴 식으로 할꺼야?"라고 하신 말씀은 아직도 귓가에 맴돌고 있으며 사회의 벽을 느꼈던 충격의 기억으로 남아 있습니다. 옆에 국화빵 장사하시는 아저씨의 견제와 길 건너편에서 또 다른 고구마 장사의 시작으로 난관의 연속이었고, 장사를 그만두고 싶은 좌절감이 가득했습니다.

(어려움/난관 극복방안1) 저는 즉시 원인을 분석하고 해결방안을 강구하기로 마음먹었습니다. 고구마가 너무 타거나 너무 설익은 이유는 火氣의 과함과 고구마통의 열전도율이 너무 높았기 때문이었습니다. 그래서 은근한 불에 장시간 익히는 방법을 고민했고, 친구 집 어항에 깔려 있던 맥반석을 통 안에 넣었

습니다. 이를 통해 적은 火氣로도 통에 열전도율을 낮추고 복사열을 높여 은근히 익혀내 맛을 완성하였습니다. 동시에 장작 소모량도 확 줄일 수 있었습니다.

(어려움/난관 극복방안2) 이외에 몇 가지 매출 확대 전략을 고민/시행했습니다.
첫째, '맥반석 군고구마'라는 브랜드를 고구마통에 붙여 우리 상품만의 차별성을 부각시켰습니다.
둘째, 더 많은 고객층을 확보하기 위해 근무시간을 조정했습니다. 기존 고객층이었던 퇴근하는 사람들 외에
(1) 저녁식사를 준비하러 시장에 나오시는 어머니/할머니 고객층
(2) 저녁 10시쯤 학원에서 쏟아져 나오는 고등학생 및 그 고등학생들을 데리러 오는 부모님 고객층을 타겟으로 하였습니다.
셋째, 맛에 변화를 주었습니다. 즉, 패밀리 레스토랑에서나 먹을 수 있었던 고구마와 어우러지는 사우어소스(sour source)를 한국의 길거리 군고구마 장사 역사상 최초로 끼워 팔기를 시작했습니다.
(어려움/난관 극복방안 적용결과) 이런 일련의 변화와 노력은 대히트였고, 정신없이 구워냈고, 한 달 동안 매출액 320만 원의 목표를 달성하게 되었습니다.

(전체과정을 통해 배운 점과 지원 직무에 기여도) 귀사(△△전자)의 신입사원이 되어 회사생활을 함에 있어 앞으로 많은 문제와 어려움을 겪을 것입니다. 하지만 그때마다 늘 문제가 어디에서 발생했는지부터 생각하고, 대안을 찾는 방법으로 위기를 반드시 헤쳐 나갈 것입니다. 지켜봐 주십시오.

아래의 자료는 프리젠테이션(PPT) 형식으로 자기소개서를 작성한 예이다. 먼저 자신의 한자 이름을 풀이하면서 접근하여 성장과정에 대한 요약을 서술한 다음, 그 내용을 그래프로 보여주었다. 중요한 내용은 후반부에 구체적으로 나타난다. 즉, 학생은 자기를 어떻게 발전시켜 왔는지 전개해 나감으로써 목표의식을 분명하게 전달하였다.

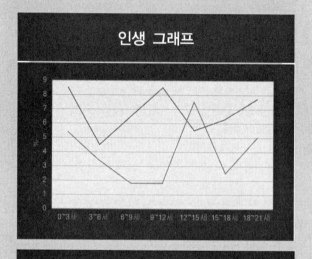

인생 그래프

나의 21년

- ✓ 1991/03/00 오전3시31분에 태어남
- ✓ 2살 때 잠실에서 살다 상계동으로 이사
- ✓ 4살 때 맹렬으로 입원했지만 그 당시엔 즐거웠음
- ✓ 6살 때 바둑, 수영 ,피아노,를 배웠음
- ✓ 7살 때 미술학원유치원에 입학해 상을 받았음
- ✓ 8살 때 ☐☐초등학교 입학
- ✓ 9살 때 줄넘기 금상 달리기 학교 주전으로 발탁
- ✓ 10살 때 어린이경찰 '포순이' 로 임명
- ✓ 12 살 때 수학경시대회 은상
- ✓ 14 살 때 …중학교 입학
- ✓ 15 살부터 2년 동안 댄스스포츠 학원 에 다님
- ✓ 17살 때 …여자고등학교 입학
- ✓ 18살 때 연기자의 꿈으로 진로를 결정함
- ✓ 19살 때 연기학원에 등록
- ✓ 20실 때 피나는 노력 끝에 ○○대학교,△△대학교,◇◇대학교 합격
- ✓ 21살 때 꿈을 위해 끊임없이 훈련 중
- ✓ 21살 그 후……?
- ✓ 열심히 노력해 그 꿈을 이룸^^

무엇을 나에게 투자했는가?

○ 바둑　　　　필라테스
○　　　　　　　　　피아노
○　　플루트　　　요가
○　　　　수영　　　태권도
○ 검도
○　　　　　댄스 스포츠
○ 웅변　　　발레　　　　연기
○　　　노래　　　　공부
○ 아르바이트(경험)　　　미술

[전략34] 하고 싶은 것부터 나열하라.

창업을 기획할 때는 먼저 자신이 경영하고자 하는 것의 성격과 시대적 경향성을 고려해야 한다. 또한 자신의 적성이 부합된 업이어야 성공 가능성을 보장할 수 있다. 앞에서 '나'에 대해 살펴본 정보들로부터 생각을 이어 보자. 창업을 생각할 때 핵심 정보라 하면 다음과 같은 것들을 참고할 수 있다.

• 핵심 정보

개인이 사업을 구상하는 것도 보고서를 쓰는 과정과 비슷한 절차로 하게 된다. 나는 무슨 사업을 해야 하는가부터 생각해서, 구체적 사업에 대한 상(想, item)이 잡히면 시장조사를 한다. 그리고 나서 왜 그것을 해야 하는지 분명하게 피력할 수 있도록 목적을 써 보자. 요즘의 환경에서 그 사업이 얼마나 번창할 수 있을지를 보여 주려면 치밀한 조사로 증명되어야 한다. 다음으로는, 소신에 맞게 어느 정도의 규모에서 사업을 시작할 것인지 계획하자. 소상하게 인건비와 함께 일일 지출 비용을 고려해서 문제점은 없겠는지 살펴보고, 앞으로의 계획과 발전가능성도 진단해 보자. 아래의 순서대로 창업계획서를 구성할 수 있다.

- 창업의 배경과 목적
- 규모
- 설계
- 전망
- 문제점

아래의 글에는 창업 주체의 개인적 관심을 사회적으로 넓혀 경영전략으로 의미를 부여한 재치가 있다. 아래 학생의 글 속에서 창업 목적 글쓰기의 핵심 정보를 찾아보자.

학생 글

옛날부터 옷과 스타일에 관심이 많았다. 그저 옷이 좋았고, 이쁜 옷을 사고 입는 게 좋았다. 그러다가 언제부턴가 저런 옷을 다른 사람들에게 소개해 주고 싶다는 생각이 들었다.(☞창업의 목적) 그 때부터 인터넷쇼핑몰이라는 사업에 대해 좀 더 생각하고 구상하게 됐다. 인터넷쇼핑몰이란 사업을 과연 어떻게 해야 하는 것일까?

요즘 시대는 자기 자신을 어떻게 표현하느냐, 그 사람의 외향이 중요시되는 시대이다. 그저 내면을 가꾸는 것만이 최고가 아닌 것이다. 그 사람이 아무리 잘 갖춰졌다 하더라도 외적으로 자신을 잘 가꾸지 못하면 좋은 인상을 주기 힘든 요즘이다.(☞창업의 배경) 그만큼 사람들이 스타일에 관심이 많아졌고, 스타일을 중요시하고 있다. 그로 인해 스타일의 가장 기본이 되는 옷은 사람들의 가장 큰 관심사가 되고 있다. 이런 시대적 흐름에 맞추어 보면 옷쇼핑몰은 괜찮은 사업 아이템이 된다고 생각한다. 인터넷쇼핑몰은 쇼핑몰이긴 하지만 온라인상이라는 점이 일반 쇼핑몰과 다르다. 그로 인해 잠재적인 고객 수가 시공간의 제약을 받지 않는다는 장점이 있다. 또한 고객들과의 만남이 가상적 공간에서 이뤄지기 때문에 인테리어 비용 및 공간적 비용이 다른 사업에 비해 적다. 또한 사람들의 많은 관심을 이끌 수 있는 아이템이니만큼 사업의 가장 중요한 이윤도 많이 생각할 수 있는데 특히 인터넷 쇼핑몰이기 때문에 자본이 다른 사업에 비해 조금 들어 더 많은 이윤 창출이 가능하다. 이러한 배경이 인터넷 쇼핑몰이라는 사업을 시작하고자하는 마음에 많은 영향을 끼쳤다. (☞ 설계)

옷가게를 위해서는 분명 고객 유치를 위한 눈길을 끄는 가게를 갖춰야 하겠지만 인터넷쇼핑몰이기 때문에 위치가 좋은 옷가게와 그에 따르는 인테리어 비용이 들지 않게 된다. 대신 사무실이 필요하게 되는데 사무실은 20평 정도의 방 2개의 오피스텔을 사무실로 할 것이다. 인터넷 쇼핑몰이기 때문에 공간적인 장소는 택배업무, 옷 보관 및 인터넷 작업등과 같은 것들이 필요하다. 촬영은 야외촬영을 이용해서 굳이 촬영을 위한 공간을 확보할 필요가 없다. 그래서 하나의 방은 인터넷업무 및 사진작업을 할 컴퓨터 방으로 사용하고, 나머지 한 방은 옷을 수납하고 정리하며, 택배 업무를 위한 상자포장 등의 업무를 하게 될 것이다. 그리고 전체적인 업무는 거실에서 하게 될 것이다. 그리고 사무실의 위치를 생각해 본다면 굳이 위치가 중요하지는 않겠지만 이왕이면 촬영장소 확보를 위해 주변에 공원과 같은 좋은 배경을 갖출 수 있는 곳이 있었으면 좋겠다. 또한 택배회사와 가까우면 더더욱 업무처리가 신속하게 될 것이라 생각한다. (☞설계)

이와 같은 사업을 하기 위해서는 우선 가장 중요한 창업비용 및 직원을 어떻게 구성하느냐가 중요하게 되는데, 우선 함께 사업하게 될 인원은 사진보정작업을 해 줄 수 있는 웹디자이너 1명, 피팅 모델 2명인 3명 정도로 생각하고 있다. 웹디자이너를 제외한 피팅 모델은 지인들로 구성할 계획이므로, 업무 같은 것도 피팅 모델과 함께 병행할 계획이다. 이렇게 직원은 3명이고, 나머지 택배업무 및 사진촬영, 전화업무 등등은 나를 포함한 나머지 직원들이 함께 할 것이다. 인터넷 쇼핑몰은 아무래도 이렇게 역할분담도 서로 함께 할 수 있고, 가장 중요한 가게에 대한 자본투자가 적기 때문에 자본금은 750만 원 정도 예상하고 있다. 750만 원의 구성은 옷 값 450만 원, 사무실은 월세로 보증금 포함 200만 원, 인터넷 홍보 및 쇼핑몰 생성 100만 원으로 예상하고 있다. (☞규모)

점점 사람들은 자신의 스타일, 개성을 중요시하고 있다. 삶이 예전과 같이 먹고살기 바쁘지 않다. 이제는 자기 자신을 되돌아보고 꾸밀 줄 아는 여유로움을 갖출 수 있게 됐다. 즉, <u>점점 시간이 지날수록 자기 자신을 어떻게 나타내느</u><u>냐 하는 겉모습이 중요시될 것</u>이라는 점이다. 또한 옷이라는 것은 사람들이 살아가는 데 없어서는 안 되는 필수 요건이기 때문에 옷이라는 사업아이템은 어떤 아이템보다 전망이 좋고 장래성이 좋다고 판단할 수 있다. (☞전망)

그러나 좋은 사업 아이템이니만큼 아무래도 많은 사람들의 사업 아이템이 이미 되었고, 앞으로도 되어갈 것이다. 그렇기 때문에 <u>경쟁 쇼핑몰들이 많을</u> <u>것이라는 문제점</u>이 있고, 사람들의 관심사가 옷과 스타일이니만큼, 시대적 흐름을 미리 예측하고 행동해야 하는 감이 필요하다. 또한 <u>사람들의 기호에 맞출</u> <u>수 있는 감각이 중요하기 때문에 열심히만 한다고 잘 될 수 있는 사업이 아니</u> <u>라는 문제점</u>이 있다. (☞한계) 하지만 어떠한 사업이든 위험성과 문제점이 없을 수 없다. 이러한 문제점을 생각한다면 어떠한 것도 할 수 없는 게 현실이다. 위험성과 문제점을 보기보다는 앞으로의 비전과 나의 목표치를 생각하고 사업을 해 나간다면 분명 좋은 결과를 얻을 수 있다고 생각한다.

[전략35] 관습에 따르되 창조적으로 써라.

교양인이라면 관습을 따라 품위 있는 표현을 구사할 수 있어야 한다. 국어를 사용하는 국민의 교양 수준에 대해서 표준어 규정으로 이미 그 조건이 제시된 바 있다. 즉 서울에 사는 중산층 이상의 사람들로 교양인의 자격을 확보해 왔는데 우리나라의 수도같이 문명 · 문화의 교류가 빠르고 넓은 장소에 인접해 있을수록, 그러한 장소에서 일상생활을 영위하면 할수록 보다 빨리 새로운 정보를 얻고 대응할 수 있다는 믿음을 주기 때문이다. 생활공간이 얼마나 윤택한가에 따라 여러 의식에 참여하게 되는데, 각종 의식에 사용되는 서식이 문화 정보이며, 이를 사용할 줄 아는 사람이라야 교양인의 수준을 확보했다고 볼 수 있다. 가령 이력서, 청첩장 등의 여러 의식 문서, 봉투 등의 성격을 잘 알아 둘 필요가 있다.

2) 이력서

이력서는 취업을 목적으로 자신의 객관적 정보를 간명하게 나타낸 양식이다. 이 문서는 사회 안에서 통용되어 온 양식으로 사람들에게 기억되어 있지만, 나름대로 독창적인 형식을 개발해도 된다.

문서 안에 필수적으로 들어가는 정보들이 있다. 그 내용은 이름, 나이, 성별, 거주지, 연락처, 사진, 학력 및 경력 사항, 특기사항 등이다. 여기에 호주의 성명과 호주와의 관계(예 : 호주 ○○○의 부/모)를 추가하기도 하는데, 이는 공동체사회인 동양문화권에서 밝히는 것들이다. 연락처는 긴급할 때 응할 수 있는 곳으로 기재해야 한다. 그리고 학력 및 경력 사항은 현재를 중심으로 기록해 나가고, 취업하려는 분야(직무 분야)와 밀접하게 관련되는 내용부터 우선적으로 배열한다. 비슷비슷한 경력에 대해서는 연도를 묶어서 처리하는 것이 독자를 배려한 전략이다. 가령 '2014.3~2017.4'의 기록으로 처리하는 식이다.

학력은 보통 고교 이상의 내용을 적는 것이 일반적이다. 그리고 본인의 특기사항에 관하여 자격증(또는 면허증)이나 상벌 사항을 기재하되 운전면허증은 꼭 필요치 않은 경우에 외려 감점되기도 하니 상황에 따라 필요한 내용인지 여부를 판단해야 한다. 사회봉사활동 내역은 삭막한 현대 사회에서 중요한 정보로 비칠 수 있다. 가능한 한 이에 대해 어떤 곳에서 어떤 활동을 얼마나 하였는지, 그 경험을 통해 깨달은 것에 대해 요약하는 연습을 해 보자. 그리고 독자의 이해를 돕기 위해 한자가 필요한 경우는 국한문혼용으로 쓰는 것도 좋다.

이력서를 받아 보는 고용주의 입장에서 오해할 만한 내용은 삼가야 한다. 아래에 주의 사항으로서 십계명으로 여겨질 만한 요소를 기억해 두자.

첫째, 여러 군데에 지원한 듯한 인상을 주지 않아야 한다.

둘째, 희망 연봉이 너무 높지 않게 써야 하고 무보수로라도 일할 수 있는 열정을 보이는 자세가 좋다.

셋째, 취미로 찍은 듯한 스냅사진을 이력서에 붙여서 예의 없어 보이지 않게 해야 한다. 단, 개성적인 직종에서 독창성이나 예술성을 요구하는 경우는 제외한다.

넷째, 젊은 세대들이 흔히 쓰는 이모티콘이나 약어, 속어의 사용을 자제하고 격식에 맞는 표현을 중심으로 구성한다.

다섯째, 미필적 고의에 의한 사기로 비칠 만한 표현에 주의해야 한다. 가령 한 달 내지 6개월 미만의 경험으로 굉장히 중요한 업무를 수행한 듯이 기술해서는 안 된다.

여섯째, 채용이 너무 간절하여 '뽑아 주세요'와 같이 읍소하는 듯한 문구를 넣지 않도록 주의해야 한다. 그러한 표현보다는 직무 적성이나 자격 요건 정보를 부각함으로써 적임자가 될 수 있다는 가능성을 피력하는 것이 좋다.

일곱째, 유식한 척 옛 말투를 남발하지 않도록 한다.

여덟째, 배우겠다는 자세가 겸손해 보이기는 하나 이력서에 넣을 내용은 아니다. 직장이 학교와 다른 곳임을 항상 지각해야 한다.

아홉째, 앞부분의 열 줄 정도에서 눈에 띄도록 해야 한다. 겸손하고 솔직하게 과장 없는 내용으로 고용주의 눈길을 끌어야 한다.

마지막으로, 직무 분야와 관련된 준비 경험을 나름대로 개성 있게 선별해야 한다. 독서의 경험이나 봉사 경험, 취미생활 등에서 직무와 관련된 적성 요인을 찾아보자.

2. 관습적 글쓰기

진단할 내용
- 전통적 양식에 맞춰 글을 쓸 수 있다.
- 독자의 수준과 정서에 맞는 글을 쓸 수 있다.
- 상황과 목적에 맞춰 글을 쓸 수 있다.

관습적 글쓰기는 '의례적 글쓰기'라고도 할 수 있다. 누구나 소속된 환경에서 역사적으로 알아야 하는 관습이 있다. 표현 양식도 관습적으로 정해져 있는 것이다.

1) 편지

편지는 구어체로 친근하게 관계를 나타낼 수 있는 양식이다. 정보화 사회에서 편지 양식은 전자우편으로 바뀌면서 절차상 간소화된 바람에 예의바르지 않은 태도를 비치기도 한다. 어떻게 하면 공손하게 표현할 수 있을지 생각해 보자.

편지의 형식은 세 부분으로 이루어진다. 먼저 서두에서는 호칭과 첫인사를 쓴다. 편지를 받는 사람이 아랫사람인지 윗사람인지를 구분하여 호칭을 써야 한다. 아랫사람이 남성일 경우는 '○○군에게, (이름)에게, (이름) 보아라'를, 여성일 경우는 '○○양에게, (이름)에게, (이름) 보아라'를 쓴다. 또 본문은 받는 사람의 성향을 고려하여 효과적으로 메시지를 전달할 수 있는 형식으로 구성하는 것이 좋다. 이에 대해서는 〈Ⅳ.-2. 문단 쓰기-문단의 유형〉을 참고하기 바란다. 마지막으로 결미에서는 끝인사와 쓴 날짜, 보낸 사람을 붙인다. 끝인사는 받는 사람과의 관계를 고려하여 다정한 인사말을 생각하는 것이 좋다. 그리고 보낸 사람은 윗사람에 대하여 '올림' 또는 '드림'

을 붙이고, 아랫사람에 대하여는 '씀' 또는 '(이름)이/가'를 붙여 필자와 독자의 관계를 표시할 수 있다.

근래 인터넷의 사용이 확산되면서 전자문서로 처리하는 경우가 빈번해졌다. 앞서 말한 편지 형식에 맞추어 전자편지를 구성해도 무방하다. 어떤 내용을 누구에게 전자편지로 전달하는 상황을 가정해 보자. 그리고 간략하게 내용을 구성해 보자. 연하장, 결혼 청첩장, 축하인사 및 감사인사, 부고 및 감사인사, 위로 등의 목적으로 편지를 보낼 수 있다.

목적과 받는 사람에 따라 어떻게 인사말을 구성할 수 있을지 생각해 보자.

2) 연하장

호칭(부르는 말)은 반드시 드러내어야 하고, 받는 사람에 따라 본문을 효과적으로 구성한다. 연하장은 한 해를 맞는 때에 기원을 목적으로 쓰는 글이다. 단순히 기원하는 내용만 쓸 수도 있고, 감사 인사나 부탁 내용을 추가할 수도 있다. 예를 들어 '새해 복 많이 받으십시오', '지난 해에 베풀어 주신 후의에 감사드리며 건강과 평안을 기원합니다', '새해에도 변함없는 성원을 부탁드리며, 새해 복 많이 받으십시오'라고 구성할 수 있다. 그리고 끝부분에 보내는 날짜와 쓴 사람(보내는 사람)을 밝힌다. 연하장에는 형식적으로 필요한 내용만 쓰기보다 진실된 마음으로 정감 있게 쓰는 것이 중요하다.

> ☞ 연하장을 받는 사람의 입장에서 기억에 남을 수 있도록 개성적인 인사말을 생각해 보자.
> (받는 사람의 성별, 지위, 쓰는 사람과의 관계 등에 따라 인사말도 신중하게 선택해야 한다.)

3) 결혼 청첩장

결혼은 한국의 문화 가운데 큰 행사의식으로 꼽힌다. 그러기에 정중하고 경건한 태도로 청첩장을 써야 한다. 청첩장에는 인사말을 하는 사람과 봉투를 쓰는 사람이 같아야 한다. 따라서 혼주(혼인 당사자의 부모)와 혼인 당사자(자녀)에 따라 인사말을 다르게 쓰게 된다. 본문에 '저희 두 사람'이라고 쓰고서 봉투에 'ㅇㅇㅇ · ㅇㅇㅇ 배상'이라고 쓰는 것은 옳지 않다. '저희 두 사람'이라고 인사말을 썼으면 봉투에도 혼인 당사자의 이름 뒤에 '올림'이라고 표기하는 것이 바르다.

또한 청첩장에는 상대방에게 부담을 주는 표현을 삼가야 한다. 즉 '부디 오셔서', '꼭 오시기 바랍니다'와 같은 표현은 상대방에게 부담을 줄 수 있다. 부모님 성함을 밝힐 때에는 혼인 당사자를 표시하면서 혼주와의 관계를 덧붙이고, 부모님 성함을 밝히지 않고 혼인 당사자들의 이름만 쓰기도 한다. 혼주와의 관계에서 '외동딸'이나 '외아들'이라고 쓰지는 않는다. 아래의 사례들을 보고 자신의 청첩장을 구성해 보자.

여기 두 사람이 사랑으로 만나 한 가정을 이루려 합니다. 여러 어르신과 친지를 모시고 혼인의 서약을 맺고자 하오니 축복해 주시면 감사하겠습니다.

홍판서의 차남 　길동 군

김뺑덕의 장녀 　심청 양

저희 두 사람이 손잡고 평생을 함께 하기로 하였습니다. 초에 불을 밝혀 여러분들을 모시고 예를 갖추려 합니다. 저희들의 앞날을 축복해 주시면 감사하겠습니다.

홍길동(신랑)

심　청(신부) 올림

```
일시 : 0000년 00월 00일 오후 1시
장소 : 00대학교 △△관
```

```
〈오시는 길〉
• 대중교통 : 지하철 4호선 ○○역 1번 출구로 나와 7번 버스를 타
          고 햇볕마을에서 내림.
```

개성적인 청첩장을 구성하려면 무엇을 더 고려해야 할지 생각해 보자. 관습을 따라야 하는 부분을 바꿀 필요는 없으나, 독자를 배려하기 위해 보충할 필요는 있다. 가령 결혼식장 주변의 길을 안내하는 내용에 자가용과 대중교통을 이용하는 경우 말고도 자전거나 도보 산책로를 넣음으로써 장소에 대한 정보들을 소개하는 기능도 덧붙일 수 있다. 예식장이 꼭 축하를 위해서만 오는 곳만이 아니라 부가적으로 좋은 경관을 즐기기 위한 명소로서 하객에게 유익한 정보를 제공할 수도 있다는 말이다. 이렇게 청첩장에서도 다양한 기능을 생각할 수 있다.

다음에는 청첩장을 봉투에 넣고 봉투의 겉면에는 뭐라고 쓰나?

```
보내는 사람
홍길동, 김뺑덕 배상

                        받는 사람
                        오기동 귀하
```

```
보내는 사람
홍길동, 심 청 올림

                        받는 사람
                        오기동 님께
```

보내는 사람
홍길동, 심 청 드림

받는 사람
오기동 님

결혼식에 갈 때는 선물이나 축의금을 들고 간다. 축의금을 넣은 봉투의 겉면에는 뭐라고 써야 할까?

축 혼인(祝 婚姻), 축 화혼(祝 華婚), 축 결혼(祝 結婚)
결혼(혼인)을 축하합니다, 결혼(혼인)을 진심으로 축하합니다.

결혼식에 축하를 해 주러 오신 분들께는 감사 인사를 어떻게 해야 할까? 직접 찾아 뵙고 일일이 감사 인사를 드리는 태도도 좋지만, 많은 분들에게 편지 형식으로 전하는 방법도 좋다. 이 경우, 편지에는 예를 갖추어 공손한 태도를 비쳐야 한다.

삼가 인사드립니다.

바쁘신 중에도 저희 집 혼사에 오시어 축하와 후의를 베풀어 주심에 감사드립니다. 마땅히 찾아 뵙고 인사드리는 것이 도리이오나 글로 감사의 인사를 올리니 너그러이 받아 주셨으면 합니다.
귀댁의 건강과 행복을 빕니다. 감사합니다.

혼주 홍길동, 김뺑덕 배상/올림/드림.

4) 부고장

집안의 어른께서 돌아가셨을 때는 부고를 써서 알린다. 부고에는 집안 어른에 대한 호칭이 나타난다. 상주와의 관계에 따라 돌아가신 분을 부르는 말은 다음과 같다.

〈표 8〉 부고장의 어휘 사용

상주 이름	상주와의 관계	호칭
상주 아무개의	아버지	부친, 아버님, 대인
	어머니	모친, 어머님, 대부인
	할아버지	조부, 할아버님, 왕대인
	할머니	조모, 할머님, 왕대부인
	남편	부군
	처	부인, 내실, 함부인

부고(예 : 부친상)

부 고

○○의 부친 (이름   )님께서 숙환으로 ○○○○년 ○월 ○일 ○시 자택 (○○병원)에서 별세하셨기에 알려드립니다.

영결일시   년 월 일 시
영결식장   시 구 로 (회관)
발인   년 월 일 시
장지   도 군 면 로 (공원묘지)

맏아들
맏며느리
아들
며느리
딸
사위
손자
손부

      년 월 일
호상   올림
(연락처 : 전화번호   )

부고를 받고 장례식에 갈 때는 조위금을 가지고 간다. 조위금을 넣은 봉투 겉면에는 '부의(賻儀)'라고 쓰는 것이 일반적이고, '근조(謹弔)'라고도 쓴다. 봉투 안에는 '삼가 고인의 명복을 빕니다'라고 쓰기도 한다. 한편 소상(사람이 죽은 지 일 년 만에 지내는 제사)이나 대상(사람이 죽은 지 두 돌 만에 지내는 제사)의 경우에도 부조를 하는데, 이때는 봉투에 '전의(奠儀)'나 '향촉대(香燭代)'라고 쓴다.

이러한 인사를 받고 감사장을 보내는 것이 좋다. 이때에도 축하 인사를 받고 보내는 감사장과 비슷한 형식으로 구성할 수 있다. 웃어른에게는 격식에 맞게 정중히 글을 구성하는 것이 무난하지만, 친근한 관계에서는 정감 있는 표현을 넣으면서 형식을 간소화할 수도 있다.

🖋 생각의 방향

생일, 합격, 출산 등으로 축하를 전할 때 어떤 내용의 글월을 보내는 것이 좋을지도 생각해 보자. 반면에 문병을 가서 어떤 말(글)로 위로하면 좋을지도 생각해 보자. 이렇게 생활 속에서 다양한 목적에 맞는 표현들을 목록으로 만들면 각종 의례적인 표현 사전이 편찬될 수 있다. 자신만의 개성적인 의례(儀禮) 표현 사전을 기획해 보자.

3. 개성적 글쓰기

진단할 내용
- 감상문의 종류를 설명할 수 있다.
- 상황과 목적에 따라 감상문의 양식을 창조할 수 있다.
- 감상 내용을 자세히 기술할 수 있다.
- 감상 내용을 범주화할 수 있다.

감상문은 독자를 설득하지 않아도 되는 글, 온전히 필자 중심의 글이다. 그래서 필자의 생각과 느낌을 전달하는 것이 주요 목적인 글이다. 감상할 대상의 직접적 경험(접촉)이 중시되어서 감상의 깊이와 폭이 감상문의 수준을 결정한다. 그래서 생동감 있는 반응이 중요하다. 감상문은 대상에 대한 요약과 감상으로 구성된다. 경험과 대상을 연관짓는 방법을 알아야 하고, 대상과 대상 사이의 관련성을 바탕으로 감상이 전개되도록 한다. 자, 이제 감상문을 개성적으로 쓰는 방법에 대해 탐구해 보자.

1) 감상문 쓰기 방법

문자 언어에 의해 구성된 작품에서는 내용을 이해하는 능력이, 비언어에 의해 구성된 작품에서도 의미를 파악하는 능력이 중요하다. 얼마나 면밀하게 관찰하는지가 깊이 있는 감상의 기초가 된다. 감상문을 쓰는 데에는 대상에 대한 분석적 관점과 종합적 관점으로 나누어진다. 감정을 노출하거나 느낌을 표현하는 것만으로는 감상문이 공허해진다. 배경지식과 경험을 투영함으로써 깊이 있게 감상을 전달할 수 있어야 한다. 대상의 특징을 기록하여 요점이 생생하게 되살아나도록 하는 것이다.

감상문은 여러 가지 형식으로 쓸 수 있다.[23] 즉 감상문의 형식은 무한하며 새롭게 창조될 수 있다. 가령 편지글 형식, 일기 형식, 초대장 형식, 다큐멘터리 기록 형식, 만화 형식, 광고 형식, 시나리오 형식 등등으로 쓸 수 있다. 내용에 충실하다 보면 형식은 창조될 수 있는 성격의 글이다. 가령 영화를 감상하고 감독에게 편지 형식의 감상문을 쓴다고 하면, 아래와 같이 쓸 수 있다.

감상문의 처음 부분에는 무엇으로 채울 수 있을까?

우선 감상할 대상을 감상하게 된 동기를 적기부터 할 것이다. 그러나 동기는 특별한 경우만 적도록 한다. 가령 책 전체의 내용이나 특징을 한마디로 요약해서 소개해 준다거나 지은이나 주인공에 대한 소개로 시작할 수 있다. 책의 종류나 역사적 의의, 주위의 평판 등의 느낌보다는 객관적 사실들에 대해 아는 것이 있으면 소개해 주는 것도 글을 읽는 사람에게 기대감과 함께 흥미를 유발시켜 준다. 책에서 가장 인상 깊은 장면이나 말을 소개하면서 이야기를 전개해 나가는 것도 좋다. 책을 읽고 난 후 가장 선명하게 남아 있는 생각이나 느낌을 자세히 표현하는 것도 독서감상문의 시작으로서 좋은 방법이다. 책표지 그림이나 글씨에서 느꼈던 점이나 평소에 들은 책 정보 등도 동기 대신에 적으면 자연스럽게 시작할 수 있다.

다음으로 중간 부분은 전체 내용을 짐작할 수 있는 중심 내용으로 구성한다. 주인공의 처지가 되어서 생각이나 느낌을 정리해 볼 수 있다. 감동을 받은 장면이나 재미있고 놀라운 장면을 찾아서 소개해도 좋다. 자기만의 느낌이나 교훈을 발견하려고 노력하되 도덕적 공감의 일반화[24]에 주의한다. 다만 필자의 실제적인 활동을 중시하고 요약과 감상 부분이 조화되도록 구성해야 한다. 또 추상적인 내용을 구체적으로 쓰고, 독백적인 글이 되지 않도록 해야 한다. 독자와의 공감과 공유가 가능하지 않은 글은 어디에도

---

23) 일기 형식(예: '북청에서 온 사자'를 읽고), 편지글 형식(예: '엄마야 누나야 강변 살자'를 읽고), 시 형식(예: '백설공주'를 읽고), 논설문 형식(예: '15소년'을 읽고), 기행문 형식(예: '율곡과 신사임당'을 읽고), 수필 형식(예: '유리병 속의 사람들'을 읽고) 등.

24) 보편적인 도덕적 공감에 빠지면 '배웠다' 또는 '본받아야겠다'와 같이 기술하게 된다. 배웠다거나 본받아야겠다는 표현이 없이도 그런 느낌이 들게끔 쓸 수 있어야 한다.

없다. 글도 말과 같이 의사소통의 양식이기 때문이다.

감상의 종합적 관점은 반영론, 표현론, 효용론, 구조론으로 설명될 수 있다. 즉 감상하는 사람은 어떤 사회·정치적 배경에서 어떤 전통을 지닌 민족들이 인류 보편적 의식에 기대어, 어떤 심리를 어떤 기법에 의해 표현하였는지를 이해한 대로 표현해야 한다. 예를 들어 우리는 참여민주주의 체제 속에서 살고 있고, 유교문화 전통을 가슴속 깊이 새겨 효와 충을 중시하며, 공동체의식에 입각하여 이웃과 농삿일을 함께 하고, 근래 나는 개인주의에 빠져 있는 친구들로부터 실망감과 자괴감이 들어 나의 생활 단면을 자세히 묘사해 보고 싶다고 하면 감상할 대상을 어떤 눈으로 바라보는지가 나타날 것이다.

2) 감상문 쓰기의 실제

미술작품 감상문에는 다음과 같은 정보들이 담겨야 한다.

✓개최 장소
✓감상할 대상 소개
✓전시물 소개
✓전시물에 대한 느낌
✓총평 및 소감

그리고 영화 감상문의 경우에는 다음과 같은 순서대로 구성하는 것이 좋다.

✓줄거리 요약
✓클라이막스를 강조한 전체 구성 방식
✓메시지

✓비평의 관점
✓교훈
✓소감과 적용

영화 감상문은 사실 중심으로만 쓴 글도 있을 수 있다.

✓감상 일시 및 장소
✓영화 제목(원제 포함)
✓감독
✓주연
✓영화 장르
✓상영 시간
✓영화 평점
✓영화 내용
✓등장인물 묘사(인물, 성격, 사건 등)
✓가장 감명 깊은 대사 또는 장면
✓교훈과 비판

독서 감상문에는 다음과 같은 내용을 담을 수 있다.

✓책 읽은 동기(사실, 주관적 느낌 등)
✓등장인물 묘사(이름, 성격, 사건 등)
✓가장 감명 깊은 대사 또는 장면
✓교훈과 비판
✓재창조(부분 확대 또는 축소)

아래의 감상문을 살펴보자. 미국의 창의적 글쓰기 교육에서 'Arts PROPE L25)'이 제안되었는데, 이는 예술작품을 감상하고 나서 얻은 감동을 자신의

---

25) 프로펠의 명칭은 "reflection(반성)의 R을 포함해서 PRODUCTION(창작)에서 PRO를,

영감으로 바꾸어 창작의 자원으로 활용하는 능력을 배양하는 프로그램이다. 이 틀에 따라 글을 쓰게 되면 preview-view-review의 구조로 전개된다.

(예) 감독님께 바치는 글

화창한 오월 오전에 영화수업 과제를 받아 영화관을 찾아와서 감독님 영화를 만나게 되었습니다. 어떤 영화를 볼까 망설이다가 30여 분쯤 보내고 나서 감독님의 작품을 선택하였습니다. 날씨가 너무 화창해서 우울한 영화는 보고 싶지 않은 까닭도 있었고, 혼자 생각하면서 보고 싶은 영화로 감독님 작품이 적당하다고 생각했습니다[26].

감독님 작품의 특징은 개성 있는 인물들이 다양하게 이야기를 구성해 가는 점이라고 생각됩니다. 주인공과 그를 둘러싼 가족들이 모두 주연처럼 느껴집니다. 제 나름대로 등장인물들을 정리해 보았습니다.

-연희: 외모 / 소속 / 학력 / 가족관계 / 남녀관계 / 친구 (체크리스트 항목으로 설정하여 적어 본다.)

-철우: 외모 / 소속 / 학력 / 가족관계 / 남녀관계 / 친구

-연희 모: 외모 / 학력 / 취미 / 가족관계 / 친구

-철우 모: 외모 / 학력 / 취미 / 가족관계 / 친구

-기타[27]

연희와 철우의 지고지순한 사랑 이야기가 전반적으로 와닿았습니다. 제가 초등생이었을 때 일어난 일입니다. 문득 먼 곳으로 전학 간 친구가 그리워집니다. 지금은 도시에서 저처럼 대학을 다니고 있으리라 상상해 봅니다. 그녀와의 첫사랑을 기억하면서

---

perception(지각)PE에서 PE를, learning(학습)에서 L을 딴 것"(가드너·ETS/강명희·윤쌍웅, 2007: 20-21)이다.

26) 여기까지가 [preview]이다.

누구나 간직하고픈 첫사랑 이야기를 영화가 아닌 광고로 만들어
보고 싶습니다. 그녀가 제 생일선물로 준 샤프를 보면서...[28]

〈학생 작품〉

다음의 글은 '19 그리고 80'이라는 뮤지컬에 대한 편지 형식의 감상문이
다. 극중 등장인물에게 편지를 보내는 방식으로 극의 감상문을 구성한
사례이다.

TO. 헤롤드

안녕하세요. 헤롤드 씨의 이야기를 듣다, 이렇게 편지를 씁니다.
이야기의 첫 부분을 보면, 신비로운 보라색을 띨 것만 같은
낯선 할머니께서 당신께 말을 걸었을 때 기분이 참 묘했을 것
같아요. 대뜸 땅콩을 찾으시더니, "땅콩 먹을래?"라는 말씀을 시
작으로 범상치 않은 첫 등장을 보이셨는데 그때까지 당신마저도
그녀와 이런 깊은 관계가 되었으리라고 생각 못 했을 것 같아요.
당신은 그 첫 만남으로 인해 많은 것이 바뀌었죠.
80세의 할머니와 같이 보냈던 시간들을 보면 서서히 변해가는
당신의 모습이 보였죠. 19세 나이에 무슨 힘든 일이 있었는지,
저는 모르지만 80세 할머니 '모드' 할머니께서는 마치 당신을
다 알고, 이해한다는 느낌을 받았어요. 아마도 당신보다 61년
더 삶을 살아 보신 경험에서 우러나온 것 같아요. 당신이 힘들고
어려운 시기에 모드 할머님을 만난 건 행운이라고 생각해요.
제가 가장 깊게 감명받았던 그녀의 대사가 몇 가지 있는데, "슬픔,

---

27) [preview] 다음부터 여기까지가 [view]로 구분된다.
28) [view] 다음부터 여기까지가 [review]로 구분된다.

기쁨, 우울이란 감정들은 인간들만이 느끼는 것인데, 중요한 건 "그런 감정을 지니고 태어난 인간이 된 걸 두려워하지 말라"라는 말씀이었어요. 저도 어릴 적엔 저의 감정에 충실하지 못하고 히피하며 힘들어하는 헤롤드 씨 모습과 같았어요. 모드 여사님과 같은 분을 만나 저도 인간으로서 감성 충만하게 소중한 삶의 의미를 배우고 싶네요. 그녀의 죽음에 슬퍼만 하지 말고 앞으로의 미래를 바라보길 생각해 봅니다.

-당신께 힘이 되고 싶은 이가.

다음은, 〈파브르 곤충기〉를 읽고 쓴 시 형식의 감상문이다.

초록 바다 위
누구 하나 보지 않는 물결 위
이상한 색의 물고기

찌르르 찌르르
너무 작아 자세히 보지 않으면
지나쳐 버릴 물고기 한 마리

이제 난 어부
그들을 낚아 올려
나의 푸른 빛 어항에 넣는다

초록 바다 위
누구 한 사람 보지 않는 물결 위
신비한 색의 물고기

〈학생 작품〉

4. 일지 쓰기

진단할 내용
- 관찰법을 활용하여 정보를 획득할 수 있다.
- 관찰법을 활용하여 효과적으로 수집할 수 있다.
- 대상을 여러 각도에서 관찰하여 기록할 수 있다.
- 관찰법의 종류를 상황과 목적에 맞게 활용할 수 있다.
- 상황과 목적에 적절한 관찰법 활용 사례를 판단할 수 있다.

일지는 관찰법을 활용하여 자세하게 기록하는 연습을 하는 데에 쓰이는 양식이다. 관찰법의 종류는 일화기록법, 표본기록법, 시간표집법, 사건표집법, 평정척도법, 행동목록법으로 다양하다.

1) 일지의 필요성

예술창작을 하기 위해서는 사실을 관찰하는 연습이 필요하다. 예술은 새로운 것을 창조하는 것이라기보다 익숙한 것을 낯설게 보이도록 하는 표현 양식이라고 할 수 있다. 그래서 예술가는 익숙한 현실로부터 벗어나 꿈과 같은 세계를 창조하고 싶어 한다. 사람들에게 익숙한 현실은 단조롭고 재미없으며 초월하기 어려운 문제 상황들로 다가오기 때문이다. 초월적인 세계는 모험을 수반할 수도 있어서 현실적으로 결단을 내리지 못하는 사람들에게 가능한 대상이 아니기에 꿈으로 나타날 수밖에 없다. 그럼에도 불구하고 사람들은 초월적 세계로 다가가고픈 욕구를 실현하고자 한다.

대학생에게 현실과 꿈은 어떻게 인식되고 있을까? 대학생들은 보편적으로 현실적 조건을 충족하기 위해서 진학한다. 그 보편적 조건이란 사회적으로 인정받기 위한 욕구를 해소하기 위해 갖추어야 하는 최소한의 자격일 것이다. 그러나 그것을 갖추었다고 생각하지 않는 경향이 있다. 왜냐하면 진정 완성되었다고 생각하지 않고 그만큼 인간의 욕구가 크기 때문이다.

대학생의 일상과 이상을 살펴보자. 대학생에게 하루하루는 학교와 학교 밖의 공간으로 구분되어 채워진다. 학업에 쏟아붓는 열정과 학업 이외의 시간을 생각해 보면 그들의 욕구가 얼마나 강한지를 알 수 있다. 그들에게는 하루 24시간도 모자랄 만큼 의욕이 충만해 있다. 그러나 21세기 4차 산업혁명의 시대를 맞는 대학생들에게 일상은 꿈과 괴리된 차원으로 비치기도 한다. 그들에게 학교 밖의 세상은 일일근로에 의해 단조롭고 바득한 경제적 의미로 왜곡되어 있다. 그로 인한 괴리감 때문에 그들은 방황하기도 한다. 그렇다고 해서 욕심을 완전히 내려놓기에는 그들의 나이가 너무 젊다. 물론 욕심을 내려놓으면 마음이 평화로워지고 안정된다. 젊은 나이에 도전하는 일이 가능하므로 다시 이상을 생각하면 왜곡된 세계관에 의해 대상에 집착하게 되고 불편한 마음을 의식하지 못할 만큼 이상 증세를 보일 수 있다. 심신이 불편한 상태에서는 수면욕과 식욕이 충분하지 못하다. 그래도 젊을 때는 이상을 생각하며 힘든 시간을 버틸 수 있고, 오늘의 '나'가 존재하는 것이 이상에 도달하려는 욕구 때문인 것을 의식하지 않더라도 자연스럽게 받아들일 수 있다. 그렇기 때문에 꿈을 꿀 수 있는 시기가 인정받을 수 있는 것이다. 그때가 지나면 어떤 욕구도 보장받기 어려워진다.

대학을 졸업하고 사회적으로 성숙한 시민이 되면 사회적 자아실현을 할 때에 이른 점을 인식해야 한다. 그러나 그 이면에는 사회 속에서 분리경험을 하는 자아를 보게 된다. 사회적 자아실현은 자신의 가치로 이끌린 행동이 아닐 수 있기 때문이다. 사회적으로 인정받는 가치기준에 자아를 맞추어 보려는 욕구가 자아실현의 상징으로 대체된 것일 뿐이다. 사회적으로 성숙한 자아를 위하여 매순간 자신을 억압하고 통제하는 생활이 반복될수록 진정 꿈꾸는 것에서 멀어질 수 있다. 그리고 삶의 중반경에 이르러 자신이 원하던 것이 현실 속에서 생활하고 있는 모습이 아님을 깨닫게 될 수 있다. 그렇게 괴리감이 드는 까닭을 알아보려 자신의 생활 면면을 들여다보면 어디서 잘못된 것인지를 찾아보고 싶어질 것이다. 그 원인을 찾기 위해 일지 쓰기가 도움이 된다. 다음의 자료는 소설가의 관찰로 구성된 소설 작품이다.

> 구보는 … 시간에 대해 이러저러하게 이야기한 사람들이 그 시간이
> 지나자 뒤도 돌아보지 않고 뿔뿔이 갈라진다는 사실이 어쩐지 섬뜩했다.
> 어쩌란 말인가. 강연을 같이 했다고 해서 의형제라도 맺어야 한단 말인
> 가. 에잇, 구보는 보이지 않는 칼을 들어 마치 백정처럼 사정없이 자기의
> 그, 독신자다운 어리광의 미간을 푹 찔렀다. 소는 원망스러운 눈을 치뜨
> 면서 매짠 동짓달 그믐 무렵의 바람 속에 산화했다.
>
> -최인훈, 〈소설가 구보 씨의 일일〉 중에서

현실적 삶을 살아가는 소설가가 강연을 하는 것은 지극히 자연스럽고 당연하다. 그러나 소설가의 본업이 소설창작에 있다고 볼 때 강연의 내용이 소설이라고 할 수는 없으므로 둘 사이의 상관관계가 있다고 분명히 말할 수 없는 것이다. 강연을 하기 위한 목적과 강연을 통해 얻을 수 있는 것이 직접적으로 소설을 창조하도록 이끄는 요인이라고 말할 수 없기 때문이다. 강연자로서 강단에 서는 지위는 소설가의 명예와 관련이 깊고, 강연료 등의 경제적 부산물이 소설창작의 수단으로 쓰일 수는 있어도 소설 자체의 성격을 규정해 주는 것은 아니다. 그렇다면 소설가 구보 씨의 욕망은 무엇일까? 마찬가지로 대학생 구보 씨의 하루도 관찰해 보자. 대학생 구보 씨는 무엇을 위해 어디에 있으며 어떻게 살아가고 있는지를 관찰하면 그가 진정 누구인지를 알 수 있을 지도 모른다.

> 구보는 … 그저 지나가면 된다고 이야기한 사람들이 그때가 지나자
> 뒤도 돌아보지 않고 뿔뿔이 갈라진다는 사실이 어쩐지 섬뜩했다. 어쩌란
> 말인가. 수업을 같이 들었다고 해서 의형제라도 맺어야 한단 말인가.
> 에잇, 구보는 보이지 않는 칼을 들어 마치 검사처럼 사정없이 자기의
> 그, 독신자다운 어리광의 미간을 푹 찔렀다. 길고양이는 원망스러운
> 눈을 치뜨면서 학교 근처 식당 주방 환기통의 연기 속에 산화했다.
>
> -〈소설가 구보 씨의 하루〉 패러디 예시

예술가뿐만 아니라 사회인으로서 성공하려면 소비자들의 욕망[29]을 달래 줄 수 있어야 할 것이다. 항상 자신이 사회적 역할을 갖고 열정 다해 일을 해야 한다는 책임과 의무는 사회구성원들 간의 약속이기도 하다. 그래서 사회인 누구나에게는 공급자로서 수요자의 마음을 어루만져 줄 수 있는 아량이 필요하다. 예술가가 독자의 욕망을 대변해 주는 세계를 창조하듯이, 우리에게 필요한 것을 깨우쳐 주고, 공감하게 만들며, 불안을 잠재우고 왜 사는지를 알게 하는 몫이 모두에게 있는 것이다.

2) 관찰법의 활용

관찰법은 직접 보고 들어서 정보를 얻기 위해 사용하는 방법이다. 관찰이란 특정 현상에 대한 객관적 자료를 수집하기 위한 절차로서, 예술가에게 있어서 관찰은 흔히 일상적인 사태에서 진행되는 자연스러운 인간의 행동을 직접 관찰하여 기록하는 절차를 말한다. 관찰을 하기 위해서는 관찰할 것(대상이나 행위)이 일어나는 현장에서 어떤 사실을 포착해야 한다. 다른 방법으로 측정하기 어려운 행동을 측정하는 데에 관찰법이 유용하다. 또 자신의 행위나 감정을 적절하게 나타내지 못할 때 설문지나 각종 검사 등으로 필요한 정보 수집이 어려울 때에도 좋다. 행위가 일어나는 현장에서 사실을 포착함으로써 은폐가능성을 축소할 수 있으며, 구두표현력이 없거나 비협조적인 조사 대상자를 관찰함으로써 그의 특징을 알아내는 데에도 좋다. 이 관찰법은 오랜 시간 동안 종단분석하기에도 적절하며 질문지를

---

29) 인간의 욕망은 매슬로우의 욕구단계를 기반으로 해서 여러 가지 유형으로 설명된다. 생리적 욕구는 식욕, 수면욕, 게으름, 편리를 추구하는 심성으로 설명된다. 그리고 안전의 욕구와 상관적인 생식적 욕망은 성욕, 모성애, 과장된 표현으로 설명된다. 소속 및 애정의 욕구는 생태적 욕망으로서 먹이나 적에 대한 공격성, 위험이나 포식자에 대비하기 위한 도피성, 독점적 공간을 확보하기 위한 영역보존성으로 설명된다. 그리고 존경의 욕구 및 자아실현욕구는 사회적 욕망으로서 사랑을 갈망하거나 손실과 이익의 형평성, 발표욕, 경쟁욕, 명예욕, 호기심, 합리성 등으로 설명된다.

사용하기 어려운 복합적인 상황[30]을 조사하는 데에도 유리하다.

반면에 목표 행동이 발생할 때까지 기다려야 하는 문제가 있다. 가령 조직폭력배의 활동을 관찰하고자 한다면 싸움이 일어날 때까지 기다려야 한다. 또 관찰자의 수준과 관심에 따라 선택적 관찰이 이루어지므로 중요한 객관적 사항을 빠뜨리는 경우가 발생할 수 있다. 인간의 정보처리능력이 한계가 있으므로 시·공간적 제약 등으로 전부를 관찰하기 힘들고 녹화 방식으로 조금 보완할 수 있을 뿐이다. 외부로 나타나지 않은 사건[31]이나 대규모 집합체를 한꺼번에 관찰하는 것[32]도 어렵다. 뿐만 아니라 대상자가 관찰을 허용하지 않는 경우에는 관찰자의 접근을 막을 수밖에 없으므로 관찰이 어렵다. 물론 관찰자의 주관적인 관점에서 관찰이 이루어지는 특성 상 관찰자의 가치관이나 선입관이 개입될 수가 있어 관찰 자료의 해석에는 객관성이 문제될 소지가 많다. 이 같은 문제를 해결하기 위해 토론이 필요하다. 관찰 당시의 특수한 상황으로 인해 행동을 식별하지 못하고 그대로 기록해도 오류가 발생할 수 있다. 어떤 종류의 행동은 너무 일상적이라 관찰자의 주의를 끌지 못하기 때문에 토론에 의해 관찰 결과를 숙고할 필요가 있다.

관찰은 일반적으로 다음의 네 가지를 고려함으로써 하게 된다.

✓ 무엇을 관찰할 것인가?
✓ 언제, 어디서 관찰할 것인가?
✓ 어떻게 관찰할 것인가?
✓ 정확한 관찰이 이루어졌는가?

---

30) 다양한 요인들이 결합된 사회 현상과 같이 복합적인 상황에서 정보를 얻으려고 할 때는 관찰이 필요하다.
31) 개인이 부부싸움이나 성행위를 관찰할 수 없다.
32) 개인이 시위현장을 관찰하는 것은 어렵다.

먼저, 관찰할 대상을 선정할 때 고려해야 할 것들이 있다. 관찰할 행동이 무엇인지를 분명하게 정의할 필요가 있다. 관찰할 행동을 잘 대표하는 표집을 얻어내는 일이 중요하다. 미시적 접근 방법[33]과 거시적 접근 방법[34]의 두 가지 중에서 어느 쪽으로 관찰할 대상인지를 구별할 필요도 있다. 단, 두 가지 접근 방법은 개별적이라기보다 연속선 상의 양극단으로 보는 것이 맞다. 탐구의 목적과 관찰가능성을 고려하여 어떤 접근 방법을 쓸 것인지를 결정해야 한다.

사람의 표정을 관찰한다고 할 때 관찰 결과 감정 기복의 정도를 알아보고, 그 사람의 성격을 파악하겠다는 목표가 연결될 수 있다. 이는 현대 사회인의 표정관리 전략으로 소비들의 욕구를 충족시켜 줄 수 있는 정보가 될 수 있다는 점에서 시사점이 있다.

다음으로, 관찰 시기와 관찰 장소를 정하는 것도 중요하다. 이 조건은 관찰 장면을 정할 때에 수반된다. 즉, 탐구 목적에 맞는 관찰 대상의 행동을 쉽게 관찰할 수 있는 장소를 몇 군데 선정할 수 있다. 관찰 장면은 인위적 상황과 자연적 상황으로 구분된다. 관찰 장면을 선정하는 일이 중요한 이유는 특정 재료와 특정 인물의 배치를 통해 관심 행동을 빨리 일으킬 수 있기 때문이다. 또 상황 중에 어떤 것은 다른 것보다 더 자주 일어나기 때문이다. 관찰 장면을 선정함으로써 관찰 범위를 확대시킬 수도 있고, 새로운 반응을 유도할 수도 있으며, 초기 반응을 명확히 알 수 있고, 결과를 일반화하는 데에 유리하다.

다음으로, 관찰 방법을 선정하는 일이 중요하다. 관찰 방법은 비조직적 관찰 방법과 조직적 관찰 방법으로 나누어진다. 전자는 관찰의 원시적

---

33) 미시적인 관찰은 자세하고 세밀한 행동에 초점을 맞추어 관찰하고 중립적으로 기록하는 방법이다. 다양한 정서 상태에서 얼굴묘사와 같은 탐구 목적일 경우에 사용된다. 관찰자가 탐구 대상 가까이 있을 때 혹은 모든 행동을 녹화할 수 있는 상황에서 사용할 수 있다.
34) 거시적인 관찰 방법은 전반적인 행동에 초점을 두어 전체적이고 해석적 수준으로 기록하는 방법이다. 웃음이나 미소의 사회적 결정 요인을 밝히는 것이 탐구의 목적일 경우에 사용된다. 단, 전체의 모든 상황을 조망할 수 있는 환경에서 사용되어야 한다.

형태로서 객관성이 결여된 방법이다. 현장에서 대상의 행동 특성이나 성취 욕구를 관찰한 후 즉각 탐구 활동에 반영할 수 있다. 한편 후자는 관심 있는 행동에 대해 체계적으로 관찰하는 방법이다. 관찰 시간, 관찰 기간, 행동의 선정, 기록 절차 등이 분명히 정해져 있어야 하며, 유목 체계, 평정척도, 체크리스트, 초시계, 사건기록계, 기록용지, VTR과 같은 장비가 사용될 수 있다.

관찰한 내용에 대해서는 기록해야 한다. 관찰한 자료를 질 · 양적 자료로 변환할 수 있지만, 대상의 언어를 가능한 한 실제 그대로 기록하도록 한다. 또한 대상의 이름, 성별, 연령과 같은 인적 사항을 빠뜨리지 않도록 하며 관찰 일시, 상황, 관찰자 정보도 상세하게 기록함으로써 객관성을 보존할 필요가 있다.

그럼, 이제 관찰한 것을 어떻게 기록해야 효과적으로 전달될지를 생각해 볼 차례다. 먼저, 서술형식이라고 해서 그대로 기술하는 방법이 있다. 그리고 행동목록 형식은 일정한 행동의 영역에 대하여 준비된 행동목록표를 이용하여 특정 행동이 나타날 때마다 표시하는 방법이다. 평정척도법은 관찰자가 자신의 관찰에 기초하여 어떤 특정한 영역의 행동에 대하여 판단한 후 준비된 척도에 표시하는 방법이다.

정확한 관찰을 위하여 보완할 수 있는 방안도 고려되어야 한다. 동료학습 또는 팀 학습, 동료 관찰 및 동료 코칭, VTR 녹화로 동일한 자료를 시청하고 평가하는 방법 등이 있다.

3) 여러 가지 관찰법

(1) 일화기록법(anecdotal recode)

이 방법은, 개인의 특성을 이해하기 위하여 개인이 나타낸 구체적 행동이나 사건에 관련된 관찰 결과를 상세히 기록하는 방법이다. 즉 글자로 모사된 사진이라고 할 수 있는 방법이다. 이 방법에 의하면 개인의 기본적인 성격 특성을 이해할 수 있다. 구체적으로, 이 방법은 개별적 대상의 문제점을 파악하기 위해 행동수정을 실시하거나 개별화 교육을 실시하는 경우에 필요한 방법이다.

이 방법의 특징을 다음과 같이 정리할 수 있다. 먼저, 사건이나 행동 특징을 관찰하여 사실적으로 기록할 수 있다. 둘째, 초점 없이 다양한 행동에 대하여 수집할 수 있다. 셋째, 대상을 집중적으로 오래 관찰 기록하며 분석할 수 있다. 넷째, 여러 관찰법들 중 가장 실시하기가 쉽다. 다섯째, 언제나 관찰자가 관심 있는 행동이 나타나면 기록할 수 있다. 여섯째, 관찰 목적에 따라 관찰자가 관심 있는 특정한 영역에 초점을 두고 관찰하여 기록할 수 있다. 이 방법으로 작성하는 요령을 제시한다.

- 일화가 발생한 후 즉시 기록하여야 한다.
- 각 일화기록에 관찰 날짜, 시간, 장소, 장면을 기록한다.
- 일화가 일어난 순서대로 기록한다.
- 대상이 한 말은 따옴표를 이용하여 있는 그대로 받아 적는다.
- 동일한 용어로 일관성 있게 기록한다.
- 대상의 특징적 언행과 그 상황에서의 다른 사람의 반응을 그대로 기록한다.

일화기록법에 의한 관찰양식에는 아래와 같이 세 가지가 있다.

- 논평 없는 일화
- 해석이 포함된 일화
- 제언이 첨가된 일화

일화기록법의 제한점은 정확하고 객관적인 관찰이 아닌 경우 대상에 대한 잘못된 인상을 심어 줄 수 있다는 점이다. 그래서 관찰자의 주관적 판단이나 감정적 내용을 배제함으로써 피그말리온 효과(Pygmalion effect)에 유념하여야 한다. 또 일화기록의 작성에는 상당한 시간이 소요되어 관찰자에게 부담이 된다. 대상의 전체 행동 중 일부만 기록하기 때문에 해석에 오류를 범할 위험도 있으며, 돌출행동 혹은 바람직하지 못한 행동이 기록될 가능성이 높다.

일화기록법의 예를 다음과 같이 제시한다.

토요일 오후, 할 일 없이 소파에 누워 있다가 벌떡 일어나 앉았다. 크레용을 손에 들고 신문지에 동그라미, 세모 등의 도형을 그려 나갔다. 문득 그림 그리기를 멈추고 크레용을 코로 가져가 냄새를 맡아 본다. "라면 냄새가 나는데?" 크레용을 한참 바라보다가 손에서 내려놓고 시계를 본다. 정각 12시. 오른손으로 무릎을 탁 치더니 "점심을 먹을 시간이 됐다."라고 했다. ~

(2) 표본기록법(specimen recode)

이 방법은 관찰 시간과 장소를 정해서 관찰한 결과를 기록하고, 정해진 시간 안에 특정 장소에서 일어난 행동 및 사건을 충실하게 기록하는 방법이다. 이 방법으로 관찰 내용을 기록할 경우 10분 내외가 적당하다. 다시 말해 관찰 대상, 장소, 관찰 시간 등을 미리 정한 후 그 상황에서 일어나는 대상의 행동과 주변 상황을 상세히 기술하는 방법이라고 할 수 있다.

이 방법에 의하면, 정해진 시간 동안 일어나는 관찰 대상의 모든 행동을 충실히 기록한다. 시간과 행동이 정해져 있다는 것이 일화기록과 차이가 있다. 또한 표본기록에 대상의 행동이나 맥락에 대한 관찰자의 추론을 포함할 수 있다. 단, 추론은 다른 내용과 구분되게 기록해 두면 좋다. 이 방법을 사용할 때는 당시의 상황을 보지 않은 사람도 그대로 재현할 수 있을 정도로 기록되어야 한다. 축적되는 정보의 양이 많아질수록 표본기록의 가치는 증가되는 특징이 있다.

표본기록법의 작성 요령은 다음과 같다.

- 관찰 상황을 자세하게 기록하고 관찰대상이 수행한 모든 행동을 전체적으로 기록한다.
- 관찰시간의 제한할 필요가 있으며, 1회의 관찰은 10분 내외가 적당하고, 길어도 30분을 넘기지 않는다.
- 관찰 대상의 행동이 관찰된 장소 및 상황을 기록한다.
- 관찰대상의 말과 행동을 가능한 일상적 용어를 사용하여 그대로 기록한다.
- 관찰자의 해석이나 주관적 판단 그리고 추론은 별도의 기록란에 기록하도록 하여 구분한다.
- 사건이 일어난 순서대로 기록하고 지속 시간 역시 기록한다.
- 관찰 대상의 행동을 긍정적으로 기록한다.(무엇이 일어났다 O / 무엇이 일어나지 않았다 X)

이 표본기록법의 장점은 다음과 같이 꼽을 수 있다.

- 특별한 관찰기술이 필요 없다.
- 관찰된 행동이 그대로 복원 가능하다.
- 대상의 이해에 도움이 된다.
- 체계적 조사를 위한 기초자료로 사용 가능하다.

한편 표본기록법의 단점은 다음과 같다.

- 관찰 결과의 기록에 소요되는 시간이 너무 길다.
- 수집된 자료를 분류하고 분석하는 것이 힘들다.
- 한 번에 적은 숫자의 대상밖에 관찰하지 못한다.

표본기록법에 의해 일지를 쓸 때 가장 지켜야 하는 점은 10분 동안 대상을 관찰하여 기록해야 하는 점이다. 그리고 시간, 사건, 추론 및 평가 내용을 상세하게 기록해야 한다.

시간	사건	추론 및 평가

(3) 시간표집법(time sampling)

이 방법은, 관찰자가 관찰 행동을 미리 선정하여 정해진 시간 동안 일정한 시간 간격을 두고 여러 차례 관찰하여 그 결과를 기록하는 방법이다. 여기서 관찰 실시의 기준은 시간이다. 풍부한 정보 수집, 행동이나 사건에 대한 연속적 기록 등이 어렵다. 이는 주로 행동 수정 분야에서 사용된다. 시간표 집법을 다음과 같은 절차로 수행할 수 있다.

- 일정한 기간 동안 특정한 행동특성이 얼마나 발생하는지를 양적으로 기록 가능하여 통계를 처리하기에 편하다.
- 짧은 시간 내에 다양한 상황 속에서 여러 대상자를 관찰할 수 있다.
- 외현적 행동이 관찰 목표가 되며, 내적 정신과정과 활동은 관심 밖의 대상이다.
- 관찰하려는 행동이 평균 15분에 1회 이상 출현할 경우에만 사용할 수 있다.

목표행동이란, 관찰하려는 목표행동에 대한 조작적 정의로 이해된다. 목표행동을 정의하는 데에는 관찰하려는 행동의 단위를 하위행동으로 범주 화하는 문제가 있다. 즉 포괄성과 상호배타성이 그것이다. 목표행동의 예는 놀이행동을 범주화하는 경우를 들 수 있다. 가령 '혼자서 논다', '다른 사람과 어울린다', '같이 있지만 상호작용은 없다'와 같이 진술할 수 있다.

이 방법에서 관찰의 시간 단위와 시간 단위 간의 간격을 정함으로써 관찰한 내용을 상세하게 기록할 수 있다.

- 전체 관찰 시간과 1회의 관찰 시간을 결정해야 한다.
- 관찰 대상의 수, 행동의 지속 시간, 기록 양식의 난이도 및 복잡성, 관찰자의 피로, 기록의 상세도 등을 고려해야 한다.
- 순간표집이란, 관찰자가 사전에 정해 놓은 시간 간격의 끝에 관찰하려는 행동이 출현하였는가를 관찰하는 방법이다.
- 간격표집이란, 관찰자가 정해진 시간 동안에 한 번이라도 관찰 대상 행동이 출현하면 점수화하는 방법이다.

한편 관찰 결과를 기록할 때는 다음과 같은 요건을 충족해야 한다.

- 행동범주에 대한 정의와 부호체계를 준비해야 한다.
- 직접부호를 기록할 수 있는데, 그 행동의 첫 글자를 사용한다.
- 범주표를 이용하여 대상행동이 출현했을 때 ✓로 표시하거나 빈도 표시를 한다.

시간표집법에 의해 관찰 내용을 기록하여 대상자의 사회성 정도를 알아보고자 할 때 다음 표와 같이 관찰 범주표를 이용할 수 있다.

〈표 9〉 시간표집법에 의한 관찰범주표

대상 \ 초	10	20	30	40	50	60
ㅅ						
ㅇ						

(ㅅ: 성수, ㅇ: 은혜 / 근접, × 상호작용)

시간표집법의 장점은 두 가지로 정리된다.

- 서술적 관찰법에 비하여 시간과 노력이 적어서 효율적 관찰이 가능하다.
- 관찰범주에 대한 정의가 정확하고 관찰 시간이 정해져 있으므로 신뢰
  도와 객관성이 높다.

한편 시간표집법의 단점은 네 가지로 정리된다.

- 행동과 행동사이의 상호관련성을 파악하기 곤란하다.
- 관찰 가능한 외현적 행동에만 적용할 수 있다.
- 관찰 범주를 미리 정하기 때문에 관찰자가 편견을 가지고 관찰할 우려
  가 있다.
- 조사할 수 있는 행동의 범위가 제한적이다.

시간표집법에 의해 기록한 개요를 다음과 같이 예시한다. 이 개요는
계획 단계로 간주할 수 있다.

- 나 또는 상대방의 분노 조절 정도를 알아보기 위해 정해진 시간 동안
  몇 번이나 화를 내는지 행동 출현 빈도를 기록하였다.
- 나의 몰입능력(집중력)을 알아보기 위해 정해진 시간 동안 행동 출현
  빈도를 기록하였다(행동목록: 화장실 다녀오기, 바람 쐬러 나가기, 다
  른 책 보기, TV보기).

(4) 사건표집법(event sampling)

이 방법은, 관찰자의 행동들 가운데 관심이 있는 행동이 출현하면 사건
전과 후로 나누어 일정하게 기록하는 방법이다. 이 방법에 의해 기록하면,
사건이 일어난 전후 맥락을 상세하게 알 수 있다. 또한 조사될 수 있는
행동의 범위에 한계가 없다는 장점도 있다. 그래서 빈번하게 발생하지

않는 버릇(행동), 음주습관과 같은 것의 탐구에 적합하다. 이 방법을 사용할 수 있는 경우는 사건의 존재 유무보다는 사건의 특성을 탐색하는 데 관심을 가질 때이다. 행동의 원인을 알아내는 것에 관찰의 목적을 두기 때문이다.

사건표집법의 절차는 다음과 같다.

- 시간표집법과 마찬가지 요령으로 범주를 설정한다.
- 서술형식을 위해 빈칸을 준비한다.

관찰 상황을 선정할 때는 관찰하고자 하는 행동에 대한 충분한 이해가 있어야 한다. 그리고 관찰 결과를 기록할 때는 다음의 사항을 알아 두어야 한다.

- 행동특성을 자세하게 기록하여야 하기 때문에 녹음기나 비디오 등의 보조 도구를 많이 사용한다.
- 관찰할 행동범주에 대한 정의를 분명히 이해한 후 어떤 항목을 어떻게 서술할 것인지를 서면으로 계획해 두어야 한다.

사건표집법의 장점은 다음과 같이 정리된다.

- 자연적 사건을 단위로 하므로 타당도가 있다.
- 자주 발생하지 않는 행동도 조사할 수 있다.

사건표집법의 단점은 다음과 같이 정리된다.

- 시간표집법보다는 사건의 전체를 알 수 있지만 표본식 기술에 비하여 사건 전후의 연속성이 결여되기 쉽다.
- 수량화할 수 없는 경우 신뢰도에 대한 의문이 제기된다.

사건표집법으로 기록하면 다음과 같은 특징을 발견할 수 있다.

- 시간에 따라 사건 전과 후를 서술식으로 기록한다.
- 영역별로 분류행동을 관찰하여 기록한다.

분류행동을 관찰한 결과를 기록하면 다음과 같은 특징들을 추출할 수 있다.

- 비논리성: 자기 맘대로 분류하는 행동
- 동일성: 속성에 따라서가 아니라 모양이 같은 것끼리 분류하는 행동
- 유사성(실수): 속성에 따라 분류하는 데 하는 실수
- 유사성: 속성에 따라 실수 없이 분류하는 행동
- 재분류: 속성에 따라 분류하는 데 하게 되는 수정 행동

(5) 평정척도법(rating scale)

이 방법은 사람이나 사건, 사물이 지닌 특성을 나타내기 위한 관찰도구로서 이를 이용하여 관찰한 것을 평정하게 된다. 다시 말해서 이 평정척도법은 특정한 행동차원에 대해 대상의 행동을 일정 기간 관찰한 후 그 인상을 수량화하여 평가하는 방법이다.

이 방법은 사전에 미리 관찰하려는 영역에 대하여 알고 잘 알고 있는 경우에만 사용이 가능하다. 또 질적인 특성을 양적으로 나타내려고 할 때에도 유용하게 사용할 수 있다.

평정척도의 유형은 숫자와 도식, 기술의 세 가지로 구분된다.

- 숫자평정척도(numerical rating scale) : 어떤 특성이 나타나는 정도를 표시하기 위하여 숫자를 할당하는 도구이다.
- 도식평정척도(graphic rating scale) : 관찰자의 판단을 돕기 위해서 연속

선을 몇 개의 공간으로 나누고 공간을 분할하는 선 밑에 특성을
나타내는 단어나 진술 혹은 그림을 표시한다.
- 기술평정척도(category rating scale) : 행동에 대하여 단일 차원에서
질적인 차이가 나는 몇 개의 범주로 나누어 진술문으로 기술한
후 관찰자로 하여금 이를 택하게 하는 도구이다.

평정척도를 구성할 때는 유의해야 할 점이 있다. 평정대상이 되는 행동
특성은 객관적이고 관찰 가능한 용어로 기술해야 하는 점이다. 왜냐하면
모호한 진술문은 응답을 어렵게 하기 때문이다. 그리고 척도 단위는 평정이
이루어지는 상황이나 조건, 요구되는 정확성에 따라서 결정되어야 한다.
대체로 5점에서 7점 척도가 많이 사용되곤 했는데, 근래에는 평정 결과
중간 반응이 많을 것으로 예상되는 경우를 방지하기 위해 짝수 척도가
더 많이 사용되고 있다. 또 극단적 수준의 특성을 제공하지 않는 것이
좋다. 극단적 수준의 특성에 대해서는 대부분이 체크하지 않기 때문이다.
평정척도법의 장점은 다음과 같다.

- 작성하기가 비교적 쉽다.
- 수량화가 매우 편리하다.
- 다양한 범위의 행동을 알아보기 위해 사용되며 짧은 시간에 사용 가능
  하다.
- 다른 조사의 보조도구로 사용이 가능하다.

한편 평정척도법의 단점은 다음과 같다.

- 행동의 정도만 기록하므로 인과관계를 알기 어렵다.
- 관찰 내용을 현장에서 기록하지 않아서 관찰자의 기억의 영향을 많이
  받는다.

평정척도법이 사용될 수 있는 경우를 예시한다. 대학생들에게 취업을 위해 자신을 관찰하고 그 결과를 평정함으로써 보다 분명하게 전달할 수 있다. 입사를 위한 면접 상황에서 다음과 같은 질문을 받았다고 가정하자. 각각의 질문에 대해 자신을 관찰한 결과를 분명하게 응답할 수 있다면 몇 단계의 평정 가운데 어디에 해당되는지를 지각하고 있다는 것을 표현할 수 있어야 할 것이다.

[입사] 어려움에 부딪히면 어떻게 해결하는가?
→포기한다/누구에게 물어 보고 안 되면 포기한다/문제를 파악하려고는 한다/끈기 있게 해결하려 한다.

[입사] 규칙을 잘 지키는 편인가?
→전혀 지키지 않는다/가끔 지킨다/필요성을 판단해 보고 지킨다/언제 어디서나 지킨다

[입사] 상대와 의견이 다를 때는 어떻게 하는가?
→피해 간다/상사에게 도움을 청한다/스스로 타협한다/상대의 요구를 들어 준다.

(6) 행동목록법(check list)

이 방법은, 관찰자가 관심 있는 행동 영역의 목록을 준비한 후 목록에 나타나 있는 행동이 출현하는지를 표시하는 방법이다. 여기서는 관찰 대상이 행할 수 있는 모든 행동을 모두 체크리스트에 표시해 두는 것이 바람직하다. 체크리스트에는 행동뿐만 아니라 일상적 배경정보, 성별, 연령, 사회계층, 가족구조, 생활양식에 대한 정보들이 담겨 있기 때문에 여러 가지 목적의 정보 수집에도 사용될 자료가 될 수 있다.

행동목록을 작성할 때는 다음과 같은 사항에 유의해야 한다.

- 관찰 가능한 구체적인 행동을 나타내는 것이어야 한다.
- 행동목록표의 문항은 포괄적이고 대표적인 목록으로 구성되어야 하며 문항 간에 중복이 없어야 한다.
- 행동목록표의 문항은 일정한 체계에 맞게 논리적으로 배열되어야 한다.

행동목록법의 장점은 다음과 같이 정리된다.

- 대상의 행동을 가장 빠르고 효율적으로 기록할 수 있다.
- 행동 목록을 계속적으로 또는 누가적으로 작성함으로써 관찰 행동의 변화를 기록하고 관찰하는 데 도움이 된다.

행동목록법의 단점은, 행동목록표를 통해 행동의 출현여부는 알 수 있지만 행동의 질적 수준에 대한 정보는 얻을 수 없다는 것에 있다.

유아의 자조성(self-help)에 대한 행동목록을 다음과 같이 구성하고, 그 각각의 행동에 대하여 평정척도를 5단계로 마련해 볼 수 있다.

- 손 씻기
- 식사 후 신변 정리정돈하기
- 자신의 의사 표현하기
- 갈등상황 해결하기
- 학습내용 정리하고 확인하기
- 규칙적으로 운동하기
[아주 잘함(5), 잘함(4), 보통(3), 못함(2), 아주 못함(1)]

여러 가지 상황에서 일지가 작성된다. 운동, 학습, 업무 등의 상황 속에서 시간별로 일어난 일들을 꼼꼼히 기록하는 일은 어떤 결과에 이르는 과정인지를 증명하는 것이다. 이 증명 과정이 결과를 정당화한다.

[운동일지]

무엇을 훈련해야 하나? (세부 목표: 준비과정별 목표 설정)

왜 훈련해야 하나? (궁극적 목표: 다이어트/건강?)

어떻게 훈련해야 하나? (운동 방법)

[학습-성찰일지]

부족한 것에 대한 반성

더 나아지기 위한 노력

실천 방법의 구체성

확인

[일일업무일지]

계획성 있는 생활

수직적, 수평적 의사소통의 효율성

자기 확인과 인정

◆학생 작품

아래의 글은 특정 목적을 위해 연습을 한 과정에 대한 기록이다.

　　현재 나는 광고창작과를 다니고 있지만 실용무용(스트릿 댄스)라는 장르도 함께 전공을 하고 있는 중이다. 평소에도 항상은 아니지만 필요에 따라 연습일지를 작성하고 있다.

　　첫 번째, 가슴과 어깨를 이용한 자연스러운 아이솔레이션 연습(연습시간 약 2시간 30분)

　　아이솔레이션이란 '따로 따로 나누다'라는 의미를 가졌으며, 가슴과 어깨를 좀 더 자유롭고 넓은 범위로 사용할 수 있도록 만들어 주는 춤의 기본적인 동작 중 하나이다.

연습일지 항목	내용
• 무엇을 연습해야 하나?	가슴과 어깨가 동시에 움직이긴 하나 서로 다른 방향으로 맞물릴 수 있도록 연습.
• 왜 연습해야 하나?	춤을 연결시키는 데 있어 좀더 부드럽고 섬세한 표현을 위해서 필수적으로 연습을 해야 한다.
• 어떻게 연습해야 하나?	첫째, 가슴과 어깨를 따로 움직일 수 있도록 연습을 한다.
	둘째, 가슴과 어깨가 동시에 움직일 수 있도록 연습을 한다. 이때 같은 방향으로 연습을 한다.
	셋째, 2번이 숙달이 됐다면 동시에 서로 다른 방향으로 연습을 한다.
	심화과정 : 3번이 숙달이 되었다면 가슴과 어깨의 아이솔레이션으로 차츰 음악의 리듬과 분위기에 표현하도록 해 본다.
• 실제로 연습을 진행한 것은?	다행히도 기본적은 아이솔레이션은 충분히 숙달된 상태였다. 때문에 3번까지도 별 어려움없이 진행되었지만 아이솔레이션으로 음악의 리듬과 분위기를 표현하는 데는 아직 이 미숙함이 남아 있었다.
• 연습한 성과는 어떤가?	아이솔레이션은 기본적은 수준으로만 연습을 주로 했다. 스스로 아이솔레이션이라는 동작에 리듬과 음악의 분위기를 표현해 보는 연습을 해보지 않았다. 내가 많이 사용하지 않았던 자세나 동작을 더 많이 연습을 해야 할 필요성을 느꼈다.

두 번째, 순수한 리듬만을 이용한 연습(연습시간 약 3시간)

연습일지 항목	내용
• 무엇을 연습해야 하나?	다양한 리듬으로만 음악을 표현하는 연습.

연습일지 항목	내용
• 왜 연습해야 하나?	춤의 기본 중의 기본은 리듬이다. 리듬이 없다면 그것은 춤이 아닌 단순히 인간의 몸으로 행하는 동작에 지나지 않는다. 그 리듬을 통해서 음악을 표현하고 나의 감정을 춤으로서 표출할 수 있다.
• 어떻게 연습해야 하나?	첫째, 업&다운 리듬을 다양한 장르의 음악들의 리듬으로 표현해본다.
	둘째, 흑인들이 만들어 낸 다양한 리듬의 형태들을 연습한다.(지골로, 절크, 밴딩 바운스 등)
	셋째, 다양한 리듬의 형태들이 숙달되었을 때 다시 다양한 장르의 음악에 표현하도록 한다.
	심화과정: 다양한 리듬의 형태들을 동시에 사용해본다. 절크와 지골로를 섞기도 하고 업&다운 바운스에 밴딩바운스를 섞어가며 응용연습을 한다.
• 실제로 연습을 진행한 것은?	리듬들을 응용하는 단계를 더욱 집중해서 연습을 진행해야 한다. 실제로 각 리듬을 하나씩 따로따로 했을 때는 큰 문제없이 진행되나 응용동작으로 들어가기 시작하면 조금씩 주춤거리는 부분이 생기는 것 같다.
• 연습한 성과는 어떠한가?	리듬은 어떻게 보면 가장 단순하면서도 어려운 것이다. 리듬을 잘타는 댄서 일수록 음악을 표현하는 깊이가 달라진다. 테크닉에만 초점을 맞추기 보다는 그 테크닉 안에서도 리듬은 기본적으로 안고 갈 수 있는 댄서가 되어야 한다. 아직도 부족하지만 이번 연습은 나의 리듬 수준이 어느 정도 되는지 가늠해 볼 수 있었다.

4) 질문 유형별 질문법

관찰만으로 충분한 자료를 얻을 수 없는 경우에는 인터뷰를 적절하게 시행할 수 있다. 그런데 인터뷰어와 인터뷰이의 관계가 원만한 경우에는 별 문제가 없지만 그렇지 못한 경우에 인터뷰어가 난감할 때가 많다. 가령 〈집으로〉 영화를 제작하기 위해 등장인물을 설정하는 작업을 하는 경우에 이미 생각해 둔 노파의 역할을 수행할 수 없는 출연자를 만났다고 하자. 노파의 세심하고 배려심이 많은 특징을 연출해야 하는데 인터뷰 상황 속에서 난청과 화술의 문제를 발견하였다면 제작진의 의도대로 연출할 수 없는 것이다. 고심 끝에 귀머거리 인물로 재창조한 경우가 인터뷰를 통해 해결책을 얻은 사례이다. 그러면 인터뷰를 할 때 어떤 질문들로 얻고자 하는 정보들을 수집할 수 있는지 기본적인 기법을 아래에 제시한다.

[표 10] 인터뷰 질문 유형과 예

질문유형	질문의 예
도입 질문	-때를 기억하십니까? -에 대해 말씀해 주십시오. -경험했던 -상황에 대해 말씀해 주시겠습니까?
후속 질문	(고개 끄덕임) 음,- 그래서요, -하셨겠네요. -하셨다고요?
엄밀한 조사 질문	그분에 대해 좀 더 자세한 설명좀 해 주시겠습니까? -한다는 것은 어떤 경우를 말하는 건가요? 그렇게 느낀 때는 언제였어요? 그리고 나서 어떤 생각이 드셨어요?
직접적인 질문	-한 이유가 무엇입니까? -한 적이있습니까? -와 -는 어떻게 다릅니까? 선생님의 -한 태도는 -을 말한것입니까?

질문유형	질문의 예
간접적인 질문	-가 -을 어떻게 생각한다고 보십니까? -하다는 것은 어떤 경우에 느낄 수 있을까요? -에게 바라는 점이 있다면 무엇일까요? 어떻게 해서-할 수 있을까요?
구조적인 질문	이제는 또 다른 화제에 관해 말하고 싶은데요. 대화 도중 침묵함으로써 응답자가 답변을 연상하거나 같이 생각해 볼 충분한 시간을 갖게 한다.
상술하는 질문	-했을 때 어떤 느낌이었어요? -을 느끼셨을 때 실제로 어떤 행동을 하셨어요? 그때 어떻게 반응을 하셨어요? 그리고 나서 어떤 생각이 드셨어요?
해석의 질문	그때 -한 것은 -하다는 뜻인지요? -한 표현은 선생님이 방금 말한 내용을 포함하는 것인가요?

인터뷰어가 되어 인터뷰이에게 어떤 질문을 할 수 있는지는 상황 파악 능력에 따른다. 누구를 만나 무엇을 조사하기 위한 것인지를 우선적으로 알아 둘 필요가 있다. 인터뷰어의 목적이 분명하다면 인터뷰이에게 그것을 설득하거나 설명하는 입장이 될 수 있다. 인터뷰이는 인터뷰어의 뜻을 전혀 모를 것이기 때문에 인터뷰어의 친절한 설명이 가장 중요하다.

다음과 같은 상황을 가정하여 얻고자 하는 정보들을 목록으로 만들고, 실제 인터뷰이를 만나서 응답들을 수집해 보자. 직업에 대한 정보를 조사하기 위해 직업인을 만난 인터뷰어가 아래와 같은 질문들을 준비할 수 있다.

- 어떻게 일하시게 되었나요?
- 학생들과 의견 충돌이 있었던 적은 없으세요?
- 그럴 땐 어떻게 하셨나요?
- 그 자리에서 해결할 수 없었던 일이 있었나요?
- 만약 그러한 일이 발생하면 어떻게 해결할 수 있으세요?
- 관리자와의 관계에서 개선할 부분이 있다고 생각하세요?

- 불편한 부분이나 현실상 실무를 하시는 입장에서 고치고 싶은 시스템
  상의 문제점은 없으세요?
- 여기(휴게실)는 어떻게 이용하고 계세요?
- 여기 필요한 건 없으세요?
- 필요한 것이 있을 때는 어떻게 하세요?
- 한 목소리를 낼 만한 기구나 모임이 있나요?
- 일 주일에 매일 일하시나요?
- 이 건물에 몇 명이나 배정되어 있는지 혹시 아세요?
- 계약 체결 과정에 대해 누구랑 말씀하시고 이 일을 하게 되셨나요?
- 그때 조항을 꼼꼼하게 살펴보고 그러셨나요?
- 그러시지 않았다면 중요하지 않다고 생각하셨기 때문인가요?

　자신이 생활하는 공간을 청소하는 여성 노동자를 인터뷰한다고 해 보자.
인터뷰어의 입장에서 무엇을 조사하여 어떤 목적을 달성할 것인지 큰 그림
을 그려 보자. 중요한 것은, 사전 조사를 철저히 한 후에라야 작성한 질문지
로서 질문의 초점이 명확하고 인터뷰의 주제 또한 선명하게 드러날 수
있다는 점이다.

　예술가에게 관찰은, 익숙한 자신의 일상을 낯설게 바라보는 방법이다.
글쓴이는 도시공간 안에서 소리가 만들어 내는 정치적 효과를 탐색하고,
자본의 흐름(또는 시간표 등의 기계적인 것)에서 다소 벗어난 특정 공간의
문화전략이 파편화된 개개인의 일상에 어떤 의미를 만들어내고 있는지
분석하고 있다.

　나를 구속하는 환경을 생각해서 아래와 같이 적어 보자.

　시간표, 자본, 성적 등이 나를 구속한다.
　시간표에서 벗어난 방학 기간이 개인의 일상에 어떤 의미를 주나?
　예술가, 예술하기를 갈망하는 나(자아)였는데, 학교생활이 다시 시작되
　었다.
　예술을 배우러 학교를 다닌다고? 졸업장병 때문이라고?

5) 현장묘사글

관찰법에 의해 쓸 수 있는 글 양식에는 일지와는 성격이 좀 다른 현장묘사 글도 있다. 이 양식은 현장을 사실대로 꼼꼼하게 묘사하는 방식이다. 현장 묘사를 하면 그림을 그리거나 사진을 찍듯이 언어로 옮겨 보는 연습을 하게 된다. 다음의 예시 글을 살펴보자. 자주 다니는 길을 묘사할 수도 있고, 느낌을 간직하고 싶은 공간을 기록할 수도 있다.

> 행복카페 옆 행복도시 방향, 행복예식장… 매일 아침 출근길(등굣길) 알파 시내버스가 행복도시에서 평화나루 방향으로 지나갈 때면 안내방 송에서 어김없이 나오는 소리. (중략) 매일 아침 출근길(등굣길)마다 들려오는 그 소리. 몽롱한 출근길(등굣길) 버스에서 마치 옆에 있는 누군가 나를 툭툭 치듯이, 나의 뇌를 투둑 건드리는 그 소리. 나도 모르게 어느덧 그곳을 지나갈 때면 방송소리가 조건반사적으로 머리에 떠오르 고. 역시 그 소리는 이제 머리가 아닌 온몸이 떨린다. 예술가도 이러한 소리를 듣는다. 사람들 모두 손바닥으로 귀를 막는다. 나도 그들처럼 손으로 귀를 막았다가, 손을 내려놓는다.
> 도시는 감성을 자극하고, 밤길을 유혹하는, 스쳐 지나가는 혹은 정보를 제공하는 다종다양한 소리들로 구성되고 자리잡은 공간이다. 도시에는 듣고 싶어도 못 듣는 소리, 듣기 싫어도 들어야 하는 소리, 듣고 싶어서 듣는 소리, 듣기 싫어서 안 듣는 소리가 있다. 문제는 누가 듣고 싶고, 누가 듣기 싫은가, 무엇을 듣고 싶고 무엇을 듣기 싫은가에 따라 그 소리의 의미는 다중적이고 다층적이라는 것이다. 그래서 소리는 정치다.
> (학생 작품)

> 지하공간에서는 매일 저녁 6-70년대 전통음악의 진수를 거의 한 곡도 빠짐없이 들을 수 있다. 하지만 어느 전통찻집처럼 그냥 향수에 젖어 노래를 감상만 하는 그런 곳은 아니다. 혜주는 자신의 얘기를 담담하게 할 수 있는 곳. 뭔가 편하고 자유롭게 나 자신을 표현할 수 있는 곳.

일상과 차단된 어느 낯선 곳에 자신만의 연고지를 갖고 싶어 하는 인간 본연의 감성이 충족되는 곳, 즉 자기 영토화가 이루어지는 나만의 공간이다. 그래서 단순히 음악만을 듣는 보통 찻집이나 노래방과는 차원이 다르다. 바깥세상에서는 자기의 얘기를 털어놓고, 남의 얘기를 들어주고 하는 일이 그다지 쉽지 않은데, 이곳에선 음악과 노래와 연주를 통해서, 자연스럽게 자신의 얘기를 하는 모두가 주인이나 분위기에 구애받지 않고 넘나드는 곡들 속에서, 서로의 대화가 이어진다. 혜주에게는 그곳이 일상에서 벗어난 마음과 유일하게 만나는 공간이다. 이곳은 기타 잘 치고, 노래 잘 하는 사람들을 원하지 않는다. 누구든 자연스럽게 어울릴 수 있는 곳, 기법을 몰라도 자유와 편안함을 얻을 수 있는 곳, 그것이 혜주의 보물이다. (학생 작품)

6) 서사논증

서사를 활용한 논증 전략으로 글을 쓸 수도 있다. 이 양식은 글쓴이 개인의 자기 서사를 활용한 글쓰기 방법이다. 이러한 기법으로 글을 쓸 때는 현장 활동의 결과를 토대로 글을 쓰되 인터뷰의 참여관찰 과정에서 글쓴이 자신이 보고 듣고 느낀 일들을 기술함으로써 스스로를 드러내는 것이 중요하다. 자기 내면의 변화나 정체성의 문제를 전면에 노출할 때 서사논증의 전략을 따르게 된다.

서사논증은, 서사에서 논증으로 전개되는 구조의 글 양식이다. 가령, '오늘 뭘 먹지?'와 같은 의문을 통해 나의 식습관에서 우리 식문화를 점검할 수 있다. 또는 '커피점이 자꾸 늘어나는 것'에 의문을 품고 커피 소비량을 조사하고 앞으로 이 문제를 어떻게 해결해야 하는지에 대해 의견을 쓸 때도 서사논증 전략으로 내용을 구성할 수 있다. 메르스의 공포와 같은 시대적 문제도 병원에 의존하던 생활에서 변화를 가져오고, 동네 병원의 폐업 및 휴업 문제를 다루면서 약국이 대신 진료를 하게 될 때 발생할 문제와 건강관리 문제를 두루 지적할 수 있을 것이다. 대학생들에게 닥친 문제들을 깊이 생각해 보고 서사 방식으로 관찰한 내용을 써 나가다가 자신의 의견을 연결하게 되면 서사논증의 전략으로 글을 구성하게 되는 것이다. 가령 알바세상, 대학생의 일과 그리고 졸업 후 알바생의 생활을 관찰해서 서사 방식으로 내용을 먼저 구성해 볼 수 있다. 실제로 관찰한 내용을 적어 놓고 다시 읽어 보면 문제를 발견하고 어떻게 해결해야 할지를 생각하게 될 것이다.

통닭을 거절하니 다른 친구들이 왜 안 먹느냐고 핀잔을 주듯이 물어본다. 그래서 건강상의 문제로 당분간 채식을 하기로 했다고 했더니 마찬가지로 걱정해 주었다. 채식주의에 대한 이야기가 잠깐 오가더니 갑자기 누군가가 건강상의 문제라면 어쩔 수 없는데 자기가 의식적으로 채식을 하는 것은 배려해 줄 수 없다고 했다. 또 누구는 채식만 하며 어떻게 사느냐며 겉으로는 멀쩡해도 뭔가 건강상의 문제가 있기 때문이라고 말하기도 했다.

아, 가죽제품. 아침에 학교에 가는데 문득 생각났다. 진짜 채식주의자라면 동물 보호를 위해 가죽제품도 사용하지 않을 듯. 떠올려 보니 미숙이는 가죽제품을 안 들고 다녔다. 내가 들고 다니는 가방이며 신발을 대체할 것을 찾아보았다. 깜짝 놀랐다. 내 옷가지엔 웬만한 데에는 다 가죽이 들어가 있었다. 가방 대신 장바구니 같은 헝겊 주머니 지갑 대신 편집봉투, 신발은 어쩔 수 없이 가죽이 들어간 신발에 학교 로고가 있는 상의를 입고 밖에 나선 것이다. 다만, 아이보리색의 장바구니가 '저는 친환경적인 사람이에요'라고 말해 주는 것 같아 위안이 됐다. (학생 작품)

위의 자료에서 채식주의자의 시선을 생각해 보자. 필자가 강조한 것은 무엇일까? 채식주의자의 어려움은 육식을 할 수 없는 것에 있다는 점이다. 한국 사회 구성원들이 차이를 다루는 방식을 관찰하고 분석할 수도 있을 것이다. 채식주의의 어려움이 육식을 할 수 없다는 것이나 육식에 대한 욕망을 참아야 하는 것에 있지 않고, 다른 사람들과 함께 어울릴 수 없거나 다른 사람들에게서 부당한 비난과 배제를 당해야 하는 처지에 있다는 사실도 간과할 수 없다.

채식주의 선포 후 초반에 나를 괴롭힌 것은 눈앞에 떠다니는 육식의 유혹이었으나 다음 순간 나를 괴롭힌 것은 한국 사회 어디서나 채식주의자를 위한 선택의 가능성은 존재하지 않는다는 사실이라는 점도 생각할 수 있다.

기숙사나 식당에서 마땅한 먹거리를 찾을 수 없었던 경험을 통해 우리 사회 시스템에 채식주의자에 대한 배려가 없고 이것이 곧 사회구조가 개인에게 육식을 정상적인 섭식으로 강제하고 있음을 반증한다고 주장할 수 있다.

채식을 선포한 나에게 가해진 주변의 편견 어린 시선과 직접적인 비난, 집단생활에서의 배제와 부모님의 걱정 섞인 꾸중을 들었던 경험을 통해 한국 사회 구성원들이 집단 동일성에 대해 강박적 태도를 갖고 있음을 발견할 수도 있는 것이다.

연습

아래의 자료들을 보고 preview - view - review의 단계[35]로 일지를 구성해 보자.

일지의 목적은 preview 단계에 나타낼 수 있다. 가령, "나의 뱃심을 기르기 위해 복근을 만들려고 하는데 마침 영상을 보게 되었다."와 같이 시작할 수 있겠다.

자신이 좋아하는 영화, 전시회, 그림, 책 등등에 대한 감상문을 쓰는 연습을 해 보자. 국내의 자료가 아니어도 해외 자료를 보고 발상을 얻는 경험도 필요하다.

---

35) 미국의 창의적 글쓰기 양식을 따르면, preview-view-review의 단계로 글을 구성하는 연습을 할 수 있다. 글은 다른 예술작품에 대한 감상을 통해 발상을 얻고, 그 발상을 키워 자기만의 예술작품으로 창조하는 과정을 겪음으로써 예술가가 되는 훈련을 한 결과 산출된다.(Arts PROPEL)

5. 전시 · 공연보고서 쓰기

진단할 내용
- 전시물(공연물)의 팜플렛 내용을 요약할 수 있다.
- 팜플렛과 실제 내용을 비교 설명할 수 있다.
- 전시 공간의 부스별로 특징을 설명할 수 있다.
- 공연장의 환경 특징을 설명할 수 있다.
- 감상 내용에 적절한 체크리스트 항목을 만들 수 있다.
- 체크리스트 항목별로 감상 내용을 기록할 수 있다.
- 감상 내용의 활용 아이디어를 발견할 수 있다.
- 감상 내용의 활용 방안을 설계할 수 있다.

국내 박물관 또는 외국의 박물관 내 한국 문화유산 전시실을 관람하고서 예술작품을 창작하기 위해 발상을 얻을 수 있다. 관람하기 전에는 먼저 관람할 내용에 대해 자료를 조사할 필요가 있다. 조사 활동을 통해 관람 내용이 깊어지고 풍부해질 수 있기 때문이다. 조사를 한 후에 어떻게 관찰 내용을 기록하는 것이 좋을지 생각해 보자.

1) 전시 · 공연보고서 쓰기 요령

전시회나 공연장을 관람하고 보고서를 쓰기 위해서는 전시물 또는 공연 물의 특징을 발견하는 일이 전제가 된다. 전시물이나 공연물을 꼼꼼하게 관찰하고, 체크리스트를 만들어 소감을 쓰는 연습을 하면 보고서를 쓸 때 많은 도움이 된다. 전시보고서나 공연보고서를 쓸 때에도 관찰법이 활용되 는 것이다.

전시회나 공연을 관람하고 먼저 감상문과 같이 관람 내용과 소감을 적되, 행사 내용을 자세히 구성한다. 현장감을 주기 위해 사진자료를 첨부할 수 있다. 행사 내용에 대해서는 거시적인 관점과 미시적인 관점에서 아울러 기술하는 것이 좋다. 거시적 관점에서는 전시 또는 공연 내용에 대해서 구성 전반을 살펴볼 줄 아는 혜안이 필요하다. 가령 악(樂)·가(歌)·무(舞)가 종합적으로 구성된 공연이 특징이라면 종묘제례악, 수궁가, 처용무, 강강술래로 구성된 큰 그림을 볼 줄 알아야 한다는 말이다. 그리고 팸플릿에 적혀 있을 수 있는 특징도 찾아볼 필요가 있다. 팸플릿에 적혀 있는 광고는 대체로 기획의 목적을 반영한다. 가령 '초보자도 즐길 수 있는 명품 공연'이라는 정보처럼 큰 활자로 제목과 같이 눈에 띄게 제시해 보는 것이다.

Arts PROPEL의 방식으로 이 보고서를 써 본다면 처음 부분에는 관람 동기를 밝히면서 관람의 관점을 언뜻 비추고 시작하는 것이 좋다. 아래와 같은 예시문을 통해 보고서의 내용 구성 방법을 생각해 보자.

(preview) 구비문학에 관련된 공연을 관람하기 위해 정보를 찾던 중, 국악 공연의 경우 무형문화재로 선정된 사람과 같은 전문가에게서 소수의 특정인에게 전해져 내려오는 만큼 양질의 공연을 선택해서 봐야 한다는 말을 들은 적이 있었다. 그 중에서 질적으로 우수하면서도 경제적으로 부담이 되지 않는 국립국악원에서 열리는 '토요명품공연'이 눈에 띄었다.

(view)
이 공연은 매주 토요일 오후 4시에 국립국악원에서 열리는 대한민국 최고의 전통예술 상설무대로 30여 년을 이어 왔다고 하는데, [공연 시간 및 장소]
외국인부터 국악을 처음 접하는 사람, 국악애호가들까지 폭넓은 관객층을 포함하고 있다. [공연에 대한 반응]
초심자를 위한 여섯 개의 악, 가, 무(성악, 기악, 무용) 종합 프로그램과 국악계 무형문화재와 명인들의 공연을 감상할 수 있는 애호가를 위한 국악명품 프로그램, 유네스코에 등재된 우리 문화유산들로 꾸민 세계무형유산 프로그램의 세 가지 주제로 구성되어 매주 다른 주제의 공연들이 열리고 있다. 내가 예매한 날은 12월 26일로 넷째 주 공연이라 유네스코 지정 인류 무형 문화유산 프로그램을 볼 수 있었다. 프로그램은 종묘제례악, 판소리, 처용무, 강강술래 4가지로 구성되어 있다. [공연의 내용 구성] 날씨 좋은 늦가을, 토요일 오후 공연에 설레는 마음으로 국립국악원 우면당을 찾았다. 24세 미만청소년 할인에 해당되어 단돈 5천원에 공연 티켓을 예매했는데, 시간을 좀 넉넉히 두고 예매를 한 덕분에 맨 뒷줄 가운데 좌석으로 선택할 수 있었다. [기획성 평가: 공연 시기/시간 및 예매 등의 특장점]

(review) 공연이 시작하니 자리 선택이 좋았다는 것을 느낄 수 있었다. 공연장인 우면당이 생각보다 무대와 객석 사이가 가까워서 굉장히 생생하게 관람할 수 있었고 무대 전체를 내려다보며 명인들의 움직임과 그 분위기를 한눈에 볼 수 있어 감상하기에 용이했다. 1시간이라는 공연 시간이 너무 짧게 느껴질 정도였다. [공연 분위기와 관람객을 위한 배려 평가]

보다 심도 있게 보고서를 작성하고 싶다면 본 것과 들은 것을 중심으로 사실을 기록하는 데에 그치지 않고 조사 활동을 추가하면 된다. 가령 공연 구성에 대해 조사를 하든가, 명품 공연이라고 광고한 사실을 입증할 수 있는 근거를 조사한다든가, 세부 내용에 대한 자료 조사를 한다든가, 명품다운 요소에 대해 고찰하든가, 명창이 부르는 노래의 특징에 대해 조사한다든가, 공연하는 문화재의 소화력을 고찰한다든가, 궁중음악의 가치와 보존을 위한 노력에 대해 조사하는 등으로 면밀한 탐구가 필요하다.

◆연주회를 관람하고 나서

연주회를 관람하고 나서 보고서를 쓸 때는 다음과 같은 정보들이 포함되는 것이 일반적이다.

①연주회명[36]
②출연자 소개

③연주곡명과 작곡자 소개
④프로그램의 특징/관심 있는 부분/연주곡의 특징 및 소감/인상 깊은 부분
⑤관람 후 전체 총평
⑥팸플릿, 입장표, 사진 등 첨부
⑦팸플릿의 내용을 통한 전문지식 조사

위의 내용 구성을 살펴보면, 보고서를 작성하는 개인의 주관(느낌)은 삽입되지 않는다는 것을 알게 된다. 글의 장르적 성격이 보고서인 점에 비추어 사실을 기록하는 특징에 유념하여 구성하는 것이 좋다. 물론 관람 내용은 관람 전의 태도에 따라 전달력을 갖는다. 관람 전에는 잡지나 사전 등을 통해 미리 행사 대상을 조사하는 것이 좋다. 관련 내용을 마치 숙지하여야 관람하면서 생각할 수 있는 내용의 양이 풍부하고 깊기 때문이다. 음악의 경우 관련 악곡을 들어 보는 태도가 필요하다. 뿐만 아니라 전시회장이나 공연장에서 지켜야 할 예의를 숙지하는 것도 필요하다. 그리고 입장표이나 팸플릿을 보관하여 행사의 각종 정보들을 기억할 수 있는 근거 자료로 활용할 수 있어야 한다.

관람 전의 태도에 대해서는 다음과 같이 정리해 볼 수 있다. 먼저, 음악회를 관람하기 전에는 다음과 같은 점에 유의해야 한다.

①연주 시작 10분 전까지 입장하여 자리에 앉고, 휴대폰을 반드시 끄도록 한다.
②감상할 때는 엎드려 있거나 잡담을 하지 않고 헛기침이나 부스럭거리는 소리 등 음악 감상을 방해하는 소음을 내지 않는다.
③연주회장 안에서는 음식을 먹지 않고 반드시 지정된 장소에서만 음식을 먹는다.

---

36) 연주회명에는 연주회의 목적과 형태 정보를 알 수 있도록 되어 있다. 따라서 연주회명을 해석하는 능력도 보고서 작성에 요구된다.

④연주 악곡을 미리 예습하고 듣는 습관을 기르고 소나타처럼 여러 악장
으로 구성된 악곡에서는 악장이 끝날 때마다 박수를 치지 않도록 한다.
⑤음악회장에서는 남을 먼저 배려하고, 공중도덕을 잘 지켜야 한다.
⑥복장은 정장 또는 단정한 옷차림으로 한다.

공연을 관람하고 나서 다음과 같은 정보들을 수집하였다고 가정하고,
사실을 중심으로 기록해 보자. 다음의 사례는 사물놀이 공연을 관람하고
기록한 내용이다(www.koreamusic.org 참조).

사물놀이란 꽹과리·징·장구·북 등 네 가지 농악기로 연주
하도록 편성한 음악, 또는 이러한 편성에 의한 합주단을 말한다.
원래 사물(四物)은 불교의식에 사용되던 악기인 법고(法鼓)·운
판(雲板)·목어(木魚)·범종(梵鐘)을 가리키던 말이었으나, 뒤
에 범패(梵唄)의 바깥채비 소리에 쓰이는 태평소·징·북·목탁
을 가리키는 말로 전용되었다. 그리고 다시 절 걸립패의 꽹과리·
징·장구·북을 가리키는 말로 전용되어 오늘에 이른다. 이러한
편성에 따른 음악은 1978년 최초로 '사물놀이'라는 이름으로 창단
된 연주단에 의해서 본격적으로 시작되었다.
당시 이들의 농악을 다루는 연주 기량은 아주 뛰어났고, 농악
을 무대용 음악에 알맞게 효과적인 방법으로 구성되었다. 그래서
농악의 생동하는 음악성과 치밀한 연주 기교는 상당한 반응을
일으켰고, 해외 연주활동을 통하여 국제적인 명성을 얻기도 하였
다. 근래에는 다른 구성원들이 여러 사물놀이 합주단을 만들어
활동을 하면서 최초의 이들은 원사물놀이패로 불리고 있다. 이들
이 주로 연주하는 음악은 호남우도농악(湖南右道農樂)·짝두
름·설장고놀이·비나리·판굿·삼도농악(三道農樂)·길군악
칠채 등이다. 이들은 호남우도농악에서는 호남우도농악 판굿의
처음에 나오는 오채질굿·좌질굿·풍류굿·양산도·세산조시

를 연주한다. 짝두름에서는 상쇠와 부쇠가 쇠가락을 한 장단 또는 반 장단을 주고받는 가락이며, 호남좌도농악을 비롯하여 여러 지방의 짝두름을 함께 구성하여 연주한다.

설장고는 본디 장구재비 혼자 서서 발림[37]을 하며 독주하는 것이나 여기서는 악사 네 사람이 저마다 장구를 앞에 놓고 앉아서 설장고 가락을 제주[38]하되 대목마다 딴 가락을 연주하게끔 구성 되어 있다.

비나리는 걸립패들의 고사소리 덕담에 대한 은어인데 지역마 다 그 양식인 토리[39]가 다르게 되어 있어, 이들이 연주하는 비나 리는 충청도 동북부, 경기도 남부, 강원도 서남부 지역의 걸립패 들이 부르는 고사선염불과 덕담, 그리고 뒷염불이다.

판굿은 본래 마당에서 수많은 농악수들이 이리저리 움직이며 노는 것이나 이들의 판굿은 네 사람의 악사가 전립을 쓰고 상모놀 이를 하며 단체놀이나 개인놀이를 벌이는데 주로 상모놀음에 치중한다. 꽹과리잽이는 부포상모를 사용하고 나머지는 채상모 를 사용한다.

삼도농악은 삼남지방의 농악가락을 편성하여 연주하는 것인 데 주로 영남지방과 그 밖에 다른 지역의 쇠가락을 적당히 구성하 여 연주한다. 길군악칠채는 경기도 행진농악인 길군악칠채를 합주한다.

이들이 크게 인기를 얻게 되자 사물놀이 단독연주뿐만 아니라 무용 반주, 서양 오케스트라와 협연, 재즈와 협연 등 여러 가지로 응용된 바 있다. 뿐만 아니라 서양음악을 포함한 모든 한국음악 계에 커다란 영향을 주었고, 특히 타악기 전공자들에게 준 영향 은 타악기의 활성화에 크게 공헌하였다. (학생 작품)

---

37) 노래하는 사람이 소리를 극적으로 전개하기 위해 하는 몸짓, 너름새
38) 齊奏 : 여러 악기가 동시에 같은 선율을 연주함
39) 지방에 따라 구별되는 노래의 투

다음의 전시회 자료는 우문지 사이트(http://www.woomunji.com/)에 탑재된 연간 계획이다. 전시회의 핵심 주제와 함께 전시 일정, 관람료 정보, 전시 내용 등에 대한 정보들이 인터넷 홈페이지에 제시되어 있다. 인터넷을 활용하여 정보를 게시하는 것은 팸플릿의 내용과 관련된다.

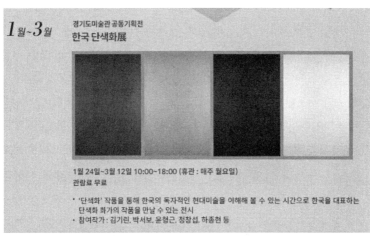

2) 한국문화의 특성 발견하기

전시회나 공연을 관람하는 목적은 근본적으로 소속된 문화권 민족으로서의 정체성을 지각하는 것이라고 할 수 있다. 창작 행위도 소속의식에서 비롯되어야 분명한 주제의식을 가질 수 있는 것이다.

앙드레 김의 유고 작품들이 민속박물관에 전시되었다. 이 사실로써 그의 작품이 한국 문화사적 가치를 가지고 있기 때문에 박물관에 전시되었으리라는 짐작을 쉽게 할 수 있다. 고 앙드레 김은 의상에 주요하게 쓰인 무늬를 창조하기 위해 어디서 영감을 얻은 것일지 생각해 볼 만하다. 기획 전시를 통해 확인된 바[40]는 그의 작품들이 우리나라의 궁중복식 문화에서 영감을 얻어 창조되었다는 점이다. 임금의 의상에는 용과 봉황이 있다. 이 무늬는 동아시아 문화권에서도 볼 수 있는 문화 요소이다. 용과 봉황 무늬의 색채와 곡선미, 단청 무늬의 색채 또한 한국의 문화성을 알 수 있는 대표적 사례다.

또 하나, 유명한 한국인 셰프가 유럽의 식당을 찾아다니며 수련을 요청했을 때 거절당하고도 결국 다시 그곳에 입성할 수 있었던 까닭이 무엇인지도 생각해 볼 만하다. 그에 따르면, 외국인 주방장들은 한국인 요리사 지망생들을 종종 질타한다고 한다.

"맵고 짠 맛에 길들여진 너는 유럽음식의 간을 못 봐."
"안 돼."
"한국에 돌아가."

알려지지 않은 나라에서 소심하게 다가가는 사람들을 과연 어느 누가 배려하며 인정할 수 있겠는가. 첫인상에서부터 인정받지 못하는 한국인이 비열하지 않은 방법으로 얕은꾀를 쓰지 않고 정당하게 직업인의 세계에

---

40) 2010년 4월 24일부터 8월 26일까지 1차로 '한국 패션의 신화 창조, 앙드레 김 의상 자료 기증전'은 국립민속박물관의 기획으로 마련되었다. 이번 전시는 유니세프 한국위원회와 ㈜앙드레김의 협조로 이루어졌다. 그리고 같은 곳에서 2014년 4월 21일까지 3회 전시되었다.

입성하려면 무엇을 갖추어야 하겠는지 생각해 볼 필요도 있다. 이는 세계인의 윤리의식을 갖춤으로써 보편타당한 인간성을 배양해 가야 할 과정이다.

우리나라는 삼국시대 때부터 지리적 특성상 세계의 상인들로부터 호감을 샀다. 우리나라의 옛날 지도를 보면 시대를 반영한 세계관을 알 수 있다. 11세기(1154년)에는 이디리시(Idrisi) 학자가 제작한 지도에 한국을 소개하였기를, 한국의 신라 땅은 중국 동쪽 너머에 있는 군도(群島)라는 사실이다[41]. 외국 상인들에게 조선 시대 임진왜란은 서구에 알릴 수 있는 좋은 기회로 인식되었다. 한국방송공사(KBS)의 광복 50주년 특별기획 기록물(다큐멘터리)이 방송되었듯이, 한국 문화유산의 세계적 관심은 매우 크다. 방송자료에 따르면, 아랍의 상인으로부터 신라가 황금의 나라, 환상의 나라로 불리기 시작하여 세계적 관심을 모았다고 한다. 17세기에 조선을 다녀간 외국인 하멜의 표류기를 통해서도 알 수 있는바 상인들로부터 폐쇄의 나라로 인식된 우리나라다. 독일인 사업가 에른스트 오페르트(Ernst Oppert)의 교역 시도에도 흥선대원군의 쇄국정책으로 그러한 인식이 팽배했었다. 1883년 한독 우호통상조약을 체결했을 때 마엣(Mayet)과 동행하면서 조선의 수도에 체류하며 본 것을 일지로 기록함으로써 한국의 소중한 문화유산이 세계에 알려졌다고 한다. 한국의 금속활자는 세계적으로 그 가치를 인정받고 있으나, 흙탕물과 쓰레기가 많은 거리라고도 알려졌다.

1894년 발행된 헤세 바르트엑(Hesse Wartegg)의 〈한국 견문기〉에는 길목마다 일본의 기마병들이 있는데도 조선의 백성들은 아랑곳하지 않는다는 느낌도 수록되어 있다(베커스 김, 2014 강의록 참고). 국제적인 교류를 하지 않아 물자 외교를 할 수 없음에 안타까워했던 외국인들은 호텔도 찻집도 없는 왕국이라며, 탐관오리로 인해 망친 왕국이라며 비난하기도 했다. 또한 조선의 잦은 전쟁들에 대해서도 외국인들의 시선에는 피신처와 전쟁터의 왕국으로 비쳤고, 그렇게 불안정한 상황에서도 잔치문화에 인색하지 않은 조선인들을 비난하거나, 전쟁으로 잿빛이 된 거리를 꼬집으며,

---

41) 베커스 김(2014), 동국대학교에서 한독 대학생 문화교류 학습지원을 위한 강의록 참고.

양반의 무위 소일한 태도와 조선 여인의 노새 같은 노동도 지적했다. 뿐만 아니라 신을 모시는 신전이 없는데도 조선 사람들의 신앙심이 깊어 기도하러 모이는 풍경이 외국인들의 눈에 띄었으며, 산은 벌거숭이가 되어도 온돌방에 쓰이는 장작을 풍부하게 마련해 놓고 따뜻한 온돌방에서 지내는 생활을 지적하기도 했다.

3) 공연 및 전시보고서의 실제

아래의 내용은 실제로 헬스 전시회에 다녀와서 보고한 학생 작품이다.

· 헬스 전시회의 기획의도: 바쁜 일상으로 건강관리를 못하는 당신, 헬스장이 아닌 전시 공간에서 자신의 몸을 시각적(3D)으로 진단하고 어떻게 하면 건강하고 예쁜 몸으로 살아갈 수 있을지 직접 체험하라.
· 장소: 경기문화재단 경기도미술관 경기도 안산시 단원구 동산로 268 (초지동)
· 일정: 2016년 6월 31일-9월 30일까지

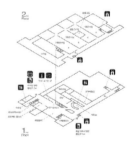

헬스전시장의 위치, 건물 외경, 실내

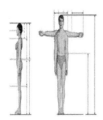

제1 관 BODY

제2 관 Health food

제3 관 Health Exercise

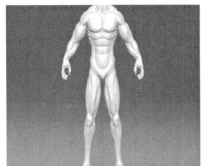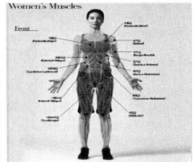

제4 관 Future Body

제5 관 Body film

다음의 자료는 한국음악 공연을 관람하고 나서 쓴 보고 양식의 글이다.

'종묘제례악'

Preview

종묘제례를 관람하기 전에, 종묘제례악의 11곡 중 하나를 감상해 보았다. 먼저, 공연을 관람하기 전 유의사항에 대해서 알아보았다. 실외에서 하는 공연이기 때문에 비교적 자유롭지만 남에게 피해를 주지 않는 기본 예의를 지켜야 하고, 엄숙한 제례 의식이기 때문에 정숙하고 경건한 자세로 임해야 한다.

View note

5월의 첫 날, 국제문화행사 유네스코 인류 무형 유산인 종묘대제를 관람하러 종묘를 방문했다. 담당교수님과 동기 언니, 이렇게 셋이서 방문했는데, 1년에 몇 번 하지 않는 행사라서 무료로 입장할 수 있었다. 역대 왕들의 신주를 모시고 있는 사당이 영녕전, 정전 둘로 나뉘어 있는데 아침 10:00~12:00에 영녕전 제향, 정전 제향은 14:00~16:30분에 실시된다고 했다. 매년 5월 첫 번째 일요일에 거행되는 종묘대제라서 아침부터 사람이 매우 많았다[42]. 한 시간 전부터 입장을 실시하고 있었고 좋은 자리에서 보기 위해 일찍 도착한 우리는 맨 앞 자리에 앉았다. 담당 교수님께서는 종묘제례악에 직접 참여하신 경험이 매우 많으셔서 그런지 우리에게 공연을 보고 질문할 것을 생각해 놓으라고 하시고선 가 버리셨다[43].

공연이 시작되고, 제사를 지내며 종묘제례악이 연주되기 시작했다. 종묘제례악은 종묘제례가 봉행되는 동안 연주되는 음악으로 기악과 노래에 춤이 함께 연행되었다. 음악은 각각의 절차에 따라 보태평과 정대업 11곡이 한국의 전통 악기로 연주된다. 종묘제례악은 편종, 편경, 방

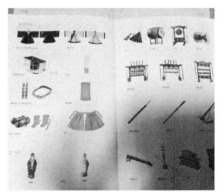

---

42) 공연 시기/시간 및 예매
43) 공연 시작 전 분위기

향과 같은 타악기가 주선율을 이루고, 여기에 당피리, 대금, 해금,아쟁 등 현악기의 장식적인 선율이 더해진다. 이 위에 장구, 징, 태평소, 절고, 진고 등의 악기가 더욱 다양한 가락을 구사하고 노래가 중첩되면서 종묘제례악은 그 어떤 음악에서도 느끼기 어려운 중후함과 화려함이 느껴졌다. 또, 정전 앞 계단 위에서 노래하는 것을 '등가'라 하고, 계단 아래 뜰에서 노랫말 있는 음악을 연주하는 악단을 '헌가'라고 부른다[44]. 음원으로만 들어 보았던 종묘제례악을 직접 눈앞에서 보고 들으니 정말 중후하고 깊이 있는 음악에 매료당한 기분이 들었다. 2시간 내내 한시도 눈을 뗄 수 없는 매우 깊이 있는 공연이었고, 아마 이후로부터 매년 종묘제례를 보러 찾아올 것 같다는 느낌을 받았다[45].

Review

종묘대제는 옛날에는 1년에 5번 정도 지내는 중요한 행사였지만 오늘 날에는 매년 5월 첫 번째 일요일에 봉행되고 있다. 딱히 요금은 들지 않아 부담스럽지 않았지만, 사람이 많아 공연을 편하게 관람하려면 시간 여유를 가지고 일찍 출발하는 편이 좋을 것 같다는 생각이 들었다[46]. 또한 실제로 세계문화유산으로 등재된 국제 문화행사를 직접 보고 관람 해 보니 우리나라의 궁중음악의 가치와 보존을 위한 노력이 얼마나 중요한지 새삼 깨닫게 되는 계기가 되었다[47].

---

44) 공연의 내용 구성
45) 관람 후 공연에 대해 받은 인상
46) 공연 시기/시간 및 예매 등의 특장점
47) 나의 감각과 관점

6. 모니터링

진단할 내용
- 매스미디어의 특성을 설명할 수 있다.
- 매스미디어 종류별로 콘텐츠 제작방식을 구별할 수 있다.
- 대상에 따라 모니터링을 할 수 있다.
- 모니터 역할에 따라 작품을 비평할 수 있다.
- 모니터링 결과에 대해 동료와 토론할 수 있다.
- 모니터링 결과를 도표로 정리할 수 있다.

예술작품을 창작하기 위해서는 모방 훈련도 필요하지만 관찰과 분석도 필요하다. 관찰과 분석을 돕는 방법들 중 하나가 모니터링이다. 그렇다면 모니터링은 왜 하며, 무엇을 관찰하여 비평하는 일일까?

1) 모니터링의 성격 및 방법

모니터링은 품질의 평가 체계이다. 이 모니터링의 목적은 사회적 서비스 욕구를 충족시키고 만족도를 향상시키는 것이다. 그리고 제품, 문화재, 방송, 급식 등에 대한 사회적 서비스를 대상으로 관찰분석한다. 모니터링은 제품의 의사결정과 관리를 수요자 중심으로 전환하기 위해 필요한 절차이다. 모니터링 방법은 사례 분석으로 이루어지며, 모니터링의 경과를 통해 제품의 평가지표가 개발될 수 있다.

모니터링의 대상은 대체로 사회적 서비스이다. 사회적 서비스는 공공행정(일반 행정, 환경, 안전), 사회복지(보육, 아동·장애인·노인 보호), 보건의료(간병, 간호), 교육(방과후 활동, 특수 교육), 문화(도서관·미술관 등 문화시설 운영)를 포함한다.

모니터(monitor)란 한 마디로 '감시하다'라는 뜻을 가지고 있지만, 우리가 일반적으로 사용하고 있는 모니터의 종합적인 정의는 신문·라디오·TV·잡지 등의 내용이나 체계·제도·이념 또는 언론 관련 부문에 대해 비판적 안목에서 객관적이고 과학적인 방법으로 분석하여 그 문제점을 찾아내고 이를 개선하기 위한 방안을 모색하는 능동적인 활동을 의미하는 것으로 볼 수 있다. 어떤 사물이나 상황이 시간의 흐름에 따라 변화하거나 진보하는 상태, 즉 정해진 계획에 따라 합의된 절차대로 수행되고 있는지를 단계마다 변화하거나 진화하는 상태를 점검(checking)하여 환류(feed back)하는 일이다.

모니터링을 하는 데에는 몇 가지 요건이 필요하다. 현상의 변화를 감시하기 위해서는 비교의 대상이 명확하게 규정될 수 있어야 하기 때문이다. 변화를 감시하기 위해서는 감시하고자 하는 대상으로서의 현상이 구체적이어야 하며 측정할 수 있는 것이어야 한다. 또한 변화를 검토할 수 있도록 시간적 차원의 비교가 가능하여야 한다.

따라서 모니터링과 감사의 차이를 분명하게 알아야 한다. 모니터링과 감사를 구별하지 못할 경우에 직급에 맞지 않는 생각을 하고 표현할 수 있기 때문에 조심해야 한다.

〈표 11〉 모니터링과 감사의 차이

용어	번역	정의	내용	비고
monitor-ing	모니터링 관찰	변화의 본질과 원인을 규명하기 위한 활동	이미 결정된 판별기준과 목적에 대한 자료수집	감사는 회계 용어에서 유래 ·자료의 수집없이 감사는 불가능 ·이미 결정된 판별기준과 목적에 대한 시험과 평가가 중요한 요소
auditing	감사 감시 사후감시	수집된 자료의 확인 및 실행여부를 입증하는 것	수집된 자료의 시험과 평가	

모니터링을 통해 작성자의 기본 소양을 알 수 있다. 모니터링은 사회를 바라보는 비판적인 안목과 적극적인 사고, 해박한 지식, 봉사정신, 끈기와 인내를 요구하는 작업이기 때문이다.

2) 프로그램 모니터링

현재 대중에게 많이 노출되어 있는 방송 매체를 생각하면 방송 프로그램을 시청하는 시간이 현대인의 여가 활용으로 채워지고 있다고 볼 수 있다. 오락을 목적으로 제작된 프로그램이 있는가 하면 교양 수준을 높이려는 프로그램도 있기 때문에 시청자의 바른 시각으로 여과될 수 있어야 한다. 그래서 프로그램 모니터링은 문화교육의 일환으로 다양한 매체를 통해 이루어지는 각종 교육을 받는 학생들뿐만 아니라 제작을 공부하는 학생들에게는 매우 긴요한 수련 내용이라고 할 수 있다.

프로그램 모니터링을 하는 방법을 소개하면 다음과 같다. 프로그램에 대한 투입들과 프로그램 활동들을 측정하고, 측정된 프로그램에의 투입과 프로그램 활동들을 사전에 설정되었거나 또는 기대되고 있는 것들과 비교하고, 이들 프로그램이 본래 구상한 대로 정확하고 충실하게 집행되었는지를 결정하는 데에 그 목적이 있다.

모니터링의 실제 과정은 몇 단계로 이루어진다.

①문제의식의 도출: 이 단계에서는 모니터링의 목적을 명확히 하고 그 필요성을 발견해야 한다.
②목표 설정
③대상 프로그램 선정과 기간 설정
④모니터 유목표의 작성: 이 단계에서 분석할 단위를 설정한다.
⑤사전 모니터의 진행: 예상치 못한 문제점을 방지하기 위해 미리 모니터링을 해 본다.

⑥실제 모니터 실시
⑦모니터 결과 토론
⑧모니터 보고서 작성

　명확한 목표를 정해서 모니터링을 하기 위해서는 모니터 대상을 잘 정해야 한다. 모니터 대상은 언론의 선전성이나 언론의 비교육성·비윤리성을 비치지 않아야 한다. 선전적이거나 비교육적인 대상은 자칫 소비주의에 의한 퇴폐주의, 향락주의를 조장할 우려가 크기 때문이다. 또한 반민주적 경향을 보이는 대상도 주의해야 한다. 그러한 대상을 모니터링하다 보면 반민족적이고 반통일적 성격에 노출되기 쉽기 때문에 모니터링의 결과로 지향할 가치가 오염될 수 있다.
　모니터의 분석 방법은 매체 유형에 따라 차이가 있다. 매체 유형별로 모니터링 하는 연습을 해 보자. 가장 많이 보는 신문 기사와 방송 프로그램, 특징 목적에 의한 답사 프로그램을 대표적으로 연습해 보면 좋다.
　신문 기사는 내용의 성격에 따라 사건 보도기사, 해설 기사, 사설, 칼럼, 기획기사, 4컷 만화나 만평, 사진, 가십 등으로 구분된다. 방송 프로그램 또한 목적과 정보의 성격에 따라 뉴스, 드라마, 다큐멘터리, 쇼로 구분된다. 아래의 양식별로 모니터링의 요소들을 자세히 관찰하여 기록해 보면 좋다. 단, 초보자의 경우 너무 많은 요소들을 관찰하려고 하면 기획 의도나 주제를 놓칠 우려가 있으므로 관찰 범위를 좁게 정해서 연습을 많이 해야 한다.

◇ 신문 모니터의 양식은 아래와 같은 요소들을 기본적으로 관찰하여 구성한다.
- 신문명
- 일시
- 제목
- 분류
- 위치/면
- 제목단, 본문단

- 출처
- 주요 내용
- 전체 의견 및 평가

다음으로, 방송 모니터 양식에서 방송 프로그램의 장르별로 무엇을 관찰하는가 하는지 알아보자.

◇ 방송 모니터 양식은 아래와 같은 요소들을 기본적으로 관찰하여 구성한다.
- 방송국명
- 프로그램명
- 일시/방송 시간/뉴스 진행자/모니터 성명
- 뉴스 제목/시간
- 보도자
- 출처
- 소리/화면
- 내용 요약
- 전체의견 및 평가

◇ 보도 프로그램 모니터링 요령
- 신속 보도에서 경쟁력은 유지되었고 정확했는가?
- 뉴스의 경우 톱뉴스는 무엇이며, 톱뉴스로서의 가치(Value)를 갖추었는가?
- 아이템들이 뉴스로서의 가치(Value)를 갖추었는가?
- 시청자의 주요 관심사가 누락된 것은 없는가?
- 객관성, 형평성, 공정성은 유지되었는가?
- 오보나 인권침해 사례는 없는가?
- 기획 취재물의 경우 구성 면에서 깊이와 밀도가 있고, 공익성이 있는가?
- 시청률을 의식한 결과 선정적이거나 역정보로 악용될 요소는 없는가?
- 편집은 짜임새가 있고 연계성이 살아 있는가?

- 전달 내용과 화면은 조화를 이루고 있는가?
- 보도 전달자의 언어구사나 용모에서 문제는 없는가?
- 자막, 캡션, C-G 등에서 오기는 없고, 활용은 적절한가?
- 비디오와 오디오에서 기술 상태는 양호한가?
- 방송 심의 규정 등 제반 법규는 준수되었는가?

◇ 교양 프로그램 모니터링 요령

- 메시지가 명확하고 공익성이 있는가?
- 내용이 일반적 정서나 사회 규범에 어긋나지는 않는가?
- 시의성과 공정성, 객관성은 유지되는가?
- 내용이 정보나 교양으로서 가치가 충분한가?
- 시청자의 건강한 흥미와 욕구를 충족시켜 주는가?
- 내용이 심층적이고 분석을 통한 깊이가 있는가?
- 현상 진단에서 나아가 문제점 지적이나 대안 제시기능이 충분한가?
- 내용과 형식에서 독창성이 있는가?
- 적절한 긴장감과 속도감으로 흡인력이 있는가?
- 내용 전달자의 표현이나 용모에 문제는 없는가?
- 기획, 구성, 편집, 진행 및 연출은 적절하고 신선한가?
- 내용과 화면은 조화를 잘 이루는가?
- 카메라 앵글이나 카메라 워킹은 적절한가?
- 세트, 조명, 음악, 음향, 자막, 이펙트 등 완성도에 결함은 없는가?
- 방송 심의 규정 등 제반 법규는 준수되었는가?

◇ 오락 프로그램 모니터링 요령

- 재미있는 요소로 시청자를 흡인시키는가?
- 내용과 형식에서 독창성이 있는가?
- 내용상 의미는 있는가, 유치하거나 저속하지는 않는가?
- 지나치게 선정적이거나 폭력적이지 않는가?
- 일반적 정서와 사회 규범 등에 어긋나지는 않는가?
- 적당한 긴장감과 속도감이 유지되는가?

- 진행자의 진행은 매끄러운가?
- 출연자나 배역 선정은 적절했고, 역할 수행은 무난한가?
- 방송 시간 대응 프로그램과의 경쟁력은 겸비되는가?
- 기획, 구성, 연출, 편집 등은 신선하고 적절한가?
- 카메라 앵글이나 카메라 워킹은 적절한가?
- 세트, 조명, 소품, 음악, 음향, 자막 등 완성도에 문제는 없는가?
- 시의성, 공정성, 객관성이 유지되는가?
- 방송 심의 규정 등 제반 법규는 준수되는가?

방송 프로그램 말고도 현장을 관찰하고 조사한 내용을 기록할 수도 있다. 모니터링은 급식업체에 대한 답사와 같이 기업과의 업무협약을 위해 사전 정보활동을 할 수도 있고, 문화재나 문화유적지를 답사함으로써 프로젝트를 기획하고 수행하는 과정에 필요하기도 하다. 학생으로서 기업의 운영에 참여하기보다는 문화재 모니터링을 하는 데에 역할을 행사할 기회가 많으므로 여기에는 문화재 관련 조사활동의 방법을 제시한다.

◇ 문화재 모니터링 요령
- 활동장소 개요(소재지, 현장 날씨, 개장 시간, 입장료, 활동 코스)
- 찾아 가는 길
- 사진 또는 그림
- 문화재명, 문화재 지정번호
- 주변환경 소재
- 문화재 현황(문화재의 재질, 크기, 색채 등의 정보를 조사하여 기재한다.)
- 모니터링 내용(사진 첨부)

모니터링은 관찰법을 활용한 조사활동이고, 이 활동을 수행한 이후에는 자가평가 단계를 거친다. 모니터링을 수행한 주체가 스스로 대상을 얼마나 자세하고 면밀하게 관찰하였는지를 확인하고, 관찰 결과 문제점이 무엇이며 그것을 어떻게 해결할 수 있는지 생각함으로써 의의를 찾을 수 있다. 따라서 모니터링의 목적은 특별한 목적을 지니고 구체적인 수행 내용을 찾는 것에 있으며, 모니터링의 성격은 수행 내용을 찾기 위한 전제로서의 정보활동이다.

모니터링의 결과는 대체로 체크리스트 형식으로 정리한다. 체크리스트는 시각적으로 분명하게 나타낼 수 있고 모니터링의 항목별로 일목요연하게 정리할 수 있는 방법이다. 평가 등급을 정하는 것은 일반적으로 5점 척도[48](매우만족/만족/보통/불만족/매우 불만족)를 많이 사용하여 모니터링의 결과를 정리한다.

◇ 방송 모니터링 체크리스트

모니터링은 자신 있는 분야에서 수행되어야 한다. 방송 모니터링의 경우, 관심 있는 직무를 미리 체험하는 활동이기 때문에 방송 관련 직무 담당자의 입장을 먼저 알아야 한다. 직무에 따라 기록할 내용이 다르다.

[작가]
- 객관적으로 화면 해설을 표현했는가?
- 상황 전개에 따른 해설의 타이밍이 적절했는가?
- 영상의 내용을 화면 해설로 잘 표현했는가?
- 어휘가 적절하게 선정되었는가?
- 드라마 전개 내용을 이해하는데 문제가 없었는가?
- 극의 분위기(광의:전체/협의:장면)를 잘 살렸나?
- 등장인물의 이름, 사물의 명칭 등을 틀린 부분은 없었는가?

[성우]
- 해설할 때 원작과 적합한 목소리였는가?

---

48) 홀수로 평정척도를 설정하는 것은 가운데로 평정의 결과가 몰리기 쉬우므로 근래에는 짝수로 척도를 설정하여 모니터링을 하는 추세이다.

- 해설의 내용을 정확하게 전달되었는가?
- 분위기(느낌)를 잘 살리며 해설을 하는가?
- 등장인물의 이름, 사물의 명칭 등을 잘못 읽은 부분은 없었는가?

[엔지니어]
- 음성에 잡음이 있었는가?
- 배경음과 화면해설이 잘 조화됐는가?
- 중간에 화면 해설이 사라지거나 소음으로 추정되는 기타의 다른 소리
  는 없었는가?
- 끊김이나 다른 문제점은 없었는가?

3) 모니터링의 실제

실제로 모니터링이 어떻게 이루어지는지를 살펴보고 연습해 보기로 한
다. 아래의 글은 교육방송공사(EBS)의 '곤충 밀리미터의 세계 - 1부 위대한
생존전략'에 대한 모니터링으로서 평정척도법이 활용된 예다.

〈학생 작품〉

교양프로그램의 모니터링 항목	교양프로그램의 가치 평가		
	그렇다	그렇지 않다	연관성이 없다
• 메시지가 명확하고 공익성이 있는가?	○		
• 내용이 일반적 정서나 사회규범에 어긋나지는 않는가?	○		
• 시의성과 공정성, 객관성은 유지 되는가?	○		

교양프로그램의 모니터링 항목	교양프로그램의 가치 평가		
	그렇다	그렇지 않다	연관성이 없다
• 내용이 정보나 교양으로서 가치가 충분한가?	○		
• 시청자의 건강한 흥미와 욕구를 충족시켜 주는가?		○	
• 내용이 심층적이고 분석을 통한 깊이가 있는가?	○		
• 현상 진단에서 나아가 문제점 지적이나 대한 제시 기능이 충분한가?			○
• 내용과 형식에서 독창성이 있는가?		○	
• 적절한 긴장감과 속도감으로 흡인력이 있는가?	○		
• 내용 전달자의 표현이나 용모에 문제는 없는가?			○
• 기획, 구성, 편집, 진행 및 연출은 적절하고 신선한가?	○		
• 내용과 화면은 조화를 잘 이루는가?	○		
• 카메라 앵글이나 카메라 워킹은 적절한가?	○		
• 세트, 조명, 음악, 음향, 자막, 이펙트 등 완성도에 결함은 없는가?			○
• 방송 심의 규정 등 제반 법규는 준수되었는가?	○		

위와 같이 모니터링 결과를 체크리스트 항목에 따라 정리할 수 있다. 체크리스트 항목은 모니터링의 주체가 스스로 만들어 틀을 정하고, 그 틀에 따라 기록 내용을 정리하면 된다.

7. 현장답사 보고서 쓰기

〈나의 문화유산답사기〉라는 책이 있듯이, 창작을 하기 위해서는 현장을 방문하여 실제로 환경여건을 조사할 필요가 있다. 현장에 가서 본 것을 어떤 관점에서 어떻게 기록하면 좋을지를 알아보자.

1) 현장답사 보고서의 성격

현장에서 직접 프로젝트를 수행하려는 목적을 찾고, 어떤 문제에 대해 적절한 대책을 세울지를 계획하는 과정에서 가장 먼저 현장답사를 하게 된다. 그리고 답사 후에 보고서를 쓸 때 유념할 점이 있다. 그것은 다음과 같은 요소들이다.

①참여 목적 분명히 하기
②참여 내용 구체화하기
③참여의 의의 발견하기
④다양한 양식으로 쓰기

현장답사는 구체적인 목적을 지니고 수행하는 활동이어서 답사 후 작성하게 되는 보고서에는 그 필요성을 명백하게 드러내어야 한다. 현장답사는 취업을 준비하는 학생이 미리 정보를 얻기 위해 또는 수련생의 수련 과정 중에 적성을 확인할 기회를 제공받을 수 있는 방법이다. 그래서 현장답사 보고서에는 현장답사를 하는 주체가 왜 현장에 갔는지부터 분명하게 밝히고 현장에서 보고 들은 것을 정리하여 애초의 목적에 부합되는 점들을 발견·검토하는 과정이 담긴다. 그래서 이 글은 현장 체험의 필요성이 뚜렷하게 기술되어 있으며, 현장에서 얻은 정보들이 입사 또는 입문을 위해 준비할 내용으로 구성되는 양식이다. 다시 말해서, 현장을 다녀오지 않은 사람들도 관련 직무를 알 수 있도록 자세히 기록하여 현장의 전문가가 되어 보는 체험을 할 수 있는 글이다.

　현장답사를 하는 동안 답사 주체는 자기정체성을 확인할 수 있다. 다시 말해서 누구나 현장을 방문하게 되면 왜 왔는지부터 생각하게 되고, 무엇을 위해 왔는지와 함께 앞으로 무엇을 하려고 하는지, 현장이 어떤 영향을 주는 곳이며 현장을 위해 무엇을 할 수 있는지를 생각해 볼 수 있는 기회를 제공받을 수 있다는 말이다.

　현장답사 보고서는 다음과 같은 내용을 포함한 양식의 글이다.

①답사 장소와 나
②내가 이곳을 찾게 된 이유 또는 동기
③답사하며 알게 된 것
④답사하며 만난 사람들
⑤답사하며 본 것
⑥답사하며 들은 것
⑦답사하며 알아야 할 것
⑧내가 모르고 있는 것
⑨나의 삶에 필요한 것
⑩이곳과 관련하여 알아야 할 것

개괄적으로 답사보고서의 성격을 뽑아 보면 다음과 같은 정보들로 일별
할 수 있다.

- 답사 날짜
- 답사 장소
- 답사 목적
- 답사 내용
- 답사 결과
- 알게 된 점
- 느낀 점

농촌이나 어촌 등을 가면 주택가 골목의 벽마다 그림으로 채워져 있는
풍경을 보게 된다. 이러한 현장도 마을미술 프로젝트가 수행된 결과 미학적
으로 조성된 것이다. 한편 방송계로 진출하고자 하는 지망생들에게 방송
현장을 답사하는 활동도 필요하다. 교육과정에 이러한 현장실습이 편성된
것은 학생들이 실무를 관찰함으로써 자신의 관심사 및 적성을 확인하는
기회를 얻도록 하는 취지를 반영한다. 여러 강연 현장들을 방문함으로써
전문가들과의 대면 기회를 얻는 경험도 간접적으로 도움이 될 수 있다.

2) 현장답사 보고서 쓰기의 실제

현장답사를 하는 이유는 미학적으로나 경제학적으로나 문화적으로 인정
받는 곳을 관찰하여 분석하고 본뜨기 위해서이기도 하지만, 문제를 발견하
고 해결하려는 의지 때문이기도 하다. 후자의 경우, 현장답사의 필요성을
분명하게 찾고 주체로서 수행할 역할을 찾을 수 있다.

현장답사의 목표에 근접하기 위해서는 관찰하기 쉬운 장소를 선정하는
일이다. 관찰자가 잘 알고 있는 장소에서 관찰이 수월하게 이루어질 수

있기 때문이다. 물론 발전된 장소보다는 발전되지 않고 버려진 땅을 답사 장소로 정하는 것이 좋다. 나의 고향이 개척되지 않아 불모의 땅으로 누구든 찾지 않는 곳이라면 그보다 더 심각한 문제가 없으리라고 말할 수 있다. 자신이 나고 자란 고향을 둘러보고 문제를 찾아 해결하려는 노력은 소속감과 지역애를 바탕으로 하므로 현장답사를 통해 열정을 키울 수 있다. 열정을 가지고 있어야 문제가 해결되기 때문이다.

먼저, 자신의 고향을 지도로 그려 본다.

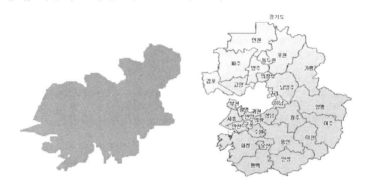

나의 고향은 어느 도시, 어느 지역에 위치하고 있는지를 살펴보면서 출발지에서 도착지까지 가는 길에 무엇 무엇이 있는지 관찰해 보자. 가령, 나의 등굣길이 추억의 장소였다면 떠오르는 일화들을 메모해 보고 다시 가 볼 수 없는 곳을 안타까워하며 잊혀진 사실을 기록할 수 있다. 아쉬움과 그리움 이면에 오늘의 나를 있게 한 장소들을 그려 보면서 답사 장소의 과거, 현재, 미래의 모습을 정리해 본다.

◆실습: 나의 고향이야기 -캐릭터 설정하기

삼산마을 숲에는 마을의 남북 양단(兩端)에 두 개의 "당산나무"가 설치되어 있다. 남쪽 당산을 윗당산이라 하고, 북쪽 당산을 아랫당산이라고 하는데, 윗당산은 '할아버지 당산'이라 하고 아랫 당산은 '할머니

당산'이라 한다. 당산제는 마을의 수호신을 모신 당산에서 마을의 재앙을 물리치고 평화와 풍년을 기원하는 공동체로서, 당산제를 지내고 나면 마을에 괴질 등의 병과 재앙이 없어지고, 풍년이 든다는 것이다. 1960년대까지 마을에 당산이 설치되어 있어서 매년 정월보름에 "당산제"를 지냈다.

허난설헌 생가를 찾았다.

차도 마시고 마치 제례를 집전하는 행사가 있었다. 이마 따갑고 그늘엔 찬바람 불어오는 가을 날씨라 초두부 먹으러 가는 길목에 고추밭이 있었다. 고추를 열리게 했으나 잡초 반 고추 반 엉망이다. 농사보다 땅값이나 올라 팔아야겠다는 심산에 선지 농사는 건성으로 짓고 있었다. 고추 지주대마다 앉아 있는 고추 잠자리가 제철을 만나 한가히 날파리를 노리고 있었다. 외할아버지가 선심 쓴다고 그냥 지날 수 없어 한 마리 잡았으나 외손주가 무서워한다고 그냥 날려 보냈다.

"이제 내게 필요한 건 별로 없어, 앉아서 쉴 조용한 곳이나 있으면 좋겠어, 난 몹시 피곤해." 나무는 안간힘을 다해 굽은 몸뚱이를 펴면서 말했다. "자, 앉아서 쉬기에는 늙은 나무 밑둥이 그만이야. 얘야, 이리로 와서 앉으렴. 앉아 쉬도록 해." 소년은 시키는 대로 했다. 그래서 나무는 행복했다. 영원히.

편히 앉아 쉬게 해 주면서 나의 주린 배를 생각해 주시는 할아버지, 할머니... 나의 고향, 이곳에는 맛있는 시골밥상이 자랑이다.

그리고 나서 고향 이미지를 활용하는 방법을 다양하게 생각해 봄으로써 홍보 및 발전 방안을 설계할 수 있다. 가령 만화책, 애니메이션, 뮤직비디오, 노래, 인형 등의 상품들이 고향 이미지를 전달할 수 있는 방법이 된다.

3) 스토리텔링

현장답사 보고서의 내용이 잘 전달되기 위해서는 대중의 감각을 고려하는 것도 중요하다. 대중의 감각은 창조물의 보편성을 확보한 요소이므로 전달력을 높일 수 있기 위해 간과할 수 없다. 그리고 보편적인 요소를 어떤 방식으로 전달하는가도 중요하다. 대중에게 친숙한 표현 방식으로서 스토리텔링을 꼽을 수 있다. 스토리텔링은 '사건에 대한 진술이 지배적인 담화 형식'(이인화, 2003)이다. 이 방식의 특성은 이야기성 story, 현장성 tell, 상호작용성 ing(최혜실, 2007)으로 정리되고 있다. 또한 스토리텔링은 텔링(telling) 방식의 다양화를 통해 텍스트구조 안에서 재맥락화되고, 지속적인 조형성과 확장성을 지닌다.

[그림 1] 스토리텔링의 One Source Multi Use 구조도(2010, 한국컨텐츠진흥원)

이렇게 스토리텔링은 대중의 관심을 좇아 효과적인 전략으로 여러 분야에서 그 의의를 확인받고 있다. One Source Multi Use의 성공적인 선순환을 이루는 중심에 스토리텔링이 필수적이라고 말할 수 있을 정도이다. 그래서 스토리텔링의 부가가치가 끊임없이 창출되고 있는 시대다. 컨텐츠를 스토리텔링 기법으로 표현할 때 독자적인 가치를 드러낼 수 있어야 브랜드로 인식된다. 브랜드는 烙印(낙인)이라고 할 수 있는 말로, 강렬한 특징으로 독자들의 눈길을 끄는 것이다. 이는 기업의 상표, 상품의 이름 등과 동일시 될 수 있는 환유 장치다.

그러면 문화 컨텐츠 스토리텔링의 성격에 대해 알아보자. 문화 컨텐츠 스토리텔링은 고전적인 방식으로 접근했던 옛날과 다르다. 현대 문화 컨텐츠 스토리텔링의 방법적 특성은 어떻게 다른가? 먼저, 현대 스토리텔링은 해석 중심이 아니라 생산과 실천이 전제된 방법이다. 두 가지 기둥 즉 문화+컨텐츠의 형태로 결합된 모습으로 나타나 두 양식의 변별성이 분석된 다. 그리고 문화 컨텐츠를 현대적 스토리텔링 기법으로 표현함으로써 지속 적으로 창출될 수 있는 가치를 찾을 수 있다. 또한 이 기법은 다양한 장르 특징으로 증명되며 생산적 확장을 가능케 한다. 때문에 이 기법이 장르별로 다양하게 표현할 수 있다는 가능성을 인식하고 이 기법으로 창작하는 데에 적극 참여함으로써 활용성을 확인할 필요가 있는 것이다.

문화 컨텐츠의 필요조건은 기획-창작-마케팅의 종합적 관점에서 증명되 어야 하며, 기존 서사 장르와 뚜렷한 변별성을 지닌 것으로 확인되어야 한다. 스토리텔링 기법의 대표작 '해리포터'의 SWOT 분석[49]을 통해 문화 컨텐츠의 필요조건을 알아보자. 먼저 이 작품의 강점(STRENGTH)을 다음과 같이 정리해 볼 수 있다.

- 살아남은 아이의 성정과 선택받은 아이의 미션 수행담의 보편성 확보
- 긍정적 가치지향의 서사
- 시리즈물의 흡인력
- 영상화 가능한 요소들
- 미시 컨텐츠 활성화 요소
- 신데렐라 이야기

---

49) 한국컨텐츠진흥원의 보고에 따라서, 해리포터의 SWOT 분석을 컨텐츠 분석의 모델로 활용할 수 있다.(2010, 자료 참고)

다음으로, 약점(WEAKNESS)은 다음과 같이 정리될 수 있다.
- 7권 23책의 분량
- 순차적으로 읽어야 하는 부담
- 영국적 특성이 강한 스토리
- 아동용이라기엔 무겁고 어두운 이야기
- 반기독교적 이야기 요소

또 기회(OPPORTUNITY) 요인은 다음과 같이 정리될 수 있다.
- 아동과 성인 독자층 포괄
- 브랜드가디언으로서의 엄정성
- 미시 컨텐츠의 머천다이징[50)]
- 시리즈물로서 지속적 마케팅
- 막강한 네트워크와 배급량
- 반지의 제왕과 상호 시너지 효과

또 위협(THREATH) 요인은 다음과 같이 정리될 수 있다.
- 7권 시리즈 진행 과정에서 이야기 요소 유출
- 악마적 요소의 부각으로 인한 종교계 반발
- 자본주의와 결탁한 타락한 판타지
- 지나친 상업화 우려

위의 분석을 통해 해리포터 시리즈의 가치를 찾아보면 방대한 분량이 독자들에게 부담을 주는 문제가 되어도 그 구성은 조화롭다. 즉 7권의 내용을 보면 미시 서사와 거시 서사가 조화롭게 구성되어 있다. 또 학교소설, 각종 마법 등의 이질적이나 익숙한 요소를 활용하고 성장담을 중심으로 보편성을 확보하였다. 이러한 장점이 해리포터를 다른 서사와 다르게 보이도록 하는 것이다.

---

50) 스토리텔링의 효과는 캐릭터상품을 판매하는 대에까지 영향을 미친다.

그럼, 소설 해리포터의 전략을 분석해 보자. 먼저 익숙한 서사구조(보편성)가 활용됨으로써 대중성을 확보하였다. 구조적으로뿐만 아니라 내용상으로도 대중성이 검증된 모티프를 전략적으로 배치하였다. 다시 말해서 업둥이 모티프와 사생아 모티프를 변형하고, 아비 찾기의 서사로 흥미를 준다. 아비 찾기의 서사는 궁극적으로 아비를 찾는 데에 목적이 있는 서사이다. 아비를 찾아가는 과정이 바로 추구의 서사다. 추구의 서사가 단선적으로 전개되는 것이 아니라 단계구조와 결합됨으로써 대중에게 흥미로운 컨텐츠로 인식된다.

한편 해리포터 시리즈는 학교소설의 전통을 창조적으로 계승하였고, 미시 서사의 극적 독립과 거시 서사의 선형적 통합으로 완성된 컨텐츠로서 그 특징을 증명해 주었다.

뿐만 아니라 하나의 거점 텍스트가 다양한 장르로 변용된 예로서 해리포터는 영화계에서도 인기를 얻었다. 영화 해리포터의 전략을 분석해 보자. 원천 컨텐츠의 장점을 극대화하였다. 즉 해리를 중심으로 학습과 체험을 통하여 능력을 향상시키게 하였고, 그것을 이용하여 수행할 미션을 단계적으로 구조화한 것이다. 또한 원작의 복수 캐릭터를 과감히 생략하고 해리를 중심으로 선택과 집중 전략을 보여주었다. 뿐만 아니라 비주얼 스토리텔링 기법을 강조하였다. 마법학교를 설정하여 판타지적 상상력을 극대화하였고, 선악의 대립구도와 악의 정체를 추적하는 추리기법을 선보였으며, 작품 후반에 반전을 시도함으로써 긴장을 주었다.

따라서 해리포터는 여러 가지 시사점을 준다. 먼저 컨텐츠 창작에는 당위가 아니라 실천을, 해석이 아니라 분석이 전제된다는 점이다. 그리고 양질의 원천 컨텐츠 개발이 목적이어야 함을 말해 준다. 셋째로 낯선 것과 익숙한 것을 조화롭게 구성함으로써 효율성을 가질 수 있다. 넷째, 언제나 현재진행형의 스토리텔링을 지향한다. 다섯째, 거점 컨텐츠화 전략의 필요성을 증명해 준 대표적인 예다.

해리포터의 미시 서사에서 지향하는 가치를 권별로 아래와 같이 정리해 볼 수 있다.

〈표 12〉 해리포터 시리즈의 지향 가치

권	지향가치
1.마법사의 돌	자기희생, 용기, 우정, 사랑
2.비밀의 방	겸손, 배려, 용기, 진실
3.아즈카반의 죄수	우정, 신의, 진실
4.불의 잔	용기, 공정, 명예, 윤리, 선택
5.불사조기사단	용기, 선택, 배려, 우정
6.혼혈왕자	용기, 명예, 신의, 희생
7.죽음의 성물	겸손, 희생, 책임, 사랑

해리포터의 거시 서사는 다음과 같이 그려 볼 수 있다. 서양의 서사구조
는 대체로 확장된 플롯의 형태를 보이는데, 장편의 경우 선택되는 장치로
인식되고 있다. 또한 위기 다음에 파국을 맞고 다시 절정으로 치달아 최종적
으로 파국으로 연결되는 특징이 있는 것이다.

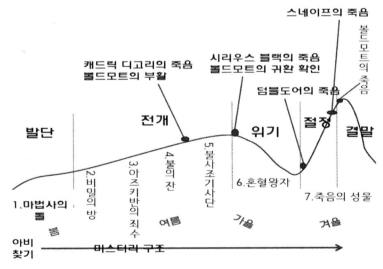

[그림 2] 해리포터의 거시 서사

인기를 얻기 위해서 해리포터 시리즈의 지향 가치를 그대로 우리 문화에 도입할 필요는 없다. 우리 문화권의 특성과 공유될 수 있는 가치를 확인함으로써 설득력을 보장받아야 한다. 우리 문화권은 중국과 일본의 관계 속에서 독특한 특성으로 인식되기보다는 발생학적으로 상호연관성을 가진 대상들이 많기에 동아시아의 문화성을 추적해야 더 신빙성 있는 자료를 확보할 수 있게 될 것이다. 동아시아의 지향 가치는 덕(德)이다. 이 덕은 인(仁), 의(義), 예(禮), 지(智), 신(信)으로 구성된다.

해리포터에서 발견되는 스토리텔링 전략을 분석해 보자.

(1) 옛이야기 특성

먼저, 영웅 아더에 비유된 해리는 자신의 혈통을 모른 채 비천하게 자라지만 결국 출생의 비밀을 알게 되고 일련의 시련을 이겨내며 악과 싸우는 영웅이다.

둘째, 구박받던 아이에서 관심 받는 영웅으로 변신하여 신데렐라 같은 존재들의 소망을 대리만족시킨다.

셋째, 아이들의 무의식적 불안감이 투사되고 치유되는 전래동화 특성을 가진다. 가령 더즐리 부부로 대변되는 가짜 부모와 포터 부부, 덤블도어, 시리우스 등으로 대변되는 진짜 부모로 대비되는 국면 속에서 갈등을 보여준다.

넷째, 등장인물 이름은 그리스로마 신화나 영국 민간전설에서 차용한 것이다. 부분적으로는 시저 이야기, 톰 소여의 모험, 이상한 나라의 앨리스, 스핑크스와 아더왕 전설 등의 모티프와 대사를 패로디한 결과이다.

다섯째, 다른 작품에 영향을 주어 거점 컨텐츠로서 활용 가치를 갖는다. 평범한 일상세계에 감춰진 마법세계로의 관문과 분명한 선악구도는 〈나니아 연대기〉에, 선악으로 갈린 마법사들 간 싸움은 〈반지의 제왕〉에 영향을 주었다.

옛이야기의 보편성은 악셀 올릭의 서사법칙에 의해 보장된다. 그 법칙은 다음의 세 가지로 설명된다.

①개시와 종결의 법칙: 이 법칙을 따르면, 갑작스럽게 시작하거나 황급하
게 끝맺지 않게 된다.
②단일성의 법칙: 이 법칙을 따르면, 주인공 영웅들의 행동과 목표는
단순하고 명쾌해야 독자들에게 수용될 수 있음을 말
해 준다.
③반복과 3의 법칙: 이 법칙을 따르면, 신화 속 영웅은 왕의 세 번째
부름에 답하며, 모험 과정에서 세 명의 친구를 만나
세 번 고비를 넘기는 특징을 보여준다.

3의 법칙은 한 명의 주인공에 집중되는 서사법칙이다. 그 밖에도 흥미로
운 서사를 위한 법칙들이 있다. 또 하나는 대조의 법칙이다. 이 법칙을
활용하면 젊은이와 늙은이, 인간과 야수, 작은 것과 큰 것, 선과 악의 이분법
적 양태로 나타나게 된다.

바람직한 서사 구성은 고유의 법칙에 봉사하고, 대조의 법칙을 풍부하게
하는 '쌍둥이 법칙'이라고 할 수 있다. 그리고 서사 전개 과정 중에서 결정적
순간을 극적 장면으로 이루는 일도 염두에 두어야 한다.

(2) 대중성이 검증된 모티프

해리포터 이야기가 워낙 인기를 끌었으므로 여기에 나타난 모티프는
대중성을 검증한 것이라고 말할 수 있다. 해리포터 이야기에 쓰인 모티프는
두 가지다. 이 두 가지 모티프의 본래적 성격은 다음과 같이 정리된다.

①업둥이 모티프: 낭만주의, 외디푸스 이전의 잃어버린 낙원으로 돌아가
길 원하고 부모 양쪽을 모두 부정한다. 세계와의 싸움
피하고 밖으로부터의 변화를 기대한다.
②사생아 모티프: 사실주의, 현실을 수용하고 부친을 부정하며, 모친을

인정하여 부친에 맞서 투쟁한다. 부조리한 세계에 정면 대응하여 스스로의 힘으로 변화를 시도한다.

위의 두 가지 모티프들이 해리포터 속에서 어떻게 나타나 있는지를 분석하면 다음과 같이 정리해 볼 수 있다.

①업둥이 모티프: 해리가 업둥이로 들어와 이모에게 구박받으며 성장하며, 부정하고 싶은 현실을 배경으로 하며 존재를 확인한다.

②사생아 모티프: 자기 안의 또 다른 부친 볼드모트를 극복하고 모친으로 상징되는 희생과 사랑의 긍정 가치를 지향하는 과정에서 나타난다. 생물학적 부친인 제임스 포터는 볼드모터에게 살해되고, 해그리드와 덤블도어, 시리우스 블랙이 모친과 비슷한 긍정적 가치의 부친이고 볼드모트는 부정적 가치의 부친이다.

(3) 인물 해리포터

주인공이 어려움을 극복하고 배우고 성장하는 가치들은 용기, 배려, 겸손, 희생으로 대표되고, 궁극에 사랑으로 수렴되는 과정에서 주인공 해리의 영웅적 행동들이 나타난다. 그리고 해리와 우정과 사랑에 기반한 평범한 삶 속에서 영웅성이 구현된다. 또 하나, 자기 안에서 부친을 발견하고 이해하며 부정하고 극복함으로써 성장하는 과정에서 정체성을 발견하는 것이다.

(4) 추구 서사와 단계 구조

추구의 서사는 크게 세 가지 내용으로 구성된다. 즉 이 서사는 목표 설정에서부터 모험과 투쟁, 목표 달성으로 전개된다. 프라이의 로망스 유형으로 설명될 수 있는 이 서사방식은 마법담 판타지의 극적 요소를 포함한다. 가령 선과 악의 갈등, 선의 승리, 선한 세력의 구원을 특징으로 보여준다.

한편 단계 구조는 게임 서사에 자주 활용되는 전략으로서, 일반적으로 여행 과정을 통해 점점 더 어려운 단계로 진입하고 더 어려운 상대를 대적해야 하는 구조로 형상화된다. 해리포터 이야기에서 이 구조는 단계별 미션을 수행하면서 성장하고, 성장한 만큼 더 어려운 상대를 대적함으로써 최종 미션에 도달하는 구조로 나타나 있다.

이 두 가지 구조적 특성은 중심 캐릭터의 성장을 가시화해 주고, 반복적으로 서사구조를 생산하도록 도와주며, 장르 간에 전환할 수 있는 가치를 확인시켜 준다.

(5) 그 밖의 특징

현대 세계의 문화 컨텐츠들을 보면 판타지 열풍이라 해도 지나치지 않을 것이다. '기존의 통념과 사회질서를 초월하는 또 다른 세계와 또 다른 리얼리티를 탐색해 제시하는 인간 능력의 총화(장은수, 2003)로 설명할 수 있다. 해리포터 이야기가 현대 독자들에게 인기를 끈 이유가 바로 그러한 특성을 지니고 있기 때문이다. 해리포터 이야기는 꿈의 서사이며, 순진성의 시대에 머물고 싶은 성장 거부의 욕망을 반영한 작품인 것이다. 그래서 해리포터는 신명나는 새로운 가능성을 제시한 예로 볼 수 있다. 판타지 열풍 속에서 해리포터의 유아성, 재미, 선에 대한 믿음이 미국 문화의 산물[51]로 해석된다.

4) 스토리텔링의 실제

스토리텔링의 절차는 캐릭터를 설정하고, 캐릭터의 성격이 일관적으로 나타나도록 이야기 구조를 따르는 것이다. 아래의 예와 같이 자신의 일화나 우리 문화권의 이야기를 만들어 보자.

---

51) 해리포터는 기능상 미국의 자본주의와 기독교적 산물임을 알 수 있다.

(1) 캐릭터 설정하기

나를 있게 한 환경 속에서 개성 있는 등장인물을 마련하고, 각 인물들의 캐릭터를 묘사해 보자.

〈표 13〉 등장인물의 기능과 역할 예시

등장인물	기능과 역할	설정
영웅	어려움을 극복해 나가는 여정을 통해 독자들에게 꿈과 용기를 준다.	주인공
수호자	주인공이 과업을 이룰 수 있게 신비한 힘을 준다.	나무
장난 꾸러기	주인공의 여정에 어려움을 희극적으로 해소시켜 주는 역할을 한다.	고추 잠자리
조언자	주인공이 신비한 능력으로 어려움을 극복하도록 이끌어 준다.	그루터기

(2) 이야기구조

캐릭터가 설정되면 10단계 구조로 이야기를 구성해 보자. 각 단계의 특징은 다음과 같이 구별된다.

〈표 14〉 이야기구조의 단계별 특징과 예시

단계	여정	구조
1	소개	주인공 소개(나이, 말씨, 가족관계 등)
2	소명	버려진 고향땅 살리기/잊혀진 기억 되살리기
3	거부	문명에 길들여진 주인공에게 시골은 지저분하다
4	조언자 만남	아름다운 계절에 조언자를 만나 고향으로 간다
5	관문 통과	고향에서 벌어지는 작은 문제들 해결
6	시험	할아버지와의 세대 갈등

단계	여정	구조
7	시련	심심한 하루, 밤 사이 벌레들과의 전쟁, 어둠 등
8	보상	마을잔치에서 예쁜(멋진) 친구를 만나다
9	귀환	아스팔트 공사로 시끄러운 중장비 소리에 눈물 흘리다
10	부활	따뜻한 온돌방에서 잠든 주인공을 엄마가 깨우다

(3) 노랫말에 활용된 스토리텔링

노랫말도 스토리텔링 기법에 의해 쓰여질 수 있다. 한 예로, 산골 소년의 사랑이야기(예민 작사/작곡)를 분석해 보자. 아래 텍스트에서 전체 주어는 '소년'이다. '소년은'을 문두에 넣어서 전체 문장들을 읽어 보자. 순수한 시골 소년이 짝사랑하는 소녀를 위하는 마음을 묘사한 글이다. 여기서는 표준어를 가려내기보다 리듬을 가진 언어 표현으로서 읽어 보는 태도가 필요하다. 이 노랫말에서 서사적으로 소년의 마음을 표현한 노랫말 특징을 알 수 있다.

풀잎새 따다가 엮었어요
예쁜 꽃송이도 넣었구요
그대 노을빛에 머리 곱게 물들면
예쁜 꽃모자 씌어주고파
냇가에 고무신 벗어놓고
흐르는 냇물에 발 담그고
언제쯤 그 애가 징검다리를 건널까 하며
가슴은 두근거렸죠
흐르는 냇물 위에 노을이 분홍빛 물들이고
어느새 구름 사이로 저녁달이 빛나고 있네
노을빛 냇물 위엔 예쁜 꽃모자 떠 가는데
어느 작은 산골 소년의 슬픈 사랑 얘기

아래의 자료는 위의 노랫말을 악보로 표현한 것이다. 박자와 음정을 언어에 결합시킴으로써 느껴지는 정서를 설명해 보자. 언어에서보다 음정과 박자에서 작사작곡가의 의도를 더 자세히 느낄 수 있을 것이다. 어떤 부분에서 목소리를 높이고, 어떤 부분에서 경쾌하고 빠르게 하며, 어떤 부분에서 늘이고, 어떤 부분에서 작게 하는 등으로 섬세한 심리 표현을 분석하면서 어떤 이의 정서가 담긴 노래인지를 상상해 보자.

산골 소년의 사랑 이야기

5) 실습 과제

현장답사 보고서의 기본 양식은 아래의 정보들을 포함한다. 자신이 잘 가는 곳이나 오래 산 곳을 대상으로 해서 보고서를 작성해 보자. 답사를 하기에 알맞은 장소는 보고서를 쓰는 주체가 잘 알고 있는 곳이어야 한다. 얼마나 오랫동안 다녔고, 얼마나 많이 본 곳인지에 따라 답사 내용의 질적 수준이 높아진다.

- 답사 일시
- 답사 장소
- 답사 목적
- 답사 내용
- 답사 결과
- 알게 된 점
- 고향 위치
- 고향 특성
- 스토리라인(기승전결)
- 주요 캐릭터 설정
- 이야기구조(기승전결/단계별 상세화)
- 활용사례

위에서 이야기구조는 거시적으로 기승전결의 단계로 개괄하여 표현해 보고, 각 단계를 상세화하여 총 10단계로 내용을 펼쳐 내는 연습을 한다. 그리고 이 이야기가 어디에 어떻게 활용될 수 있는지를 생각하여 사례를 제시해 본다. 이 활용 사례는 창작한 이야기를 홍보할 수 있는 방법이 될 수 있으며, 다양한 가치를 창출하는 자원으로 활용할 수 있다.

〈학생 작품 1〉

• 기획의도: 여름하면 현대 사람들은 쉽게 워터파크, 실내 수영
　　　　　장, 바닷가를 떠올리지만 이조차도 쉽게 가지 못하는
　　　　　소년이 있다면…? 시골 소년의 여름이야기를 광고로
　　　　　제작한다.
• 스토리:
　유난히도 더운 시골의 여름,
　그곳은 바로 아주 작은 소도시 충북 단양에 위치한 농촌 마을
남천리가 있습니다. 영춘면 남천리는 인구 500명이 채 되지 않는
아주 작은 마을입니다. 좀 더 크게 면으로만 따져도 인구 삼천
명밖에 되지 않는 작은 마을입니다.

　담양군 안에서도 구석에 위치한 곳입니다.
　학교가 일찍 파한 토요일 아이들은 집에 가기는 싫고 친구들과
는 놀고 싶고 햇볕은 쨍쨍 내리쬡니다.
　'우리도 도시에 살았으면 수영장 가고 워터파크 가서 놀았을
텐데.'
　그것도 잠시, 시골 소년들은 매년 그래 왔던 것처럼 즐겁게
여름나기를 생각합니다.
　그것도 아주 만반의 준비를 갖추고 말이죠.
　남천리에는 남천계곡이라 불리는 아주 유명한 계곡이 있어요.

관광명소로 많은 사람들이 찾아오기도 합니다.

사실 단양군이라는 곳 자체가 관광지이기 때문에 여기 사는 사람들은 관광객으로 생계를 유지하죠.

그렇게 소년들은 매년 그래 왔듯이 계곡을 향합니다.

아, 물론 물놀이를 하면 배고프니까 음식도 있어야겠죠?

소년들은 집에서 고구마와 감자를 하나씩 챙겨 옵니다.

(몰래 아버지 라이터도 하나 가져와야 해요)

소년들은 신나게 물놀이도 하고 구운 고구마와 감자를 맛있게 먹습니다.

후식도 먹어야겠죠? 음, 마침 소년들은 사과를 먹고 싶어 하네요.

혹시 여러분들 "서리"해 보신 적 있으신가요?

서리란 남의 과일이나 곡물, 곡식 등을 훔쳐 먹는 장난을 뜻해요.

소년들은 계곡의 바로 위에 있는 과수원에서 사과서리를 합니다.

들키지 않냐고요?

사과를 따서 바로 바위 뒤로 던지면 계곡으로 풍덩 하고 빠져요.

완전범죄를 꾸미는 거죠.

저녁이 됐어요. 그래도 뭔가 아쉬운 시골 소년들은 학교 운동장에 모여서 골똘히 생각합니다.

그때 마침 반딧불이 보이네요.

그러고 보니 이미 저녁 때가 한참 지났네요.

그때 한 아이가 말을 합니다.
"우리 쏘가리 잡아서 매운탕 끓여 먹자"
"오오, 그래 그래."
재밌겠다는 듯이 시골 소년들 우르르 낚싯대를 들고 학교 담 너머 있는 강가로 향합니다.

하지만 아무리 시골 소년이라도 한들 쏘가리 낚시가 쉬울까요?
배가 꼬르륵 고파 오는데 올라오는 물고기는 한 마리도 없고.
그때 주섬주섬 뭔가를 꺼내는 아이가 있었어요.
바로 모닥불에 구워 먹는 '삼겹살'
이런 따뜻한 추억을 가진 시골 소년들은 어느덧 도시로 나가 대학생활이나 사회생활을 경험하며 조금씩 자신들이 지닌 꿈을 향해 나아갑니다.
처음에는 적응하지 못했던 도시 생활이 이제는 당연하고 오히려 도시에서 태어난 친구들보다 더 적응을 잘하고 있는 것 같아요.
가끔은 이런 시골 놀이들이 무척이나 그립고 도시에서 맡아 볼 수 없는 향기가 그립습니다. 도시에서 자라난 친구들에게도 이런 잊지 못할 어린 시절의 추억을 하나쯤 만들어 주고 싶습니다.

<학생 작품2>

아래의 자료는, 집과 학교를 바삐 오고 간 길을 자세히 살펴보고 바쁜 일상과 여유로운 일상의 차이를 느낀 결과로 현장답사 보고서를 작성한 사례다.

기 : 학교를 가는 길 휴강문자가 날아왔다. 하지만, 조별과제 때문에
　　　학교를 가긴 가야하는 상황 이왕 가는 것 천천히 가 보자.
승 : 꽃집에서 이쁜 꽃을 보았다. 나만의 맛집을 찾았다.
전 : 새로운 길을 알게 되었다.
결 : 천천히 보았을 때 다른 것이 많다.

• 주요 캐릭터 설정
- 나 : 주변을 알아가는 사람
- 꽃집 : 새로운 느낌의 등교 길을 만들어 주는 집
- 포장마차 : 뜨끈뜨끈한 인심이 담긴 포장마차
- 새롭던 정류장 : 갈 길을 잃었지만 또 다른 길로 연결해 주는 곳

• 스토리 라인
　학교 통학 중 휴강문자로 인해 당황하지만, 어차피 조별과제 때문에 가야 하므로 천천히 학교를 가보았다.
　가는 길에 수원시청에서 항상 지나치던 꽃집 앞에 예쁜 꽃들을 보았다. 꽃을 보며 마음이 편해지고 집에 돌아갈 때 어머니께 꽃 한 송이를 사 가야겠다고 생각을 했다. 다시 학교를 가기 위해 다른 버스를 타고 가던 중 기분 좋은 노래와 함께 잠에 빠져든다. 그렇게 눈을 뜨니 버스의 종점이다.
　어떻게 다시 학교를 가야 하나 검색을 하던 중 따뜻한 음식이 많아 보이는 포장마차 하나를 발견한다. 어묵이라도 하나 먹고 갈까 싶어 포장마차에 들른다.

안에는 아주머니와 아저씨께서 계셨다. 이른 시간이여서 그런 지 나만 포장마차에 있었는데 많은 질문으로 관심 가져 주시고 따뜻한 격려의 말씀을 많이 해 주셨다. 계산을 하기 위해 주머니 에서 오천 원을 드리자 많은 잔돈을 받았다. 어묵은 서비스라면 서 얼른 가 보라고 하셨다. 정말 인심이 넘치는 포장마차였고 또 오고 싶으면 올 수 있는, 새로운 나만의 포장마차 집이 생기게 되었다.

낯선 곳에서 한 번도 타 보지 않았던 버스를 타고 창밖으로 지나치는 낯선 풍경들을 보며 등교를 하는 하루가 나쁘지 않았다 고 생각했다.

• **활용 사례**

스토리를 등교가 아닌 일반적인 사람들이 겪을 수 있는 상황으 로 만들고, 새롭게 느껴지는 상황을 연출한다.

늘 바쁘게 살아가면서 아쉽게만 지나치던 우리의 일상 속에서 천천히 여유를 만들다 보면 항상 반복되던 일상 속에서도 새로운 것들을 만날 수 있다는 메시지를 추출한다.

VI. 글쓰기 연습

　창작을 하기 위해서는 글을 비판적으로 읽고 문제를 제기하여 따져 보는 활동과 함께 해결하려는 노력을 해야 한다. 연구자에게나 예술가에게나 비판적 글쓰기는 독창성을 훈련하기 위해 가장 필요한 과정이다.

　여기서는 비판적 글쓰기와 창의적 글쓰기 방법을 보다 체계적으로 훈련하고, 학술적인 글에 대한 이해도를 높이는 데에도 관심을 두기로 한다. 학술적인 글은 전문 독자를 대상으로 하여 구성되기에 글을 접하는 안목을 평범하지 않은 수준에 이르기까지 조율해 줄 수 있다.

1. 비판적 글쓰기

진단할 내용
- 자료를 읽고 문제 제기를 할 수 있다.
- 문제를 해결하기 위해 관련 자료를 조사할 수 있다.
- 유사한 문제를 체계적으로 해결할 수 있다.

창의적 사고를 이끌어 내기 위해서는 비판적 관점이 전제되어야 한다. 항상 열린 마음으로 질문하는 습관을 가져 보자. 비판적 글쓰기는 고정관념에 입각해 있는 상태로는 수행할 수 없는 행위이다.

1) 생각하고, 글을 써라.

사실, 개념 또는 범주, 주장에 대해 비판적으로 접근하여 생각한 것을 표현하는 행위이다.

비판적 글쓰기의 과정은 세 단계로 생각해 볼 수 있다. 머릿속에 상이 잡히면 그것에 대해 조리 있게 펼쳐 내고 판단하는 순서로 이루어진다.

- 착상 : 개념 정의와 범주 설정 단계
- 서술 : 논리적 구성 단계
- 퇴고 : 사실 · 개념/범주 · 주장 비판 단계

• 어휘를 신중하게 선택하라.

사물이나 현상을 지칭하는 언어를 다른 정확한 언어로 대체하되, 글의 목적이나 성격에 적절한 것을 선택한다. 술어를 선택할 때에도 동일한 의미를 같은 단어로 반복하는 느낌을 주면 독자로부터 거부감을 받을 우려가 있으므로 유의관계의 어휘를 선택하는 것이 좋다. 다만 유의관계의 어휘 사용도 미묘한 뉘앙스 차이에 따라 적절하게 선택하는 감각에 의해야 된다. 또한 사회적으로 기피하는 단어도 고려하여 글에 의해 파급되는 영향력을 존중해야 한다. 구조적으로 어휘도 배열함으로써 독자의 인지적 능력을 고려하는 책임도 필자에게 있음을 기억하자.

> (예) 말했다 - 이야기했다, 설명했다, 진술했다, 주장했다, 언급했다,
>   강조했다, 언술했다, 단언했다, 비판했다, 요약했다, 토로했다,
>   고백했다, 시인했다, 제안했다, 천명했다, 설파했다, 확언했다,
>   증언했다, 언표했다 등.
> (예) 기호품-마약
> (예) 환경(잎)-생태계(나무)-자연(숲) : 점층적 논리구조 속에 문제의
>   핵심과 대안이 집약됨.

• 문장과 문장의 연결에 주목하라.

문장과 문장을 이으면서 전체 내용의 흐름을 확인해야 한다.
소설의 경우, 서사를 플롯으로 짜는 일에서 재미와 감동을 준다.
서사는 '그래서'로, 플롯은 '왜'로 전개되는 방식으로 둘의 특징을 구별할 수 있다.

• 단락과 단락의 연결에 주목하라.

단락들은 내용의 전개를 고려하여 배열되어야 한다. 각 단락의 기능에 유의하여 내용을 전개한다. 논증하는 글은 대체로 네 가지 기능의 단락으로 구성된다.

- 사실 단락 : 사실 정보의 진술 기능
- 해석 단락 : 문제 지적 기능

- 주장 단락 : 주장과 지지 기능
- 보완 단락 : 요약과 제안 기능

• 단락 구성의 실제

'가족 프로그램을 시청해 보면, 무엇이 문제인가?'에 관해 내용을 구성한다고 하자. 문제를 밝히면서 그것이 어떤 구체적 모습에서 찾은 문제인지를 분명히 한다.

- 가장의 모습에 문제가 있다(강요하는…)
- 규율과 권력이 스며들어 있는 모습
- 행복한 모습인 양 방송하는 매체가 문제

위의 내용들을 가지고 글을 쓸 때, 본인의 안목으로 관찰한 것이라면 세부 단락으로 구성할 수 있어야 한다. 즉 온전한 글은 문제의 초점, 문제 묘사 및 기술, 대안 설계의 순으로 전개된다.

• 비판적으로 퇴고하라.

비판의 대상은 사실, 개념·범주, 주장의 세 가지가 있다. 아래의 예시 내용을 참고하여 시범 글을 써 보자.

✓사실 비판 : 6.25에 대하여

(예) 6.25란;
'북침에 의한 불행과 고통'이라는 진술에 대하여 역사적 사실이 은폐되었다고 할 수 있다. 해방 이후 갈등의 연장, 미·소의 분할 점령으로 세계적 냉전구조의 귀결, 미국의 반공기지 구축의 산물로 구성할 수 있다.

✓ 개념 · 범주 비판 : 9.11사건에 대하여

개념을 구성하는 항목들을 비판한다.

(예) 9.11 사건;

미국의 주장은 국제법에 의거한다는 것이다. 이에 대해 정당한 전쟁의 요건으로 유엔 안전보장이사회의 결의, 침략전쟁에 대한 자기 방어를 들 수 있다. 이 사건으로써 특정 지역의 안정과 세계 평화, 자기 방어의 경우에 폭력적 대응이 정당하다는 주장을 드러낼 수 있다.

✓ 주장 비판

비판이 가능한 상황은 다음과 같다.

• 예외적 경우를 제시하여 편견을 비판할 수 있다.
• 주장의 모순을 지적할 수 있다.
• 통일성에 위배되는 주장들에 대해서 주장과 근거 간의 부적합성을 지적할 수 있다.

2) 동료와 함께 글을 살펴보라.

아래 학생 작품들을 통해 비판적 글쓰기의 성격을 생각해 보자. 무엇에 대해 어떤 관점과 방향에서 비판하고 있는지를 생각하여 새로운 글을 기획해 보자.

사례 | 학생 작품 1

이중언어교육에 대하여

상경계열(남) ○○○

우리가 살아가는 시대는 '지구촌'이라고 불릴 정도로 전 세계가 가까워진 시대이다. 이렇듯, 우리는 앞으로 절대 우리나라 혼자 독립적으로 살아갈 수는 없다. 그러므로 이중언어교육이 점점 중요해지는 것은 자명한 사실이다.

세계가 점점 가까워진다는 이야기는 우리는 비단 같은 언어를 쓰는 사람들과 경쟁하는 것뿐만 아니라, 각국의 언어를 쓰는 사람들과 경쟁해야 한다는 것이다. 이 경쟁에서 유리한 위치를 선점하려면 우리는 다른 나라의 언어를 배우는 수밖에 없다. 특히, 우리나라는 다른 나라에 비해 자원이 거의 없다. 그러므로 우리나라가 사는 길은 인적 자원의 양성밖에 없다. 그런데 지금 우리나라는 어떠한가, 국가의 존망이 걸린 사항을 너무 소홀히 다루지 않고 있는가?

세계화 시대를 이끌어갈 인재는 한 가지 언어만 갖춰서는 안 된다. 그 예로, 이미 우리나라 안에 진출한 여러 외국 기업에 입사하기 위해서는 다중 언어는 필수이다. 심지어, 외국 기업이 아니라 우리나라 기업의 경우도 마찬가지이다. 영어는 면접을 보기 위한 필수항목이 되어버린 지 오래이다. 이런 예에서 볼 수 있듯이, 이런 사회에서 우리에게 필요한 것은 다양한 언어를 구사할 수 있는 능력이다. 그러므로 오로지 단일 언어만 고집하는 것은 시대를 역행하는 어리석은 일이며, 우리가 같이 자멸하는 길이다.

사회는 점점 다문화권 사회가 되어가고 있다. 이런 다문화권 사회에서 살아남으려면 다중 언어는 선택이 아니라 필수이다. 하지만, 다문화권 사회는 여러 다른 문화를 접할 기회를 주는 동시에, 문화의 정체성을 잃어버릴 수 있는 기회도 주었다. 그러므로 우리에게 필요한 자세는 타국의 언어를 배우는 것도 중요하지만 자국의 언어를 소홀히 하지 않는 자세이다. ☞주장의 모순을 지적할 수 있다.

윗글은 '세계화'의 방법 또는 대응 자세로서 이중언어교육 제도를 본 것이다. 즉 '세계화'의 개념에 대한 비판으로 글을 지은 사례다.

사례 | 학생 작품 2

이중언어교육에 대하여

어문계열(여) ○○○

명절처럼 가족들끼리 모일 때 빠지지 않는 이야기는 바로 자녀들의 교육 이야기이다. 특히, 우리나라에서 거의 제2 국어라고 할 수 있는 영어의 교육얘기는 어디를 가나 빠지지 않고 고모들, 엄마들의 푸념을 늘어 놓게 한다. 내 막내동생은 유치원에 다니면서 당연히 영어 듣기, 단어, 말하기 등을 배우고 있다. 나의 사촌동생은 영어유치원에 다닌다.

이렇게 어렸을 때부터 <u>영어에 대한 교육이 의무처럼 시행되고 있다.</u> 대부분의 사람들은 사교육비가 너무 든다고 한다. 그리고 우리말만 잘하면 되지 않느냐고 생각하는 사람도 있다. 그렇다고 영어공부는 너도 나도 시키는데 우리 애를 안 시킬 수도 없고, 이런 생각에 다들 자녀가 어릴 때부터 영어귀와 입이 트이도록 교육을 시킨다.

그렇지만 요즘 세상은 우리말만 잘하면 되는 세상이 아니다. 또한 영어는 글로벌시대의 공용어라고 인정되는 가운데 안 할 수가 없는 노릇이다. 그리고 또 다른 언어를 배워서 나쁠 게 없다고 생각한다. 왜냐하면 언어를 2개 이상으로 구사할 수 있다면 지능 발달에도 도움이 되기 때문이다. 할 수 있다면 나중에 뇌가 굳어졌을 때 언어를 습득하는 것보다 어렸을 때 하는 것이 좋다.

솔직히 우리 사회는 많이 진보적으로 발전하였다 해도 아직은 계급사회를 못 벗어나고 있다. 부자는 계속 부자이고 특히 <u>가난의 대물림은 끊기 어렵다.</u> 이런 것들을 아예 극복할 수 없는 것은 아니다. 이러

한 사회에서 살아남으려면 나를 키워야 한다. 나를 키운다의 기준점
은 여기서 지식, 지혜이다. 영어교육도 이 관점으로 보자면 나중의
나를 위한 투자이고, 살아갈 방법 중 하나를 실행하는 것과 같다.

다만, 한 가지 걸리는 것이 있다면 역시 비용에 관한 부분이다.
이러한 것에 대해서는 지금 정부의 교육부, 특히 영어에 관해서는
사교육 측을 돕는 쪽이 아니라 영어교육비에 부담을 느끼는 진정한
서민을 위한 정책을 펴는 것이 중요하다고 생각한다.☞범주 비판의
예. (바른 표현인지 판단해 보자. '기회'의 긍정적 의미를 생각해 보면 바로잡
을 수 있을 것이다.)

윗글은 영어를 제2 국어로 인식하는 국민들을 문제의 대상으로 보고
구성한 결과이다. 이중언어교육에 대해 우리 국민이 대응하고 있는 현실
그 자체(사실)를 인정하지 않는 태도로 제도의 문제점 범주 측면에서 비판
하고 있다.

2. 창의적 글쓰기

진단할 내용
- 대상을 낯설게 바라보고 글을 쓸 수 있다.
- 대상을 자세히 관찰하여 글로 옮길 수 있다.
- 자신의 경험과 생각을 조절하며 글을 쓸 수 있다.

새롭게 바라보고 새롭게 표현하라.

새로움이란 대상을 바라보는 관점과 표현하는 방법에서 남과 다른 기술로 나타난다. 창의적 표현의 기술에 대해 알아보자.

1) 창의적 글쓰기란?

창의적 표현은 글을 쓰는 주체의 깊은 생각에서 비롯된다. 대상을 보고 감동을 받은 상태에서 창의적 표현이 나올 수 있다.

※창의적 표현을 위하여 생각할 것은?
(1)자신의 경험을 통해 세상을 새롭게 바라본 내용이어야 한다.
(2)대상에 대한 나만의 감상법을 쓸 때 창의성이 나타난다.

정신이 사물의 형상을 관통함에 따라
다양한 정서와 생각의 변화가 잉태되네.
사물은 그 외양을 통해 작가에게 감지되고
작가의 마음속에서 정서와 이성이 생겨나서 그것에 반응하네
정신은 성률에 따라서 새기고 조각하니
거기에서 비(比)와 흥(興)이 생겨나네

유협, '문심조룡' -26장(神思)

창작에 있어 상상력은 현실을 바탕으로 하되 시공간적 한계를 뛰어넘는다. 이 상상력을 통해 현실의 모순을 날카롭게 지적할 수 있고, 그럼으로써 독자들에게 큰 감동을 줄 수 있다. 상상을 하기 위해서는 마음이 산란스러워서는 안 된다. 또 표현하고자 하는 것에 온 신경을 집중시켜야만 이치를 분명하게 밝힐 수 있다. 표현하려는 주체가 자신의 체험을 기억해야 하고, 그 체험의 눈으로 사물을 면밀하게 관찰할 때 창작이 시작된다.

・눈 오는 날의 정서

붓을 든 화가의 정서에 대해 생각해 보자. 눈 오는 날 붓을 든 화가가 느끼는 것은 무엇일까?

'눈 오는 날 그림에 깃든 정서'가 추위에서 비롯되었다고 보면 추사 김정희의 '歲寒圖(추운 시절을 그린 그림)'를 떠올릴 수도 있다. 이 그림은 사마천의 문장을 인용한 그림으로서 공통 정서가 슬픔으로 기억된다. 사마천에 대하여 사전을 찾아보면, '권세와 이익으로 만난 관계는 권세와 이익이 다하고 나면 사귐 또한 끝난다'(以權利合者 權利盡而交流)는 말이 있다.

여기서 추사가 유배지에서 느낀 마음을 추리할 수 있다. 사마천(BC 145-85경. 중국 룽먼(龍門) 출생, 중국의 천문관)에 대하여 역관(曆官)의 〈백이열전〉에는, 백이와 숙제는 굶어 죽고 안연도 쌀겨조차 배불리 먹지 못할 정도로 가난하여 끝내 일찍 죽고 말았지만, 깨끗한 선비라 세상의 권세가들이 그토록 중시하는 부귀를 가볍게 여겼다고 전한다. 그림을 그리면서 추사의 정서를 상상하면, 그림 속의 소나무를 유배지에서 느끼는 자신의 의지와 비교하였다고 볼 수 있다. 그리고 그림 아래쪽에 '長毋相忘(오래도록 서로 잊지 말기를)'이라고 쓴 뜻에서 사제 간의 정을 드러낸 것임을 알 수 있다. 살아가며 갖게 되는 의지와 꿈이 윗사람에 대한 도리이기도 한 것이다. 절망하거나 포기하는 마음으로써는 윗사람으로 하여금 걱정하게 할 뿐이니 인간관계에 있어 지켜야 할 예(禮)가 중요하다.

2) 창의적 글쓰기의 요령

[전략36] 절차대로 글을 써라.

창의적 글쓰기 방법에는 세 가지가 있다. 구상 단계, 생성 단계, 구성 단계에서 창의성이 발휘될 수 있다.

- 발상을 전환하기…다른 관점에서 생각하면 독창적으로 표현하게 된다.
- 구성을 바꾸기…귀납식으로 전개하느냐, 연역적으로 전개하느냐에 따라 독자의 마음을 사로잡는 기술이 달라진다.
- 예시 자료의 선정…예시 자료를 쓰는 사람의 성격에 맞게 선정하면 독창성을 강조할 수 있다.

바다

바다는 인간 곁에서 몇 번이나 그 얼굴을 바꾸었다. 신의 영토에서 정복자의 영토로, 정복자의 영토에서 모험의 영토로, 미지의 다른 이름으로 그리고 꿈과 낭만의 나라로, 정확하게 말한다면 바다는 한 번도 얼굴을 바꾼 적이 없다. 태양이 뜨고 지는 게 아니라 태양은 그대로 있고 지구가 돌고 있을 뿐이듯, 바다는 그 얼굴 그대로 있고 인간이 시대의 삶을 돌고 돌며 바다의 다른 얼굴을 보고 또 본 것이다.

— 오규원, '꽃 피는 절망' 中

위 자료에 대한 학생 글들을 살펴보자. 원텍스트 '바다'에 대해 어떤 관점을 촉발했을지 생각해 보면 자신의 새로운 관점을 찾을 수 있을 것이다.

사례 | 학생 작품 1

그래도 바다는 돈다.

상경계열 ○○○

이 글의 저자인 오규원은 바다는 가만히 있고, 우리의 삶이 돌고 있다고 한다. 이는 데카르토도 의심할 수 없는 사실이다. 여태껏 바다가 보여주는 다양한 얼굴들은 우리의 행동과 삶이 만들어 낸 것이다.

그러나 이제는 다르다. 바다도 더 이상 제자리에 머물지 않는다. 적도 무역풍이 평년보다 강해지면서 태평양 심해의 차가운 물들이 이동을 하게 되고 그로 인해 라니뇨가 일어난다. 이렇게 되면 해수면의 온도가 5개월 이상 평균 수온보다 0.5도 이상 낮아지게 되고 이 현상이 나타나면 인도네시아 근처에 비가 많아져 폭우가 쏟아지고 홍수가 나며 페루 근처는 너무 서늘해지고 건조해져서 가뭄이 들게 된다.

또한 북극의 얼음의 형태로 존재하는 물들이 지구온난화로 인해서 녹게 되면, 평행을 맞추려는 물의 특성상 북극의 물들이 남반구 쪽으로 흘러들어가게 된다. 이로 인해서 중위도 지역인 일본 같은 경우에는 물에 잠길 수 있다는 설도 있고, 실제로 동남아 지역의 낮은 섬들은 이미 해수면이 급격히 상승했다. 실제로 일본 또한 해수면의 상승으로 인해 물고기들의 서식지가 뒤죽박죽이 되면서 바다생물의 어획량이 급격하게 줄었다.

이제는 오규원 작가가 말한 것처럼 우리의 행동이 바다의 다양한 얼굴을 만드는 것이 최선이 아니다. 바다 스스로 얼굴을 바꾸고 움직이면서 인간의 삶에 심각한 영향을 끼치기 때문이다.

오규원 작가가 바다는 돌지 않는다고 해도 난 생각한다, 그래도 바다는 돈다고.

〈학생 작품1〉의 필자는 지구가 도는 사실을 바다를 통해서도 확인하고 싶어 했음을 알 수 있다. 그 근거로 지구온난화 현상을 문제-해결 구조 안에서 보여주고 있다.

사례 | 학생 작품 2

바다

어문계열 ○○○

때문에 바다가 싫다. [판단]

좀처럼 어느 누구의 품에 들어올 수 없다. 내게 서서히 다가와 위로해 주는가 싶더니 어느새 다른 이의 감동이 되어 있다. 그 깊이를 알 수 없어 좀처럼 속내를 비추지 않는 것이 꼭 얄밉고 위선처럼 느껴진다. 그러기에 나 역시 좀처럼 바다에 기댈 수 없다. 그 진실성을 보이지 않고 시간과 장소에 따라 겉모습만을 변화하는 바다에게 나는 가끔씩 지루한 삶에 치여 눈요기와 재미를 찾고자 할 때 이행하는 쓸쓸한 방문만을 선사할 뿐이다.

나는 그 담대한 위용과 얄밉게 깊은 바다의 모습을 받아들일 충분한 그릇을 가지고 있지도 않다. 빠르게 돌아가는 이 세상에서 짐짓 여유를 부리는 모습을 보자면 그 답답함을 이루 말할 수 없다. 그러는 사이에 놓친 것도, 잊어버린 것도 많다. 바쁘게 돌아가는 현실 속에서 무엇이든지 하나라도 더 챙겨 보자는 심리에 이기적인 모습을 보인 적도 많으며 늘 내 곁에서 소소한 위로를 해 주던 친구들에게 소홀하여 떠나간 일도 적지 않게 있다. 무엇이 나를 이렇게 만들었는지는 모르겠으며 지금도 나는 그저 조바심 속에서 하루하루를 살아갈 뿐이다.

때로는 바다가 그토록 쓸쓸해 보일 수가 없다. 깊이를 알 수 없는 넓은 아량과 이해심으로 인해 생각 없이 그의 곁을 지나간 이들의 수가 상상을 초월할 것이며 그러는 사이 상처받은 바다는 어쩌면 그로 인해 누군가에게 진정성을 보이길 원치 않는 것일 수도 있다. 외로워 보인다, 그 외로움의 정도는 바다의 모습처럼 끝없어 보인다. 나와는 비교도 안 될 넓은 그릇과 대담함을 지닌 채 사사로운 인정 따위는 찾아보기 힘들 것 같은 바다의 비인간적인 모습에서 꽤나 인간적인 면모를 보게 되는 순간이다.

시간이 흐르면 변하는 것은 세상의 이치이다. 실은 변하지 않는 것은 죽은 것이나 다름 없다. 얄미워서 싫지만 한편으로는 연민이 느껴지는 바다, 누군가에게 위선자와 같은 소리를 들으며 진정한 실

체 없이 이리 저리 흐르는 사람 같다며 평가 받을 수 있지만 지금에서
야 비로소 내가 이해한 바다는 누구보다 인간적이고 아름다우며, 내
가 이 순간 가장 닮고 싶어 하는 그런 존재가 아닌가 싶다. ☞ [귀납적인
구성]

〈학생 작품2〉는 학생 자신의 주관적 판단을 정당화하기 위해 근거들을
뒷받침하고 있다. 그 근거들을 토대로 끝부분에 바다에 대한 자신의 평을
덧붙였다. 이 글 전체의 구조는 '~ 때문에 싫다'라는 틀이고, '때문' 앞에
놓일 내용들을 세 개의 문단에 나누어 구성한 형식을 보인다.

3. 학술적 보고서 쓰기

진단할 내용
- 쓰고자 하는 문제로 주제를 잡을 수 있다.
- 주제에 따른 학술문서를 검색할 수 있다.
- 학술문서의 내용을 주제별로 요약할 수 있다.
- 새로운 관점에서 쓸 내용을 찾을 수 있다.
- 학술적 글의 양식에 따라 글을 쓸 수 있다.

전문성이 강한 글에는 자신의 관점이 분명하게 드러난다. 관점을 드러낼 때는 신중하고 조심스러워야 한다. 또 독자들의 이의 제기가 없게끔 근거 자료들을 충분히 조사한 다음에 써야 한다.

보고서는 학술적인 글로서 전문성을 지닌다. 즉 전문가의 글을 참조하여 비교적 정확하게 의견을 주장하고, 사실에 바탕을 두어 신뢰적으로 써야 한다.

✓ <u>보고서의 제목</u>에는 쓰려는 내용에 대한 관점이 나타나야 한다.
(예) 고전소설 〈춘향전〉에 나타나는 법률적 문제에 대한 비판적 검토
- 오늘날의 법적 기준에 대비하여

1) 보고서를 쓰기까지

(1) 다양한 자료를 많이 준비하라.
- 자료의 범위 : 단행본, 연간, 계간, 월간, 부정기 간행물, 정기 간행물 등 조사
- 자료의 성격 : 문헌, 사진, 그림, 설문지, 개인기록물, 통계표, 면담기록 등

(2)개요를 볼 때는 눈을 크게 떠라.
- 구성 내용 : 목차, 목적(필요성과 함께), 연구사, 의의(경향성), 범
  위, 방법론(논지 전개 방법), 참고 문헌 소개, 용어의
  정의(핵심어 5개 정도의 개념을 분명히)
  ※핵심어들로 한 문장(주장)이 완성되어야 글의 통일성이 확인된다.

(3)보고서의 체제 및 형식에 따르라.
- 서두 : 논문 표지-승인란-서문 및 사사(謝辭)-차례-표 차례-그림 차례
- 본문 : 서론-본론-결론(요약 및 제언)
- 참고 문헌 : 참고 문헌-부록-색인-요지(초록)
- 주석 : 내용주석(보충 논의, 용어 설명)
  문헌주석(본문에서 인용한 내용의 출처)
***완전주석 : 참고문헌의 서지사항을 빠짐없이 기록
***약식주석 : 간단히 기록(예 : 바로 앞의 주석에서 제시한 문헌의 경
  우 '앞의 논문, p.59-66.'으로 또는 '위의 논문, p.68.'으로
  기재함.)

(4)인용과 생략 부분을 엄격히 구분하라.
- 재인용 : 원전에서 인용하지 않고 다른 논저에 인용된 것을 다시
  인용하는 것
- 직접인용 : 남의 글을 인용할 때 따옴표로 묶어 주거나 위아래 행을
  비우고 별도의 문단을 만들어 인용하는 방법
- 간접인용 : 남의 글을 논문 필자의 말로 바꾸어 인용하는 방법
- 생략과 가필(加筆) : 인용할 내용의 일부만 싣고 생략할 경우 밝히
  고, 필자가 고친 내용 역시 밑줄을 그어 밝힘.

※서두
- 표지 : 제출처(또는 담당교수명), 과목명(또는 학위명), 제출자 성
  명(대학, 학과, 학년, 학번), 제출 연월일
- 차례1 : 제1장 - 1.1. - 제2장 - 2.1. - 2.1.1. - 2.1.1.2. - … 참고

문헌 – 초록(ABSTRACT) – 표 차례 – 그림 차례 – 색인
- 차례2 : I.서론 – A.연구의 목적과 범위 – 1. ㄱ. –a. –참고 문헌 – (이하
  위와 같음)

보고서를 씀에 있어 다음과 같은 조건들을 갖추었는지 점검하도록
한다.
- 내용 : 무엇에 대해 쓴 글인가?
  (예) 고전소설 〈춘향전〉의 법률적 문제
- 장르 : 어떤 종류의 글인가?
  (예) 비판적 관점의 보고서
- 의의 : 이 글이 독자에게 어떤 영향을 주는가?
  (예) 오늘날의 법적 기준에 대비

2) 보고서의 모습과 성격

[전략37] 보고서는 보고서답게 써라.

보고서다운 글의 특성은 무엇일까?
보고서에도 남다른 관점이 담겨야 하고, 구성 방식도 일정한 틀(구조)에
글쓴이의 관점을 반영한 내용으로 전개되어야 한다.

- **독창성** : 연구 자료는 연구 대상에 관련된 것이어야 하며, 연구 방법
  이 드러나야 하며, 결론을 붙임으로써 글의 구조가 완전해
  야 한다. 가령 법률문제에 대해 글을 쓰는 사람이 분석한
  과정을 치밀하게 정리하고 법 개정의 의의를 분명하게 피
  력함으로써 보고서의 성격을 갖추게 된다. 이렇게 보고서
  에는 연구자의 목소리가 드러나야 하는 것이다.
- **검증성** : 객관적 사실논거에 의해 관점을 지지해야 한다.
- **경향성** : 목적과 의의를 먼저 생각하고, 대상을 소개한다. 대상을

보는 관점 및 경향에 대해 조사하고, 실제 자신의 관점을 전개한다. 마지막으로 앞에 논급한 내용을 깔끔하게 정리하며 전망에 대해 제시해 본다.

연습

※ '동아시아인의 설득 문화'에 대하여 보고서를 써 보자.

(준비 과정 예시)
제목 : 상인들의 흥정에 나타난 설득 전략
　　　－우리 (언어)문화의 발견을 위하여

[조사 내용] 언어, 옷차림, 표정, 웃음, 호소, 눈물, …
[주요 내용] 상인들의 흥정과 설득 전략
[장르] 비판적 관점의 보고서(새로운 것의 발견)
[의의] 우리의 독창적인 언어문화 발견

[관찰 내용] 상인들의 흥정을 들여다보니, 상품을 홍보(설명)하는 중에 입담을 섞으며 소비자들의 시선을 끌고 가격을 조정함에 있어 에누리를 생각하기도 한다.

[보고서 작성] 우리 상인의 수사학
• 인식 틀…상인 화자의 스타일 관찰하기
• 맥락…상인 언어/간판디자인/인테리어/음악(업종 · 장소별 특징/
　　경쟁시스템/집단의 위계 등에 의해 형성)
• 언어…소비자와의 문답, 비유 등
• 전달…간결한 일상 대화 형식으로 감성을 연결? 시적으로? 노래로?

※아프리카 수사학과 비교하여 이해하기
- 인식 틀…화자의 리듬과 표현(스타일)에 영향을 받음(리듬 : 휴지
  활용/표현 : 옷차림,제스처,발음 변화나 강조).
- 맥락…흑인언어의 사용
  (노예제도/분리주의/인종차별의 경험에 의해 형성)
- 언어…청중 호명과 응답, 랩으로 에둘러 말함(간접적 표현).
- 전달…노래와 참여 형식으로 감성을 연결함.

- **설득은 심리학적 기술이다.**

  ✔후광 효과(Halo Effect) : 긍정적 특성 하나가 사람의 전체를 평가하는
  데 결정적인 영향을 미친다.(예 : 신체적 매력)
  - 가장 인간적인 상인의 모습을 찾아보자.
  - 가장 성공한 상인의 모습을 그려 보자.
  * 왜곡된 생각으로는 옷차림이나 값비싼 차 등에 과대평가하는 상술
  에 사기 당하기 쉽다.

  ✔대조 효과(Contrast Principle)
  - 부모님께 편지(가상의 걱정스러운 일 제시 후 사실 전달하기)
  - 자동차 판매(값비싼 옵션 제시 후 새 차의 가격을 공지하기)
  - 의류 판매(어떤 옷과 대조해서 새 옷을 사려고 설득하기)

  ✔상호성의 법칙 :
  엄청난 요구에서 사소한 요구로 심리적 부담을 감소시킨다.
  다음 두 가지 발화 중에서 어느 쪽의 발화를 들었을 때 불쾌해지지
  않는지 생각해 보자.

법정에 서면 넌 5년은 떨어
질 거야. 박살내고야 말겠어.

자넨 운이 좋아. 담배나 한
대 피우라고.

✓ 고정관념(무의식적 믿음)

- 싼 게 비지떡이라는 속설에 의지하여 모든 사태를 판단하는 예.
- 열려라 참깨(권위의 법칙) 주문에 어디서나 통하리라 생각하고
  자신의 오만을 인정하는 예.

✓일관성을 악용하는 예

호감을 극대화하여 자극한 후, 실수가 있었음을 자인하고 이전 조
건을 번복하는 행위가 일상생활 속에서 쉽게 발견된다.
(예 : 속임수 "좀 전에 아가씨가 너무 딱해 보여 그랬지.")

✓청중으로부터 신뢰를 얻는 사람의 특징
 • 연민 : 목소리, 옷차림, 몸짓 등으로 말의 효과를 증대시키는 요인.
 • 경쟁심 : 부와 아름다움 등이 경쟁심의 대상이며, 시기심에 반한
   고귀한 감정.
 • 신중함 : 토론을 잘하는 사람의 표현 능력.
 • 분노 : 경멸을 되갚아 주려는 본능적 욕망(감정 이입).

※아래 자료를 읽고, 독자의 궁금증을 얼마나 만족시켜 줄 수 있는지에
관해 비평해 보자.

사례 | 학생 작품

소비자 고발 프로그램의 식품산업 관련 보도에 나타나는
사회적 문제에 대한 비판적 검토

목 차

제1장 서론

1.1 연구의 목적과 의의

현재 방송되고 있는 소비자 고발 형식의 프로그램에서는 방송 매회 거의 빠지지 않고 식품관련 문제점(위생 상태, 음식물 재사용, 원산지 표기, 식품 첨가물, 식품 안정성, 식자재 관리 실태)를 보도하는 등 다른 어떠한 주제보다도 식품에 관심을 가지고 방송을 한다. 소비자의 건강에 직접적으로 영향을 미칠 수 있는 식품이 방송의 주 목표가 되는 것이다. 그만큼 시청자(궁극적 소비자)들도 관심을 가지고 방송을 지켜본다. 이러한 고발 프로그램이 같은 시간대 타방송보다 시청률이 높게 나온다는 점에서 이러한 것을 알 수 있다.

방송 영상은 주로 취재진이 몰래 불법적인 현장을 촬영함으로써 만들어진다. 그리고 후에 점주들에게 촬영 사실을 밝히고 인터뷰를 요청하는 식이다. 인터뷰 등을 할 때 명예훼손 등 법적인 문제로 촬영된 식당이나 식자재상 주인들은 모자이크 처리가 되거나 음성 변조가 되고 해당 물건의 브랜드 네임과 물건의 이름도 노출되지 않는다. 그런데 이러한 익명성이 과연 순기능만을 할까. 익명성을 바탕으로 한 보도는 식품 산업에 어떤 영향을 미칠까.

이 연구에서는 이러한 점들을 알아보고 문제점을 밝히려 한다. 또한 그 문제점들을 토대로 우리가 개선해야 할 점, 앞으로 나아가야 할 방향을 제시해 보고자 한다.

1.2 연구의 범위

연구의 범위는 현재 방송되고 있는 두 개의 프로그램에 나온 식품 산업 관련 보도이다. 또한 이러한 방송이 나가고 난 이후 관련 식품산업에 미친 영향에 대해서 알아볼 것이다.

1.2.1 소비자 고발

KBS의 「소비자 고발」은 "소비자가 웃는 그날까지 최선을 다하겠습니다."는 주제로 방송되고 있다.

1.2.2 불만 제로

MBC의 「불만 제로」는 "21세기 소비자들을 위한 권리 대장전"이라는 표어를 걸고 방송하는 소비자 불만을 해결하는 프로그램이다. 이 프로그램에서 한 회에 두 가지 식품의 문제가 방송될 정도로 식품 산업 관련 정보가 많이 나온다는 것을 알 수 있다.

1.3 연구 방법

소비자 고발과 불만 제로에서 보도된 내용 중 식품 산업 관리 분야만을 골라 관련 내용이 보도된 후 사회적으로 어떠한 변화가 있었는지 알아본다. 특히 불량 업체들을 취재하며 익명성 보장을 위해 모자이크 처리와 브랜드 네임을 시청자(소비자)들에게 알려주지 않는 점에 대해 비판적 사고를 해 보았다. 또한 이 익명성이 다른 판매자들과 식품 관련 산업체에 미치는 영향에 대해 중점적으로 연구해 본다.

제2장 소비자 고발 프로그램 자료와 앞선 논의

2.1 소비자 고발 프로그램의 보도 사례

다음은 KBS「소비자 고발」과 MBC「불만 제로」에서 지금까지 보도한 식품관련 방송들이다.

「소비자 고발」
72회《중국산 식품불안, 왜 유독 한국이 심한가?》
74회《햄 속에 숨겨진 비밀은?》
76회《중국술의 위험한 비밀》
78회《공진단 방송 그 후 – 검찰수사로 드러나는 사향시장의 실체》
82회《충격르포 – 지금 중국집에서는 무슨 일이?》
84회《넘쳐나는 브랜드 계란 효과 있나?, 그 후》
86회《비싼 기능성 우유, 효과 있나?》
87회《우리 아이 위협하는 학교 앞 불량식품》
88회《삼겹살, 그 둔갑의 비밀》
93회《해양심층수》
94회《웰빙 차 음료, 과연 효과 있나?》
96회《충격! 먹는 숯에서 중금속 검출》
98회《벌꿀의 진실》
101회《현장고발, 국내산으로 둔갑한 중국산 장뇌삼》
102회《업소마다 다른 생맥주 맛의 비밀》
104회《엄마를 유혹하는 프리미엄 과자》
106회《세균의 습격! 자판기 커피가 불안하다》
107회《횟집 맑은 수족관의 비밀》
112회《특산물이 불안하다 – 단양 쏘가리, 하동 재첩》

113회 《최고급 명품 횟감 다금바리의 진실》
116회 《식품 속 이물질 그 실체는?》
122회 《간판만 횡성한우?!》
123회 《돼지갈비 뼈가 수상하다?》
124회 《위험한 돌고래고기》
127회 《식당 식초 톡 쏘는 맛의 비밀》
129회 《눈 가리고 아웅하는, 모둠회의 비밀》
130회 《황금빛 조기가 수상하다?》
131회 《육회전문점, 위생 적신호!》
132회 《비싼 대게, 알고 보니 수입산?》
135회 《세균의 저장고, 음식점 물의 실체》
141회 《당신은 속고 있습니다! 한우 1인분의 비밀》
141회 《세균의 온상, 대나무통 술》

「불만 제로」
2회 커피전문점, 패스트푸드점 얼음
3회 자일리톨의 충치예방 효과와 껌의 식품첨가물 안전성 의문
5회 고기 정량
6회 맥주 정량
6회 정수기 위생
11회 참치 캔
13회 주류 판매
14회 건강기능식품
16회 패스트푸드 기름
17회 맥주병 폭발
18회 공짜 홍삼
19회 한우
24회 다이어트 한약
28회 고추장 속 쇳가루
29회 관광 상품 한약
30회 수학여행 식단
30회 신비의 한약
31회 프리미엄 분유
36회 제주 옥돔

36회 결혼식장 갈비탕
37회 쌀 원산지 표기
39회 고급 달걀
41회 한약재
41회 프리미엄 생수
44회 활어회
46회 반값 아이스크림
47회 간 청소 약의 비밀
49회 커피 자판기
52회 벌꿀의 진실
55회 어린이 음료수
57회 고춧가루
63회 고기불판 경고
64회 급식우유의 비밀
67회 설렁탕 첨가물
67회 쿠폰용 음식
68회 굴비세트
69회 출장뷔페
71회 식품첨가물 젤라틴의 비밀
72회 토종닭이 기가 막혀
76회 활어 시장 저울
77회 식음료 이물질
80회 저질 햄버거
81회 횟집저울의 비밀2
84회 쇠고기 원산지
87회 홈쇼핑 간장게장
88회 돼지갈비
89회 녹용의 실태
90회 전복죽의 비밀
91회 다이어트 한약
92회 인터넷 과일 판매업체
94회 누룽지의 진실
95회 빵집의 비밀
97회 한우 갈비세트

97회 숯불구이 숯
98회 가짜 참기름주의보
101회 중국산 색소 다진 양념
102회 땡감 홍시
104회 젓갈의 비밀 (새우젓, 멸치액젓)
104회 수상한 소금
107회 장어
109회 수입산 돼지고기
111회 굴비선물세트 지금은?
112회 먹을거리 설 선물
114회 한우 사골
114회 어린이집 급식
118회 대형마트 신선코너
121회 제철 맞은 대게의 비밀
121회 약국 서비스용 음료
122회 정수기의 속 깊은 비밀
123회 추어탕
124회 영유아 두유
125회 공짜 홍삼의 함정
126회 서비스 드링크 2
128회 학교 정수기
130회 가짜 참기름
131회 얼음 & 빨대의 진실
133회 돼지곱창 세척의 비밀
135회 마트 신선육
137회 매실이 기가 막혀
137회 댁의 우유는 언제 배달됩니까?
138회 대형마트 PB상품
140회 떡
140회 수상한 아이스크림
141회 빵 속 달걀
141회 수상한 식당 도마
142회 닭똥집 세척의 비밀
144회 술 & 안주 재탕 현장

2.2 앞선 연구 검토

식품산업과 고발 프로그램에 관한 연구들을 찾아보았다. 우선 선행

연구 중 인터뷰 장면에서 모자이크 처리와 음성변조를 하는 것이 시청자의 신뢰성을 떨어뜨린다는 내용의 연구가 있었다. 이는 글의 취지가 이번 연구와 다르다. 또한 고발 프로그램을 MBC 〈PD수첩〉으로 정했다는 점에서도 다르다고 볼 수 있다.

그리고 또 다른 연구로는 시사 고발 프로그램의 취재 방법에 대해 윤리적으로 접근한 것이 있었다. 인권적인 면과 사생활 존중 차원에서 비밀 취재에 관해 연구한 것으로 윤리적 문제를 집중적으로 쓴 것이다. 이것은 익명성의 문제보다는 방송 윤리의 부재라는 것을 더 중점적으로 본 것이다.

대부분의 연구들은 고발 프로그램이 시청자들에게 미치는 영향과 방송에 대한 신뢰도를 연구해 왔지만 이번에는 방송 후 관련 식품 업체가 받는 타격 등을 알아보려 한다. 따라서 이번 연구에서는 불법적 행위를 한, 또는 비도덕적인 행위로 이익을 보는 업체와 그 업체의 주인들을 공개하지 않음으로써 타업체에게 어떠한 영향이 가는지 알아보는 것이 주된 목적이기 때문에 앞선 연구들과는 접근 면에서 많은 차이가 있다.

제3장 소비자 고발 프로그램의 사회적 문제와 해결 방안

3.1 방송 이후 시장에 미치는 영향력

이러한 고발성 프로그램이 방송된 날은 인터넷 기사에 방송 관련 기사가 수없이 업데이트되고 인터넷 실시간 검색어에 그 날 방송된 관련 제품 등이 상위권에 올려진다. 방송을 보지 못한 사람들은 이번 방송에는 무엇이 나왔느냐며 물어 보고 다들 해당 브랜드를 찾으려 노력한다.

불법적인 행위를 한 업체이든, 정직한 판매를 한 업체이든 우선 소비자들은 정확한 정보를 모르기 때문에 해당 상품을 당분간 구매하지 않으려한다. 따라서 관련 업체들은 순식간에 매출이 떨어지게 된다.

3.1.1 사례1

소비자 고발 47회 모조치즈 편 방송 이후 5000원 전후의 가격으로 판매를 하던 피자집들은 매출에 큰 타격을 입게 되었다. 소비자들은 모조 치즈와 진짜 치즈를 구별하는 방법을 인터넷에서 서로 공유하였다. 또한 여러 저가 피자업체들은 신속히 가게에 '저희 가게에서는 모조 치즈를 사용하지 않습니다.'라는 문구를 내걸었다. 아래 그림 1은 저가 피자 업체 홈페이지에 올라온 공지사항이다.

공지 & 이벤트 피자스쿨에 오신 것을 환영합니다.

번호	제목
12	알레르기 정보
11	신메뉴 출시 안내
10	100% 자연산치즈만 사용합니다.
9	신메뉴 출시 안내

그림 1. 업체 홈페이지의 공지사항

3.1.2 사례2

식품첨가물에 대해 방송된 이후 이 방송을 본 부모님들은 아이들에게 과자나 빵 등을 먹지 못하게 하였다. 매출이 급감할 것을 우려한 제과업체에서는 과자와 빵 제품 포장지에 하나같이 '無색소, 無설탕, 無첨가물'이라고 써 놓았다. 그리고 얼마 후 고급스러운 이미지의 프리미엄 과자들이 비싼 가격에 출시되었다. 과자치고는 고가의 가격임에도 불구하고 자식들의 건강을 먼저 생각하는 신세대 부모들은 일반 과자보다 이러한 과자를 선호했다. 아래 그림 2, 그림 3은 첨가물을 넣지 않음을 강조한 고급스러운 이미지로 마케팅하는 과자의 예시이다.

그림 2. 과자 마케팅 사례1

그림 3. 과자 마케팅 사례2

3.1.3 사례3

소비자 고발에서 방송된 황토팩은 많은 논란을 빚었다. 여자라면 한 번은 써 봤을 황토팩에서 다량의 중금속이 검출되었다는 방송을 보고 해당 황토팩 제조업체는 많은 비난과 질타를 받았다. 하지만 이후에 이 방송에 문제가 있었음이 드러나게 되었고 해당 프로그램에서는 정정 내용을 시청자들에게 알렸다. 이를 통해 고발 프로그램에 방송된 내용이 100% 신뢰할 수 있는 내용은 아닐 수도 있음을 시청자들이 느끼게 되었다. 아래 그림 4, 그림 5는 방송에 나왔던 보도문이다.

정정보도문

○ 한국방송공사는 2007. 10. 5.과 2007. 10. 12.
각 방송한 '이영돈 PD의 소비자 고발' 프로그램에서
황토팩 제품의 제조과정에서 쇳가루가 유입되었다는
내용을 보도한 바 있습니다.

그러나 사실 확인 결과,
황토팩에서 검출된 자성을 띠는 검은 물질은
대부분 황토팩 제조과정에서 유입된 쇳가루가 아니라
황토 원료에 포함된 자철석임이 밝혀져 이를 바로잡습니다.

그림 4. 정정보도문

반론보도문

그리고 한국방송공사는 2007. 10. 12. 방송한
'이영돈 PD의 소비자 고발' 프로그램에서
일부 황토팩 제조 회사가 본 프로그램에 대하여
방영금지가처분을 신청하여 일부 승소했다고 주장하나,
이는 사실이 아니다는 내용을 보도한 바 있습니다.

이에 대하여 주식회사 참토원은, 2007. 10. 5.자
'이영돈 PD의 소비자 고발' 프로그램에 대하여
서울남부지방법원에 방영금지가처분을 신청하여
2007. 10. 5. 일부 승소 결정을 받았다는 반론을
제기하므로 이를 시청자 여러분께 알려드립니다.

그림 5. 반론보도문

3.1.4 사례4

이번 사례는 이번 연구의 주제를 가장 잘 드러내는 사례라고 볼 수 있다. KBS 소비자 고발에서 치킨집 기름 재사용 문제를 방송한 후 많은 치킨집들이 타격을 받았다. 방송에서 해당 업체를 노출 시키지 않아 소비자들이 결국 치킨 자체를 소비하지 않았기 때문이다. 다음은 부모님이 치킨집을 운영한다는 어느 네티즌의 글이다.

1월 7일 KBS에서 방송된 소비자고발이라는 프로그램에서 약 20분간 방송한 "닭을 튀길 때 쓰는 기름, 믿어도 되는 것일까?"라는

코너에서 치킨업체의 기름 재사용에 관한 것을 다루었다.

소비자고발이 내세우는 슬로건은 "소비자와 생산자가 잘 사는 사회를 만들겠습니다."이다. 하지만 보통의 경우 많은 방송분은 자극적인 일부 사업자에 의한 소비자의 피해를 모든 사업자의 실체가 그런 것처럼 방송을 하곤 했다.

여기서 자신들이 주장하는 슬로건에 있는 모순이 드러난다.

특정한 업체의 특정한 지점에서나 행해지고 있는 일을 마치 모든 동종 업계가 그런 식으로 운영한다는 성급한 일반화의 오류로 시청자를 우롱하고 있는 것이다. 이것은 절대로 소비자와 생산자가 잘 사는 사회를 만드는 것이 아니다. 양심을 걸고 사업을 하는 수많은 생산자들에게까지 막대한 피해를 입히고 있기 때문이다.

분명 소비자의 알 권리가 매우 중요하기 때문에 소비자고발과 같은 프로그램의 존재에 절대적으로 찬성한다. 분명 전국 어딘가에 비양심적으로 운영을 하는 이들이 존재할 것이기 때문에 소비자의 피해를 막기 위한 목적으로 방송을 한다면 말이다.

하지만 현재의 방송과 같이 자극적인 부분을 강조하여 방송한다면 그리고 모든 업체의 모습을 대변한다는 모습으로 편집하고 보여준다면 절대적으로 반대한다.

비양심적인 사업자들로 인해 양심적인 사업자들까지 피해를 입어야 하는지 이해가 가지 않기 때문이다.

이러한 프로그램에서 방송하는 모습을 잘 살펴보면 소비자의 알 권리보다 기업 또는 사업자의 브랜드 이미지를 더 우선시 하는 것 같다. 특정 브랜드 또는 특정 사업자에서 위반하고 있는 사실에 대해 실명을 밝히기보다 A, B, C업체와 같이 표기함에 따라 시청자들은 어느 업체에서 위반하고 있는지 알 수 없게 되고, 이로 인해 불안감만 조성하게 되는 꼴이기 때문이다.

물론 코너의 끝부분에는 "정직한 업체까지 피해를 보는 일은 없어야 할 것"이라는 자막과 함께 진행자의 짧은 멘트가 이어지지만 말이다.

제가 생각하는 개선점은 바로 이것입니다. 한마디 말로 또는 하나의 자막으로 정직한 업체의 피해를 걱정하지 말고 비양심적인 곳의 실명을 공개하는 것이다.

이 프로그램이 못마땅한 이유는 본 블로그 주인장의 실체를 아는 사람이라면 모두 이해할 것이다. 서울의 한 동네에서 작은 규모로 치킨집을 운영하는 사람이 재료를 정직하게 사용하고, 양심적으로 가게를 운영하였다고 한다. 그에게 그 방송은 매출을 떨어뜨리는 매우 불편한 내용인 것이다.

이런 프로그램을 만드는 제작진은 일반화하듯 방송하지 말고 확실히 소비자에게 정확한 정보를 제공해야 할 것이다.

매번 방송될 때마다 겪을 동종 업계 업체들의 고통은 물론 고발 프로그램의 비도덕적이고 비양심적인 업체들이 보호를 받아야 하는가에 대한 의문을 다시 한 번 하게 한다.

3.2 해결 방안

방송에 고발되는 업체들 중 그나마 양심이 있는 점주나 업체의 이사들은 방송에 나와 자신들의 잘못을 인정하고 개선하겠다는 약속을 하며 피해에 대해 보상하겠다고 한다. 이러한 업체들은 소비자들에게 오히려 좋은 인식을 심어준다. 한 번 실수를 하긴 했지만 고칠 의지가 보이기 때문이다.

따라서 취재에 의해 불법적이거나 비양심적인 행위가 적발된 업체들은 자신들이 먼저 나서서 공개적으로 사과를 하고 피해를 입은 소비자들에게 적절한 보상을 해야 할 것이다. 또한 해당 제품을 폐기하거나 개선하려는 적극적인 노력을 해야 잃어버린 신뢰를 다시 찾고 고객들을 잃지 않을 것이다.

또한 고발 프로그램 취재진들은 방송 내용이 동종 식품업계에 피해를 입히지 않도록 해당 업체를 낱낱이 공개해야 한다. 해당 업체의 이름과 제품명을 자세히 밝혀 소비자들이 혼란을 겪지 않도록 해야 프로그램의 본분을 다한 것이라 할 수 있다. 잘못한 업체를 밝힌다면 고발성 프로그램은 권선징악적 역할도 할 수 있을 것이다. 잘한(양심적이고 도덕적인) 업체를 밝혀서 소비자들이 그 업체의 식품을 안심하고 먹을 수 있게 하고, 잘못한 업체를 폭로해서 그 업체가 잘못을 바로잡아갈 수 있도록 할 수 있다면 식품업계와 방송 모두 성장해 나갈 수 있을 것이다.

제4장 결론

4.1 요약과 제언

위의 여러 사례들로 고발 프로그램에서 식품 관련 방송을 하는 것이 동종 업계에 큰 타격을 입히는 것을 알게 되었다. 동종 업계의 타업체들은 정직하게 판매를 했는데도 불구하고 오명을 쓰게 되는 것이다.

한때 '쓰레기 만두' 파동으로 만두가게들이 거의 다 문을 닫고, 대기업의 제품들도 소비자들의 외면을 당했던 적이 있다. 일이 커지자 언론에서는 쓰레기 만두 업체를 발표했다. 하지만 소비자들의 불신은 쉽게 사라지지 않았다. 처음 이 사건이 터졌을 때 바로 업체의 이름을 공개했다면 전체 만두의 대한 불신보다 그 업체에 대한 불신이 커서 다른 업체들은 피해를 조금 더 봤을 것이다.

매주, 매회 식품 위생과 식자재 안정성에 대해 보도하는 프로그램들은 소비자들의 불안감을 덜어 줄 필요가 있다. 식품 전반에 대한 불신이 아닌 몇몇 업체의 비도덕적인 행동들이라는 인식을 확실히 해 주어야 동종 업계의 피해를 막을 수 있으면서 소비자들의 불안심리를 잠재울 수 있다.

요즘 들어 방송 이후에 PD의 개인 인터넷 블로그 등에 해당 업체를 밝히는 경우가 늘고 있다. 하지만 이것만으로는 부족하다.

잘못이 포착된 업체는 방송에서 소비자들에게 진심으로 사과하는 뜻으로 다시는 이런 일이 없을 것이라는 선언을 해야 한다. 또한 그렇지 않은 업체들을 징벌하기 위해 해당 업체를 공개하는 것을 막는 법이 있다면 개정되어야 마땅할 것이다. 소비자의 주권을 보장하기 위해서 법적인 문제도 해결되어야 한다는 것이다.

참고 문헌

이영돈(년도?), 소비자 고발 그리고 불편한 진실-이영돈 PD의 리얼 추적

스토리, 위즈덤하우스.

[첨삭] 참고 문헌 목록에는 단행본이나 연구 논문뿐만 아니라 신문이나
　　　방송, 인터넷 자료들도 포함되어야 한다. 보고서를 구성하는 데 참고
　　　한 모든 자료들을 사실대로 밝힘으로써 윤리성을 확보할 수 있다.

4. 토론과 토론문

진단할 내용
- 토론의 규칙에 따라 토론할 수 있다.
- 토론 주제를 선정할 수 있다.
- 토론에 필요한 근거를 조사할 수 있다.
- 토론을 마치고 토론문을 쓸 수 있다.

　무슨 일이든 합리적으로 처리하기 위해서는 혼자 생각하는 것보다 여럿이서 생각을 나누고 조율할 필요가 있다. 그런데 여럿이 모이다 보면 뜻이 같은 사람들만 만나게 되지 않는다. 뜻이 대립된 사람들과 만나 이야기를 할 때 논리적으로 의견을 표현함으로써 갈등을 해결할 수 있다. 이러한 담화를 '토론'이라 한다.
　토론을 하기 위해서는 주제와 관련되는 자료들을 많이 찾아 읽고, 생각을 조리 있게 구성하려면 근거를 들어 표현하는 연습을 많이 하라.

1) 토론 상황 설정

[전략38] 토론을 위해 주변을 점검하라.

　토론을 하기 위해서는 먼저 찬성과 반대 입장으로 나누어질 수 있는 주제가 필요하다.
　주제에 대해 한쪽의 입장에서 타당한 근거를 들어 상대방을 설득할 수 있어야 한다. 타당한 근거는 구체적인 사실에 바탕을 둔 것이어야 한다.
　토론 자료에 대한 배경지식을 점검하고, 부족한 경우에는 관련 자료를 찾아 배경지식을 확충해야 한다. 그렇지 않으면 반박 논리에 맞서 자신의 주장을 끝까지 지지하기가 어려워진다.

자료 : 황금광 시대

- 배경 : 물질만능주의와 일확천금의 꿈
- 시대적 배경 : 근대화 시대
- 주인공에게 감정이입할 수 있는 상황
- 캐릭터 창조 : 헐렁한 바지, 윗옷, 우산대(지팡이), 콧수염, 중절모, 큰 신발, 걸음걸이
- 형상화 방식 : 허황된 삶과 고독을 어떻게 희화화하였나?
- 해석(창작)을 위한 기본 개념 : 근대성이란 무엇인가?

[전략39] 자신의 배경지식을 점검하라.

✓ 도구적 이성
- 이성이 도구가 된 시대
- 합리성이 수단이 된 시대
- 편리주의, 계산성, 예측가능성, 통제성, 몰개성

✓ 초근대성(Beyond-); 다른 관점에서의 근대성
- 소품종 대량생산 / 다품종 소량생산의 성격을 생각해 보자.
- 인스턴트 음식 등으로 물질적 편리를 위한 삶과 반대되는 웰빙이란?
- 왜곡된 웰빙 문화 : 화폐에 의해 왜곡된 삶, 즉 비싼 값을 지불하여 안락한 삶을 추구하는 것이 바람직한가?
- 웰빙은 '참-살이', '안분지족의 삶'이라고도 한다.

2) 토론문 쓰기

[전략40] 토론문을 준비하라.

토론을 원활하게 하기 위해 미리 대본을 쓴다고 생각하고 조리 있게 표현하는 연습을 해 보자. 토론문에는 다음과 같은 정보들이 담겨 있어야 한다.

✓ 사실 정보(제목, 대사, 장면 등)
✓ 쟁점(자신의 경험을 바탕으로 문제 제기)
✓ 기획자의 의도(주장의 배경)
✓ 제작자의 주장(주제)
✓ 상세한 뒷받침 내용
✓ 제작 기법
✓ 줄거리
✓ 제안

사례 | 학생 글-초안

대학생(여) ○○○

1. 기획자의 의도

근대로 들어서면서, 사람들의 의식이 점점 물질만능주의가 되어가고 있는 사실에 경고를 하기 위해서였다. 그러나 대중에게 진지하게 이 주제를 가지고 다가선다면 대중이 기피하고 어려워할 수 있기 때문에 희화화하여 전달하고자 했을 것이다.

2. 제작자는 대중에게 무엇을 전달하고 싶었을까?

무작정 황금을 찾는 물질지향적 여행은 결국 얻을 게 없으리라는 의미를 내포하는 제목의 뉘앙스와 다르게 해피엔딩으로 결론났지만, 결국 채플린이 겪은 모든 고생은 일확천금을 바라는 마음으로부터 비롯되었다. 즉, 물질만능주의 가치관이 초래하는 결과는 결국 부질없다는 것과 비인간적이라는 것을 알리고 싶었을 것이다.

3. 작품 속에서 희화적 표현 찾기

찰리가 돈을 벌기 위해 눈을 치우는 장면. 집 앞에 쌓여 있던 눈을 치우면서 옆집으로 넘겨 그 눈들이 다시 옆집 대문을 막는 바람에 결국 옆집 주인도 돈을 주고 찰리를 고용하여 눈을 치운다.

4. 희화적 표현의 의미 해석

돈을 번 이유는 자신이 좋아하는 이성에게 호감을 사기 위하여 선물값을 벌기 위해서였다. 돈을 벌기 위해서라면 양심을 속이고 남에게 피해를 주면서까지 뻔뻔스럽게 돈을 벌고 있는 것을 알 수 있다. 중요한 것의 순위를 모르고 있는 것을 보여주고 있다. 인간이 물질의 힘을 빌려서 풍요롭게 살 수 있는 환경에서, 인간성보다 돈을 우선순위로 두었다는 것은 인간에게 새롭게 주어진 자율성을 저버린 행동이다.

5. 회화적 표현에 기획의도가 잘 전달되었는가?

제목과 제작자가 전달하고자 한 것을 머리 속에 항상 떠올리면서 본다면, 감상자는 전달을 잘 받았을 것이다. 그러나 주제를 떠올리지 않은 감상자들, 어린아이들이 아무 생각 없이 시청했다면 이해하지 못했을 것이다. 단순 슬랩스틱 코미디로 이해할 수도 있다.

6. 현재 우리 가치기준에서 그 희화적 표현은 얼마나 설득력이 있는가?

현재 우리의 가치기준에서도 물질이 많은 비중을 차지한다. 또 과정이 어떻게 진행되든 결과는 돈을 많이 벌면 된다는 생각이 만연하다. 이런 것들을 TV프로그램 중 개그 프로그램에서 풍자를 하곤 하는데 시청자들은 그것을 보면서 고개를 끄덕이며 공감한다. 그러나 가장 큰 단점은 개그프로그램은 미성년자들이 많이 시청하는데 이들 중 대부분이 원래 비판, 풍자하려던 의도를 이해하지 못하고 웃어 넘겨 버린다는 것이다. 그러므로, 희화적 표현은 생각이 깊고 경험이 풍부한 사람들에게 적용될 수 있는 설득적 표현이고 부분적 사람들에 한해서만 사용할 수 있는 표현이다.

　관용이란 정치, 종교, 도덕, 학문, 사상 양심 등의 영역에서 의견이 다를 때 논쟁은 하되 물리적 폭력에 호소하지 말아야 한다는 이념을 말한다.

　내가 선택한 주변에서 일어나고 있는 사건은 북한의 부동산 동결사태이다. (☞행복 또는 복지 등과 관련이 있다.) 이것의 진행 과정은 4월 27일에서 30일 사이에 이산가족면회소, 소방서 등 정부의 부동산과 한국관광공사가 소유한 금강산 부동산을 모두 몰수하였고 민간 기업 (현대 아산)이 소유한 부동산들 동결[52]로 진행되었다. 즉, 우리의 자본으로 투자한 부동산들에 대한 남한의 권리를 박탈하고 자신들이 알아서 사용하겠다고 선포한 것이다.

　원인은 여러 가지가 복합적으로 작용했다고 볼 수 있다. 화폐개혁으로 인한 혼란과 더불어 기존부터 축적되어 온 경제난 타파, 남한의 새로 수립된 정부와 북한과의 외교관계의 마찰 등 때문이라고 볼 수 있다. 2008년에 일어난 남한의 금강산 관광객이 총에 맞아 사망한 이후, 우리 정부는 이것을 꼼꼼히 검토 후 금강산 관광을 허용할지 말지를 결정한다고 했는데 그 이후로 관광 잠정 중단이 장기화가 되자 들어오는 외화 부족으로 북한으로서는 이런 식으로라도 압박을 하지 않으면 경제가 무너질 가능성이 커지기 때문이다. 그러나 북한이 이렇게 강경한 방안을 일방적으로 내놓으면 서로에게 미치는 피해도 크다. 북한에 있는 부동산이 동결되면 우리나라의 민간 업체들은 투자한 자금을 회수하지 못하고 직원들 또한 당분간 실업자가 되는 것이다. 금강산 관광이 불가능하다는 점도 민족 간의 교류 단절이라고 볼 수 있다.

　이것의 해결책은 크게 두 가지로 나눌 수 있다. 국제적으로 원조, 타협을 하지 않는 분위기로 북한의 고립을 심화시켜 극한의 상황으로 이끌어 붕괴를 유도하는 것이 있을 수 있다. 또 다른 하나는 급변사

---

52) 사업, 계획, 활동 따위가 중단됨. 또는 그렇게 함.

태[53]가 일어나지 않도록 북한이 스스로 일어설 수 있도록 돕는 것이다.

나의 의견은 북한을 도와주는 것에 가깝다. 물론 무조건적으로 북한이 무엇을 하든 상관없다는 식이 아니라, 관용의 자세로 북한을 포용하는 것이다. 서로 맞불을 놓아 압박을 함으로써 북한을 옴싹달싹 못하게 만드는 것이 아니고 우리 정부와 국민, 세계 각국 모두 관용적 태도와 대화로 이 상황을 풀어나가야 한다. 서로를 압박하는 조치만 내놓는다면 극단의 상황까지 갈 가능성이 커진다. 극단의 상황이란 최후 군사적 대립까지를 말한다. 북한 역시 경제난 타개, 이명박 정부와 외교코드가 맞지 않는다면 일방적으로 폭력적 분위기를 형성시키는 정책을 내놓지 말고 대화로 풀어가야 한다. 지금까지 북한이 내놓은 방안들은 모두 서로에게 피해가 갈 것을 감안하면서까지 내놓은 정책들이다.

---

53) 큰 사건이 생겨 국가가 혼란에 처하는 사태 (권력이양 실패, 사회가 극도의 혼란에 빠지는 경우, 핵무기로 인하여 주변 국가들이 동시에 접근한다면 일어날 사태들 등등)

응용 : 주제별 글쓰기

여기서는 앞서 익힌 내용을 주제별로 차근차근 응용해 보도록 한다. 주제에 따라 어떤 형식으로 표현하면 독자나 청중을 감동시킬 수 있는지 생각해 보자. 주제는 인종이나 지역, 세대 등의 차이에 제약받지 않는 것으로서 본질적인 인간 삶에 대해 생각하는 바탕이 된다.

VII. 글쓰기의 토대 및 발전

인문학적 토대 위에서 상상력이 일어날 때 깊고 풍부한 컨텐츠를 생산할 수 있다. 동서양고전 읽기가 강조되는 이유가 바로 이러한 장점 때문이다. 건전하고 인간 세상에 유익한 정보들을 얻는 것은 주제의식을 형성하는 데에 밑거름이 될 수 있다.

자신이 소속해 있는 분야에서 해야 할 것과 추구하는 것을 소개하고자 할 때, 손자병법(孫子兵法)에 언급된 전략을 참고해 볼 수 있다. 손자병법을 경영학계에서 제곱병법으로 활용하여 쓰이는 경우가 많이 있는 실정이니. 문화예술계에서도 藝法으로 충분히 활용할 수 있는 것이다.

진단할 내용
- 주제별로 글을 쓰기 위해 다양한 자료를 읽을 수 있다.
- 여러 가지 자료를 주제별로 나눌 수 있다.
- 자료를 읽고 현대에 적용하여 문제를 제기할 수 있다.

자료1. 프로메테우스

1) 인간 창조

창조 행위는 언제, 누구로부터 비롯되었는가? 이 땅이 열리고 인간이 창조된 배경에는 누가 있었을까? 아무도 확인시켜 줄 수 없는 인류의 역사와 세계 창조를 인간의 상상력으로 그려 보자. 시원에는 네 가지 근본 요소가 있다. 이를 '질료'라고 하며, 이것으로 창조 행위가 시작될 수 있었다고 생각할 수 있다. 고대에는 물, 불, 공기, 흙 가운데 불의 신으로 프로메테우스가 설정된 바 있다.

바탕다지기

글을 읽으면서 핵심어를 찾고, 그 의미를 파악해 가는 동안 자료의 내용을 추리해 볼 수 있다.

(1) 핵심어 불

불
네 가지 질료 가운데 하나 네 가지 질료로 만들어진 것 人 + ＼＼＼ = 火 **일어나다**

(2) 네 가지 질료란?

네 가지 질료들의 기능은 무엇일까? 인간의 삶에 없어서는 안 될 질료들이기에 가장 근원적인 성격을 갖는 차원으로 이해된다. 인간은 흙을 물과 섞어 반죽하고 공기의 힘으로 불을 일으켜 굽는다.

불은 소생, 에너지, 열정, 의지 등의 의미로 해석되며 일어나는 속성에 비유하여 예술혼이 나타나는 모습으로 표현될 수 있다. 그러므로 활활 타오르는 불의 이미지에서 창조정신을 느낄 수 있는 것이다.

(3) 핵심어에 의한 사고력 확장

인간 세계에서는 불의 사용으로 일어나는 문제들이 흔히 목격된다. 아래의 그림과 같이 인간은 생활 속에서 불을 이용하는 지혜를 지니고 있다. 쇠를 불에 달궈 연장을 만들거나, 화폐를 주조하거나, 추위를 이기려고 불을 지핀다.

그런데 불을 사용해서 얻는 이익 때문에 지나친 행동으로 삶에 해로운 문제를 일으키기도 한다. 가령 무기를 가지고 땅을 지키려는 욕심을 지나치게 보이면 무슨 일이 일어날까? 또 화폐를 많이 만들어 내되 주고받는 과정에서 계산을 하게 될 수도 있다. 준 것과 받은 것의 양이 균형 있게 계산되어야 문제가 발생하지 않을 것이나 언제나 그렇게 되는 것은 아니다. 또 필요에 의해 농기구를 만들어 냈다 해도 농토를 빼앗으려는 사람과 다투는 상황에서 농기구는 단순한 도구가 아니라 살생무기가 될 수도 있다. 또 따뜻하게 불을 지펴 보은의 행동을 할 수도 있으나 복수 같은 마음 때문에 불을 이용할 수도 있다. 인간은 이렇게 계산 속에서 좋은 일뿐만 아니라 나쁜 일을 저지르기도 한다. 아래의 빈 칸을 채워 보자.

위의 물음표(?)에 들어간 단어를 채워 보면서 인간 사회에서 일어나는 문제들을 조사하고 이를 해결하기 위해 예술가가 할 수 있는 일을 생각해 보자. 예술가는 이상 사회를 선도하는 사람으로서 바람직한 신념을 제시한다. 네 가지 현상에서 비롯되는 인간 문제는 다음과 같이 나타날 수 있다.

무기	→	?	(전쟁)
화폐	→	?	(경쟁)
농기구	→	?	(생존경쟁, 정벌)
난방	→	?	(화재...살육, 죽음)

💡 의문 품기

2) 만들기, 제조·제작+술

신의 제작은 무엇을 가능하게 하는가? 자연을 창조함으로써 인간에게 무엇을 제공해 주었는지를 생각해 보자.

인간의 제작은 신의 제작 능력과 어떻게 다른가? 인간도 신의 창조물 같은 것을 생각해 내고 있는지 생각해 보자. 좋은 기능만 있는지, 나쁜 기능도 있는지 생각해 보면 신의 능력과 다른 점을 알 수 있을 것이다. 인류에게 (폐해)를 가져다 준 창조물들이 분명 있다. 불을 이용해서 마구 만들어 낸 것들로 영토를 확장하다가 투쟁하면 살육의 죄를 범하게 된다. 인간이 호기심을 절제하지 못해서 마구 발명하다가 실수하기를 또 몇 번이나 하는 것일까.

그렇다면 인간으로서 예술가는 무엇을 추구해야 할까? 예술은 인간에게 무엇을 주는 분야일까? 예술가는 신의 전령으로서 무엇을 부여받은 존재일까?

창작자의 눈

이제 '**예술가의 불**'에 대하여 생각해 보자.

신의 전령으로서 인간 문제를 어떻게 바라보아야 하는가?

문제를 풀지 못하고 답답해 하는 많은 사람들에게 해결의 당위성을 강조하고, 해결 방법을 제시해 보자.

뭔가 결핍된 상황에서 채워야 하는 것으로서 가장 근본적인 것을 생각해 보자. 힘없는 사람에게는 힘을, 가난한 사람에게는 부를, 땅 없는 사람에게는 땅을 밟을 수 있는 권리를, 추운 사람에게는 불을 사용할 수 있는 권리를 주어야 할 것이다. ?에 들어갈 단어를 생각해 보자.

힘 없는 사람	→	?	(경쟁력)
가난한 사람	→	?	(지력/지혜)
땅 없는 사람	→	?	(노동력)
추위에 떠는 사람	→	?	(주거시설)

3) '창조'란 무엇인가?

창조를 어떤 행위라고 말할 수 있을까? 사람들은 흔히 '無(없음)에서 有(있음)'의 과정이라고 생각한다. 그 과정 동안에는 없는 것을 가지기까지 의지와 인내가 수반된다는 것을 잊어서는 안 된다.

창조 과정과 관련하여, 프로메테우스의 삶을 생각해 보자. 프로메테우스는 인간에게 불을 줌으로써 인간이 지혜를 발휘하기를 기대했다. 그러나 제우스의 예측대로 인간은 불을 좋은 곳에만 사용하지 않았고, 프로메테우스는 제우스의 분노를 사서 고통을 당한다.

인간이 과학 문명을 발전시켜 생활의 편리를 추구했지만, 부정적 영향을 많이 초래한 것도 사실이다. 식생활, 의생활, 주생활의 근본적 배경만 보더라도 인체에 해로운 영향을 얼마나 많이 주었는가? 신문을 보고 여러 문제들을 조사해 보자. 그럼, 인간 문제를 잘 해결하기 위해 다음과 같은 상황을 어떻게 바라보아야 할까?

나약함 → 강함
배고픔 → 배부름
목마름 → 해갈
추위 → 따뜻함

위와 같이 문제 상황을 해결하기 위해 인간이 어떤 신념으로 살아가야 하는지 생각해 보자.

(예시 상황)

성냥팔이 소녀가 추운 골목에서 성냥불을 켜고 잠을 자다 꿈을 꾼다.

위와 같은 동화는 작가의 문제 해결 방법을 참고하게 해 준다. 작가는 주위를 따뜻한 상황에서 일시적으로나마 해결하게 하고 정신적으로 문제를 극복하도록 꿈을 꾸게 하였다. 소녀의 위치에서 꿈은 건강한 사고를 하게 하여 바람직한 성장을 이끌어 줄 수 있으므로 동화적 문제를 해결할 수 있는 방법으로 정당화되기에 충분하다.

4) 이제 창조의 과정을 상상해 보자.

먼저 인간 문제를 조사할 필요가 있다. 인간은 어떤 문제들 속에서 힘들어 하는가? 우리는 절도, 사기, 납치, 폭행 등 주변에서 볼 수 있는 문제들을 신문이나 방송에서 접한다.

이 문제들에 대해서, 예술가가 예술작품으로 해결 방법을 알려 줄 수 있다고 가정할 때 어떤 형식과 어떤 내용으로 전달할 수 있을지를 생각해 보자. 교육, 봉사, 공정한 분배, 노동가치, 직업 간 평등 등의 내용을 전하고 싶다. 어떤 형식에 넣어서 사람들에게 감동을 주어야 할까. 그 감동은 사람들의 마음을 움직일 만큼 설득적이어야 한다.

가령, 나는 ㅇㅇㅇ이 없는 존재를 연민하면서 마음을 움직이고 싶다. ㅇㅇㅇ은 작가가 바라본 대상이다. 어떻게 그를 연민할지를 생각하는 것은 예술작품의 형식을 찾는 것과 같다. 가령 우스꽝스러운 인간 모습으로 그의 곁에 다가가느냐, 대조적인 인물을 설정하여 영향을 미치느냐, 법에 의해 공정하고 원칙적으로 해결하느냐, 교육으로 계몽하느냐 등등으로 생각해 볼 수 있다.

• 프로메테우스가 남긴 것

무엇 때문에 프로메테우스는 제우스의 분노를 사게 되었을까?

> ✓ 제우스가 인류에게 노하였을 때 프로메테우스는 인간의 편에 서서
> 문명과 여러 기술들을 가르쳤다.
> ✓ 제우스는 프로메테우스를 카우소스 산의 바위에 결박하였다.
> ✓ 프로메테우스는 독수리에게서 간을 파먹히는 고통을 당했다.
> ✓ 프로메테우스가 독수리에게 당한 후 그에게 간이 생겼다.

프로메테우스가 인류에게 남긴 것에 대해 생각해 보면 인간이 지닌 능력을 무한히 발휘해야 할 의무를 깨닫게 된다. 영웅의 의지력은 제우스의 부당한 수난을 견디는 과정에서 나타나며 영웅을 상징하는 의미를 갖는다. 프로메테우스를 통해 추리할 수 있는 상징적 의미는 다음과 같이 정리된다.

- 인간의 모습을 창조하다!
- 인간의 우월성을 증명하다!
- 인간에게 능력을 부여하고 다시 거두지 않는 저항 정신
- 인간의 능력을 믿고 지켜보는 의지력

작품 보기

이 프로메테우스 화소는 여러 작품들에 차용되었다. 인간이 살아가면서 겪는 갈등이 쉽게 해결되지 못하는 것은 누구나 공감하는 바탕으로서 감동을 얻기까지 상상력이 삽입된다. 인간의 의지력을 통해 무엇을 이루는 이야기에 어떤 서사구조가 창조되어 왔는지 살펴보자.

5) 우리 소설에 차용

제우스의 분노에 저항하는 프로메테우스 정신은 우리 카프문학에서도 찾아볼 수 있다.

> (채만식, 희곡 〈제향날〉, <u>최씨 삼대 이야기</u>)
> ☞최씨 남편은 동학농민운동으로 저항하고, 최씨의 아들은 기미독립운동으로 저항하며, 최씨의 손자는 사회주의 사상을 지니고서 일제에 저항한다.

> "의를 행한 보갚음! 의를 이룬 보갚음은 영겁의 고초! 죽지 아니하고 영겁토록 받는 고초! 사나운 수리가 살을 쪼아먹고 까막까치는 눈을 파먹고 귀를 떼어먹고 그러고도 끊이지 않는 극형! (천둥소리 우르릉거리고 번개를 친다. 폭우가 내린다. 폭우 그치고 강풍이 분다. 강풍이 그치고 눈이 내린다)"

> 손자가 사촌 영오에게 이 신화를 들려준다.

> 프로메슈스가 하나님 몰래 불을 훔쳐서 고생하는 인간들에게 선물한다. 그는 인간 땅에 내려와 원시인들에게 불로써 난방하고 요리하고 밤을 밝히고 연장을 만들고 사냥하고 사나운 짐승에 대적하는 방법을 가르친다. 프로메슈스에게서 한 원시인이 횃불을 받는다. 이에 분노한 하나님이 프로메슈스를 생포해 바위에 결박하게 한다. 그러자 프로메슈스는 한탄한다.

6) 서사판본에 차용

프로메테우스 신화는 기원전 5세기 그리스에서 소피스트 운동으로 차용되었다. 소피스트 운동의 이념은 낙관적 인본주의와 윤리적 상대주의였으므로 프로메테우스가 인간 중심적으로 생각했다는 것을 나타내기에 부족하지 않은 배경이다.

프로메테우스가 등장하는 헤시오도스의 서사시 〈신통기〉, 〈일과 나날〉을 비교해 보자.

〈표 15〉 '신통기'와 '일과 나날' 비교 분석

신통기	일과 나날
프로메테우스는 꾀가 많고 머리가 잘 돌아가지만, 제우스에게서 벌을 받았다. 하지만 마침내 헤라클레스는 독수리를 제거해 프로메테우스를 해방시켰다.	
메코네에서 프로메테우스가 희생제물을 나눌 때 좋은 고기는 가죽 밑에, 쓸모없는 뼈들은 기름 밑에 깔고 나서 제우스를 초대하여 선택하게 하였다. 제우스는 속지 않았지만, 쓸모없는 뼈들을 선택하고서 속임수에 분노했다.	
그래서 제우스는 인류에게 불을 주지 않았다. 하지만 프로메테우스는 불을 훔쳐서 그것을 인간들에게 전달하였다.	제우스는 불을 숨겼다. 프로메테우스가 그를 속였기 때문이다. 그러나 프로메테우스는 불을 훔쳤고, 이에 분노한 제우스는 인간들에게 다른 재앙으로 보답한다.

위의 표를 보고 제우스와 프로메테우스의 관점이 어떻게 다른지를 다시 한번 생각해 보자. 대립된 관점에 대해 깊이 생각하다 보면 예술가가 인간을 위해 무엇을 해야 할지가 분명해질 것이다.

그리스 인들은 고기가 썩어도 뼈는 썩지 않는다고 인식하였다. 그것은 세대를 걸쳐 번식하는 자손을 통해 골수가 확인되기 때문이다. 위 표를 보는 바와 같이 그러한 사실과 관련하여 제우스는 프로메테우스의 꾀를 알아채고 분노를 거두지 않는다. 두 신의 다른 모습을 아래의 표와 같이 정리할 수 있다.

〈표 16〉 제우스와 프로메테우스 비교 분석

제우스	프로메테우스
불멸의 계략을 알고 있는	교활하고 빠르게 책략을 꾸미는
지략이 뛰어난	교활한 계획을 세우는
정의로운 계획	어느 누구보다 꾀가 많은
	판단이 빠르고 음모를 꾸미는
↑	↑
메코네에서 희생제물을 나눌 때 프로메테우스의 계략을 알아챔.	불을 훔치고, 제사에서 속임수를 썼다.

7) 비극 〈결박된 프로메테우스〉 차용

헤시오도스의 신화가 기원전 5세기에 공연되었다.

〈해방된 프로메테우스〉, 〈불을 나르는 프로메테우스〉와 함께 3부작으로 구성되어 있다. 내용은 아래의 표와 같이 정리된다.

〈표 17〉 헤시오도스의 신화 공연 3부작

결박된 프로메테우스	프로메테우스가 불을 훔쳐 인간에게 주었기 때문에 이에 분노한 제우스의 명령으로 바위에 결박당하는 장면으로 시작함.
해방된 프로메테우스	결박에서 풀려남. 헤라클레스가 독수리를 죽여 프로메테우스를 구해 주고 고뇌에서 벗어나게 함. 이는 제우스가 노여움을 풀고 아들 헤라클레스의 명성을 지키게 하려는 계획임.
불을 나르는 프로메테우스	인간에게 기술과 지력을 전수한 신. 집짓기, 달력과 천문학, 숫자와 문자, 짐승 길들이기와 마술, 배, 의술, 예언술

위의 표를 보는 바와 같이 헤시오도스의 판단에서 인간 문명의 점철

과정을 알 수 있다. 인간은 무지와 야만에서 지식과 문명으로 발전하였으나, 인간 문명은 실제로 크로노스의 황금시대 이후로 퇴보하였다. 인간에게 재앙으로 찾아 온 판도라가 상자를 열어서 온갖 종류의 불행과 노고, 죽음에 이르는 질병을 온 세상에 퍼지게 한 다음 희망을 남겼으나, 희망은 항상 좋은 것이 아니고 인간을 파멸로 이끌기도 하는 것이다. 희망 덕분에 인간은 존재의 유한성을 잊고 열의를 다해 살아갈 수 있다. 정리하면 물리적으로 삶을 보장하는 것은 불이고, 심리적으로 삶을 보장하는 것은 희망인 것이다.

8) 재구성된 비극 이야기

프로메테우스의 어머니 가이아가 제우스와 프로메테우스의 화해를 중재한다. 형제 티탄들의 전쟁에서도 어머니에 의해 프로메테우스와 제우스가 동맹을 맺은 적이 있었다. 프로메테우스가 해방되는 것은 어머니가 제우스의 파멸을 넌지시 알려 주었기 때문이다.

한편 재구성된 이야기 속에서 새로운 인물 '이오'의 등장이 전체 내용을 어떻게 바꾸었는지 생각해 보자.

이오는 제우스의 사랑을 받고 헤라 여신의 미움을 사서 고통을 당하며 방랑을 계속하다가 바위에 결박된 프로메테우스를 만난다. 프로메테우스는 제우스의 폭압적 권력에 의해, 이오는 무분별한 성적 욕망에 의해 고통을 당한 것이다. 프로메테우스는 자신과 비슷한 운명을 겪은 이오의 해방을 예언하고, 이오의 먼 후손인 헤라클레스가 프로메테우스를 해방시킨다. 프로메테우스는 이오를 보며 의지력을 더 키울 수 있었던 것이다.

9) 프로메테우스의 신화소

프로메테우스는 박해와 탄압을 일삼는 제우스에게 항거하여 민주정신을 구현하고 인간의 투쟁을 상징하는 책략가이며, 자연으로부터 문명세계로의 전환기에 문화적 기술과 풍습을 가르친 교사이다.

'소피스테스'는 인간 지식의 진보를 함축한 말이며, 상세한 지식과 깊은 사려로 자신의 삶이나 중요한 활동 영역을 지배하는 능력을 가졌다.

☞바른 조언을 하는 테미스의 아들로서 프로메테우스는 지배자의 폭정에 아첨하지 않고 제우스에게 항거하였다.

※기원전 5세기 중반, 소피스트 운동의 시대정신이 반영되어 인간을 구원한 은혜로운 존재로 부각되었다.

10) 프로메테우스를 통해 본 인간성

그의 열정이 인류에게, 또 사회에 미친 결과 어떤 문제 상황에서든 적극적으로 개진하려는 의지가 인간에게도 절실히 요청된다. 프로메테우스가 인류에게 주는 메시지를 다음과 같이 정리해 볼 수 있다.

- 인간에 대한 사랑
- 인간 지식의 진보를 옹호
- 참주정에 저항하는 민주정신의 실천

• 그러므로 그에게 인간성이란?

신성 모독을 통해서만이 고귀한 목적을 달성할 수 있는 것. 신이 인간의 도전을 받아 인간에게 가한 고난과 비참의 결과를 생각해 보자. 프로메테우스에게 인간성은 이를 견뎌야만 얻을 수 있는 것이 아니겠는가? 이러한 배경에서 뜻을 성취하기까지 고통과 극복의 과정은 가히 평범하지 않기에 신화적 모티프로 볼 수 있다.

• 신화소로서 프로메테우스는?

✓ 반체제 인물이다.
✓ 신의 권능을 훔친 인물이다.
✓ 인류에게 은혜를 베풀었다는 죄로 부당한 벌을 받은 인물이다.

프로메테우스의 정신으로 세계를 보면 아래의 표정을 연상할 수 있다. 이처럼 환경 속에서 형성되는 성격으로 인물의 표정을 그려 볼 수 있다.

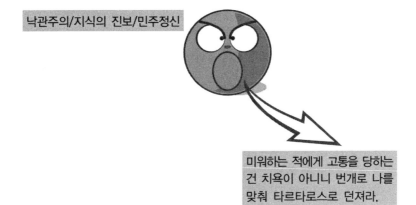

낙관주의/지식의 진보/민주정신

미워하는 적에게 고통을 당하는 건 치욕이 아니니 번개로 나를 맞춰 타르타로스로 던져라.

° 햄버거와 문명

우리는 현대 사회를 살아가면서 햄버거 매장을 자주 본다. 손쉬운 방식으로 간편하게 끼니를 채울 수 있는 햄버거! 과연 이것은 어떻게 시장을 형성할 수 있고, 어떤 장점으로 대중에게 파급되는 것일까? 정말 우리 세상에서 이로운 점만 가져다 주는 것인가. 여러 궁금증들을 질문해 보자.

"1988 압구정 GRAND OPENING"

Q1.수량은 필요한 만큼 충족될 수 있는가?

(근대 사회에서는 자원을 효율적으로 계산하여 생산했다.)

Q2.물량은 만족할 만큼 지원되는가?

(생산량이 소비율에 맞게 조정되어야 근대사회를 안정되게 이끌 수 있다.)

Q3.경영 관리에 문제 없는가? 초보자가 매장을 운영해도 믿을 만한가?

(경영관리제도가 매우 치밀하여 최소의 노동력으로 운영할 수 있다.)

Q4.시스템은 효율적인가?

(적은 노동력에 의해 원활하게 운영된다.)

Q5.업무의 능률이 오르는 데 별 문제가 없는가?

(자원이 필요한 만큼 계산되고 일의 절차가 복잡하지 않다.)

Q6.인체에 미치는 영향은 어떠한가?

(빠르게 제조되는 음식에는 가공기술이 삽입된다. 화학적 제조 공정에서 세균이 번식할 수 있다.)

☞위 질문들을 통해 근대화가 가져온 특징을 생각해 보자. 근대 사회의 네 가지 성격을 추론할 수 있다.

✓계산성 : 물품 생산 과정의 산술적 처리

✓예측가능성 : 산술 능력에 의해 입·출고 현황이 정확히 파악되는 성격

✓통제성 : 작업장의 통제 및 관리가 가능한 성격

√효율성 : 경영 능률의 증대를 가져오는 관리 방식

◆관련 작품 : 영화 〈Gold Rush〉

Q1. 제목의 의미를 해석해 보자.
　(Gold: 황금+Rush: 서두르다/돌진하다+
　대량생산)
　※[참고] 일확천금을 꿈꾸는 사람들의 특징
　을 생각해 보자.
Q2. 금광을 발견하기까지 어떤 태도를 보였
　는가?
　(무작정 기다림, 방탕한 생활, 나태, 무료함)
Q3. 금광을 발견하고 나서 무슨 일이 일어났을까?
　(집과 황금을 맞바꾸다, 이주)
Q4. 이주 후에는 무슨 일이 일어났을까?
　(집을 짓고 싶으나 의사소통에 어려움을 겪다, 생활비 지출이 늘
　어나다, 가족이 없어 외롭다, 여가생활이 없다, 더 이상 성취감을
　느끼지 못하다, 갈 만한 모임이 없다)
Q5. 금광을 발견하기까지 얻은 것 또는 배운 것은 무엇일까?
　(기다림/인내)
　☞그런데 무작정 허무한 꿈만 꾸는 나태한 태도를 엿볼 수도 있다.
Q6. 그들에게 정착기가 올까? 그렇다면 언제쯤일까?
　(동반자를 만나는 시점부터)

자료2. 가련한 사람들

　예술 분야에 임할 때 호기심을 가지고 매순간 탐구하며 자료를 수집하는
적극적 자세를 보여야 예술 창작의 적성이 확인된다. 이것이 창작의 전제
조건이다.

Q1. 예술작품 창작의 과정은?
(문제 해결 과정)
Q2. 무엇을 어떻게 창조하는가?
(인간 문제를 작가의 관점에서 창조한다.)

　예술가는 인류의 대표로서 세계를 넓게 바라봐야 한다. 그래야만 인류애, 세계적 위상 등을 고려해서 두루 공평하고 정의로운 방법으로 문제를 해결할 수 있는 지혜를 얻을 수 있다.

 바탕다지기

1) 인간 문제

　〈레 미제라블〉은 낭만주의의 산물로서 형식의 다양성, 사회적 서사시 특징을 보인다. 낭만주의는 상상력과 개성을 중시하며, 이상향을 추구하는 데 구성상 비약이 있으며 인물의 성격 묘사가 불확실한 점도 보인다. 연극/영화/만화/뮤지컬 등으로 대중화됨으로써 다양한 형식으로 형상화가 이루어진 보기 드문 작품이다. 이 작품은 애정소설, 탐정소설, 역사소설적 특성을 갖춘 사회적 서사시로 볼 수 있다.

위 사진 속에 나타난 인간 문제를 어떤 예술작품으로 해결할 수 있을지 생각해 보자.

- ✓ 지구촌의 기아 문제
- ✓ 노숙자의 소외와 고독 문제
- ✓ 방황하는 청소년의 일탈과 소외 문제
- ✓ 고독한 노인의 건강과 소외 문제
- ☞ 〈레 미제라블〉은 이러한 문제들의 해결 과정을 도와준다.

작품 보기

2) 문학작품 실례 : 최서해 〈기아와 살륙〉

주인공 경수가 아내의 질병 때문에 살인을 저지른다. 그의 죄는 탐욕스러운 최 의사와 약국 주인 박 주사의 몰인정함에서 기인한 것이다. 땅이 없어 농사를 지을 수도 없고, 밑천이 없어 장사도 하지 못하는 처지에 있는 인물을 통해 무엇을 생각할 수 있을까? 또 말도 잘 못해서 교사나 사무원 노릇도 할 수 없는 주인공이다. 한 달 내로 진료비를 갚지 못하면 1년간 머슴살이를 계약하고 처방전을 받아도 돈 없다고 약을 주지 않는다. 노모는 머리카락을 팔아서 좁쌀 한 줌밖에 얻어 오지 못한다. 경수는 그러한 현실에 분개하여 살인을 거침없이 저지르고 만다.

창작자의 눈

3) 〈레 미제라블〉의 상황 설정

한 사회 안에서 인간의 양심에 따라 살아도 되는 경우가 있는가 하면, 개인 또는 집단별로 이익을 추구하다가 법에 의해 질서를 바로잡는 경우도 있다. 양쪽을 상징하는 인물을 창조하여 그 대립 관계로 이야기를 생성해 보자.

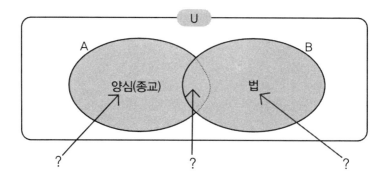

4) 위고의 관점

✓작가 정신: 궁핍하고 다양한 사람들을 향한 (연민)의 시선
✓장 발장은 어떤 사람인가?
　(5년 노역, 네 번 탈옥미수, 19년 감옥살이)
✓미리엘 주교는 어떤 사람인가?
　(자선을 베풀어 언행일치의 삶을 살았다.)
✓해결 방향: 장 발장은 미리엘 주교의 (용서)로 (기독교) 정신을 갖게
　　되다.

5) 레 미제라블의 창조 과정

✓구상 단계 : 모험소설
✓초기 단계 : '장 드레장' 소설로 시작하여 에피소드로 작은 4부를
　구상하였다.
✓〈레 미제라블〉에 이르러 :
　(1)정교화되고 서정성이 보완되었다.
　(2)워털루 전쟁의 서사적 묘사가 나타났다.
　(3)민주정신에 대한 작가의식이 부각되었다.

6) 대표적 인물 분석

절도죄를 지은 사람을 보는 관점은 둘로 나누어진다. 사랑으로 용서할 것인가? 법에 의해 벌할 것인가? 사랑으로 용서하려면 인간의 도덕성을 중시하는 가치관에서 가능하지만, 합리주의에 입각해서 또 비슷한 죄인이 나오지 않게 하기 위해서는 법의 필요성을 강조해야 할 것이다. 사람의 양심을 확인하는 것보다 양심으로 살 수 있는 세상을 구현하기 위해 예술가는 무엇을 해야 할까?

7) 토론 준비

✓**출발** : 예술 컨텐츠를 개발하기 위한 기획회의를 가정하고 토론을 하려고 한다. ☞경감의 관점 VS 주교의 관점

✓**도착** : 컨텐츠를 개발하기 위해 기획의도를 쓰는 업무에 임한다.

8) 토론문 쓰기

토론문은 찬반 입장을 나눌 수 있는 주제와 이를 뒷받침하는 근거들로 구성된다. 그 근거들을 모아 보면 글을 쓰려는 주체의 관점이 드러난다. 그 관점은 기획안을 쓰기 위해 필요한 전제로 활용될 수 있다.

토론문은 대체로 다음과 같이 구성된다. 찬성과 반대 입장으로 분명히 나누어지는 주제가 있고, 한쪽 입장에서 근거를 들고 지지하여 다른 쪽 입장을 반박할 수 있어야 한다. 토론문은 다음의 순서대로 구성할 수 있다.

- 토론 주제
- 나의 입장
- 입장을 지지하는 근거 기술하기
  첫째,
  둘째,
  셋째,
- 결론(기획의도)

사례 | 학생 글

주제 : 가난한 아이가 빵을 훔친 행동은 정당한가, 정당하지 않은가?
  <u>가난한 소년이 빵을 훔친 행동은 정당하다.</u> ☞**법의 정당성**[54]?
  (행동의 앞뒤가 들어맞고 그것이 올바르고 마땅한가?)

광고창작과(남)

---

54) 위 제시문에서 다른 서체로 구별한 내용은 토론 과정에서 학생이 메모한 사항들이다. 이 메모를 보면 토론을 벌이는 동안 스스로 자신의 생각을 조정해 나간 과정을 알 수 있다.

1. 도둑질을 한 주체가 가난하고 어린 아이, 즉 아직은 법과 사회라는 개념을 이해하기에는 정신적, 신체적으로 성숙하지 못한 상태에 있다는 점이 절도죄를 살인죄 다음 가는 중죄로 여기고 있는 이슬람 율법 내에서 현실적인 판단을 하지 못하고 도둑질을 하게 된 배경일 수도 있다.

2. 아이가 경제적, 사회적인 보호자에게 보호받고 있는지도 의문이다. 빵을 훔치게 된 가난한 배경으로 보자면 아이는 최소한의 보호를 받고 있지 않은 상태에 있었고, 인간이 인간임을 유지하는 최소한의 욕구 중 하나인 식욕을 충당할 수 없는 상황에까지 몰려 있었기에 절도죄의 형을 알면서도 눈물을 머금고 절도를 시행했을 가능성이 높다. 빵을 훔치고자 하는 욕망보다는 살고자 하는 욕망으로 절도를 행했음을 알 수 있다.

3. 법을 행함에 있어 아이가 국가의 법으로부터 보호받고 있는지도 살펴볼 점이다. 동서양의 많은 법학자들이 법의 정의에 대해 서술한 바에 따르면☞찬성? 법의 평등성, 특수계급은 어린아이라는 위치에서 법의 특수성을 적용시킬 수 없다는 것!!!

　-법은 공동체의 살아 있는 의지
　-법은 사회적 조직체의 공동 정신
　-법은 법이념에 봉사한다는 의미를 지니는 현실
　-법은 도덕의 최소한
　-법은 주권자가 그에게 복종하는 국민에게 내린 명령
　-법은 일정한 제약적 조건과 피제약적 조건으로서의 강제 효과를
　　결합시키는 강제 규범
　-법은 인간 본성에 내재하고 있는 최고 이성으로 행하여야 할 바를
　　정하고 금하여야 할 바를 정하는 것
　-법은 도덕의 최대한

등으로 정의되고 있는데, 법은 공동체를 수호하는 데 의의를 두고 있고, 이 어린아이는 공동체의 일원으로 마땅한 대우와 관심을 받고 있었는지, 만약에 그런 상황에 놓였음에도 불구하고 아이가 탈선하여 절도라는 중범죄를 저질렀는지 알아야 할 것이다.

4. 절도죄의 정당성보다는 아이가 속한 사회와 그 안에 속해 있는 율법이 아이를 정당하게 보살펴 왔는가도 보아야 할 것이다. 아직 선과 악의 판별을 하지 못할 어린 나이에 엄격한 규율을 자랑하는 이슬람 국가의 율법 아래에서 아이가 팔을 포기해야 할 것을 감내하면서도 빵 부스러기에 절도를 행한 것은 아이의 도덕과 양심의 문제보다 팔을 빵과 바꿨어야만 했던 그 안타까운 상황에 몰아넣은 사회적인 배경이 문제였을 것이라고 생각한다.

[윤리] 인권을 넘어선 법은 악법이라고 본다.

※콜버그의 '도덕인지 발달단계' 하인즈가 아픈 아내를 위해 약을 훔쳤다.
가. 2단계(상대화 - 상대적 쾌락주의)
1) 약을 훔쳐서라도 하인즈는 자기 아내의 생명을 구해야 한다고 판단하는 시기이다. **자신의 욕구 충족이 도덕 판단의 기준**이며, 욕구 배분의 동기는 있으나 자신의 욕구 충족을 우선 생각한다. **8~11세**의 어린이에게 나타나는 이 단계는 순진한 도덕적 상대주의(naive instrumental relativism)에 있게 된다. 앞선 질문에 대하여 어린이는 오히려 다음과 같이 답변할 것이다. "다른 아이들과 잘 지낼 수 있도록 고자질하지 않겠어요." 제2 단계의 어린이들은 고도로 발달된 감각을 가지고 있기 때문에, 어떤 환경에서든지 모든 사람이 동등한 대우를 받도록 공명정대함을 요구한다. 예를 들면 그런 어린이들은, 자신들은 잠을 자야 되는데, 왜 더 나이가 많은 어린이들이 더 늦게까지 자지 않아도 되는가를 이해하기가 어렵다.

2) 제2 수준 (인습 수준 : 타율도덕성)

자신이 속한 집단의 기대나 기준에 맞추어 행동하는 것을 이상으로 여기며 사회 질서에 동조하고자 하고 힘 있는 사람과의 동일시를 하려 한다. 다른 사람의 상호작용을 고려한 사회지향적 가치기준을 갖는다.

[기획의도] 죄의 형량은 나라와 그에 따른 법에서 파생되는 기준에 따른 것이다. 반면 사람이 행동을 행함에 있어서의 기준은 부모와 나라, 교육기관 내의 가르침에 따른 것이다. 아이는 행동의 기준을 확립하지 못한 어린 나이였고, 그에 따른 교육도 뒷받침되지 않았기에 법이라는 개념을 알기엔 벅찼을지도 모른다. 따라서 쾌락과 이익을 추구하기 위해서가 아닌 그저 아이로서, 사람으로 살기 위해 행한 절도는 아이가 처한 상황에 있어서 정당(正當 : 행동의 앞뒤고 들어맞고 그것이 올바르고 마땅하다)했다고 볼 수 있다. 정당하다는 것은 법의 잣대로 판단하는 경우도 있지만, 당시의 그렇게 행동할 수밖에 없게 만든 사회의 배경에 문제가 있다고 생각한다.

☞제작자의 관점 : 콘텐츠의 구체적인 내용이 나오기 전에 드러나는 방향.

법은 인간이 인간과 인간답게 살기 위해 존재하는 것이다.
인간은 법을 만들지만, 법이 인간을 만들지는 못한다.
범법자 위에 법이 있고 법 위에 인간이 존재한다.

[보충] 사람의 본성을 바꾸기 위해서는 여러 가지 선택지가 있다. 법이라는 것은 그 선택지 중 하나로 법치주의 국가 내에서 최고의 권위에 있는 게 분명하다. 하지만 아이는 절도라는 하나의 선택지만을 가지고 있었으나, 우리들은 그 아이의 잘잘못을 개선하기 위한 많은 선택지가 있다. 레미제라블을 보더라도 장발장의 법에 대한 처벌은 엄격했으나 출소한 장발장은 변하지 않았다. 하지만 주교의 따뜻한 말과 행동으로 바뀌었음을 볼 수 있다. 미래에 어떤 사람이 더 좋은 것인가는 보지 않고 고를 수 있다. 법의 기능이 악을 선으로

바꾸기 위해 사람이 살기 위한 기준이 되듯이. 우리는 법이라는, 처벌이라는 다소 부정적인 어감을 사용하기 전에 관용과 사랑이라는 빛나는 단어를 먼저 떠올려 보는 것이 어떨까? 좋은 사회라는 것은 법으로써 지켜지는 것이 아니라 법을 최후의 수단으로 여기는 사회여야 한다고 생각한다.

자료3. 신화

사람들은 누구나 자신을 신화적 존재로 인정받으면 비범하다고 생각한다. 개인적 성향이 외골수로 비치지 않고 비범한 능력을 인정받으려면 어떤 조건을 가지고 지지해야 하는지 생각해 보자.

바탕다지기

'나'의 출생과 성장 이야기를 적어 보자. 2030세대의 일상을 메모해 보자. 현대 젊은이는 삼포세대로부터 벗어나고자 어떤 꿈을 꾸고 있는가?

[그림 3] 2030세대

1) 호랑이 처녀의 보은

인간과 종이 다른 호랑이 처녀와 인간의 인연에 대해 생각해 보자.

✓세 호랑이의 악행에 대해 나라에서 경고를 하자, 사냥감으로서 쫓기는 김현에게 호랑이 처녀가 제안을 한다. 그것은 남편의 출세를 위해 자신을 잡아 달라는 요청을 하고 나라에서 포상을 받으라는 제안이다.
✓여기서 호랑이 처녀의 살신성인[55] 자세를 엿볼 수 있다.
✓김현의 사랑은 아내의 죽음을 기리며 계속 드러난다.

작품 보기

'살신성인'에 대해 형상화한 우리 고전을 찾아보자. 이종 간의 사랑을 통해 작가는 무엇을 전달하고자 했을까?

2) 김현감호의 주요 내용

✓김현이 처녀를 만난 곳과 때는? (호원사 탑돌기에서 우연히[56]?)
✓김현과 처녀의 인연을 암시해 준 인물은? (처녀집 주인 노파)
✓김현과 처녀에게 일어난 위기는? (세 호랑이들 중 한 마리 죽이겠다는 경고)
✓처녀는 어떻게 해결했는가? (류를 대표해서 김현의 칼을 맞아 죽겠다고 결심함으로써 문제를 해결했다.)
✓김현은 어떻게 수습했는가? (처의 죽음을 애도하며 호원사를 짓고 범망경을 읽어 저승길을 빌어 주었다.)

---

55) 공자의 살신성인을 연결하여 생각할 수 있다. 공자는 仁을 실천하는 방법으로서 효, 충, 지혜, 용기, 예를 언급했다. 〈논어〉
56) 우연적 만남인 것 같아도 절실한 마음끼리 만난 것을 생각하면 뜻이 통한 인연이었으므로 필연이라 생각할 수 있다.

3) 이룰 수 없는 슬픔

김현이 사랑을 지키기 어려웠던 것처럼 우리 시대에 꿈을 이루지 못해 가슴 아팠던 일들을 적어 보자. 이 어려움을 극복하려면 어떤 지혜가 필요할까? 이러한 문제의식에서 컨텐츠를 기획해 보자.

✓소망을 이루기 위한 노력과 인내
✓어려움을 극복하기까지 괴로워도 감당해 내는 모습
✓남녀차별, 부당한 혼수, 고용주와 피고용인 간 또는 부부 간 불평등
✓사회 변화

취업률 등의 학교 평가에 의한 학과 통폐합, 기계문명에 의한 노동력 감소, 취업 목적의 영어 공부, 수능 공부를 위한 학원 교육 등을 생각해 보자. 이러한 배경에서 젊은 세대들이 받는 고통은 실로 크다. 이들을 위한 컨텐츠로 무엇이 좋을까?

4) 시지프스 신화

헤르메스의 도둑질을 제우스에게 일러바친 시지프스, 그는 신들이 하는 일을 인간이 간섭했다는 이유로 노여움을 산다. 또 아내의 정결이 시험당하기도 했다. 제우스가 요정을 납치하는 것을 목격한 시지프스는 요정에게 일러바쳤으나, 들어 올려도 올려도 계속 아래로 떨어지는 바위를 계속 올려야 하는 형벌을 받게 된다. 안 되는 일인 줄 알면서 계속 해야 하는 부조리함, 그것에는 어떻게 대응해야 할까? 이 글 속에서

핵심어를 찾으면 '부조리'와 '영웅'이 드러난다.

※시지프스는 어떤 인물인가?

부조리한 운명을 감내하며 살아가는 인간,

개인적으로 내키지 않는 일도 할 수밖에 없는 까닭은 무엇인가?

 창작자의 눈

5) 예술가의 운명

예술가로서 평생을 살아가야만 하는 것은 결코 쉬운 일이 아니다.

인간의 창조 욕망은 얼마나 큰가? 이상을 그리고 싶은 욕망은 더 나은 세상을 꿈꾸는 욕망이다. 그런데 이것이 허무한 일일까? 그러나 일상의 권태는 꿈을 꾸며 잊을 수 있다. 시지프스의 운명을 비극으로 볼 수도 있다. 그러나 시지프스가 부조리한 삶을 묵묵히 견딜 수 있었던 요인이 무엇일지 생각해 보자.

6) 부조리의 영웅 시지프스

다음의 질문에 답해 보며 내용을 상기하자.

✓사슬 속에로 귀환한 시지프스는 무슨 의미를 주나?

　(쳇바퀴를 돌 듯이 일상의 기계적 습관으로부터 벗어나려는가? 사무실에 있는 시간을 빼고 나면 내게 남는 것은 무엇인가?)

✓그는 어떤 인물인가? (성실한 인간)

✓예술가의 운명에 대한 생각은? (성실하게 소신을 지키는)

✓어떻게 살아갈 것인가? (유혹에 대해서는 중심 있게 살아가자.)

✓나는 누구인가? (?)

✓겸손한 예술가의 자세는? (가장 낮은 자세로 독자를 위로하고 사로잡는)

✓예술작품 창작을 위해서는? (가장 낮은 자리에서 가장 높은 곳을 바라보기)

7) 시지프스를 통해 본 인간

✓무의미하고 허무한 반복을 포기하지 않는 인간은

(어리석다 / 숭고하다 / 비참하다)

✓상처받은 가슴을 안고 또다시 사랑을 찾는 사람을 보면,

(미련하다 / 무모하다 / 어리석다 / 아름답다)

위에서 어떤 답을 선택하는가에 따라 자신이 생각하고 있을 예술작품의 창작 방향을 발견할 수 있다.

 의문 품기

8) 부조리의 개념은 무엇일까? 정의해 보자.

반복되는 일상 속에서 느끼는 점은 없었는지 생각해 보자.

✓무의미함

✓일상의 권태가 나를 행복하게 만들어 주지 못할 때

✓열심히 살고 있으나 진정 바라는 것을 구하지 못할 때

✓열정 다해 예술작품을 만들었지만, 진정 하고 싶은 말을 전하지 못했을 때

✓사회적 제약을 떨쳐 내지 못하고 예술작품 속에 내 생각을 온전히 담지 못했을 때

위의 내용을 통해 부조리에 대해 생각할 수 있다. 무엇 때문에 자유롭게 표현할 수 없는지 생각해 보고, 그러한 환경에서 부조리함에 대해 정의해 보자. 그러나 부조리함은 자신에게 적극적 태도와 열정을 깨워 주기도 한다.

◦ 욥의 이야기

인간이 정의를 주장하고 홀로 떳떳하게 살아가고자 한다면 세상 사람들은 어떻게 볼까?

정의롭지 못한 세상을 탓하고 원망하며 '나'의 떳떳함만 믿고 산다. 그러나 내가 받은 것은 교만에 대한 비판과 질책뿐이다. 나는 고독과 싸우며 옥탑방에서만 지냈다. 자식도 아내도 가장으로서의 권위를 인정해 주지 않지만 부정한 세상에서 내 손을 더럽히기는 죽기보다 싫다. 그러나 올곧음을 꺾지 않는 삶에 보상이란 없는가? 가족에게 줄 수 있는 것은 가난과 배고픔뿐이었다. 그래서 깨닫는다. 어울리지 않는 것은 회피하지 못하는 비겁함이라고.

> ✓ *내가 나를 의인이라고 말할 수 있을까? 나는 과연 언제, 어디서나 정의로운 모습만 보였을까?*

인간의 의사소통은 인간 사회에서 일어나는 크고 작은 문제들을 합리적
으로 해결하도록 도와준다. 의사소통을 함에 있어 신중하게 고려해야 할
점들이 많다. 문학작품 속에서 의사소통 방식으로 문제를 어떻게 해결하는
지 알아보자.

자료1. 금수회의록

 바탕다지기

1) 〈금수회의록〉의 의사소통 방식 하나, '건의하기'

동물들은 무엇을 건의하였나?

- ✓사람된 자의 책임을 의논하여 분명히 하자.
- ✓사람의 행위를 들어서 옳고 그름을 의논하자.
- ✓지금 세상 사람들 중에 인류 자격이 있는 자와 없는 자를 조사하자.

2) 〈금수회의록〉에서 다룬 안건들

- ✓까마귀(반포지효) : 인간의 불효
- ✓여우(호가호위) : 간사한 인간성
- ✓개구리(정와어해) : 인간의 과욕
- ✓벌(구밀복검) : 인간의 게으름
- ✓게(무장공자) : 아부하는 인간
- ✓파리(영영지극) : 인간의 이기심과 시기
- ✓호랑이(가정맹어호) : 인간의 포악성과 부패

✓ 원앙(쌍거쌍래) : 인간의 부정한 행실과 패륜

3) 〈금수회의록〉의 문제 해결 방식

기독교적 관점에서 인간 문제를 진단하고 해결한다. 즉, 기독교적 관점에서는 회개를 권유하여 구원받도록 한다.

작품 속에서 동물들은 하나님의 창조질서(효/공명정대/분수/근면/지조/사랑/온유/정절)를 벗어난 인간의 죄악상을 의논하였다.

(1) 의사소통의 힘

의사소통은 존중과 이해를 기반으로 한 상호작용이다. 장자의 소통철학은 인지, 실천, 변화의 3단계로 정리된다. 인지는 틀림이 아닌 다름을 인정하는 태도이다. 인간 사회 속에서 이것은 다양성을 인정하는 문화를 의미한다. 그리고 실천은 상대방의 요구에 맞는 소통을 하는 단계이다. 여기에 그치지 않고 소통을 통해 자신을 변화시킴으로써 자신의 높은 인격이 드러날 수 있다.

[인지] 송나라 상인이 모자를 팔러 월나라에 갔다. 그런데 월나라 사람들에겐 모자가 필요치 않았다. 그들은 머리를 짧게 깎고 문신을 하고 있었기 때문이다.

[실천] 노나라 임금이 바닷새를 종묘 안으로 데려와 술을 권하고 음악을 연주해 주며 소, 돼지, 양을 잡아 대접했다. 그러나 바닷새는 기쁘지 않았다. 임금은 인간 중심의 방식으로 대접했기 때문이다. 이솝우화 가운데 두루미와 여우 이야기를 생각해 보자.

[변화] "나비가 내가 된 것이냐, 내가 나비가 된 것이냐?" 객체와의 상호작용으로 주체를 변화시키자. 여기서 주체의 변화를 타인과 동화됨으로써

자기 상실이 일어나는 문제로 오해하지 않도록 주의해야 한다.

(2) 경영인의 관리 방식

① IBM은 직원의 채용이나 승진, 보상, 교육 등에 있어 민족이나 종교, 성별, 장애, 성적 취향, 고용 형태 등을 구별하지 않고 동일한 기회를 부여했다. 구체적으로 매년 6월에 GLBT(Gay, Lesbian, Bisexual, Transgender) Pride Month를 두어 GLBT Diversity Program에 관한 회합을 열었다. 그리고 장애우들을 위해서는 적극적으로 고용을 검토하였고, 그들의 원활한 통행을 고려하여 시설을 설계하는 등으로 배려하였다. 한편 여성위원회를 설치하고, 여성 핵심인재 멘토링을 지원하며, 여성 인력 채용 프로그램을 마련하는 등 소수에 의한 평등을 실현하였다.

② 사우스웨스트 항공사의 전 CEO인 허브 캘러허도 즐겁게 일할 수 있는 직장을 만들기 위해 FUN 경영방식을 구안하였다. 이 방식은 점잖은 오찬장에 엘비스 프레슬리 복장으로 나타나기, 청바지 입고 이사회에 참석하기, 토끼 분장을 하고 출근길에서 직원 놀래키기 등의 아이디어로 유쾌한 분위기를 형성하는 데 기여하였다. 실제로 경영의 효과를 위해서는 직원의 의견을 경청하고 경영정보를 투명하게 공개함으로써 노사화합의 기틀을 마련하였다.

③ 고어 社의 전 CEO 빌 고어는 절대적이고 권위적인 조직문화에 반대하여 완전 수평조직을 구현하였다. 회사명도 Gore & Associate로 지었을 정도로 열린 소통을 지향하였다. 이 방식은 신제품을 출시하거나 신비즈니스 진출 등의 의사결정에 직원과 대화를 하고, 직원 평가 및 CEO를 선출하는 데에 있어 직원들의 참여를 도왔다. 이러한 경영 능력을 소프트 파워(Soft Power) 라고 부르며, 하드 파워(Hard Power)의 반의어로 쓴다.

지금 주변에서 찾은 문제를 지적하여 건의하는 연습을 해 보자. 직설적으로 표현했을 때 돌아오는 반응이 어떠할지도 생각해 보자.

위의 안건들로 설득적인 예술컨텐츠를 기획한다면 독자들의 생각을 감동으로 바꾸거나 이끌 수 있는 방향으로 어떤 형식과 내용이 좋을지 판단하라.

- 불효자가 하는 말과 그에게 할 수 있는 말
- 인간의 간사한 모습을 조사하여 듣고, 대응할 수 있는 방법
- 욕심이 지나친 사람에게 할 수 있는 말
- 아첨을 요구하는 상사에게 하고 싶은 말
- 시기하는 사람들의 집단에서 해야 할 말
- 부패한 사회에서 할 말
- 패륜을 보고 할 수 있는 말

위와 같은 성격의 말들은 모두 빈번하게 들을 수 있는 인간 문제들로서 직설적 표현으로 반응하기를 꺼려 하는 내용이다. 어떻게 이를 묘사해서 감동적인 설득 또는 건의 방법으로 독자들의 마음을 사로잡을 수 있을지 생각해 보자.

4) 기획의도 쓰기

기획의도는 창작자의 독특한 관점을 표현할 수 있는 부분이다.

- 1인칭 주어+할 수 있다
- 주어 바꾸어 진술하기
- 상황을 연상하기
  (상황을 연상하면 특정 시간과 장소, 특정 인물, 주요 사건, 전개 과정, 결말에 이르기까지 전 과정을 구상하게 된다.)

아래와 같이 대학생들이 생성한 문장들을 보고 어떤 내용을 기획하려고
했을지 생각해 보자.

〈표 18〉 학생들이 생성한 문장 예

학년	전공57)	문장 생성
3	영화	이제 중학생 1학년인 내 사촌동생은 10월 15일에 수련회로 가게 된 한라산을 (아마도 어쩌면) 등정할 수 있다.
3	실디	단비는 새벽2시에 자원동에서 축제 공연을 위해 춤연습을 할 수 있다.
3	실음	가난한 소녀는 배를 채우기 위해 지금 집에서 라면을 끓일 수 있다.
3	무용	가난한 소녀는 무용단에 합격하기 위해 오늘 저녁 연습실에서 발레를 할 수 있다.
3	연기	소녀는 2시경 고등학교 교실에서 선생님께 잘 보이려고 육체이탈을 할 수 있다.
3	사진	내 강아지가 요리를 할 수 있다.
3	디아	누구든 아무 때나 화실에서 연필만 들고도 그림을 그릴 수 있다.
3	문창	어느 7급 구청 공무원은 이벤트 기획을 할 수 있다.
3	문창	수개월 전 동물원에서 훈련을 받은 앵무새는 노래를 할 수 있다. 수년 전 자신의 집에서 입으로 붓을 잡는 훈련을 한 장애인도 그림을 그릴 수 있다.
3	무용	내일 저녁에 옆집 친구는 학원에서 엄마를 위해 요리를 할 수 있다.
3	극작	햇살이 들어오는 낮, 회색 고양이는 상상을 할 수 있다.
2	문창	가난한 소년이 밤늦은 시간 집에서 밥 먹기 위해 소리를 할 수 있다. 단발의 여자는 낮에 회사에서 일하기 위해 포토샵을 할 줄 안다.
2	연극	나는 늦은 오후에 큰집에서 사촌동생에게 한글을 가르쳐 줄 수 있다.

학년	전공57)	문장 생성
2	디아	가난한 소녀는 초저녁 길거리에서 돈을 벌기 위해 노래를 할 수 있다.
2	연극	차가운 겨울밤 저녁, 모든 걸 잃은 그는 모교 강의실에 와서 앉아 보고 꿈을 다시 찾을 수 있다.
2	한음	엄마가 일곱 시에 주방에서 저녁을 하기 위해 요리를 할 수 있다. 엄마가 두세 시에 거실에서 취미생활로 십자수를 할 수 있다.
2	광창	비가 오는 사당역 4번 출구의 밤, 여덟 살 아이는 우산을 가져다 달라 어머니에게 연락하고자 연락처를 생각할 수 있다.
2	영화	어린 소녀는 늦은 밤 공원에서 버려진 강아지를 볼 수 있다. 어린 소녀는 골목길에서 치한을 만났을 때 소리를 지를 수 있다.
2	실음	노숙자가 화요일 밤에 피시방에서 일거리를 찾기 위해 웹서핑을 할 수 있다. 노숙자가 화요일 오후에 인사동에서 돈을 벌기 위해 악기 연주를 할 수 있다.
2	실디	이른 아침 한 가정집에 컴퓨터를 수리하러 온 가녀린 아이가 컴퓨터를 다룰 수 있다. 해가 쨍쨍한 나른한 오후 넓은 들판이 있는 공원에서 노래자랑에 참가하러 온 모자란 여자가 노래를 할 수 있다.
2	방영	나는 7시 30분에 아텍에서 수업을 끝내고 플룻이 있으면 연주할 수 있다.
2	실음	(외국인) 그녀는 (한국 대학의) 시험 시간에 옆자리 친구에게 칼을 빌려 연필을 깎을 수 있다.
2	실디	나는 (언제/어디서/무엇을 위해) 밥을 할 수 있다.
2	방영	나는 4시에 기재실에 중계리허설을 하고 4시 30분에 아텍에 제작수업을 듣고 나서 연출을 할 수 있다.
2	극작	키 큰 소년은 크리스마스 날 파티장에서 친구들을 기쁘게 하기 위해 중식요리를 할 수 있다.

---

57) '실디'는 '실내디자인', '디아'는 '디지털아트', '문창'은 '문예창작', '광창'은 '광고창작', '한음'은 '한국음악', '실음'은 '실용음악', '방영'은 '방송영상'의 줄임 표현이다.

학년	전공[57]	문장 생성
2	극작	고시원에 사는 고시생은 공부가 죽도록 하기 싫은 날 하루 종일 영화만 볼 수 있다. 무언가에 지쳐 있을 때 거창하진 않더라도 작은 일탈을 함으로써 행복을 느낄 수 있다.
2	연기	배고픈 학생들은 자취방에서 밤에 야식으로 김치볶음밥을 만들 수 있다.
2	광창	여자는 사랑하는 남자를 위해 악기를 연주할 수 있다. 배가 너무 고프면 과식을 할 수 있다.
2	광창	사람들로부터 무시받는 것을 매우 싫어하는 귀머거리는 남들이 자신을 어떻게 보든 강해 보이기 위해 소리를 지를 수 있다. 혼자 남은 소녀는 놀이 지는 창밖을 바라보며 고독을 즐길 줄 안다.
2	광창	과대표인 너는 지각을 한 동기에게 지금 빨리 오라고 카톡으로 욕을 할 수 있다.
2	영화	공판이 끝난 지금 그녀는 말할 수 있다. 그가 피아노를 치는 것을 본 그녀는 이제 피아노를 연주할 수 있다.
2	광창	60대 할머니는 비록 나이가 많고 눈이 침침하지만 학구열이 높고 배우지 못한 한이 있어 공부를 할 수 있다.
2	광창	소금쟁이는 자동차 바퀴가 남기고 간 물 웅덩이에서도 살아야 하기에 언제나 수영을 할 수 있다. 파리는 사람들이 야식을 끝마치는 짙은 밤에 남는 반찬으로도 허기를 채울 수 있는 맛있는 요리를 할 줄 안다.
2	광창	가난한 소년은 악기가 있으면 연기를 할 수 있다.
2	실디	그녀는 오늘 밤을 새워서 과제를 할 수 있다.
2	실디	날이 선선해지면 운동장에서 축구를 할 수 있다.
2	디아	그녀는 강의 시간에 앞으로 있을 시험을 위해 필기를 할 수 있다.
1	극작	사장님이 7시에 돈가스식당에서 시급을 올려 주겠다고 선언할 수 있다.
1	실디	가난한 소녀가 수업시간에 학교에서 과제로 컴퓨터를 이용할 수 있다.

학년	전공[57]	문장 생성
1	실디	가난한 소녀가 학교에서 전공 시간에 과제로 발표를 할 수 있다.
1	연기	엄마는 부엌에서 6시에 아빠 퇴근하면 차려 주려고 밥을 할 수 있다.
1	사진	길거리에 있는 가난한 소녀는 쿠키를 먹을 수 있다(희망적). 길거리에 있는 가난한 소녀는 쿠키를 먹을 줄 안다(절박한 상황).
1	사진	귀여운 소녀가 늦은 저녁 헬스장에서 운동을 할 수 있다. 귀여운 소녀가 오후에 어느 한 공원에서 노래를 할 수 있다.
1	실음	늦은 밤 작은 꼬마는 너를 볼 수 있다. 비 오는 아침, 장난꾸러기 아이는 미끄러운 길 속에서도 자전거를 탈 수 있다.
1	문창	나는 저녁에 공원에서 (무엇을 위해) 뛸 수 있다.
1	실음	어린아이는 공부를 열심히 하면 1등을 할 수 있다. 1등을 하면 자존감을 높일 수 있다. 어린아이도 열심히 하면 그에 대한 보상을 받을 수 있다.
1	극작	아빠는 여행을 떠날 때 달리는 차 안에서 노래를 부르기 위해 라디오를 고칠 수 있다.
1	극작	LA에 거주하는 재미교포인 여자는 어릴 때부터 한국어를 쓸 줄 알았다. 맞벌이 하는 부모님 때문에 집에서 홀로 지내는 소년은 오늘 처음으로 라면을 끓일 수 있게 되었다.
1	연기	가난한 동규는 일을 끝내고 저녁에 작업실에서 그림을 그릴 수 있다.
1	극작	추운 겨울, 성냥팔이 소녀는 텅 빈 성당에 들어가 피아노를 칠 수 있다.
1	광창	나는 갑자기 닥친 상황을 쉽게 해결할 수 있다.
1	영화	부지런히 일하는 자가 더욱 튼튼한 육체와 정신을 지닐 수 있다.

받고, 자라서는 배필을 잘 만나 내조를 받아서 성공할 수 있다는 말이다. 좋은 사람에게서 좋은 가르침을 듣고 나쁜 사람에게서 나쁜 가르침을 듣는 것은 원인과 결과의 관계로 설명된다. 정숙하지 못한 여인은 사람들로부터 비난을 듣게 마련이다. 현명하지 못한 여성은 남의 말을 함부로 하며, 좋은 말이든 나쁜 말이든 가리지 않고 아첨하는 말을 늘어놓아서라도 출세하려는 입장을 돕는다. 뿐만 아니라 그러한 여성은 과정보다 결과에 집착해서 장난스런 일을 하기도 하고, 더러운 일에 얽매이기도 한다. 〈내훈〉에는 그러한 행실을 삼가야 현모양처가 될 수 있다고 적혀 있다. 이는 비단 여성뿐 아니라 남성에게도 해당되는 가르침이다. 말과 행실이 일치되어야 하며, 마음에 두고 있는 정의라도 입에서 나오는 말로써보다 행동으로 나오게 해야 믿음을 줄 수 있는 사람이 되는 것임을 알 수 있다.

3) 여자의 일생

그런데 모파상 작가의 〈여자의 일생〉 작품 속 상황에서도 〈내훈〉의 가르침을 지킬 수 있을지 생각해 보자. 귀족의 딸이었던 잔느가 남편에게서 버림받고, 자식에게도 실망하고[58] 살아가는 나날이 허무감으로 가득 채워지기에 마땅하다. 동양의 여성관은 인륜으로 설명되지만, 서양의 여성관은 계약으로 차별화된다. 이 문화 차이를 전제하고 예술작품을 감상해 보자.

욕망을 절제하지 않고 방탕하게 생활하는 그녀의 남편을 보자. 집 안의 하녀와도 불륜을 저지르는 남편을 용서하며 사대부 여성으로서의 품위를 지키는 것은 어떠한가. 사대부 여성이라면 남편의 타락도 감출 수 있어야 할 것이다. 사회적 지위나 명예를 훼손하지 않고 사생활을 철저히 보호해 주는 몫은 바로 아내에게 있기 때문이다.

그러나 잔느는 사랑받지 못하고 소외된 존재로서 살아가는 자신의 삶에

---

58) 어머니들이 자신의 성공을 포기하고 자식의 성공을 기대하며 뒷바라지에 평생을 바치는 경우가 많다. 그러나 자식이 어머니의 뜻을 무시하고 독립된 삶을 선언하는 사례를 심심찮게 보게 된다. 그때 어머니들은 우울증을 겪고 탈출하고픈 욕망을 억제하지 못한다. 현대 '졸혼' 문화는 자식과 남편을 떠나 살기를 꾀한 여성들의 저항의식을 보여준다.

과연 절망하지 않겠다고 생각할 수 있을까. 작품 속에는 종교계의 일화가 삽입되어 있다. 교회의 엄격한 계율 때문에 철저하게 절제하는 사제가 젊은 연인들의 밀회를 방해하거나 새끼를 밴 개를 때려죽이는 행동을 옳다고 할 수는 없을 것이다. 옳은 것이 무엇인지를 배우고 외웠다 해도 순간적으로 느끼는 감정에 이끌려 죄를 저지를 수 있다. 종교적 가르침이 성스럽고 옳지만, 현실 속에는 잔혹할 정도로 모순이 가득 차 있기에 인간은 쉽게 혼돈을 경험한다.

작가는 가련한 여성 잔느를 절망 속에 몰아넣고 외롭게 만듦으로써 독자들에게 연민을 느끼게 한다. 작품 속에, 그녀가 겪는 외로움이 치료 받는 장면은 없으므로 여성으로서 살아가는 삶이 더욱 처절하게 다가온다.

아래의 노랫말은 우리나라의 대중가요이다. 우리나라에서 살아가는 여성들은 바로 아래와 같이 참고 참고 또 참아야 참다운 행복을 보장받을 수 있다고 믿는다. 그것이 도리로 인식되는 문화이기 때문이다.

참을 수가 없도록 이 가슴이 아파도
여자이기 때문에 말 한마디 못하고
헤아릴 수 없는 설움 혼자 지닌채
고달픈 인생길을 허덕이면서
아아 참아야 한다기에 눈물로 보냅니다
여자의 일생

견딜 수가 없도록 외로워도
슬퍼도 여자이기 때문에
참아야만 한다고 내 스스로 내 마음을
달래어 가며 비탈진 인생길을
허덕이면서 아아 참아야 한다기에
눈물로 보냅니다 여자의 일생

4) 졸혼 시대

현대 사회를 살아가는 여성이라면 가정법원에 이혼을 청구하고 위자료를 얻어 재기를 꿈꾸기도 할 것이다. 인간은 누구나 사랑할 수 있고, 이별할 수도 있으며, 재혼할 수도 있다고 믿으면 한 사람에게만 의지하는 삶을 선택하지 않을 것이다. 어떤 사람은 하나의 사물을 오래 쓰면 지루해지듯이 한 사람과 오래 한 집에서 사는 삶에서도 권태를 느끼게 마련이라고 이해할 수 있다고 할지도 모른다.

'졸혼'이란 '결혼을 졸업한다'는 표현의 줄임말로서 이혼과는 다른 개념이다. 즉, 혼인관계는 유지하되 독립적인 삶을 존중하는 사이를 일컫는다. '졸혼'을 '검은 백조'라고도 한다. 이에 대하여 백과사전에는 다음과 같이 설명되어 있다.

모든 백조는 흰색이라는 인식이 굳어 있어, 검은 색깔을 가진 흑조(黑鳥)를 떠올리기가 쉽지 않은 것처럼 '실제로는 존재하지 않는 어떤 것' 또는 '고정관념과는 전혀 다른 어떤 상상'이라는 은유적 표현으로 서양 고전에서 사용된 용어이다. 그러나 한 생태학자가 실제로 호주에 살고 있는 흑조를 발견함으로써 17세기부터 그 의미가 크게 변화했다. 즉, '존재하지 않는 것'에서 '불가능하다고 인식된 상황이 실제 발생하는 것'이란 의미로 인용되고 있다. 미국의 '나심 니콜라스 탈레브'는 그의 저서 《블랙 스완(THE BLACK SWAN)59)》에서 검은 백조의 속성을 다음과 같이 정의했다. ① 일반적 기대 영역 바깥에 존재하는 관측값. 즉, 극단값이다. 이는 검은 백조의 존재 가능성을 과거의 경험을 통해 알 수 없기 때문이다. ② 극심한 충격을 동반한다. ③ 존재가 사실로 드러나

---

59) 블랙 스완은, 18세기 오스트레일리아 남부에서 흑고니가 발견되자 생긴 용어이다. 17세기 말까지 수천 년 동안 유럽인들은 모든 백조는 희다고 생각해 왔지만 네덜란드의 한 탐험가가 흑고니를 발견한 후 일반적인 통념이 깨지는 충격을 받은 데서 유래한다. 관찰과 경험에 의존한 예측을 벗어나 예기치 못한 극단적 상황이 일어나는 일을 일컫는다.(다음 백과 참조)

면, 그에 대한 설명과 예견이 가능해 진다.(다음 백과, black swan)

　제4 차 산업혁명 시대를 살아가는 사람들은 예측하지 못하는 일들이 일어나리라고 생각한다. 2010년 작 〈블랙 스완〉이라는 영화[60]가 있다. 이 작품의 주인공은 발레리나 출신 어머니의 헌신적인 노력으로 발레를 전공하게 되는 딸(니나)이다. 순수한 백조 연기와 반대로 관능적이고 도발적인 흑조 연기를 하는 과정에는 견디기 힘든 아픔이 있다. 니나의 경쟁자인 릴리가 압도적으로 연기를 인정받자 니나 모녀의 심리적 갈등이 심해진다. 꿈을 이루기 위해 모든 것을 쏟아붓는 열정과 노력이 아름답기도 하지만, 혐오스러울 정도로 사악한 모습을 발견하게 되는 것이다. 연기자의 내공이란 배역을 가리지 않고 완벽하게 할 수 있는 힘에서 나타난다. 할 수 있는 연기가 판에 박혀 있지 않아야 하고, 항상 자신의 한계를 극복함으로써 내공이 쌓이는 것이다. 내공을 쌓는 과정 속에서는, 경쟁자에게 뒤처지지 않으려는 욕심과 경쟁자를 위협해서라도 성공을 쟁취하려는 마음이 도발적으로 나타나기도 하는 것이다. 인간은 누구나 욕망을 표출하면 할수록 순수한 열정과 잔혹한 마음이 동시에 발견된다.

　근래 텔레비전 드라마 〈아버지가 이상해(KBS, 2017-03-04~2017-08-27 방송, 이정선 극본, 이재상 연출)〉에서 졸혼을 다루었다. 극 중 차규택과 오복녀 부부가 졸혼 문제로 갈등을 겪는다. 여기서는 졸혼의 조건을 경제적으로, 정서적으로 표현하였다. 경제적으로 자립하기 위해 여윳돈이 필요하고, 요리나 빨래 등의 살림살이를 할 수 있을 만큼 자기관리능력이 갖추어져 있어야 하며, 혼자서도 외로워하지 않는 사람이라야 안정되게 살 수 있다.

---

60) 대런 아로노프스키 감독, 나탈리 포트만 주연의 작품(2011-02-24 국내 개봉)이다.

5) 신세대의 사랑

부모 세대와 자녀 세대의 결혼 이야기를 대비해 볼 수 있을 것이다. '신(新) 사랑풍속'에 대해 두 세대 간 차이를 그림으로 그려 보자. 최근 1인 가족이 증가하면서 결혼에 대한 생각이 바뀌고 있고, 남녀가 만나서 사는 것 자체도 바뀌고 있다. 한 집에서 사는 사람들이 혈연관계로 맺어진 것이 아니라 동료나 동업 관계로도 다양해지는 것이다. 집이 회사가 되기도 하고, 회사가 집이 되기도 하는 것은 집에 대한 인식이 전환된 세태이다.

"집", "결혼", "관계"가 각각 어떤 의미로 변하고 있는지 생각을 정리해 보자.

또한 기존의 관념에서 새로이 창출된 개념이 어떤 배경과 어떤 동기에 의한 것인지도 설명해 봄으로써 창작물로 기획해 보기도 하자.

주제3 : 꿈-성공과 성취

꿈을 이룬 사람은 절망적인 순간을 극복할 줄 알며, 그러한 경험을 수차례 함으로써 자산을 축적하고 있다. 이러한 사람을 '영웅'이라고 부른다.

자료1. 꽃들에게 희망을

 바탕다지기

1) 내 삶의 목적은 (   )을 온 세상에 알리는 일이다.

창작의도는 참자아를 발견하는 일만큼 고통스럽지만, 이것을 이겨 내도록 해 주는 힘이 내게 있을까? 있다면 무엇일까?

> 애벌레들은 자기 안의 나비 모습을 보지 못하고 하늘을 향해 서로 짓밟으며 탑을 쌓듯이 올라가기만 한다. 내가 꿈을 향해 오르는 과정에 서는 애벌레일 수밖에 없는데…….
>
> 줄무늬벌레는 상대의 눈을 보지 않고 그냥 밀치고 올라가는 데에만 막무가내로 집중했다. 그러다가 탑을 오르지 않아도 스스로 고치가 되어 기다린 끝에 아름다운 나비가 된다는 것을 듣게 된다. 노란색 벌레를 만나지 않았더라면 계속 위로 올라가기만 했을 것이다. 하염없이.
>
> — '꽃들에게 희망을' 中

나는 꿈을 꾸고 있다고 믿고 지금 서두른다. 급히 밥을 먹어서 체할 때도 많고, 걸으면 늦을까봐 차를 타야 한다고 생각한다. 그래서 내게는 할 줄 모르는 것이 할 줄 아는 것보다 더 많은 게 아닌가 싶다.

✓할 줄 모르는 것은 무엇이고,

✓할 줄 아는 것은 무엇이며,

✓이제 내가 해야 할 것은 무엇일까?

하늘을 나는 것은 탑을 올라서가 아니다. 자기 안에 있는 나비를 태어나게 함으로써 이루어지는 것이다. 상대의 아름다움을 놓치고 사는 경우가 많으므로 상대에 대한 배려가 필요하다. 무작정 높은 곳에 올라가거나, 많이 가지거나, 큰일에 몰두하면서 서로 적이 되거나 무관심해지는 관계도 있다.

2) 나는 무엇을 위해 여기에 있는가?

스스로에게 다음과 같이 질문을 해 보자.

- 나는 어떤 경험을 했는가?
- 나는 누구를 보고 따라서 올라가고 있는가?
- 내가 대학에 진학한 이유는 무엇이었나?
- 나의 목표를 바로 찾아 여기 와 있는가?
- 다시 방황이 시작되었는가?
- 무엇을 향해 졸업을 앞두고 있는가?
- 졸업 후에 나는 무얼 해야 할지를 아는가, 모르는가?
- 얻은 것은 무엇이며, 잃은 것은 무엇인가?

나의 성장기 또는 성숙기를 정리해 보면 잘못된 생각뿐만 아니라 지향점을 알 수 있다.

자료2. 빈녀양모

 의문 품기

1) 나는 정성을 다해 부모님을 봉양하듯이 꿈을 지키고 있는가?

내게 가장 중요한 무엇을 희생하면서까지 꿈을 지켜 내고 있는가? 나의 희생을 감수하면서까지 지켜야 할 것에 대해 생각해 보자. 부모님의 안전과 행복을 위해 자식된 도리를 함으로써 희생정신이 세상에 알려졌다면 이를 어떻게 받아들일 수 있을까? 부모님께서 하루 세 끼를 어떻게 드셨을지, 하루 하루를 어떻게 보내셨을지 등등 세심하게 관찰하듯 자신의 꿈을 지키는 과정도 기록해 보자.

기적이 일어날 수 있다면 무슨 일을 바라겠는가?
(하늘을 감동시킬 수 있는 효성은 잘못된 결과를 가져올 수 없다.)

2) 섬김의 예절

기적을 바라는 마음은 옳지 않다고 한다. 그러나 사람들은 기적을 바라며 산다. 기적을 위해 사람을 섬기는 사람들도 있다. 진정으로 섬겨야 할 대상은 무엇일까? 사람을 섬기는 것인가? 꿈을 섬기는 것인가? 공경의 태도는 질서 잡힌 사회체제(민주주의)를 유지하기 위해 사람들이 약속한 것이다. 진심으로 섬기는 마음은 어떤 상황에서 갖게 되는가? 인간은 스스로 부족함을 알고 누군가에게 의존하는데 그 마음은 또 다른 자아의 욕구 충족을 바라는 행동으로 드러난다.

자료3. 어린 왕자

 창작자의 눈

1) 꿈을 지키기 위해 나는 무엇을 하는가?

내가 있기까지 주고받은 관계를 추적해 보자.

- ✓ 내가 만난 사람들
  (어린 왕자가 소혹성을 방문해서 만난 사람들-왕, 허영쟁이, 술꾼,
  사업가, 점등인, 지리학자-을 생각해 보자.)

- ✓ 내가 제거해야 할 대상
  (어린 왕자의 눈에 독일군은 바오밥나무로 비쳤고, 그 나무를 계속
  해서 도끼로 찍으며 저항했다.)

- ✓ 내가 있는 곳과 있어야 할 곳
  (어린 왕자의 조국은 프랑스인데 그곳이 독일군이 점령한 세상이라
  고 느끼는 순간 우울하다. 세상은 미국의 문명화에 길들여지고
  있어 순간 낯설어진다.)

- ✓ 나는 무엇으로부터 보호를 받고 있나?
  (어린 왕자에게 장미가 무슨 의미를 주는지 생각해 보자. 아름다운
  장미꽃을 지키기 위해 바깥에 노출되지 않게 하려고 애썼다. 그런
  데 장미에게 가시가 있다는 것을 알게 됨으로써 자기 방어 능력에
  대해 생각하게 됐다.)

2) 나의 꿈, 나의 모습

나의 꿈은 곧 나의 모습이다. 삶은 꿈대로 이루어지기 때문이다. 모든
일이 말과 같이 이루어진다고 했듯이 자신이 꿈을 꾸는 대로 나아가게
되어 있다. 그래서 세상은 꿈을 꾸는 자에게 열려 있고, 보인다. 나의 꿈을
통해 존재하게 될 내 모습을 그려 보자.

자료4. 오딧세이아 / 일리아드

 의문 품기

1) 나는 지금 살아 있다고 믿는가?

나의 존재 근거를 자유로운 상황으로써 알 수 있을 때 정체성을 확립하기 위하여 공간을 더 넓히고 싶다면?

공간 문제 때문에 다양한 전쟁을 치르게 될지언정 그 속에서 자유를 확인할 수 있다고 믿는가?

✓ 나의 꿈은 무엇인가?

나는 무엇을 위해 어떤 모험을 해야 한다고 생각하는가?

모험은 내게 영광을 줄 수도 있고, 죽음을 가져올 수도 있다.

✓ 내가 있는 곳과 있어야 할 곳

〈오딧세이아〉를 지은 호메로스는 섬으로 둘러싸인 곳에서 지냈다. 오딧세우스가 오랫동안 모험을 했을 적에 주요 장소가 섬들인 점을 고려할 때 작가의 위치를 짐작할 수 있다. 내가 지금 있는 곳 주변을 살펴보고, 내게 맞는 장소가 어디일지 생각해 보자.

(지중해무역권을 놓고 그리스와 트로이아 전쟁을 벌일 것인가? 트로이아에 가면 영광스런 삶을 얻을 수 있다. 가지 않으면 오래 살 수 있으나 명성을 얻지는 못할 것이다. 하지만 아플론의 아들 파리스를 죽이면 나도 죽는다. 전쟁을 하느냐 마느냐. 죽음이 두려워 할 일을 못한다면?)

2) 나의 서사시를 엮어 보자.

나의 약점 때문에 항상 걱정하시던 부모님께서 나에게 좋은 친구도 정해 주셨다. 그 친구는 내가 어디를 가든 동행해 주었고, 힘든 문제를 풀 때도 함께 의논하며 배움의 즐거움을 느낄 수 있게 도와주었다. 나의 약점은 아킬레우스의 발뒤꿈치처럼 어렸을 때부터 나를 불편하게 한 것이다. 내게 무슨 일이 있었는지를 털어 놓아 볼까? (어머니 테티스가 아킬레우스를 낳자마자 지옥의 강-스튁스 강물에 담가 불사신으로 만들려 했을 때, 아킬레우스의 발을 잡고 거꾸로 물에 담그던 중에 혹시나 물살에 휩쓸릴까봐 뒤꿈치가 강물에 채 닿지 않게 했다.)

나의 욕망 때문에 친구가 위기를 맞은 적이 몇 번 있었다.

한 번은,

또 한 번은,

나는 친구를 대신하여 헥토르와 대결했던 아킬레우스처럼 용기와 지혜를 발휘하려고 했다. 친구와의 관계가 나의 빈틈으로 한동안 멀어졌으므로, 다시 우정을 회복하는 데에 집중하고 싶었다. 어떻게 그의 곁으로 다가갈 수 있을까? 내 친구에게 헥토르 같은 적이 누구일까 곰곰 생각해 보았다.

나는 친구의 꿈을 이루어 주리라 마음먹었다. 친구의 꿈은 나의 꿈이기도 했으니 나의 능력을 스스로 확인할 수 있는 기회라고 여겼다.

나는 집에서 참으로 미움을 받는 가족이다. 오딧세우스가 할아버지의 죄로 인해 미움을 받았다고 했듯이 나도 부모님의 흉을 너무도 닮아서 미움을 받는가 보다. 흉을 고치기기는커녕 자주 드러내려고만 한다고 더욱 미움을 산다. 언젠가 집을 떠나 좋은 학교에서 훌륭하게 성장한 후에 귀향하고 싶다는 마음도 먹었다. 내가 가진 흉(컴플렉스)에 대해 생각해 보되, 그것으로 무안당했던 일은 없었는지 일화로 엮어 보자.

3) 내가 지은 이야기

나의 모험 이야기는 이렇게 시작된다. 마치 오딧세우스가 긴 모험을 끝내고 고향에 돌아와 제자리를 찾은 것처럼.

1) (   )에서, '앞만 보고 나아가리라.'
☞오딧세우스가 이스마로스에서 과거를 잊고 살아가는 음식물을 먹고 앞만 향해 달려가게 되다.

2) (   )에서, 나의 재능과 지혜를 발견하다.
☞퀴클로스 섬에서 외눈박이 거인 퀴클로스의 눈을 찌르고 동굴을 빠져 나온 오딧세우스

3) (   )에서, 또 한번 나의 재능과 지혜를 발견하다.
☞아이올로스 섬에서, 바람의 지배권을 받은 아이올로스의 노여움을 산 부하들 때문에 힘들어도 열심히 노를 저어 위기를 극복한 오딧세우스

4) (   )에서, 잠시 유혹에 이끌려 목적을 잊다.
☞아이아이 섬에서, 태양신의 딸 키르케의 마법에 걸렸으나 그녀의 도움으로 빠져 나온 오딧세우스

5) (   )에서, 또 다른 유혹에 빠져 힘들어 하다가 조력자를 만나다.
☞칼리프소 섬에서 바다의 요정 칼리프소의 구애에 넘어가지 않고 다정한 요정의 도움으로 뗏목을 타고 빠져 나온 오딧세우스

6) (   )에서, 다시 목적을 새기게 된 일이 일어나다.
☞스케리아 섬에서, 신들의 혈통인 파이아케스 인들을 만나 의식을 찾고 나우시카의 용기와 통찰력으로 귀향을 준비한 오딧세우스

7) 집으로 가는 길, 나의 귀향길을 안내해 주는 누가 있었다.

☞소녀로 변한 아테나를 따라 궁궐로 간 오딧세우스. 파이아케스 인들의 도움으로 배를 타게 되다.

8) 집에서, 내가 할 수 있는 일을 발견하고, 내가 그간 갈고 닦은 것을 확실히 보여주게 되다. 나는 어떤 사람이 되어 있는가?

4) 상징 훈련

나는 어떤 사람인가? 십이지(띠)를 생각해서라도 내 성격을 묘사해 보자.

- ✓원형이미지를 사용하여 나의 배경을 꾸며 보자.
  ㉠물(정화), 불(소생/열정), 해/달(광명), 뱀(사탄) 등
- ✓주변 사람들의 반응을 알아보자.
- ✓어떻게 자랐는지 정리해 보자. 먼저 이력서를 쓰고, 자기소개서로 구성해 볼 수 있다.
- ✓어떻게 살아가야 할지 상상해 보라. 조력자로 누구를 만나면 좋을까?
- ✓그래서(또는 그런데) 어떻게 되어야 할까?

내가 살아가는 방법에 대해 생각해 본 적이 있다면, 이 주제를 이해하기가 어렵지 않을 것이다. 동양의 장자 이야기를 읽으면 세상사의 대립항을 통해 살아가는 방법을 생각하게 된다.

자료1. 장자

 바탕다지기

큰 물고기 곤과 큰 붕새에 아지랑이를 비할 때 어떤 존재의 삶을 추구할지는 분명해진다. 또 붕새와 메추라기가 가는 곳에 대해 생각을 해도 알 수 있다. 높이 나는 새는 멀리 갈 수 있다. 낮게 나는 새가 비록 멀리 가지는 못해도 자세히 볼 수 있다는 장점을 생각하면 위로가 될까? 왕이 허유에게 왕의 자리를 제안했을 때 어울리는 자리가 아니라고 거절한 태도를 당신은 어떻게 생각하는가? 몇 십 년을 꿈꾸어도 오를 수 없는 곳이 있다. 그 자리가 탐나서 욕심을 부려 볼 수도 있지만, 막상 자리에 앉았을 때 일어날 일들을 생각한다면 쉽게 받아들일 제안은 아닌 것이다. 장자 이야기를 천천히 따라가 보자.

1) 큰 것과 작은 것

큰 새는 날아오르기 위해 날개를 펴면 파도가 솟구치듯 하고 두텁게 구름이 인다. 두터운 구름만이 큰 날개를 받쳐 줄 수 있기 때문이다. 아지랑이나 먼지는 생명체가 숨쉴 때 불어 내보내는 것에 지나지 않는다. 큰 배가 다닐 수 있는 곳도 깊은 물이 아니면 안 되듯이 천리안을 지닌 사람과

근시안을 지닌 사람을 어떻게 같다고 할 수 있을까?

매미와 어린 비둘기만 해도 붕새보다 멀리 못 가는 처지에 있다. 그러나 그들이 욕망을 크게 가지면 가질수록 위태로운 일들이 벌어질 수 있다. 멀리 갈 때는 꼭 준비해야 할 것들이 많지만, 욕망만으로는 무엇을 어떻게 얼마나 준비해야 하는지 알 리가 없다. 그래서 작은 메추라기는 붕새가 날아가는 곳을 모른다. 뱁새의 보금자리는 깊은 숲에 나뭇가지 하나면 충분하고, 두더지는 강물을 마셔도 자그마한 배를 채우면 그만이다. 또 요리사가 음식을 맛없게 만들었다고 성직자가 그 자리를 대신할 수는 없는 법이다. 각자 위치한 곳에서 분수에 만족하고 살아가면 된다.

박씨를 주워 심고서 박을 얻었을 때 크기만 크다고 불평하는 이가 있다. 박의 쓰임을 잘 모르고 투정할 일은 아니다. 큰 것을 쓰는 법을 모르는 자신을 탓할 일이다. 큰 나무를 보고 쓸모없다고 외면하기보다는 드넓은 들판에 심어 놓고 쉼터를 만들었을 때를 상상해 보라.

2) 지혜로운 사람

사람은 칠정(七情 : 기쁨, 분노, 슬픔, 즐거움, 사랑, 미움, 욕구)의 작용으로 감정을 자주 바꾸며 살아간다. 그러는 동안에 얼마나 많은 이들에게 상처를 주고 관계를 차단하는지 헤아릴 수 있을까. 이러한 변화들을 정돈하는 지혜가 필요하다. 작은 지혜를 가진 사람은 큰 지혜를 가진 사람의 마음을 알 수가 없다. 그래서 매순간 안절부절 못하는 사람이 여유로운 사람의 지혜를 따르지 못하는 것이다. 스스로 감정의 변화가 나타나는 까닭을 아는지, 감정변화를 겪음으로써 스스로 존재성을 찾게 되는지 생각해 보자.

현대 사회에는 달리는 말처럼 숨가쁘게 살아가는 이들이 많다. 몸이 지치도록 살았으나 쌓은 공이 없다고 탓하는 이들도 많다. 왜 그렇게 살아야 하는지도 생각할 사이 없이 바쁘기만 하다. 쉽게 흥분하고 급한 성격으로 이룬 것은 그저 거품처럼 사라져 버린다. 도(道)는 작은 것을 이루어도 알 수 있다. 긍정과 부정을 논하지 말고 명석한 지혜로 자연의 본성을 관조할 필요가 있다. 자연의 균형 속에 여유롭게 머물 때 진정 '하나됨'을 알게 된다. 논쟁에서 누가 옳은지를 가른들 얻는 것이 무엇이랴. 특정한 누구의 관점에서 옳고 그름을 판단한 것인지를 생각하면 진정 옳은 것이 무엇인지 알기 어렵다. 언제 어디서나 상대방을 중심으로 생각한다면 급하게 이익을 추구하려 하지도 않을 것이며, 이기적인 사람이라는 핀잔도 듣지 않게 될 것이다.

3) 좋은 삶

장자의 <u>양생주(養生主 : 참된 삶을 누리게 하는 요체)</u>는 한계가 있는 삶, 한계가 없는 앎에 대해 논의한 부분이다. 여기서는 자신이 존립해 있는 기간에 알아야 할 것을 주로 말하고 있다. 즉 회사에 취업하여 퇴직하기까지 맡은 역할들이 여러 가지 있을 것이다. 대리로서, 과장으로서, 부장으로서 맡은 업무를 수행하면서 과거에 했던 일을 안다는 이유로 과도하게 처리하는 태도는 현재 담당자의 권한을 침해한다는 사유로 문제를 일으킬 수 있다. 이와 마찬가지로 퇴직 후에 새로 배운 것이 있다고 하여 젊은이들이 있는 공간에 뛰어듦으로써 아들의 자리를 차지하게 된다면 그 또한 위태로운 행동이 될 수 있다. 퇴직 후에 적절한 자리를 선택하는 것도 지혜이다.

✓사람이 사는 세상

장자의 <u>인간세(人間世)</u>는 자신을 살핀 후에 남의 일에 관여할 것을 가르쳐 주는 부분이다. 덕이 명예심으로 변할 때 매우 위태로워지기 때문이다. 사람이 사람에게 사심 없이 베풀면 문제가 없으나 베풂으로써 지위 상승 등의 욕망을 지나치게 가질수록 대인관계를 해치고 자신의 명예를 실추시킨다. 경쟁심에 의해 앎의 욕구를 채우는 태도 또한 자신을 위태롭게 만든다. 누구보다 잘하면 된다는 경쟁 욕구는 상생해야 하는 사회 속에서 싸움을 일으키게 되는 것이다.

✓덕 있는 사람

장자의 덕충부(德充符 : 덕이 충분하면 겉으로 드러난다)는 사물의 변화를 따르며 참됨을 지키라는 깨우침을 주는 부분이다. 과거에 징계를 받아 절름발이가 된 사람에게 가면 텅 빈 사람도 머리를 꽉 채우고 돌아온다는 소문이 있다. 그는 징계를 받고 발을 잃은 것쯤이야 대수롭지 않게 생각하고 흙을 털어 버리는 것같이 했다. 그는 몸이 불편하기도 했지만 나서지 않았다. 그렇게 그는 제자리에 멈추어 있음으로써 사람을 모으는 힘을 가진 성인이었다. 진정 용감한 사람은 사람을 모으러 다니지 않아도 혼자 싸울 줄 안다. 그만큼 그는 용기가 충천하여 자신감을 지닌 사람이기 때문이다.

✓참된 사람

장자의 대종사(大宗師 : 자연이 하는 일과 인간이 하는 일을 구별할 줄 아는 사람을 가리켜 참된 앎의 경지에 이르렀다고 한다)는 참된 사람의 성격에 대해 알려 준다. 참된 사람은 얻는 것이 있든 잃는 것이 있든 기뻐할 줄 아는 사람으로서 의연하다. 그래서 선비는 이익을 오래 베풀고 편애하지 않으며, 남에게 부림을 당해 스스로 즐기지 못하는 경우에도 남을 즐겁게 하며, 명성을 따르다가 자기를 잃어버리는 일이 없어야 한다. 스스로 즐기지 못하는 일을 하며 몸을 훼손하는 것은 참된 앎을 위해 살았다고 말할 수 없는 것이다.

4) 이런 사람 저런 사람

✓사람들이 반대하는 것을 목표로 삼고 노력하다 끝내 이겨 이름을 세상에 알린 사람
(독립적이고 완고한 성향을 지닌 소유자에게 따르는 이가 누구일지 상상해 보자.)

✓물건에 집착이 강한 사람
(소유욕이 강한 사람은 물건이 새로 나올 때마다 예민해진다.)

✓재능이 있어 부르는 곳마다 달려가는 사람
(재능이 많다는 이유로 스스로를 고단하게 만들 수 있다. 또 본인은 행복한 고민이라 말하면서 과로하기 쉽다. 그에게 여유가 있을까?)

✓인터넷 쇼핑을 하는 즐거움에 컴퓨터를 정기적으로 이용하는 사람
(생산 활동을 하지 못하고 소비에 빠져 사는 사람은 늘 허전해 한다.)

✓모든 것을 내어 줌으로써 행복해 하는 사람
(늘 뿌듯함으로 행복해 할 수 있으나 홀로 눈물 흘리는 시간도 많다.)

또 어떤 사람이 있는지 일상생활 속에서 살펴 보자.

자료2. 아낌없이 주는 나무

1) 내가 지은 이야기 : 나의 모습을 그려 보자.

'나'는 나무와 같고 우주와도 같다. 내 안에 있는 모든 장기들이 기계를 작동할 수 있게 원활한 기능을 유지한다면 다행이지만 어느 것 하나 쇠약해져서 움직임이 힘들어진다면 그 원인은 어디에 있을까?

2) 그림을 설명하면서 나의 이야기를 엮어 보자.

(1) 내가 어렸을 때 :

(2) 내가 어른이 되었을 때 :

(3) 내가 노인이 되면 :

소고기를 즐겨 먹는 사람들이 있다. 소는 사람들에게 제 몸을 부위별로 나누어 주며 사람들의 식욕을 충족시켜 준다. 소의 몸은 어느 쪽이든 해로운 데가 없는 것으로 보인다. '아낌없이 주는 소'에 대해서도 이야기를 꾸며 볼 수 있을 것이다.

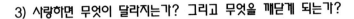

적용하기

3) 사랑하면 무엇이 달라지는가? 그리고 무엇을 깨닫게 되는가?

"사랑하면 관심을 가지고 걱정하며 곁에 있으면 불안해지기도 하니
사랑하는 대상이 없으면 미쳐 버릴 것 같지."

위의 말은 프랑스로 이주해 와서 사회에 적응하지 못하는 하층민들의
이야기 〈자기 앞의 생〉에 나온다. 아랍인 소년 모모가 유태인 아줌마 로자
아줌마의 사랑을 영원히 지키고 싶어 하지만 그 뜻은 치매를 앓는 로자를
힘들게 할 뿐이다. 소년은 아줌마를 점점 파괴하는 것이 삶이라 생각하고,
사람이 사랑 없이 살 수 없음을 깨닫는다. 아래층에 사는 하밀 할아버지는
'손에 쥔 달걀 하나, 그게 인생'이라 말해 준다. 달걀이 위태롭게 언제 깨질지
모르는 상태로 손 안에 들어 있지만, 달걀을 손에서 놓는 순간 빈 손의
허전함을 느끼게 된다는 의미다.

사랑하는 마음으로 하루 하루를 살아갈 때 어떤 기분이 드는지 생각해
보자. 그러한 마음으로는 가는 곳마다 배우고 때때로 익히면 기쁘지 않겠는가?
벗이 먼 곳에서 찾아오면 즐겁지 않은가?
남이 나를 알아주지 않아도 노여워하지 않는가?
교묘하게 말을 꾸미고 얼굴빛을 보기 좋게 꾸미는 사람은 현명하지 않다.
남이 나를 알아주지 않음을 걱정하지 말고 내가 남을 알아주지 못함을
생각하라. 인간은 남으로부터 인정받으려고 매우 노력한다. 그러나 정작
남의 성공을 진심으로 축하하거나 기뻐해 주는 것에는 인색하다. 그러면
이제 '나'에 대해 알아볼 필요가 있다. 다음의 물음에 스스로 답을 구해
보자. 내가 할 수 있는 것을 어디서 할 때 사랑하는 마음이 드러나는가?

✓내가 알고 있는 것은 무엇인가?
✓내가 할 수 있는 것은 무엇인가?
✓내가 알고 있는 것과 할 수 있는 것을 반복할 때 어떤 느낌이 드는가?
✓내 작품이, 내 사상이 사람들에게 영향을 미치면 얼마나 즐거운가?

자료3. 논어

1) 이인(異仁)

공자는 어진 사람을 완벽한 인격의 상징으로서 '성인(聖人)'이라 부른다. 〈논어〉에 보면, (진리)를 탐구한다 하면서 음식과 옷맵시로 이렇다 저렇다 하는 위인과는 탐탁스런 이야기를 할 수가 없다고 했다.

참된 사람은 세상일을 처리할 때, 꼭 그래야 할 것도 없고 안 할 것도 없다고 생각한다. 성인은 그저 옳은 길을 택할 따름이다.

"지위 없는 것쯤 괜찮아. (중심)이 없는 것이 걱정이야. 남이 몰라주는 것쯤 괜찮아. 알아주도록 노력해야 돼."

"참된 인간은 (의리)에 훤하고, 되잖은 위인은 잇속에 훤하지."

세속적 인간에 대해 생각해 보면서 성인의 경지에 오르기 위해 갖추어야 할 것이 무엇일지 알아보자.

공자는 어려운 것 세 가지를 말했다.

(1) 잠잠히 마음 속에 (새기고), (2) (배우기)를 싫어하지 않으며, (3) (가르치기)를 게을리 하지 않는 것.

책으로 지식을 얻고, 생각하고, 익혀서 실천하는 과정은 예술 창조 과정과 흡사하다.

착한 사람은 좀처럼 만나기 어렵다. (꾸준한) 사람을 만나기만 해도 좋다. 없어도 있는 체, 텅 비었어도 알찬 체, 가진 것도 없이 넉넉한 체하면 꾸준하기가 어려운 법이다.

공자는 향당에서는 마치 말을 못 하는 사람인 양 공손했고, 종묘나 조정에서는 (분명한) 말을 하되 (삼갔다). 조정에서 사대부들과 이야기할 때는 (중용)을 지켜 치우치지 않았으며, 하대부들과 이야기할 때는 화기애

애하였다. 공문을 들고 갈 때는 몸을 움츠렸으며, 빠른 걸음으로 나아갈 때 새가 날개를 펴듯 단아하였다. 임금이 불러 외빈 접대를 맡기면 낯빛을 (장중히) 했고, 재직 시에 임금이 명으로 부르면 수레가 채비되기를 기다리지 않고 즉시 (달려갔다). 자리가 바르지 않으면 앉지 않았다. 또 상을 당한 사람 앞에서 식사를 할 때는 (포식)을 한 적이 없었고, 곡을 한 그날에는 노래를 부르지 않았다. 상복 입은 사람이나 소경을 보면, 비록 어린아이더라도 낯빛을 고쳤다. 제자들에게 가르침을 남긴 것이 (논어)이다.

공자가 말하는 성인은 현실에서 성취할 수 있는 이상적 인물이며, 현실 생활 속에서 고상한 도덕과 탁월한 재능을 지닌 인재이며, 정치적 리더십을 발휘할 수 있는 인간상이다.

논어는 널리 배워 뜻을 돈독하게 하며, 절실하게 (질문)을 하는 것을 전한다. 어떤 지식이든 항상 (의문)을 가지고 비판적으로 접근할 때에만 (참지식)이 될 수 있다. (학문)이란 세상의 도에 대해 배우는 것이다. 도가 실현된 세상은 유토피아일 뿐이지만, 혼란한 세상을 개혁하여 질서를 바로세우는 일이 (도)를 세우는 것이다. 공자는 법이 공평하게 제정되고, 제정된 법은 공평하게 집행되어서 원칙과 상식이 통하고 편법과 반칙이 통하지 않는 사회를 일컬어 (도)가 서 있는 사회라고 했다.

그래서 배움만 있고 생각이 없으면 망령되고 생각만 있고 배움이 없으면 위태롭다. 문제의식을 가져야 한다.

개인적으로는 도덕적 품성을 갖추어 정치적으로 사회적으로 진정한 군자가 되어야 도가 서 있는 사회를 이룰 수 있다. 공자는 군자의 덕성으로 (인(仁))을 꼽는다. 살신성인(殺身成仁)에서 (인)이 최고의 덕목이며, 여기서 알 수 있는 덕목은 5가지이다. (효(孝))는 아랫사람의 도리이고, (충(忠))은 소속된 신분에 따라 사는 태도이며, (지혜(智慧))는 생각하고 또 생각하고 깨닫고 본받는 데에서 드러나는 것이며, (용기(勇氣))는 마음먹은 것이면 할 수 있는 정신이며, (예(禮))는 실천하는 자세를 말한다.

그렇다면 군자는 세상에서 어찌어찌해야 되는가? 해야 되는 것도 없고,

행함에 있어 안 되는 것도 없다고 했다. 군자가 되려면 고정관념이 없어야
한다.

2) 생각의 3단계

공자가 말하는 3단계 생각하기는 학문의 문(問)에 해당되는 것으로, 배운
내용에 대하여 비판적으로 반문하는 것이다.

    1단계) 세간(世間)   "그러면 안 돼!!!"
    2단계) 출세간(出世間)   '얽매이지 말고 열심히 노력하라.'
    3단계) <u>출출세간(出出世間)</u>   '규율에서 벗어나라.'
    ※3단계에서는 자연스러운 것, 마땅한 것, 직관적이고 상식적으로
       알 수 있는 것을 통해야 한다.

 적용하기

3) 이유 있는 느낌

자연스러운 행동은 욕심이 없을 때 나온다. 보아서 아름답지 않은 것은
마음을 바꾸어야 아름다워진다. 형식에 얽매이지 않아야 아름다움이 보인
다. '나는 아무렇게나 표현했다.' 마음은 바뀌지 않은 채 형식만 깼다면
창작이 아니라 장난이다.

쓰레기통의 쓰레기는 아름다운가, 추한가? 쓰레기가 다시 태어나는 과정
에서 아름다움을 느낄 수도 있다.

주제5 : 공동체

    공동체는 가족과 사회로 나누어 볼 수 있다. 1차 집단인 가족 공동체에서 보다 2차 집단의 사회로 확장해서 생각을 하다 보면 삶의 가치기준이 변할 것 같지만 근본은 같다.

자료1. 변신

    카프카의 작품 〈변신〉에서 주인공 그레고르가 느낀 대로 생각해 보자. 카프카의 작품은 문예사조상 표현주의 후반에 창작되어 실존주의와 긴밀하게 관련된다. 그의 작품세계가 도전적이고 창조적이어서 '카프카적인' 이라는 수식어가 나올 정도이다.

> ※카프카적인(Kafkaesque) : '혼란스러운/섬뜩한/불합리한/부조리하고 절망적인'의 의미를 갖는다. 그가 활동한 당시 사회에서는 두 번의 세계대전으로 패러다임이 변한 결과 과학이 등장하고 인간성을 상실해가는 현대인이 이슈가 되었었다. 때문에 '카프카적'이라는 단어의 의미도 새롭게 다가왔을 것이다.

바탕다지기

1) '변신'의 분위기와 설정

✓돈벌이에 쓸모없게 되자 더러운 벌레 취급을 받는다면?
✓벌레로 변신하니 가족 모두 생계를 꾸려가기 시작한다.
✓더 이상 아들도 오빠도 아닌 괴물로 전락해 버리는 나.

✓변신한 주인공에게 구원은 없다.
✓본래의 모습으로 돌아갈 수 없다.

2) 현대 사회에서 내게 가족이란 무엇인가?

인간은 누구나 초라한 때를 겪는다. 그러나 그 모습 그대로 남아 있으리라는 법이 없고, 있으려고도 하지 않는다. 인간은 그렇게 변화를 추구하는 존재이기 때문이다. 그런데 벌레가 된 자신을 받아들이지 않는다면 무슨 일이 일어날까?

(가족이나 직장/학교를 벗어나 자유롭게 살았다면 어떻게 되었을까?)

3) 변신 전후의 사건을 생성해 보자.

여동생 그레테가 그레고르의 방을 치우려 하자 그녀가 인간성을 완전히 부정하려는 의도를 깨닫고 그림액자에 바짝 붙어서서 물건을 지키고자 애를 써 본다. 변신 후에 가족들은 모두 직업을 갖기 시작한다. 가족들은 벌레를 무의미한 존재로 생각하고 눈도 마주쳐 주지 않는다. 벌레의 허물을 벗어 버리기엔 힘이 너무 약해져 있었다. 그림 속엔 모피목도리를 두른 여인이 있다. 모피에 의지해 있는 여인에게서 무엇을 느꼈을지 상상해 보자.

변신 모티프를 가지고 다음과 같은 상황을 구상했을 때 어떤 이야기가 나올 수 있을까?

✓주인공은 사랑하는 여인을 얻기 위해 이승에서의 젊음과 저승에서의 지옥행을 두고 악마와 내기를 한다. 마법을 통해 젊고 멋진 남자로 변신하여 사랑하는 여인과 이승에서 행복한 시간을 보내고 죽음을 맞는다.

✓주인공은 별별극단의 연기자 공모에 지원한다. 모처럼 얻은 행운으로 배우수업을 받게 되지만, 경쟁자들의 치열한 암투를 겪어야 한다.

마법을 걸어 준 누군가를 만나기까지 밤새 연습실에서 <u>외로움과 추위</u>로부터 놓여날 수 없었다. 무엇으로 변신하면 기적이 일어날까? 그 기적은 언제까지 지속될 수 있을까?

✓ 처지가 빈궁하여 극단을 나갈 수 없다. 연습실을 깨끗이 청소하는 일은 내가 가족을 위해 할 수 있는 것의 전부인 것을 아무도 모른다.

✓ 불규칙하고 나쁜 식사로 몸이 자꾸 마르고 기운도 없다. 친구와 연락할 수도 없고, 새로운 친구를 사귈 수도 없다. 앞날도 불투명하기만 한 이때, 내가 선택할 수 있는 길은 무엇일까?

자료2. 아기장수

 바탕다지기

1) 사회와 인간

(1) 민중적 영웅

우리나라 전설에서 발견된 아기장수 이야기에는 100가지가 넘는 이야기 유형이 있다. 그럼에도 <u>공통된 기본 줄거리</u>는 출생-성장-위기-극복-성공의 5단계로 구성된다.

(2) 영웅 이야기의 두 유형

영웅은 출생 신분에 따라 다르게 나타나고, 그 차이로 인해 삶도 전혀 다르게 전개된다. 아래와 같이 영웅이야기는 전혀 다른 방향으로 구성된다.

✓ 민중영웅의 최후 : 기존 질서와의 갈등으로 패배
✓ 상층영웅의 최후 : 투쟁에서 승리로 영광을 차지

(3) 민중에게 전하는 메시지

옛날과 달리 현대적으로 영웅의 모습을 바꿔 보면 어떻게 될까?

아래의 세 가지 특성을 반대로 구현했을 때 어떤 집단을 위한 영웅인지 상상해 보자. 파벌의식에 사로잡혀서 계층 간 갈등을 끊임없이 발생시킨다면 어떻게 될지도 상상해 보자.

> ✓ 보수적 체제에 안주하게 하는 현실 추구 성향
> ☞ 현실에 안주하지 않고 미래지향적인 태도로 나서는 성향
>
> ✓ 새로운 희망을 버리고 살아야 하는 민중의 삶
> ☞ 새로운 희망을 가지고 사는 존재
>
> ✓ 새로운 영웅의 출현을 기대하는 민중 심리의 역설적 형상화
> ☞ 새로운 영웅의 출현을 목격한 민중

2) 핵심 의소의 형상화

작품 속에서 작가의 메시지를 알 수 있는 부분을 찾아보자. 특히 등장인물의 말 속에 중심 생각이 반영되는 경우가 많다.

> "장수가 태어나 나라를 뒤집으려 한다는 소문이 자자한데, 장수 아기를 출산했으니 손 씨 집에 앞으로 닥칠 일이 걱정되는군."
> "장수 나자 용마 난다."
>
> ✓ <u>돌 속에서 아기가 나오다.</u>
> ✓ <u>말이 뛰어나와 죽다.</u>

내용상 위에 표시한 두 가지 특징은, 기이한 출생으로 얻은 아기의 운명을 보장할 수 없으며 아기를 잃으면 용마 같은 의지처도 소용없다는 이치를 암시한다.

(1) 서울 용마봉

광진구 워커힐 옆 아차산의 최고 봉우리 '용마봉'에서 전해 내려오는 아기장수 설화가 있다.

"이 애는 우리 집이 망할 징조요, 역적이 나면 죽을 것이다."라는 소문에 휩싸이자 아기의 운명은 어떻게 될까?

여기서 아기는 혁명성(또는 도전성? 창의성?)을 상징하는 소재로 해석할 수 있다.

(2) 우투리 전설

'아이를 낳자마자 아이가 말하더라.'라는 표현을 통해 주인공의 성격을 짐작할 수 있다.

경북 영양에서 갓난아기가 어미에게 "바다가 갈라지니 들어와 보세요."라고 쓴 쪽지를 주었다는 사실은 비현실적이지만, 영웅을 암시한다.

또 아이의 명을 기원하며 태를 대(竹)로 문지르니, 산이 탁 갈라진다는 발상도 예사롭지 않다. 이러한 요소들에 의해 영웅의 비범성이 확인되며, 우리 사회에서 평범하지 않은 존재의 운명을 생각케 한다.

(3) 둥구리 전설

지리산의 정기를 바쳐 태어난 아이 '둥구리'는 태가 안 잘라져 심상치 않았고, 천하장사가 되었다고 전한다.

둥구리를 잡으러 병사들이 왔을 때 어리석은 어매의 말실수로 둥구리가 죽임을 당한 장면은 오늘날의 사교육 혜택을 받지 못할 정도로 가난한 청소년과 비슷하다. 자식을 지켜 주지 못할 만큼 무능한 부모를 상상해 보자.

(4) 옛날 옛적에 훠어이 훠이

아기장수 설화를 바탕으로 한 현대 희곡이 있다.

흉년에 도적이 들끓는 세상에 말더듬이 부부의 아들로 아기장수가 점지되었으나 민중은 그 꿈을 인식하기 전에 잃어버린다.

장수 나자 용마 나는 설정은 장수를 지원해 줄 환경으로서, 장수의 죽음을 막지 못하면 안 된다고 판단한 인간의 어리석음을 설명하지 않아도 알 만하다.

몸에 비늘이 돋아 있고 날개가 붙어 있는 '용마'이지만 "우리 마을에 다시는 장수를 보내지 맙시자구."라고 다짐하는 민중의 처지에서 무엇을 더 바라겠는가.

자료3. 주몽

 창작자의 눈

1) 영웅 이야기

신화에서는 영웅의 모습을 일대기적으로 그린다. 출생해서 성장해 가는 동안 비범한 모습들이 사람들의 눈길을 끈다. 현실적으로 그러한 모습을 지키는 것이 얼마나 힘들지 상상할 수나 있을까?

우리나라의 주몽 신화를 통해 한국적 영웅의 기원에 대해 생각해 보자.

✓출생 이야기
태어난 곳은 어디이며, 어떠한 곳인가?
(주몽은 금와와 유화 사이에 태어난 강변부족)

✓성장 이야기
어떤 재능을 받고 태어나 그것을 살리기까지 무슨 일들이 있었을까?
(주몽은 활을 잘 쏘고 명마를 알아볼 줄 알았다.)

✓청년 시절

나의 뜻을 펼치기 위해 어떤 <u>모험</u>도 하게 될까?

(형제들의 시기를 받자 어머니의 뜻을 따라 집을 떠난다. / 비류수에
국가를 건설하기까지 아버지와 형제들을 피할 수 있도록 자라와
물고기의 도움도 받는다.)

✓결말

그래서 나는 어떻게 되는가? 성공하는가, 실패하는가?

(주몽 이야기의 결말은 뚜렷하지 않다. 영웅의 업적만 기억하고 싶은
후세의 소망 때문일 것이다. 주몽이 기성 권력자를 제거했듯이 새로
운 후대 영웅에게 살해당하여 아버지와 화해하지 않을까?)

하지만 현대 영웅 이야기는 결말까지 인과적 질서를 갖추어 구성될 필요
가 있다. 현대는 합리주의에 입각하여 우연성보다는 개연성을 중심으로
내용을 전개할 때 독자들의 정서를 움직일 수 있기 때문이다.

2) 위대한 독재자

이 영화에서 토마니아
(독일)의 독재자 아데노이
드 힌켈과 유태인 이발사
역으로 1인2역을 한 찰리
채플린을 볼 수 있다.

히틀러와 무솔리니가 협
상을 위해 만나는 장면에서
정치적 갈등이 일어난다.

현대 사회에서 독재자는

많은 것을 잃을 운명에 처할 것임을 예상할 수 있다. 이 즈음에 현대 사회의
영웅이 갖추어야 할 자질에 대해 토의해 보자.

주제6 : 성찰과 창작

　예술작품의 창작은 자기 관찰에서부터 비롯된다. 즉 내성 훈련이 얼마나 오래되고 깊은가에 따라 창작품의 질적 가치가 보장될 수 있다. 내성 훈련은 자아성찰의 경험을 지속적으로 갖게 한다. 자아성찰을 가능케 하는 작품을 감상하면서 예술 창작이 어떻게 이루어질 수 있는지를 생각해 보자.

자료1. 소년의 깊은 생각

 바탕다지기

　작품 속의 캐릭터를 보면 작가의 생각을 엿볼 수 있다. 그것은 작가의 분신이기도 하기 때문이다. 〈어린 왕자〉를 지은 작가 생 떽쥐베리는 자전적 경험들을 작품 속에 투영하였다. 어린 왕자 캐릭터를 묘사하면서 옷차림이나 소품에 자전적 요소들을 담아내었음을 알 수 있다. 이에 대해 깊이 한번 생각해 보자.

1) 캐릭터의 창조 배경

　작가는 어린 왕자가 사는 곳을 소혹성 612호라 명명했다. 이 숫자에는 의미가 담겨 있다. 6은 3의 배수로서 어른을 상징하는 숫자 3의 두 배로 형성된 수이다. 어른의 세계를 삼각형으로 표상하고 '불'이라고 한다면, 아이에 대하여는 물을 덧붙여서 삼각형을 하나 더하고 공기와 물을 더하여 육각형 모양으로 표상한다. 그래서 이 6은 동심의 숫자이며 우주적 상징으로 해석되는 것이다. 그리고 12라는 숫자는 작가가 지구에 추락한 지 1년(12개월) 만에 다시 떠난 사실을 반영한다.

2) 캐릭터에 담겨 있는 나

어린 왕자는 금발머리, 귀, 별, 푸른 망토, 칼에 의미를 부여한다. 즉 금발머리는 작품 속에서 친구와 관계를 맺은 근거를 표상한다. 어른에게는 진실한 친구가 없다고 비판하면서 작품 속에서 진실한 친구가 되기 위해 길들여지는 시간이 필요함을 주장한다. 평범한 밀밭이 진실한 관계맺음에 의해 어린 왕자를 떠올리게 한 단서로 기억됨으로써 특별한  밀밭이 되는 것이다. 또한 어린 왕자는 귀가 없는 존재로 형상화되었는데, 이것은 모든 소리를 마음으로 듣는다는 관점을 강조한 표상이다. 귀로 듣는 소리는 진실성이 배제된 것이라고 비판하면서 마음으로 이해할 때 비로소 의미를 제대로 파악할 수 있다고 주장한다. 어린 왕자의 어깨 위에서 빛나는 별은 꿈과 희망을 상징한다. 어린 왕자가 순수성을 간직하고 있는 까닭은 항상 꿈을 꾸기 때문이다. 왕자가 걸치고 있는 망토의 푸른색은 순수를 상징하는 것이며, 프랑스의 루이 14세 왕이 걸치고 있는 망토를 연상시켜서 고귀한 신분의 왕자로 형상화한 작가 의도가 드러난다. 한편 왕자가 들고 있는 칼은 어머니의 분신인 장미가 가시를 지닌 것과 같이 자기방어(보호)의 목적으로 소지한 것이다.

이렇게 필자 자신을 직접 노출하지 않고 대리자를 설정하는 것은 예술 창작에서 자주 볼 수 있는 일이다. 주인공의 성격을 창조할 때 필자의 생애를 투영하는 경향은 짙다. 필자가 창조한 대리자의 외모에는 당시 사회적 상황에서 필자가 어떻게 살았는지는 물론 어떤 생각과 행동을 하였는지도 보여 줄 수 있다.

3) 심안

어린 시절에 자신의 눈에 보인 것이 나이 들어 언젠가 보이지 않게 된 적이 있는가? 이것은 심안(心眼)이 있고 없음에 대한 이야기이다. 어렸을 때는 성인여성의 꼬리뼈 근처에서 꼬리가 몇 개씩 보이곤 했으나, 고등학생 때부터 보이지 않게 되었다면 심안을 상실한 것이다. 어린 왕자도 심안을 상실한 것에 슬퍼하면서 어른이 되는 것을 거부했다.

심안의 상실로 비행기 조종술을 배운 왕자처럼 독자 자신도 현실적으로 직업을 갖게 된 때에 생각이 전환된 일이 있었을 것이다. 직업을 갖고 생활해 나가던 중, 무료해지거나 무기력해졌을 때 잠시 다른 꿈을 꿀 법하다. 그 때 자신이 의지하고자 옆에 가까이 둔 무엇도 있었을 것이요, 아껴둔 물건을 보며 지난 세월을 돌이켜보기도 했을 것이다.

항상 미워해 오던 무엇이 생각날 때면 그 무엇의 사진이나 그림에 뾰족한 것으로 흠집을 내기도 했을 테고, 좋아했던 것이 있었다는 마음의 이중성도 알게 되면서 자신의 모습을 투사한 적이 있었을 것이다.

자신이 만난 사람들을 추억하면서 또는 오래된 사진들을 꺼내어 보면서 세상을 살아가는 비결을 정의내리기도 해 보았을 것이다. 가령 내가 성인식을 치를 무렵 국가의 대표자는 내 또래들을 위해 무슨 정책을 펴서 나에게 어떤 경험을 주었는지, 동네에 부쩍 많아진 가게나 사람들의 특성을 따라 내 세계관이 달라졌다든지, 내가 몸담고 있는 곳에서 만난 사람들의 이야기 라든지, 꼭 토해내지 않고서는 분노에 차서 마음을 다스릴 수 없었던 때도 있었을 것이다.

이렇게 생각을 이어나가면 자신의 역사가 파노라마처럼 흘러간다. 이쯤에서 서사시를 지어 보자. 그리고 자신의 서사시에서 한국인들이 좋아하는 장면이 어디일지 조사해 보자. 한국인들 가운데에서도 연령이나 성별에 따라 좋아하는 장면이 다를 수 있다. 이 조사는 예술 창작을 하는 데 있어 독자의 반응을 예측하게 하는 선견지명을 갖게 해 준다.

자료2. 희극배우 채플린

1) 캐릭터는 시대의 거울

당시 둥근 챙이 달린 중절모와 헐렁한 바지는 채플린의 장인이자 희극배우 뚱보 알버클의 것이다. 거기에 동료 희극배우 채스터 콘킨이 몸에 꽉 끼는 윗옷을 구해 주었고 14사이즈의 구두는 동료 희극배우 포드 스텔링에게서 얻은 것이다. 채플린은 구두의 좌우를 바꾸어 신어서 우스꽝스러운 인물로 보였다. 이로써 신발의 좌우도 구별하지 못할 만큼 어리석은 인간 모습을 상징한다. 콧수염은 희극배우 맥스웨인의 머리카락을 잘라 붙인 것이며, 칫솔 모양을 본뜬 것에 지나지 않지만 그 의미는 허영심의 상징으로 해석된다. 여기까지 빈민의 모습을 묘사한 것으로 볼 수 있다. 채플린이 스스로 구한 것은 작달막한 지팡이뿐이다.

찰리 채플린은 당대 빈민의 마음을 대변해 준 인물로 희극 속에 등장했다. 당대에 힘없고 순수한 인물이 세상을 살아가면서 겪은 일들을 희극으로 묘사함으로써 당대 민중의 마음을 웃음으로 정화시키고자 했던 것이다.

도둑이 비싼 차를 훔쳐 달아나다가 차 안 강보에 싸여 있던 아기를 길에 버렸을 때 우연히 찰리가 그 아기의 보호자가 되고, 가난한 형편에서도 양육해 나가는 의지적 모습을 보여 주었다.

한편 그는 근대 문명기에 접어든 시대에 일확천금에 눈이 먼 보통사람들의 자화상을 그려냄으로써 얼마나 무모한 꿈에 일생을 바치고 있는지를 성찰하게도 했다. 황금을 얻기까지 두 손 놓고 기다리기만 한 동안 배운 것도 생각한 것도 없었기에 황금의 값으로 할 수 있는 일이 아무것도 없으리라는 미래를 짐작할 수 있다.

또 독재 정권 아래 불평등한 가치기준에 저항하지 않고 살아가는 일이 얼마나 고되고 답답할지도 헤아려 볼 만하다. 찰리 채플린은 희극 속에서 유창한 화술로 상대방을 제압하는 모습도 보여 주었다. 권력자의 개인생활과 공식석상에서 보이는 위엄을 대조하여 보여 줌으로써 그에게 인간적인 모습이 숨겨져 있다는 것도 피력했다.

2) 시대 읽기

권력을 지우고 인간을 보면 누구나 평등하다. 권력이란 평생 인간이 쥐고 있는 것이 아니기에 인간이 세상을 살아가다 보면 있다가도 없고 없다가도 있는 것, 즉 아무 걱정 없이 평온한 때도 있지만 불공평한 세상을 맞닥뜨리는 시간도 겪게 마련이다. 세계 평화를 꿈꾸면서 정복욕을 드러내고 싶은 마음이야 인지상정이지만, 누군가의 자유를 빼앗아 개인의 뜻에 종속시키는 방법으로 평화를 구해서는 안 될 것이다. 개인의 가치기준에 의한 평화가 세계 평화를 지향하지 않으며, 그래서도 안 된다. 한 사회를 구성하고 있는 사람들의 의견을 듣고 타협함으로써 평화를 지향해야 한다.

내가 살았던 시대는 누구에 의해 국가가 움직였고, 내가 좋아하는 음식은 시대 변화에 따라 어떻게 존속해 왔는지 생각해 보면 나의 길이 보일 것이다. 그러한 환경 속에서 내가 할 수 있는 일을 찾고, 그 일을 하기 위해 내가 준비해야 할 것들이 무엇 무엇이 있는지를 생각해 보게 되는 것이다. 내가 아무 목적 없이 길을 걸을 때 무엇을 위해 살고 있는지, 무엇을 향해 가고 있는지, 해가 지면 언제나 같은 시각에 해가 뜨는지를 생각해 보자. 분명한 목적을 가지고 길을 걷게 되면 괜히 걷는 속도가 빨라지고 가끔 생각이 멈추기도 한다. 스스로에게 목적을 묻지 말고 무작정 걸어 보자. 무엇이 보이는가?

주제7 : 동아시아의 문화

동아시아의 문화 자료에서 알 수 있는 선인들의 지혜로 예술적 영감을 얻을 수도 있다. 책, 그림, 글씨 등으로 다양한 자료들에서 작가들의 생각을 따라가 보자.

자료1. 단원의 그림

1) 닭에 대한 생각

닭은 한자로 '계(鷄)'라고 표현된다. 이 '계' 자를 해체해 보면 손톱 조(爪)와 마늘 모(厶), 큰 대(大), 새 조(鳥)로 나누어진다. 글자대로라면 닭은 '손톱만큼 작은 모이를 수북하게 쌓아 놓고 쪼아먹는 새'로 설명되는 것이다. 다음의 그림들 속에서 닭은 어떤 의미를 나타내고 있는지 살펴보자.

[그림 4] 장승업, '닭과 맨드라미' [그림 5] 변상벽 '암탉과 병아리'

'닭과 맨드라미'에서는 수탉의 벼슬을 닮은 맨드라미꽃이 상징적이다. 그래서 맨드라미를 '관을 쓴 닭의 모습'을 보는 듯하다고 하여 '鷄冠花'라고 부른다. 관의 보편적인 의미 특징 때문에 수탉이 출세지향을 상징하는 동물로 인식되고 있다. 또한 그림 속의 닭이 바라보고 있는 대상도 눈여겨보아야 한다. 수탉이 바라보고 있는 것은 메뚜기(방아깨비)이다. 이 대상에 관하여 지어진 글이 있다. 시경(詩經)의 螽斯(종사)[61]가 바로 그것이다. 글 전문을 아래에 옮긴다.

螽斯羽詵詵兮 宜爾子孫振振兮.
(메뚜기들이 다정히 모이니, 네 자손들도 번성함이 마땅하다)
螽斯羽薨薨兮 宜爾子孫繩繩兮.
(메뚜기들 떼지어 나니, 네 자손들이 번성함이 마땅하다)

---

61) 종사는 한 번에 알을 99개 낳는 곤충으로서, 부부 화목하여 자손을 많이 낳는 데에 비유되는 말이다.

螽斯羽輯輯兮 宜爾子孫蟄蟄兮.
(메뚜기들이 떼지어 모이니, 네 자손들이 번성함이 마땅하다)

　장승업의 그림에는 구절초(九折草)와 안래홍(雁來紅)도 있다. 구절초는
아홉 마디가 있고, 9월 9일 중양절에 채취한 것이 가장 효험이 큰 약초로서
계속 발전하기를 바라는 의미로 비유된다. 또한 안래홍은 기러기가 올
때쯤 붉게 변하는 식물로서 '老來少'라고도 불린다. 그림 아래쪽에 있는
무·순무는 '習習谷風이 以陰以雨ㅣ나니 黽勉同心이언정 不宜有怒ㅣ니라
采葑采菲는 無以下體니 德音莫違ㄴ댄 及爾同死ㅣ니라'라는 표현을 통해
설명되고 있다. 시경의 谷風(곡풍)에 나오는 구절로, 풀이하면 '거세게 불어
오는 골바람/ 날이 흐리더니 비가 내리네/ 힘 모으고 마음 모으고/ 성을
내서는 안 되오/ 순무나 무를 뽑을 때는/ 밑동만으로 판단하지 말기를/
사랑의 서약 어기지 않으면/ 그대와 함께 죽으리오'로 기술된다. 순무와
무처럼 금슬이 좋은 부부처럼 살아갈 것을 권고하면서 낯빛이 나쁘다고
해서든 무기력해졌다고 해서든 버릴 것이 아니라 德(덕)을 발휘하며 영원히
살라는 의미로 받아들이는 것이다.

　옆의 '투계도'는 두 마리의 닭이 싸우
기 전의 모습을 그린 그림이다. 닭이 싸
우기 전에는 서로 견제하느라 상반된
모습을 보인다. 아래쪽의 닭은 옆으로
몸을 틀고 낮은 자세로 꼬리털을 세웠
으며 날카로운 며느리발톱을 공격적으
로 보이고 있다. 반대로 위쪽의 닭은 목
을 꼿꼿하게 세우고 꼬리를 내린 채 상

[그림 6] 신윤복 '투계도'

대를 탐색하고 있다. 그림 윗부분에 적힌 글은 당나라 한유의 鬪鷄詩 중의
일부인데 옮겨 보면 '高行若矜豪 側睨如伺殆[62](고행약긍호 측예여사태: 고
상한 행동은 거만하고 호방하니 곁눈질로 허점을 살핀다)'이다.

[그림 7] 미상, '닭과 국화'　　　　　[그림 8] 미상, '닭과 국화'

작자 미상의 '닭과 국화'는 각각 長壽(장수)와 家族(가족)을 의미하는
그림이다. 좌측 그림 속의 수탉은 새벽을 알리는 심부름꾼으로 인식되어
있어 잡귀를 물리치는 영물로 통하며, 우측 그림 속의 암탉은 매일 알을
낳는 특징을 표현함으로써 자손의 번창을 상징한다.

2) 민초들의 삶

단원 김홍도의 그림들은 조선 시대 백성들의 삶을 자세하게 알려 준다.
다음의 그림들 속에는 우리의 어떤 문화가 담겨 있는지 살펴보자.

---

62) 矜(불쌍히 여길 긍), 豪(호걸,귀인 호), 睨(흘겨볼 예), 伺(엿볼 사), 殆(위태로울 태)

[그림 9] 단원 '쌍겨리와 소'　　　　[그림 10] 단원 '단오풍경'

　단원의 '쌍겨리와 소' 그림은 조선 시대 서민 남성들이 밭을 갈며 열심히 일하는 모습을 담고 있다. 우리 농경문화에서는 농기구인 쇠스랑으로 두엄을 쳐 내고 퇴비를 긁어모으며 밭을 가는 일을 농부와 소가 협력하여 했던 것이다. 한편 과거 우리나라에 오월 단옷날 청포물에 머리를 감고 그네를 뛰는 등의 풍습이 있었던 것을 단원이 그림에 담았다. 집 안에서 조신하게 지내던 조선 여성들의 정결하고 아름다운 모습이 단옷날에 세상에 드러난 것이 그림을 통해 기억되고 있다.

[그림 11] 단원 '장터길'

우리나라의 지난 날, 장터에서는 물건을 다 판 듯한 사람들이 말을 타고 가는 길이 가벼워 보인다. 말의 발걸음은 사람들의 조종으로 속도가 조절되므로 그림 속에 나타난 바로는 바쁘지 않은 것을 느낄 수 있다. 남성들의 옷차림도 알 수 있는데, 먼 길을 나설 때는 삿갓이나 갓을 쓰고 바지에는 행전을 두른다는 것이다.

[그림 12] 단원 '벼타작'　　　[그림 13] 단원 '서당'

단원의 '벼타작' 그림은 알곡을 떨어내는 사람이 꽤 많이(네 사람) 보인다. 떨어진 알곡을 쓸어 모으는 사람, 볏단을 지게에 진 사람 등 다양한 일로 타작이 이루어지는 것을 알 수 있다. 일이 힘들어 보이는데도 사람들의 표정들은 대체로 밝은 편이다. 그러나 갓을 쓴 남자는 볏가리 위에 돗자리를 깔고 장죽을 빨고 있다. 그 자세 또한 누워서 일하는 농부들의 모습과 대조적이다. 그의 옆에는 술병도 놓여 있다. 이러한 대조 구도는 서민들의 입장에서 수확의 기쁨을 느끼게 하면서도 양반의 수탈로 인한 슬픔을 나타내는 기술로 비친다.

단원의 '서당' 그림은 우리의 과거 교육 문화를 보여준다. 교사 1인과 여러 명의 학생들이 있는 교실은 지금의 학교와 다르지 않다. 그러나 다른 점은 남학생들로 채워진 교실에 있다. 훈장 선생님의 회초리가 보이는 훈육 제도와 교수학습 방법도 엿보인다. 즉 학생이 배운 내용을 낭독을 하고 제대로 하지 못할 경우 매질을 당하는 교육법이다. 평가 방식 또한 구술형이고 공개적으로 확인받는 유형이다. 학생들 중에는 갓을 쓴 학생도 있어서 장가를 간 경우도 함께 한 교실에서 수업을 들을 수 있는 점이 특징적인 문화이다. 물론 나이가 많은 학생을 대우해서 위쪽에 앉은 점도 알 수 있다. 이렇게 수직구조의 사회체제가 서당의 문화 속에서도 엿보인다.

3) 취미와 예술

조선 시대에 우리 선조들이 여가생활을 어떻게 했는지를 알아보면 우리나라 문화예술의 원류를 찾을 수 있다.

[그림 14] 단원 '그림 감상'   [그림 15] 단원 '舞童(무동)'

'그림 감상' 그림을 통해, 조선의 유생들은 서화를 수집하고 감상하는 취미를 지니고 있었다는 것을 알 수 있다. 또 경기도 안산의 단원박물관에는 '무동'이라는 그림이 있다. 춤을 추는 아이의 역동적인 모습이 잘 표현된 그림이다. 춤을 출 때 휘날리는 옷자락, 피리 부는 남자의 볼록한 뺨, 무릎을 세우고 북을 치는 모습 등이 모두 생동감 있게 그려져 있다.

[그림 16] 단원 '활쏘기'　　　　　[그림 17] 단원 '씨름'

옛날 우리나라에서는 활쏘기가 자기 수양을 할 수 있는 방법으로 통했다. 외모가 빼어나고 담담하며 교양 있는 풍모를 지녀야만 선비로서의 위엄을 인정했다. 중국의 고대 때부터 선비의 자질로 인정된 것이 바로 활쏘기다. 우리나라에서도 마찬가지로 역대로 활쏘기가 권장되어 궁술대회를 열었다. 궁술대회는 경쟁을 하면서도 상대에 대한 예의를 갖추었는지 자격을 보는 장이었던 것이다. 〈중용〉에 '활쏘기에는 군자와 같음이 있으니 정곡을 맞히지 못하면 도리어 그 몸에서 (잘못을) 찾는다(子曰 射 有似乎君子 失諸正鵠 反求諸其身)'라는 구절이 있는 것을 보아서도 활쏘기 문화에 담긴 의미가 정치적으로, 사회적으로, 문화적으로 컸음을 알 수 있다.

자료2. 노자(老子)의 도(道)

1) 스승의 덕

노자의 문헌(道德經)에서 그의 사색을 따라가 보면 삶의 길이 무수히 많은 것을 알게 된다. 그의 세계 속에서는 차별이 없다. 즉, 이 세상을 만드는 주체가 정해져 있는 것도 아니고 누구나 주체로서 성실하게 살아갈 수 있음을 깨닫게 해 준다. 이러한 진리를 배우기 위해 노자의 문헌만 참고할 수밖에 없는가? 언제 어디서나 노자와 같은 스승을 만날 수 있다. 물론 스승도 학교에서만 만날 수 있는 것도 아니다. 다양하고 열린 지혜를 가르쳐 주는 스승의 덕(德)을 기리며 〈道德經〉을 읽어 보자.

우리 사회의 청년들 사이에서 취업이나 진학을 생각하며 롤 모델을 찾고 그에게 의지해 삶의 지표를 정하는 것은 누구에게나 거의 보편적인 과업이 되어 있다. 누구나 삶의 목표를 정하는 일만큼 어려운 일은 없을 것이기에 모범답안(?)을 구하려는 뜻을 모르지 않지만, 그 어떤 것이 독서를 통한 사유를 통하는 것에 비견될지 모르겠다.

어떤 입장에서든 인간의 삶을 궁구하면서 동양고전을 읽다 보면 거의 모두 지향하는 가치가 성인(聖人)의 요건으로 수렴되는 것을 발견하게 된다. 〈논어(論語)〉에서처럼 〈도덕경(道德經)〉에도 '성인(聖人)'이 종종 언급된다. 노자는 성인의 품성을 물에 비유하여 설명한다. 물과 같은 사람을 쉽게 생각해 보면 몸이 아플 때 효험이 있는 약을 처방해 주는 의사를 생각하다가, 일시적으로 약에 최면 당해 아픔을 잊게 만드는 주술사 같아서 생각을 거두고 만다. 내가 세상일에 불안해하고 푸념할 때마다 마음을 도닥거려 주는 스승의 힘이 문득 떠오른다. 5월! 사랑과 감사의 달이 되면 항상 그리워지는 분, 스승을 생각해 본다.

2) 스승과 제자

노스승 앞에서 자주 뵙기를 바라는 것도 욕심일까. 스승의 굽은 등허리를 보고 정녕 부끄러워할 것인가. 깊은 뜻을 전하시느라 그 고단했던 세월이 켜켜이 쌓여 내가 되었음에도. 구부러진 나무를 쓸모없다고 탓할 것이 아니라 오래 두고 봄으로써 이로울 수 있음에 감사할 일이다. 지금 제자의 자리에서 실수를 많이 한들 언젠가 오롯이 설 수 있다는 가능성을 보유하고 있다는 것을 알라. 나뭇가지가 나무에서 꺾여 부러진 것이 아니라 매달린 채로 휘어져 있을 따름이니, 스승께 의지하는 마음으로도 꿈꿀 수 있다. 스승을 만나 바른 마음을 가지고 빈 그릇을 보기 좋게 채워간다. 토마스 아퀴나스 성인은 은혜를 많이 받고 적게 받느냐가 수용하는 사람 마음의 그릇에 달려 있다고 했다. 내가 아는 것이 적고 하는 것이 적다고 생각되면 스승의 조언이 적다고 타박하기도 하나, 내가 아는 것이 많고 하는 것이 많다고 생각되면 스승에게 공을 돌린다. 스승께 안부를 여쭙는다는 핑계로 어렵고 힘든 일을 대신 처리해 주십사 다시 의지하고 싶어 하는 제자의 속마음을 아실까. 걱정해 주시는 스승의 말씀에 돌연 태연한 척 표정을 바꾸어도 보지만 나이 든 제자의 체면 차리기 속내라는 것도 이해해 주실까.

曲則全 枉則直 窪則盈 弊則新 少則得 多則惑 是以聖人抱一 爲天下式
〈22-1〉
(굽은 것은 온전해지고 구부러진 것은 곧게 되고 움푹 패인 곳은 채워진다 낡은 것은 새로워지고 적은 것은 보태지고 많은 것은 미혹되어 잃게 된다 이러한 연유로 성인은 순일함으로 세상의 모범이 된다)

3) 누구나 제자일 때

제자는 세상 사람들이 아름다워하는 것을 무조건 받아들여야 편안해지고 그렇게 생각해야 옳은 줄 안다. 또 자신이 온전하지 못해서 세상 사람들이 선량하다고 믿는 것을 따라야 하는 줄 알고 살아간다. 그러나 스승은 늘 제자의 생각을 듣고 싶어 하신다. 다수의 생각을 너무 따르다가 소수가 소외될 우려가 크다는 것을 혹여 잊을라 염려하신 걸까. 노파심에도 깨달음이 늦은 제자들을 다그치지 않고 기다려 주신다. 세상사 쉬운 문제가 있으면 어려운 문제도 있는 법이려니, 오래 피어 있는 꽃이 있으면 잠깐 피었다 지는 꽃도 있게 마련이려니 스승의 앞에서는 다 같은 제자일 따름이다. 그래서 스승의 가르침을 듣는 시간 동안에는 우등생도 열등생도 없어 누구에게나 즐겁다. 제자들 사이에서는 사제지간처럼 훈훈하지 않을 때도 많다. 가끔 선배가 후배의 길을 가로막고 있다고 생각을 하기도 하는데, 예절은 반드시 지켜야 하는 것이라고 시민사회교육을 받고 자란 덕에 저항할 엄두를 내지 못한다. 아니, 공경하는 마음이 질서 있는 사회를 만든다는 것을 학습하기 전부터 모자란 것에 대한 부끄러움을 감추기 바쁘다. 대부분의 제자들은 어떻게 해서든 노력해서 정상에 올라가야만 한다는 생각밖에 하지 못한다. 헤밍웨이의 〈킬리만자로의 눈〉 서문에서 산 정상 근처에 말라붙어 있는 표범 시체를 보고 왜 그리 높은 곳까지 올라 무엇을 찾으려 했는지를 아무도 밝힐 수 없었듯이, 나 스스로도 무슨 생각으로 애쓰며 사는지를 묻지 않고, 성실하고 예의바르게 사는 것이 스승의 은혜에 보답하는 길인 줄 안다. 하지만 스승을 뵙기 위해서는 질문에 답할 준비를 해야 한다. 듣기 좋은 노래도 시대가 변함에 따라 편곡을 해서라도 좋은 가사에 좋은 리듬과 좋은 음정이 계속 곁들여져야 사랑받을 수 있다고 믿으니까.

天下皆知美之爲美, 斯惡已, 皆知善之爲善, 斯不善已 〈2-1〉
(세상 사람이 모두 아름답다고 하는 것을 아름다운 것이라 여긴다면
그것은 추한 것이다. 세상 사람이 모두 좋다고 하는 것을 좋은 것으로
안다면 이미 그것은 좋은 것이 아니다.)

무엇을 창조함에 있어서는 스승께 폐를 끼치지 않아야 한다고 독립을 선언하곤 한다. 그런 제자의 당돌한 태도를 외면하는 스승을 원망하거나

치기 어린 제자의 관점에서 스승을 힐난하기도 한다. 내내 제자로부터 공을 기억해 주길 바라는 스승이 되지 않겠다고 다짐해 보기도 한다. 그래야 스승으로서 길이 존경을 받을 수 있다고 단언도 한다. 그러나 그것은 스승의 제자로서 가질 수 있는 생각이다. 스승은 결코 제자를 소유하지 않으며, 멀리 떠난 제자를 기억하지 서운해 하거나 슬퍼하지 않는다. 물은 아래로 흐른다. 누구로부터 강요받지 않고 물 속의 세계를 품으며 작물을 키워내어 그들이 각각 제 역할을 하도록 마냥 기운을 북돋워 줄 뿐이다. 그렇게 있는 힘을 다해 길을 내고 그들에게 기대거나 머물러 쉬지 않는다. 고인 물은 썩게 마련이고, 유장하게 흘러가듯이.

> 萬物作焉而不辭 生而不有 爲而不恃 成功而不居 夫唯不居 是以不去
> 〈2-4〉
> (만물이 창조되나 간섭하지 않으며 낳아 기르지만 소유하려고도 하지
> 않는다 일을 하고도 자만하지 않고 공을 이루나 거기에 머물지 않는다
> 이 때문에 사라지지 않는다)

똑똑하지 못한 사람도, 믿음이 약한 사람도, 똑똑한 사람도, 믿음이 강한 사람도 스승에게는 다 똑같은 제자다. 스승은 모든 제자들의 마음을 받아 주시고 어눌한 말도 다 들어 주신다.

> 聖人在天下歙歙焉 爲天下渾其心, 百姓皆聖屬人耳目焉皆 聖人皆孩之
> 〈49-4〉
> (성인은 세상에 살면서 사심을 거두어 세상과 마음을 섞고, 백성 모두
> 성인의 말과 행동을 듣고 보아 따르니 어린아이처럼 순수한 마음을
> 갖게 된다)

4) 무위

스승에게 가르치는 일이란, 가르침으로써 명예를 얻는다거나 권위를 내세우거나 재물을 구하는 데 쓰이는 업이 아니다. 오로지 순일한 덕으로 살아가는 스승에게 제자들이 모일 뿐이다. 스승은 인간의 행위가 무엇에서 비롯되어야 하는지를 결코 가르쳐 주지 않는다. 자연이 무엇을 바라고 생겨난 것이 아니듯이, 스승도 무엇을 바라고 삶을 영위한 분이 아니기 때문에 제자들에게 그저 열심히 그리고 묵묵히 살아가라고만 말씀하신다. 또한 뜻이 높은 곳에 있다고 해서 앞뒤 좌우 보지 않고 거기만 향해 치열하게 달려가고 미움과 갈등으로 괴로워하며 여러 문제에 부딪혀 다친 상처를 기억해도, 다시 누군가에게 상처를 주어서는 안 된다고 염려하신다. 가끔 스승께 왜 침묵하시느냐고 투정 부리는 제자들이 있을지언정 스승은 도리어 그런 제자들을 품으신다. 아플 때마다 찾아가 울고 조르던 제자는 몇 번이고 그러기를 반복하지만, 시간이 지나면 울지 않아도 되는 삶을 알게 된다. 그저 물처럼 흘러갈 수 있어야 한다는 것을 제자는 오늘도 배운다, 내일을 살기 위해서. 이것이 무위(無爲)다.

자료3. 禮記(예기)

1) 음악의 의미

인간의 마음에서 음악소리가 창조되므로 즐거운 상태일 때, 분노의 마음 상태일 때, 공경하는 마음 상태일 때, 사랑하는 마음 상태일 때 등으로 다양하게 표현된다. 음악 감상을 할 때도 어떤 상황 속에서 일어나는 마음 상태인지를 느끼는 경험을 함으로써 자기 수양이 되는 것이다.

> 凡音者 生人心者也 情動於中 故形於聲
> (무릇 음이란 사람의 마음에서 생겨나는 것이고, 감정이 마음속에서
> 움직이는 까닭에 소리에 나타나게 된다)
>
> -〈禮記(예기), 樂本(악본)篇 19 중에서〉

좋은 음악의 요건도 최근 핵심어로 떠오른 '융합', '통섭', '통합'에 맞추어져 있다. 이는 한자 '和'로 표기되는 맥락이며, 맛 좋은 음식에 비유되기도 한다. 和는 융합이고, 平은 고르게 안정됨을 의미한다. 즉 융합이란 국을 끓이는 일과 같다. 국을 끓이기 위해서 물과 불을 준비하여 육장을 마련하고 음식의 간을 맞추고 생선과 고기를 삶고 장작으로 불을 때야 하는데, 요리사가 그 간을 고르게 하여 부족한 것은 더 첨가하고 많으면 덜어내어 맛을 낸다. 군자는 그렇게 요리된 음식을 먹고 마음을 가지런히 한다. 선왕이 다섯 가지 맛과 다섯 가지 색을 다스림으로써 마음을 가지런히 하고 정치를 고르게 하는 것도 융합이다.

禮記에서 樂에 대해 설명한 바로는, 세 가지를 꼽고 있다. 첫째는 樂者通倫理者也(인간의 본래 마음씨가 완전하게 구현된 경지)로, 둘째는 樂者天地之和也(하늘과 땅의 조화된 세계를 상징)이며 셋째가 樂者 德之華也(인간의 본성인 덕성이 꽃으로 피어 현실 세계에 구현된 상태)이다. 그러므로 좋은 음악은 인간의 참된 마음씨로 나온 결과여야 마땅히 판단되는 것으로 이해할 수 있다.

2) 동양 사상의 이해

동양 사상의 핵심은 내면의 仁(인)과 외면의 義(의)라고 이해된다. 이를 인간에 견주어 보면 속으로는 자애롭고 겉으로는 담대한 존재인 것이다. 그럼에도 불구하고 세상 속의 인간은 속으로는 인색하고 겉으로는 불안하게 흔들리는 모습을 많이 보인다. 약하고 감상에 젖은 모습들을 흔하디 흔하게 비추려는 의도가 처세인가도 싶게 아리송하다. 사계절의 질서를 생각해 보아도 푸른빛이 무성한 여름과 대조적으로 푸른빛을 거두고 앙상한 나뭇가지를 세상에 남겨 둔 자연을 보자. 펼쳐 내면 거둘 줄도 아는 것이 자연이다. 그러나 인간의 욕망은 끝이 없기에 계속해서 펼치고만 싶을 뿐이다. 끝을 모르고 나아가다가 위험한 상황에 직면할 수도 있다는 것을 잊어서는 안 된다. 어느 정도 펼쳤다가도 절제를 하는 자세가 필요하다.

> 하늘은 높고 땅은 낮으며, 만물이 흩어져 갖가지이니, 예로써 절제를 행하고 그치지 않고 꾸준하여 화해로우니 악이 일어난다. 봄에 생겨나 여름에 자라는 것은 仁이고 가을에 수확하여 겨울에 감추는 것 - 갈무리함은 義다. 인(仁)은 樂에 가깝고, 의(義)는 禮에 가깝다.
> (天高地下, 萬物散殊, 而禮制行矣. 流而不息, 合同而化, 而樂興焉. 春作夏長, 仁也. 秋斂冬藏, 義也. 仁近於樂, 義近於禮)

자신의 생활을 정비하고 옷차림도 단정하게 하며 질서를 지켜 세상을 살아가는 사람은 어느 누구에게 피해를 주지 않는다. 세상에 그러한 사람들만 있다면 얼마나 안정될까? 음악도 이와 같을 때 사람들은 '좋은 음악'이라고 말한다. 좋은 세상이 질서 잡히고 경제가 안정되며 상하관계든 수평관계든 예의범절이 잘 지켜지는 환경이라면, 좋음 음악도 음계가 일정하고 박자도 조화로우며 듣는이들에게 감동을 주어 의사소통이 잘 되는 것이어야 한다. 물 흐르듯이 흘러가는 것이 가장 자연스럽다. 그러나 대지의 모든 것은 상대적이다. 좋은 것은 나쁜 것과 대조됨으로써 그 가치가 발견되기 때문이다. 음악이 흐르듯이 인간의 삶도 순조롭게 진행되기를 바라지만, 크고 작은 싸움이 일어나고 상처를 입기도 하는 등 자연의 질서를 거스르는 모습을 종종 비춘다. 하지만 인간은 그 잘못을 반성하고 비상하기를 꿈꾼다. 흉물스러운 모습에서 아름다운 모습으로 거듭나는 과정을 겪어 본 사람만이 자연스러운 질서를 알게 되는 것이다.

옛날에 천지가 순조로워 사계절이 합당하며 백성이 덕이 있어 오곡이 번창하며, 질병이 일어나지 않아서 요상함이 없었으니 이것을 '대당'이라 한다. 그런 뒤에 성인이 부자와 군신관계를 제정하여 기강을 세우니, 기강이 바르게 되어서 천하가 크게 안정되고 천하가 크게 안정된 후에 6률을 바르게 하고 5성을 조화시켜, 시, 송을 금슬에 맞춰 노래한다. 이를 '덕음'이라 하고 덕음을 '악'이라고 한다. 여기서 덕과 악의 관계도 확인된다.

(夫古者天地順而四時當, 民有德而五穀昌, 疾疢不作而無妖祥, 此之謂大當. 然後聖人作爲父子君臣以爲紀綱, 紀綱旣正, 天下大定. 天下大定, 然後正六律, 和五聲, 弦歌詩頌, 此之謂德音, 德音之謂樂)

자료4. 孝經(효경)

1) 비탄의 의미

피에타는 종교적 관점에서 한국어로 '悲嘆
(비탄)'이라 번역되며, 예술가들에게 悲壯美
(비장미)를 표현하는 주제로 인식되고 있다.
인간의 내면에서 바라는 것은 참다운 평화와
행복으로서 이것은 육체적인 삶보다도 정신
적인 삶을 향한 욕망이다. 동양의 고전 孝經
(효경)에는 참다운 삶을 孝(효)와 忠(충)에 비
유하면서 충효는 마땅히 힘을 다함으로써 이
루어지는 것이라고 했다[63]. 따라서 충효는

[그림 18] 피에타

별개의 것이 아니며 자기가 처해 있는 환경과 처지에서 최선을 다하는
정신이다.

2) 효도하는 마음

孟宗冬旬(맹종의 겨울 죽순)이라는 고사성어가 있다. 중국의 맹종이라는
사람이 어머니께 효도하려고 보여준 행동이 감동적이다. 병이 깊어 고생하
는 어머니가 죽순을 먹고 싶어 해서 추운 겨울 눈밭을 헤치며 죽순을 찾아다
니던 맹종이었다. 봄도 아닌 겨울에 죽순을 얻을 수 있겠느냐마는 하늘도
감동하시어 파란 순을 발견하게 되었다는 이야기다. 이 상황을 두고 '至誠이
면 感天'이라는 표현을 쓴다.

공자는 효가 덕의 근본이라고 하면서 입신하여 이름을 세상에 알리게
되면 효의 완성, 즉 충을 행하는 결과라고 했다. 정성스럽게 덕을 닦음으로
써 자기 수양은 물론 세상에 도움이 되는 존재가 되는 것이 바로 덕을

---

63) 孝當竭力 忠則盡命

쌓는 길이다. 이것이 바로 효경의 첫 번째 장 '개종명의장(開宗明義章)'의
내용이다.

◆실습

아래의 인용문은 손자의 병법을 집약적으로 나타낸 부분이다. 전쟁을
잘하기 위한 기술은 어떻게 터득되는 것인지 궁금해 하는 사람들이 많을
것이다. 현대 사회는 새로움을 추구하는 혁명이 일어나는 시대를 맞고
있다. 어떤 전략을 세워야 원하는 것을 얻을 수 있을지 지혜를 구해 보자.

> 道者(도자) 令民與上同意也(령민여상동의야) 故可與之死(고가여지사)
> 可與之生(가여지생) 而民不畏危(이민부외위) 天者(천자) 陰陽寒暑時制
> 也(음양한서시제야) 地者(지자) 遠近險易廣狹死生也(원근험역광협사
> 생야) 將者(장자) 智信仁勇嚴也(지신인용엄야) 法者(법자) 曲制官道主
> 用也(곡제관도주용야) 凡此五者(범차오자) 將莫不聞(장막부문) 知之者
> 勝(지지자승) 不知者不勝(부지자부승) 故校之以計(고교지이계) 而索其
> 情曰(이삭기정왈)[64]
>
> ─〈孫子兵法(손자병법), 時計(시계) 중에서〉

도(道), 천(天), 지(地), 장(將), 법(法)의 요소를 충족시킨 예법(藝法)을
써 보자.

---

[64] 도라는 것은 / 백성으로 하여금 윗사람과 한마음이 되게 하는 길이다. / 그러므로 죽음을
같이 할 수 있고 / 삶을 같이 할 수 있다 / 그리하여 백성은 위험도 두려워하지 않는다.
/ 천이라고 하는 것은 / 음양의 이치 추위와 더위의 변화 시기에 따른 적절한 시책이다.
/ 지라는 것은 / 거리가 먼가 가까운가, 지세가 험난한가 평탄한가, 넓은가 좁은가,
막다른 곳인가 트인 곳인가 하는 등이다. / 장이라는 것은 / 지모·신망·인애·용기·
위엄을 갖춘 사람이라야 한다. / 법이라는 것은 / 곡제·관도·주용· 등의 제도이다
/ 이 다섯 가지는 / 다 알고 있지 않으면 안 된다. / 이것을 아는 자는 승리하고 /
알지 못하는 자는 승리하지 못한다. /

(1) 道

우선, 동서양 고전 중에서 한 텍스트를 선정하여 지배적 사고로 삼는다. 작품 속의 글귀를 인용해도 좋으며, 문단을 발췌해도 좋다. 선정된 부분이 주제의식으로 연결되어 제안서의 덕목 또는 기획의도로 기술될 수 있는 것이다. (예: 孔子의 仁 또는 老子의 無爲를 바탕으로 해서 덕목 또는 기획의 도를 생산한다.)

(2) 天

지금의 상황 및 자신의 적성과 관련하여 시대 동향을 조사한다. 이는 시대의 핵심어를 중심으로 관련 자료를 조사하는 활동이다.

(3) 地

'여기'와 같이 구체적 장소에 대한 분석이 필요하다. 가령 우리나라〉지역〉학교〉수업〉동아리 등으로 장소의 범위를 좁혀 자신이 소속해 있는 곳에서 어떤 역할을 할 수 있을지를 생각해 본다.

(4) 將

leader, 콘텐츠 기획자, 예비예술가, 이상적 자아(꿈꾸는 나)를 주인공으로 하여 또는 이상적 자아의 성격을 기술해 본다. 이 요소는 컨텐츠의 시점 요인이 될 수도 있다.

(5) 法

손자병법에서 세 가지 조건으로 설명되어 있다. 즉 그 조건은 曲制[65], 官道[66], 主用[67]이다.

---

[65] 행정조직은 제작스텝 또는 등장인물로 구체화될 수 있다.
[66] 학칙 또는 장르규약으로 이해되는 것으로, 막과 장/악장/시의 연과 행/전시회 세션/1절,

〈학생 작품 1〉

道: 凡音之起 由人心生也(음의 일어남은 사람의 마음이다. 악이란 음에 말미암아 생겨난 것이다. 그 근본은 물건에 느끼는 사람의 마음에 있다.)

天: 자신이 원하고 좋아하는 음악을 하는 사람보다 돈을 벌기 위해 대중의 초점에 맞춰 상업적인 음악만을 만들어 내는 사람들이 많다. 그러다 보니 자신의 마음에서 진정으로 우러나오는 음악이 아닌 다른 사람들의 마음을 생각하며 나오는 음악이 많다.

地: 실용음악을 전공하는 학생은 종국에 자신이 만든 음악을 대중에게 평가받는다. 대체로 혼자서 음악을 하며(밴드로 활동하는 경우도 있지만) 새벽에 작업을 많이 한다.

將: 내가 꿈꾸는 나는 내 마음에서 우러나온 음악이 다른 사람들의 마음에도 드는 음악을 하는 사람이 되는 것이다.

法: 곡 제목- 저녁에서 아침이 오기까지
　　내용- 다른 사람의 시선에 구애받지 않고 내가 지금 느끼는 감정을 표현하려고 한다. 저녁부터 새벽을 지나 아침이 오기까지 내가 느꼈던 것들이 들어 있다.

(악보)

저녁에서 아침이 오기까지

2절, 후렴구 등으로 구성된다.
67) scene index, 장면 구성안, 상세한 줄거리로 기술할 수 있다.

〈학생 작품 2〉

道(도) - 노자, 《도덕경》 2장

天下皆知美之爲美. 斯惡已 °(천하개지미지위미, 사오이):
모든 사람들이 아름답다고 알고 있는 것이, 사실 추한 것일 수 있다.
皆知善之爲善. 斯不善已 °(개지선지위선, 사불선이):
모든 사람들이 선하다고 알고 있는 것이, 사실 악한 것일 수 있다.
故有無相生, (고유무상생):
그러므로 있음과 없음이 서로에게 기대어 살고,
難易相成, (난이상성):
어렵고 쉬운 것은 서로에게 좋은 것일 수 있고,
長短相較, (장단상교):
길고 짧은 것은 서로에게 견줄 수 있고,
高下相傾, (고하상경):
높고 낮은 것이 서로에게 기울어지며,
音聲相和, (음성상화):
소리와 음률은 서로 조화를 이루고,
前後相隨 °(전후상수):
앞과 뒤가 함께 따른다.

　노자老子의 《도덕경》 2장은 상충(相衝)되는 두개의 가치가 얼마든지 섞여(混在) 있을 수 있다는 걸 보여준다. 세상은 흑과 백 혹은 선(善)과 악(惡)의 구도(構圖)가 명확히 나누어져 있어서, 반드시 한 쪽을 택해서 살아가야만 하는 곳은 아니다. 그러한 단순화된 이분법적 모델로는 복잡한 세상사를 모두 설명할 수 없다. 노자의 말씀처럼, 실제 우리가 살아가는 세상에는, 선하면서도 때론 악한 인간이 있을 수 있으며 악하면서도 때론 선한 인간도 있을 수 있다. 나아가 선한 의도가 악한 결과로 이어지기도 하고 악한 의도가 선한 결과를 만들기도 한다. 이처럼 선과 악, 아름다움과 추함이 서로에게 기대어 있으므로, 모든 가치가 두부 자르듯 선명하게 나누어질 수 없다.

2차 세계대전 당시 독일군 장교들은 낮에는 유대인들을 잡아 가둔 포로수용소를 관리했고, 저녁엔 집으로 돌아가 사랑하는 아내를 위해 피아노를 연주했다는 사실은 너무나 유명하다. 누구보다도 따뜻한 모습으로 바흐를 연주했다고 한다. 1976년 캄보디아에서 벌어졌던, 국민의 4분의 1 가량을 죽음으로 내몬 크메르 루주(Khmer Rouge) 정권의 '킬링 필드'는 또 어떤가. 이 비극은 크메르 루주당의 지도자인 폴 포트(Pol Pot)의 선의(善意)에서 시작된 일이었다는 점을 알아 둘 필요가 있다.

세상엔 상충되는 것처럼 보이는 두 개의 가치가 얼마든지 한데 섞여 있을 수 있다. 따라서 세상에 전면적으로 선하거나 악한 것은 없다. 마찬가지로 전면적으로 아름답거나 추한 것도 없다. 이는 텍스트를 창작하는 예술가(藝術家)의 관점에서 충분히 생각해 봄직한 주제라 생각된다.

天(천): 노자의 《도덕경》 2장에 비추어 본, 문단 내 작품의 동향(動向): 2017 년 젊은 작가상대상 수상작 - 임현, 〈고두叩頭〉/ 2016년 이효성 문학상 수상작 - 이장욱, 〈최저임금의 결정〉

2017년 제8 회 젊은 작가상 대상을 수상한 임현의 〈고두叩頭〉는 선인지 악인지 알 수 없는 모호한 인물을 내세우고 있다. 소설에 등장하는 인물은 과거에 제자와 부적절한 관계를 맺고 직장에서 물러난 기억을 갖고 있다. 소설은 시간이 흘러 훗날 제자의 아이를 만난 시점에서 주인공의 독백형식으로 진행된다. 모두가 욕할 법한 과거의 사건은, 선생님이었던 주인공의 입장에서 새로이 씌어진다. 주인공의 독백(獨白)은 일견(一見), 변명처럼 보임에도 묘하게 읽는 사람으로 하여금 '그럴 수밖에 없었다'는 인식을 갖게끔 설득한다. 물론 이러한 점이 가해자의 입장을 변호한다는 인상을 줄 수 있지만, 선과 악은 그 자체로 고정된 진리체계(眞理體系)가 아니라 입장에 따라 얼마든 그 위치가 변할 수 있다는 점을 소설은 시사(示唆)하고 있다.

2016년 이효석 문학상을 수상한, 이장욱의 〈최저임금의 결정〉에서도 비슷한 인물이 등장한다. 인칭을 뒤흔드는 소설적 기법 시도도 특이하지만, 무엇보다 가해자와 피해자의 경계를 모호하게 지워서, 누가 가해자이고 피해자인지 특정할 수 없도록 서사를 구축(構築)한 방식이 돋보인다. 소설에서는 편의점 아르바이트생의 죽음을 둘러싸고 인물 각각의 입장이 첨예(尖銳)하게 대립하고 있는데, 종내에는 누가 편의점 아르바이트 생을 죽음으로 몰아갔는지 알 수 없다는 것이 특징이다.

지(地) – 창작 공간 내 배경

앞서 다룬 내용을 바탕으로 단편소설의 공간적 배경을 설정해 보았다. 배경은 오랜 시간 투병중인 어머니와 그동안 집안을 책임져온 형이 교통사고를 당해 입원해 있는 '병원'이다. '나'는 오랜 시간 곁에 없었던 엄마보다는 형에게 더 애착을 느끼며, 형과 엄마의 병실을 오간다. 그간 묵묵히 집안의 대소사를 떠맡았던 '착한' 형은 의식을 되찾았지만 말이 없다. '나'는 의식이 없어 말이 없는 엄마와, 알 수 없는 이유로 말이 없어진 형이 동시에 존재하는 '병원'이라는 공간을 오간다.

장(將) – 창작물(단편소설) 내 주인공

인물의 혼란스러운 내면세계를 더 세밀하게 보여 주기 위해서 '나(동생)'의 1인칭 시점에서 시작한다. 아버지 없는 가정이었지만, 어려서부터 무엇이든 뛰어났던 형은 어머니의 투병생활 이후 대학교를 휴학하고 고향으로 내려와서 생업에 종사한다. '나'는 편모 슬하에서 자란 2형제 중 막내로 20대 초반 대학생이다. 어머니는 오 년 전 과로로 인한 지병이 재발해 오랜 투병 생활 중이다. '나'는 어머니를 사랑하고 있지만, 어려서부터 더 많은 시간을 같이한 형에게 더 깊은 애착을 느낀다. 나는 형의 부탁에 따라 서울로 올라와서 학업과 아르바이트를 하며 지내던 중 형의 교통사고 소식을 듣고 고향으로 내려온다. '나'는 어려서부터 아버지가 없었다는 사실을 신경 쓰고 있으며, 어머니가 쓰러진 이후 모든 대소사를 도맡아 하는 형에게 막연한 부채감을 갖고 있다.

법(法) - 창작물의 스토리 개요

〈주요 등장인물〉

어머니 : 두 아들을 키우기 위해 오랜 시간 일을 해오던 중, 뇌졸중으로
　　　　오랜 시간, 의식이 없는 상태다.

형 : 30대 초반의 형. 어려서부터 무엇이든 잘했던 형은 어머니가
　　　의식을 잃은 후 고향으로 내려가 어머니를 돌보며 학원에 출강하
　　　며 집안의 대소사를 혼자 돌본다. 평소에도 말이 없고 묵묵한
　　　성격이다. 어려서부터 아버지 없이 자라온 '나'에게는 '아버지'와
　　　도 같은 존재다. 어머니가 기약 없이 병원에 입원해 있는 상황에
　　　서도, '나'에게는 꼭 서울에 있는 대학에 진학할 것을 권유한다.
　　　하지만 이후 형은 불의의 교통사고를 당한다. 의식을 되찾았지
　　　만 어쩐 일인지 형은 말을 않는다.

나 : 20대 초반의 '나'. 소설 내 화자로서 어려서부터 '아버지'가 없었다
　　　는 사실에 대한 막연한 컴플렉스가 있다. 어려서부터 지금까지
　　　집안의 기둥 역할을 하는 형에 강한 애착심을 갖고 있다. 형의
　　　권유로 서울에서 학업과 아르바이트를 병행하며 대학 생활을
　　　하던 중 형의 교통사고 소식을 듣고 고향으로 내려간다.

〈장르〉

단편소설로 200자 원고지 80매 내외로 구상하고 있다. 소설을 통해
'무조건적이고 헌신적인 가족애'라는 기존의 관념에 근원적인 물음을
제기하고 싶었다. 한 인물의 내면에서 상충되는 두 개의 감정을 불러일
으키기 위해서 '나'라는 인물에게 끊임없이 딜레마를 주어, 아이러니한
결말로 이끈다.

〈구성안의 개요〉

소설은 고뇌하는 '나'의 세밀한 내면세계를 좀 더 직접적으로 드러내기
위해 1인칭으로 구상하고 있다. 소설은 시간은 형의 사고 이후부터 시작
된다. 소설의 중간 중간에 '형'과 '엄마'에 관한 정보를 주기 위한 회상

장면이 들어간다.

사고 이후 형은 의식을 되찾았지만 이상하게도 말이 없어졌다. '나'는 형이 교통사고를 당해서 입원한 병원으로 향한다. '나'는 형의 다리와 골반이 심각한 상태로 손상되어서, 평생 누군가의 도움이 없이는 생활하기 힘들다는 의사의 소견을 듣는다. 사고 후 형은 의식을 되찾았지만 이상하게도 말이 없다. 다행히 형이 사고 전에 저축한 돈이 꽤 있다는 사실을 알게 된다. 저축한 돈과 약간의 보험금으로 당장은 병원비와 생활비를 충당할 수 있지만, 그것도 오래 할 수 없음을 '나'는 깨닫는다. 의식이 있음에도 의지를 잃은 듯 형은 계속해서 야위어가는 반면에, 의식이 없던 엄마는 위험할 때마다 고비를 기어이 넘겨가며 안정기에 접어든다. 사그라드는 형과 끊어질 듯 끊어지지 않으며 계속해서 삶을 이어가는 엄마 사이에서 나는 묘한 감정을 느낀다. 둘 중 누군가 하나를 선택해야 한다면 그게 형이었으면 좋겠다는 생각을 하고 죄책감에 휩싸인다. 그러던 중 형의 교통사고 담당 형사에게서 형의 부서진 휴대전화를 발견했다는 연락을 받는다.

교정·교열, 윤문 / 심의규정

바르고 정확하게 글을 쓰는 일은 공이 많이 들어가는 작업이다. 어떤 기준에 의해 바르고 정확한 글을 판단하는가 하는 데에는 어문규정이 필요하다. 그리고 문화권의 품위를 유지하고 존중하기 위해 심의규정을 알아 두어야 한다. 표현 행위와 관련된 규정들은 인간관계를 해치지 않으려는 윤리의식에 기반한 기본 도리다.

·
　　·
　　·

1. 교정 · 교열, 윤문

A. 교정 · 교열

　矯正(교정)은 오탈자를 바로잡는 일이고, 校閱(교열)은 올바르지 않거나 문장이 아닌 것을 바로잡는 일이다. 이러한 일들을 하기 위해서는 어문규정을 잘 알아두어야 한다. 아래에 한글맞춤법, 띄어쓰기, 외래어표기법을 요약해 둔다.

1. '한글 맞춤법'의 총칙

-제1항 한글 맞춤법은 표준어를 소리대로 적되, 어법에 맞도록 함을 원칙
　　　으로 한다.
-제2항 문장의 각 단어는 띄어 씀을 원칙으로 한다.
-제3항 외래어는 '외래어 표기법'에 따라 적는다.

※맞춤법의 원리는 소리 나는 대로 적는 '표음주의(phoneticism)' 표기법
　과, 형태소의 원형을 밝혀 적는 '표의주의(ideographicism)' 표기법으로
　구분할 수 있는데, 제1항에서는 이 두 표기법의 원리가 국어에 함께
　적용됨을 명시한 것이다. 즉 '표준어를 소리대로 적되'라는 표현은 표음
　주의의 원리를 따른다는 의미이고, '어법에 맞도록 함을 원칙으로 한다'
　는 표의주의의 원리를 따른다는 것을 의미한다.
　- 표음주의 표기: 머리, 뼈, 차
　- 표의주의 표기: 꽃(이, 도, 만) → 꼬치/꼳또/꼰만

※틀리기 쉬운 맞춤법 사항을 알아두자.

(1) **되라/돼라**: '되-'에 '어'로 시작하는 어미가 연결되어 줄어들면 '돼'가
된다. '되-+-었다→됐다', '되-+-어서→돼서'가 그러한 경우다. 한편, '되
라'는 '되-+-(으)라'의 구조이므로 '되-+-어라'의 구조로 된 '돼라'와는
구별해야 한다.

ㄱ. 부지런한 사람이 {*<u>되</u>/돼/돼라}.

ㄴ. 선생님께서는 학생들에게 부지런한 사람이 <u>되라</u>고 말씀하셨다.

(2) **왠지/*웬지**: '왠지'는 '왜인지'에서 줄어든 말이므로 문맥에서 '왜인지'
로 대체할 수 있어야 한다. '웬 잔소리', '웬 낯선 사람'의 경우 '*왜인
잔소리', '*왜인 낯선 사람'이 아니므로 '웬'으로 표기해야 한다.

ㄱ. 오늘은 {왠지/*웬지} 기분이 좋아.

ㄴ. {웬/*왠} 낯선 사람이 찾아왔던데?

(3) **안/않**: '안'은 부사 '아니'의 준말이고, '않-'은 '아니하-'의 준말이다.
'안'은 다른 용언을 수식하는 구성(예: 안 간다/안 먹는다)에 쓰이고,
'않-'은 문장의 서술어로 '내가 <u>하지 않았다</u>'와 같은 '-지 않-'의 구성으
로 주로 쓰인다.

ㄱ. 다시는 금지된 장소에 {안/*않} 가겠다.

ㄴ. 그 일은 제가 하지 {*<u>안았습니다</u>/<u>않았습니다</u>}.

(4) **-든/-던**: '-든'은 선택을, '-던'은 과거를 나타낸다. '내가 무엇을 하<u>든</u>
<u>(지)</u> 상관하지 마', '먹<u>든(지)</u> 말든(지) 마음대로 하렴', '있든가 가든가
뜻대로 해'는 선택의 상황이고, '어릴 적 살<u>던</u> 곳', '집이 크<u>던</u>지 작<u>던</u>지
생각이 나지 않아', '영이가 뭐라<u>던</u>?', '철수가 집에 있<u>던</u>가 (어디) 가<u>던</u>
가'는 과거의 상황이다. '던'이 들어 있는 '-던', '-던가', '-던걸', '-던고',
'-던데', '-던들' 등도 모두 과거를 나타낸다.

ㄱ. 사과든(지) 배든(지) 마음대로 먹어라.

ㄴ. 사과든가 배든가 마음대로 먹어라.

ㄷ. *사과던 배던 마음대로 먹어라.

ㄱ. 어릴 때 살던 곳

ㄴ. *어릴 때 살든 곳

(5) **-률/-율**: 국어에서 두음 법칙은 단어의 첫머리에서만 적용되고, 단어의 첫머리가 아니면 적용되지 않는다. '렬'이나 '률'의 앞에 나타난 음운이 '모음'이나 'ㄴ'이 아니면 '렬'과 '률'로 표기하여야 한다. 이러한 규정은 이름에도 적용된다.

ㄱ. 비율(比率), 실패율(失敗率)

ㄴ. 선율(旋律), 전율(戰慄), 백분율(百分率)

ㄷ. 법률(法律), 능률, 출석률

※제2항은 띄어쓰기에 관한 규정으로, '한글 맞춤법'에서는 단어별로 띄어 쓰는 것을 원칙으로 정하고 있다.

-이세분도의를위해서일어났고의를위해서귀한목숨을바쳤습니다.

-이 세 분도 의를 위해서 일어났고 의를 위해서 귀한 목숨을 바쳤습니다.

※제3항은 외래어를 한글로 표기하기 위한 규정이다. 외래어는 한국어에 포함되므로 별도의 규정을 둔 것인데, 언어별로 표기법을 따로 규정하고 있다.('외래어 표기법-문교부 고시 제85-11 호;1986-1-7', '국어의 로마자 표기법-문교부 고시 제84-1호;1984-1-13)

※문화체육관광부 고시(제2017-14호)의 고시에 따라 변경된 어문규정 사항

(1) **'해', '섬', '강', '산'**: 이 말들이 외래어나 우리말에 붙을 때 모두 붙여

쓴다. (예: 가나안-어, 셈-족, 에게-해, 유대-인)

(2) **드리다**: '주다'의 높임말, 보조용언 '-주다'와 결합한 단어가 사전에 등재되어 있는 경우, 이에 대응하는 '-드리다'가 합성어로 등재되지 않았더라도 앞말에 붙여 쓴다.

(3) **선생-님**: '선생(先生)'을 높여 이르는 말, 나이가 어지간히 든 사람을 대접하여 이르는 말.

2. 교정부호의 사용

컴퓨터를 사용하는 세대들에게 원고지 사용법보다는 한글 오피스 프로그램에서 교정을 보는 법을 배울 필요가 있을 것이다. 한글 오피스 프로그램에 기본적으로 저장되어 있는 교정부호를 잘 활용할 수 있다면 바른 표기로 글을 쓸 수 있다.

먼저, 한글 프로그램을 열었을 때 커서 상태에서 상단의 [검토 탭 - 교정부호] 메뉴에서 필요한 교정부호를 사용할 수 있다. 또는 [마우스 오른쪽 버튼 - 교정부호 넣기]를 클릭해서 사용할 수 있다. 아래의 그림을 보고 따라해 보자.

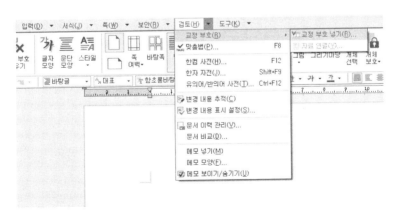

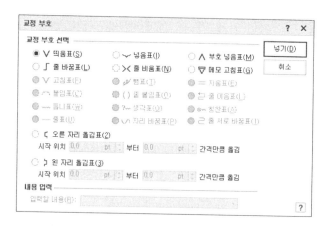

한편 띄움표나 줄바꿈표 같은 경우에는 커서 자리에 교정부호가 삽입되고, 넣음표와 같이 추가적인 정보를 입력해야 하는 경우에는 교정부호 메뉴 팝업 창이 나타나므로 직접 교정할 내용을 입력해야 한다. 아래의 그림을 보자.

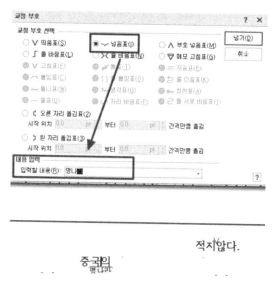

끝으로, 고침표를 사용하는 방법을 알아보자. 고쳐야 할 부분을 블록으로 설정하고 [검토 탭 - 교정부호] 메뉴에서 필요한 교정부호를 찾아 클릭하거나 [마우스 오른쪽 버튼 - 교정부호 넣기]를 클릭해서 선택할 수 있다. 아래의 그림을 보고 따라해 보자.

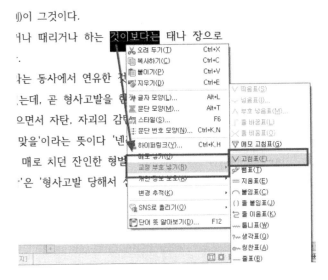

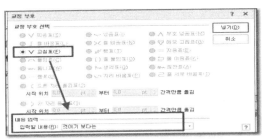

B. 潤文(윤문)

　潤文(윤문)은 문장을 읽기 쉽고 이해하기 쉽게 다듬는 일이다. 改稿(개고) 또는 推敲(퇴고)라고도 한다. 윤문 작업은 독자를 배려하는 일로서, 독자의 입장에서 공감하기 쉽게 재창조하는 행위다. 글을 쓰는 이가 독자의 상황을 꿰뚫을 수 있어야만 윤문을 할 수 있다. 아무리 문법적으로 문제가 없는 문장이라고 하더라도 독자의 수준을 고려하지 않은 문장이라면 잘 쓴 글로 인정하기 어렵다. 사진에 대한 지식이 없는 사람들을 위해 쓴 글인데, 전문 용어로만 구성되어 있다면 잘된 글이라고 할 수 없는 것이다.

　※다음의 문장들을 세 살 꼬마에게 들려 줄 수 있도록 고친다면 어떤 부분을 어떻게 윤문하는 것이 좋을지 생각을 모아 보자.

(1) 소년들이 야영장에서 텐트를 쳤다.
(2) 각 학년, 모든 학급의 학부모님들께서 학교운영위원회에 참석하셨다.
(3) 아버지, 제 용돈을 좀 올려 주세요.
(4) 오늘은 삼촌이 회사에서 월급을 받는 날이다.
(5) 나는 텔레비전을 구입하러 마트에 갔다.
(6) 우리가 쓸 방이 너무 좁은 것 같으니, 알바천국에 문의해 보는 것이 좋겠다.
(7) 오늘 저녁 반찬은 무엇이 좋을까?
(8) 내가 희망하는 직업은 소방관이다.
(9) 우주비행장에 가기 위해서는 천문학을 전공하면 될까?
(10) 여기는 연인들이 걷기에 딱 좋은 장소다.

◆ 기타
문화재 안내문 바로 쓰기 지침이 새로 공고되었다.

국립국어원과 문화재청은 지난 3월 안내 문안의 가독성을 높이고 한자나 연도 표기 방식을 개선하는 등의 내용을 포함한 문화재 안내 문안 작성의 세부 기준을 개정하였고('문화재 주변 시설물 등에 대한 공공디자인 지침' 2016.3.28. 개정, 문화재청 예규 제162호) 이 기준에 따라 문화재 안내문을 작성하는 담당자들이 곁에 놓고 언제든 참고할 수 있는 문화재 안내문 바로 쓰기 길잡이를 제작했다.

(안내문 자료: 국립국어원 게시 자료, 2017- 교정 전)

①촉석루(矗石樓)

②소재지: 경상남도 진주시 본성동 500의 8

③촉석루는 전쟁 때에는 지휘소로 쓰고 평상시에는 선비들이 풍류를 즐기던 정자이다. 진주의 상징이며 영남 제일의 명승으로 꼽힌다.

고려 고종 26년(1241) 진주목사 ④김지대(金之岱:1190~1266)가 ⑤창건한 이후 지금까지 여러 차례에 걸쳐 보수하였다.

강가에 바위가 우뚝우뚝 솟아 ⑥있다 하여 그 이름이 유래되었으며 ⑦일명 ⑧남장대(南將臺) 또는 장원루(壯元樓)라 부르기도 한다. 임진왜란 때 불탄 것을 광해군 ⑨10년(1618년) ⑩병사(兵使) ⑪남이흥(南以興: 1576~1627)이 전보다 ⑫웅장한 건물로 증건하여 ⑬1948년 국보로 ⑭지정 되었으나 1950년 6.25 전쟁으로 불탔다.

지금의 건물은 1960년에 진주고적보존회가 시민의 성금으로 고쳐 지었으며 ⑮건물의 구조는 정면 5칸, 측면 ⑯4칸 팔작지붕 형태로 되어 있다.

예부터 남은 진주 촉석루, 북은 평양 ⑰부벽루浮碧樓라 할 만큼 풍광이 아름다워 수많은 ⑱시인 묵객들의 글과 그림이 전해져 오고 있으며 현재 촉석루에는 ⑲하륜(河崙: 1347~1416)의 ⑳촉석루기(矗石樓記)'를 비롯한 많은 글이 걸려 있다.

(안내문 자료: 국립국어원 게시 자료, 2017 - 교정 후)

촉석루矗石樓

촉석루는 전쟁 때에는 지휘소로 쓰고 평상시에는 선비들이 풍류를 즐기던 정자이다. 진주의 상징이며 영남 제일의 명승으로 꼽힌다. 강가에 바위가 우뚝우뚝 솟아 있다고 하는 데에서 그 이름이 유래하였으며 남장대(南將臺) 또는 장원루(壯元樓)라 부르기도 한다.

고려 고종 28년(1241)에 진주목사 김지대(金之岱)가 처음 세운 이후 지금까지 여러 차례에 걸쳐 보수하였다. 임진왜란 때 불탄 것을 광해군 10년(1618)[병마정도사 남이흥(南以興)이 전보다 웅장하게 고쳐 지어 1948년에 6.25 전쟁으로 불탔다. 지금의 건물은 1960년에 진주고적보존회가 시민의 성금으로 고쳐 지은 것으로 건물의 구조는 정면 5칸, 측면 4칸의 팔작지붕이다.

예부터 남은 진주 촉석루, 북은 평양 부벽루(浮碧樓)라 할 만큼 풍광이 아름다워 수많은 시인, 서예가, 화가의 글과 그림이 전해져 오고 있다. 현재 촉석루에는 하륜의 『촉석루기(矗石樓記)』를 비롯한 많은 글이 걸려 있다.

● 사례 분석1. 띄어쓰기 교정

③ 문단을 새로 시작할 때는 두 칸(한 글자)을 들여 쓴다.

⑭ -되다: 접미사이므로 앞말에 붙여 쓴다.

● 사례 분석2. 표현 교정

⑥ 있다 하여: 있다고 하는 데에서 / 있다는 데에서
  (뒤에 오는 '유래하였으며'와 호응하려면 '있다고 하는 데에서'로 바꿔
  야 한다.)

⑦ 일명: '일명'은 따로 부르는 이름이라는 뜻으로 '일명 ~라고도 한다'
  형식으로 쓴다. 뒤에 오는 '-라 부르기도 한다'의 '부르다'와 '일명'이
  의미상 중복되므로 '일명'을 삭제한다.

⑨ 광해군 10년(1618) ~ 증건하여: 광해군 10년(1618)에 ~ 증건하여

⑬ 1948년 국보로 지정되었으나: 1조사 '에'를 넣어야 뒤에 오는 서술어와
  호응한다.(1948에 국보로 지정되었으나)

⑯ 4칸 팔작지붕: 조사 '의'를 넣어야 뜻이 분명해진다.(4칸의 팔작지붕)

⑤ 창건한: '창건'은 '처음 세우다' 같은 쉬운 말로 바꿔 쓰면 이해하기
  쉽다.

⑩ 병사: 줄임말 대신 원래의 이름을 다 밝혀야 이해하기 쉽다. '병마절도사'

⑫ 웅장한 건물로 증건하여: 쉬운 말로 풀어 쓴다. '웅장하게 고쳐 지어'

⑱ 시인 묵객들의: '묵객' 같은 말은 쉬운 말로 고쳐 쓰면 이해하기 쉽다.
  '시인, 서예가, 화가의'

⑮ 건물의 구조는 정면 5칸, 측면 4칸 팔작지붕 형태로 되어 있다.: '구조와
  형태로 되어 있다'가 의미상 중복되므로 '팔작 지붕이다'로 끝맺어야
  문장이 간결해진다. '건물의 구조는 정면 5칸, 측면 4칸의 팔작지붕이다'

① 촉석루: 문화재안내판의 제목에는 반드시 한자를 명기하며, 이 경우
  한자는 국문 명칭과 같은 줄이나 다음 줄에 표기한다. 다만, 글자
  크기는 한자가 한글보다 커서는 안 된다.

② 소재지 표시: 안내판에는 문화재의 지정 종별과 지정 번호는 표시하되, 소재지는 표시하지 않는다. 특히 종합안내판이 있는 유적지 안 권역안내판과 개별안내판의 문화재 소재지는 반드시 생략한다. 이때 지정 종별과 지정 번호는 제목보다 작게 표기함을 원칙으로 한다.

④ 김지대(金之岱: 1190~1266) → 김지대(金之岱) / 김지대(金之岱)

⑪ 남이흥(南以興: 1576~1627) → 남이흥(南以興) / 남이흥(南以興)

⑲ 하륜(河崙: 1347~1416) → 하륜

유적과 직접 관련된 인물명에만 한자를 명기하며 인물의 사망 연도와 출생 연도 등은 표기하지 않는다. '김지대, 남이흥'은 촉석루와 직접 관련된 인물이지만, '하륜'은 직접 관련된 인물이 아니므로 한자 표기를 하지 않는다. 괄호 없이 작게 표기할 수도 있다.

⑧ 남장대(南將臺) 또는 장원루(壯元樓)라 → 남장대(南將臺) 또는 장원루(壯元樓)라 / 남장대(南將臺) 또는 장원루(壯元樓)라

⑰ 부벽루(浮碧樓) → 부벽루(浮碧樓) / 부벽루(浮碧樓)

⑳ 촉석루기(矗石樓記) → 촉석루기(矗石樓記) / 촉석루기(矗石樓記)

(국문 문안 본문에서 한자를 표기할 때에는 해당 글자의 오른쪽 소괄호(()) 안에 작게 표기하는 것을 원칙으로 하고, 괄호 없이 작게 표기할 수도 있다.)

* 문단 구성: 강가에 바위가 우뚝우뚝 솟아 있다 하여 그 이름이 유래되었으며 일명 남장대 또는 장원부라 부르기도 한다.→ 첫 번째 문단으로 옮긴다. / 두 번째 문단에서 네 번째 문단을 병합

•
•
•

2. 심의규정

창작물은 개인의 감정을 있는 그대로 노출해도 되는 산물이 아니다. 사회 속에서 독자들에게 많은 영향을 줄 수 있기 때문에 창작자에게는 고도의 절제력과 판단력이 요구된다. 이렇게 신중한 태도로 임해야 하는 창작을 위해 심의규정을 알아 둘 필요가 있다.

A. 정보통신에 관한 심의규정

시행 2015.12.16. 방송통신심의위원회규칙 제116호, 2015.12.16., 일부개정
http://law.go.kr/

제4조(심의의 기본원칙) ① 위원회는 다음 각 호의 원칙을 심의의 기본으로 한다.
1. 최소규제의 원칙
2. 공정성 및 객관성의 원칙
3. 신속성의 원칙
4. 개인정보 및 사생활보호의 원칙
② 위원회는 심의를 함에 있어 다음 각 호를 고려하여야 한다.
1. 국제 평화 질서 위반, 헌정질서 위반, 범죄 그 밖의 법령 위반, 선량한 풍속 그 밖의 사회질서 위반 등을 판단함에 있어서 양적·질적 정도와 전체에서 차지하는 비중
2. 사회윤리적, 문학적, 예술적, 교육적, 의학적, 과학적 측면과 제공유형별 특성

3. 건전한 윤리관, 법의식, 사회통념에 대한 위해(危害) 여부

4. 정보의 표현형태, 성격과 영향, 내용과 주제, 전체적인 맥락

[전문개정 2014.1.9.]

제2장 심의기준

제5조(국제 평화 질서 위반 등)

제6조(헌정질서 위반 등)

제7조(범죄 기타 법령 위반)

제8조(선량한 풍속 기타 사회질서 위반 등)

제9조(광고.선전 등의 제한)

B. 방송심의에 관한 규정

시행 2015.10.15 방송통신심의위원회규칙 제113호, 2015.10.15., 일부개정

제7조(방송의 공적책임)

①방송은 국민이 필요로 하고 관심을 갖는 내용을 다룸으로써 공적매체
로서의 본분을 다하여야 한다.

②방송은 국민의 윤리의식과 건전한 정서를 해치지 않도록 하여야 한다.

③방송은 인간의 존엄과 가치를 존중하고 헌법의 민주적 기본질서를
유지하는데 이바지하여야 한다. 〈개정 2014.1.9〉

④방송은 국민의 화합과 민주적 여론형성에 이바지하여야 한다.

⑤방송은 민족의 주체성을 함양하고 민족문화의 창조와 계승, 발전에
이바지하여야 한다.

⑥방송은 인류보편적 가치와 인류문화의 다양성을 존중하여야 하며, 국
제친선과 이해의 증진에 이바지하여야 한다.

⑦방송은 조화로운 국가의 발전 및 지역사회의 균형있는 발전에 이바지
하여야 한다.

⑧방송은 상대적으로 소수이거나 이익추구의 실현에 불리한 집단이나
계층의 이익을 충실하게 반영하여야 한다.

⑨방송은 사회적으로 유익한 정보를 제공하고 국민문화생활의 질을 높이
는데 이바지하여야 한다.

⑩방송은 다양한 의견과 사상을 적극적으로 다루어 사회의 다원화에
기여하여야 한다.

⑪방송은 국민의 알 권리와 표현의 자유를 존중하여야 한다.

⑫방송은 환경보호에 힘써야 하고 자연보호의식을 고취하여야 한다.

⑬방송은 노동의 가치와 직업의 존귀함을 존중하여야 한다.

⑭방송은 재해 또는 재난에 관한 사실을 신속하고 정확하며 객관적인
방법으로 다루어 국민의 생명과 재산을 보호하는데 이바지하여야 한다.

⑮방송은 남북한 통일과 문화교류에 이바지하여야 한다.

〈16〉 방송은 바른말을 사용하여 국민의 바른 언어생활에 이바지하여야
한다. 〈신설 2015.10.8〉

제2장 일반기준

제1절 공정성

제9조(공정성)

①방송은 진실을 왜곡하지 아니 하여야 한다. 〈개정 2014.1.9〉

②방송은 사회적 쟁점이나 이해관계가 첨예하게 대립된 사안을 다룰
때에는 공정성과 균형성을 유지하여야 하고 관련 당사자의 의견을
균형있게 반영하여야 한다.

③방송은 제작기술 또는 편집기술 등을 이용하는 방법으로 대립되고
있는 사안에 대해 특정인이나 특정단체에 유리하게 하거나 사실을

오인하게 하여서는 아니된다.

④방송은 당해 사업자 또는 그 종사자가 직접적인 이해당사자가 되는 사안에 대하여 일방의 주장을 전달함으로써 시청자(라디오방송의 청취자를 포함한다. 이하 같다)를 오도하여서는 아니된다. 〈개정 2014.1.9〉

⑤방송은 성별·연령·직업·종교·신념·계층·지역·인종 등을 이유로 방송편성에 차별을 두어서는 아니된다. 다만, 종교의 선교에 관한 전문편성을 행하는 방송사업자가 그 방송분야의 범위안에서 방송을 하는 경우에는 그러하지 아니하다.

제10조(사실보도와 해설 등의 구별)

①방송은 사실보도와 해설·논평 등을 구별하여야 한다. 〈개정 2015.10.8〉

②방송에서 해설이나 논평을 할 경우에는 사실의 설명과 개인의 견해를 명확히 구분하여야 하며, 해설자 또는 논평자의 이름을 밝혀야 한다. 〈신설 2015.10.8〉

제11조(재판이 계속 중인 사건) 방송은 재판이 계속 중인 사건을 다룰 때에는 다음 각 호의 어느 하나에 해당하는 내용을 방송하여서는 아니된다.

1. 재판의 결과를 단정하거나 객관적 근거 없이 미리 판단하는 내용
2. 재판의 결과 또는 재판의 내용과 관련되는 사실관계를 왜곡하는 내용
3. 정당한 사유 없이 관련 당사자의 의견을 균형 있게 반영하지 않는 내용
4. 그 밖에 법관의 양심에 따른 독립된 심판에 영향을 미칠 수 있는 내용

[전문개정 2015.10.8]

제12조(정치인 출연 및 선거방송)

①방송은 정치와 공직선거에 관한 문제를 다룰 때에는 공정성과 형평성에 있어 주의를 기울여야 한다.

②방송은 정치문제를 다룰 때에는 특정정당이나 정파의 이익이나 입장에 편향되어서는 아니된다.

③방송은 「공직선거법」의 규정에 의한 선거에서 선출된 자와 정당법에 의한 정당간부를 출연시킬 때는 공정성의 원칙에 따라 균형을 유지하여야 한다.

④방송은 「공직선거법」의 규정에 의한 선거에서 선출된 자와 국무위원, 정당법에 의한 정당간부는 보도프로그램이나 토론프로그램의 진행자 또는 연속되는 프로그램의 고정진행자로 출연시켜서는 아니된다.

⑤「공직선거법」에 의한 방송 및 프로그램중 선거와 관련한 사항은 「선거방송심의위원회의 구성과 운영에 관한 규칙」과 「선거방송심의에 관한 특별규정」에 의한다.

제13조(대담·토론프로그램 등)

①대담·토론프로그램 및 이와 유사한 형식을 사용한 시사프로그램에서의 진행은 형평성·균형성·공정성을 유지하여야 한다. 〈개정 2014.1.9〉

②토론프로그램은 출연자의 선정에 있어서 대립되는 견해를 가진 개인과 단체의 참여를 합리적으로 보장하여야 한다.

③토론프로그램은 토론의 결론을 미리 예정하여 암시하거나 토론의 결과를 의도적으로 유도하여서는 아니된다.

④토론프로그램에서 사전 예고된 토론자가 불참하였을 경우에는 그 사유를 밝혀야 한다.

⑤대담·토론프로그램 및 이와 유사한 형식을 사용한 시사프로그램에서의 진행자 또는 출연자는 타인(자연인과 법인, 기타 단체를 포함한다. 이하 같다)을 조롱 또는 희화화하여서는 아니 된다. 〈신설 2014.1.9〉

[제목개정 2014.1.9]

제2절 객관성

제14조(객관성) 방송은 사실을 정확하고 객관적인 방법으로 다루어야
하며, 불명확한 내용을 사실인 것으로 방송하여 시청자를 혼동케 하여
서는 아니된다.

제15조(출처명시)

①방송은 직접 취재하지 않은 사실 또는 다른 매체의 보도를 인용하거나
자료를 사용할 때에는 그 출처를 명시하여야 한다.

②방송은 보도내용의 설명을 위하여 보관자료를 사용할 때에는 보관자료
임을 명시하여야 한다. 다만, 시청자가 보관자료임을 일반적으로 알
수 있는 경우에는 예외로 한다.

제16조(통계 및 여론조사)

①통계조사 및 여론조사 결과를 방송할 때에는 의뢰기관, 조사기관, 조사
방법, 응답률, 질문내용, 조사기간 및 오차한계 등을 시청자가 명확하게
인식할 수 있도록 자막 또는 음성으로 밝혀야 한다. 다만, 여론의 형성
과 직접적인 관련이 없는 통계조사의 경우에는 예외로 한다. 〈개정
2014.1.9, 2014.12.24, 2015.10.8〉

②제1항에도 불구하고, 다른 언론에서 이미 공표된 복수의 여론조사 결과
를 인용하여 전체적인 여론의 추이를 언급하는 경우에는 여론조사의
의뢰기관 및 조사기간 만을 밝혀 방송할 수 있다. 〈신설 2014.1.9〉

③방송은 여론조사결과가 오차범위 내에 있는 경우에는 이를 사전에
명확히 밝혀야 하며, 이를 밝히지 않고 서열화 또는 우열을 묘사하여
시청자를 오인하게 하여서는 아니 된다. 〈신설 2014.1.9〉

④방송은 사회적인 쟁점이나 이해관계가 대립된 사안에 대해 시청자의
의견을 조사할 때에도 제1항부터 제3항까지의 규정을 준수하여야 한
다. 〈개정 2014.1.9〉

⑤여론조사 결과를 방송할 때에는 전체 질문지를 홈페이지 등에서 확인할 수 있음을 자막 또는 음성으로 고지하여야 한다. 〈개정 2015.10.8〉

제17조(오보정정) 방송은 보도한 내용이 오보로 판명되었거나 오보라는 사실을 알았을 때에는 지체없이 정정방송을 하여야 한다.

제18조(보도형식의 표현) 방송은 보도·생활정보 또는 이와 유사한 프로그램 이외에서 뉴스·공지사항·일기예보 등을 발표하는 형식을 사용할 때에는 이를 보도프로그램 등으로 오인되거나 실제상황으로 혼동되지 않도록 하여야 한다. 〈개정 2015.10.8〉

제3절 권리침해금지
제19조(사생활 보호)
①방송은 개인의 사생활의 비밀과 자유를 침해하여서는 아니되며, 사적인 전화나 통신 등의 내용을 당사자의 동의 없이 방송하여서는 아니된다.
②방송은 부당하게 개인의 초상권을 침해하여서는 아니된다.
③방송은 흥미를 목적으로 특정인의 사생활을 본인이 인지하지 못한 상태에서 녹음 또는 촬영하여 당사자의 동의없이 방송하는 등의 방법으로 개인의 인격권을 부당하게 침해하여서는 아니된다.
④방송은 기존 방송프로그램의 일부나 전부를 이용하여 방송프로그램을 제작하는 경우에도 제1항부터 제3항까지의 규정을 준수하여야 한다. 〈신설 2014.1.9〉

제20조(명예훼손 금지)
①방송은 타인(자연인과 법인, 기타 단체를 포함한다)의 명예를 훼손하여서는 아니된다.
②방송은 사자(死者)의 명예도 존중하여야 한다.

③제1항 및 제2항에 해당하는 경우에 그 내용이 진실한 사실로서 오로지 공공의 이익에 관한 때에는 예외로 한다.

제21조(인권 보호)

①방송은 사회고발성 내용을 다룰 때에는 부당하게 인권 등을 침해하지 않도록 하여야 한다.

②방송은 심신장애인 또는 사회적으로 소외받는 사람들을 다룰 때에는 특히 인권이 최대한 보호되도록 신중을 기하여야 한다.

③방송은 정신적·신체적 차이 또는 학력·재력 등을 조롱의 대상으로 취급하여서는 아니되며, 부정적이거나 열등한 대상으로 다루어서는 아니된다. 〈개정 2014.1.9〉

④방송은 공공의 이익을 위해 반드시 필요한 경우를 제외하고는 공개적인 방법으로 취재하는 것을 원칙으로 하며, 강제취재·답변강요·유도신문 등을 하여서는 아니된다.

[제목개정 2014.1.9]

제22조(공개금지)

①방송은 범죄사건 관련자의 이름, 주소, 얼굴, 음성 또는 그 밖에 본인임을 알 수 있는 내용(이하 "인적사항"이라 한다) 공개에 신중을 기하여야 하며, 다음 각 호의 어느 하나에 해당되는 사항을 공개하여서는 아니된다. 다만, 오로지 공공의 이익에 관한 때로서 당사자(청소년인 경우에는 그 보호자)가 공개에 동의한 경우에는 예외로 한다.

1. 피고인, 피의자, 혐의자 또는 형사재판에서 유죄판결이 확정된 자가 청소년인 경우 그 인적사항
2. 성폭력범죄 피해자의 인적사항
3. 피고인, 피의자, 혐의자 또는 형사재판에서 유죄판결이 확정된 자의 보호자 및 친·인척의 인적사항

②방송은 범죄사건의 제보자, 신고자, 고소인, 고발인, 참고인, 증인 및 범죄사건에 직접 관계되지 않은 개인의 인적사항 및 단체의 명칭·주소를 동의없이 다루어서는 아니 된다.

③제2항에 해당되는 경우라도 오로지 공공의 이익을 위해 필요하다고 인정되는 경우에는 예외로 한다.

[전문개정 2014.1.9.]

제3절의2 재난 등에 대한 방송 〈신설 2012.12.6, 2014.12.24〉

제24조의2(재난등에 대한 정확한 정보제공)

①방송은「자연재해대책법」제2조에 따른 재해,「재난 및 안전관리 기본법」제3조에 따른 재난 또는「민방위기본법」제2조에 따른 민방위사태(이하 "재난등"이라 한다)의 발생을 예방하거나 그 피해를 줄이기 위하여 다음 각 호의 사항에 대한 정확한 정보를 제공하여야 한다. 〈개정 2014.12.24〉

1. 재난 등의 발생·진행 상황
2. 기상상황 및 기상특보 발표 내용(자연현상으로 인하여 발생하는 재난 등의 경우에만 해당한다)
3. 재난 등의 유형별 국민행동요령
4. 그 밖에 재난 등의 피해를 예방하거나 줄이는데 필요한 사항

②재난 등에 따른 피해통계, 사상자·실종자 명단, 복구·구조 상황이나 재난 등의 원인·책임 등을 방송하는 때에는 불명확한 내용을 사실인 것으로 단정하거나 미리 판단함으로써 시청자를 오인하게 하여서는 아니 된다. 〈개정 2014.12.24〉

③사업자가 재난 등의 예방·대비·대응 및 복구 등에 대한 내용을 방송하는 때에는 재난 등을 관장하는 행정기관의 장의 발표내용을 반영하여야 하며, 피해통계, 사상자·실종자 명단, 복구·구조 상황이나 재난 등의 원인·책임 등에 대해 직접 취재한 내용을 방송하는 때에는 직접

취재하였음을 방송에서 명확히 밝혀야 한다. 〈신설 2014.12.24〉

1. 피해 현장, 복구상황 또는 피해자등의 모습 등을 지나치게 자극적인 영상·음향 또는 언어 등으로 강조하는 내용
2. 피해자의 가족이 피해자의 부상·사망 또는 실종 등의 피해 사실을 알기 이전에 그 인적사항을 공개하는 내용
3. 그 밖에 피해자등 또는 시청자의 안정을 저해하거나 공포심·수치심 등을 유발할 수 있는 내용

[전문개정 2014.12.24]

제24조의4(피해자 등의 인권 보호) 방송은 피해자등의 인권을 최대한 보호하기 위하여 다음 각 호의 내용을 방송하여서는 아니 된다. 다만, 그러한 조치를 할 수 없거나 오직 공익 목적을 위한 경우에는 예외로 한다.

1. 피해자 등의 영상·음성 등의 촬영에 대한 사전 동의가 없거나 그 촬영 내용의 방송에 대한 피해자등의 의견이 반영되지 아니 한 내용
2. 피해자 등의 인적사항 공개로 그 사생활이 침해될 우려가 있는 내용
3. 그 밖에 피해자 등의 인권이 침해될 우려가 있는 내용

[전문개정 2014.12.24]

제4절 윤리적 수준

제25조(윤리성)

①방송은 국민의 올바른 가치관과 규범의 정립, 사회윤리 및 공중도덕의 신장에 이바지하여야 한다.

②방송은 가족공동체의 가치를 존중하며, 가족 내 평등하고 민주적인 관계에 이바지하여야 한다.

③방송은 민족의 존엄성과 긍지를 손상하지 않도록 하여야 한다.

제26조(생명의 존중)

①방송은 살인, 고문, 사형(私刑), 자살 등 인명을 경시하는 행위를 긍정적
으로 다루어서는 아니 된다.

②방송은 불가피하게 인신매매, 유괴, 성매매, 성폭력, 노인 및 어린이
학대 등 비인간적인 행위를 묘사할 때에는 신중을 기하여야 한다.
〈개정 2014.1.9, 2015.10.8〉

③방송은 내용전개상 필요한 경우라 하더라도 동물을 학대하거나 살상하
는 장면을 다룰 때에는 그 표현에 신중을 기하여야 한다.

제27조(품위 유지) 방송은 품위를 유지하기 위하여 시청자의 윤리적 감정
이나 정서를 해치는 다음 각 호의 어느 하나에 해당하는 표현을 하여서
는 아니 되며, 프로그램의 특성이나 내용전개 또는 구성상 불가피한
경우에도 그 표현에 신중을 기하여야 한다.

1. 불쾌감을 유발할 수 있는 과도한 고성·고함, 예의에 어긋나는 반말
   또는 음주 출연자의 불쾌한 언행 등의 표현

2. 신체 또는 사물 등을 활용하거나 의도적으로 무음·비프음, 모자이
   크 등의 기법을 사용한 욕설 표현 〈개정 2015.10.8〉

3. 혐오감·불쾌감을 유발할 수 있는 성기·음모 등 신체의 부적절한
   노출 또는 과도한 부각, 생리작용, 음식물의 사용·섭취 또는 동물사
   체의 과도한 노출 등의 표현 〈개정 2015.10.8〉

4. 불쾌감이나 성적수치심을 유발할 수 있는 성기·성행위 또는 외설적
   내용 등에 대한 과도한 표현 〈개정 2015.10.8〉

5. 그 밖에 불쾌감·혐오감 등을 유발하여 시청자의 윤리적 감정이나
   정서를 해치는 표현

[전문개정 2014.12.24]

제28조(건전성) 방송은 음주, 흡연, 사행행위, 사치 및 낭비 등의 내용을

다룰 때에는 이를 미화하거나 조장하지 않도록 그 표현에 신중을 기하여야 한다.
[전문개정 2015.10.8]

제29조(사회통합) 방송은 지역간, 세대간, 계층간, 인종간, 종교간 차별·편견·갈등을 조장하여서는 아니 된다. 〈개정 2015.10.8〉

제29조의2(헌법의 민주적 기본질서 등)
①방송은 헌법의 민주적 기본질서를 해치는 내용을 방송하여서는 아니된다.
②방송은 남북한 간의 평화적 통일과 적법한 교류를 저해하는 내용을 방송하여서는 아니 된다.
[본조신설 2014.1.9]

제30조(양성평등)
①방송은 양성을 균형있고 평등하게 묘사하여야 하며, 성차별적인 표현을 하여서는 아니 된다. 〈개정 2014.1.9〉
②방송은 특정 성(性)을 부정적, 희화적으로 묘사하거나 왜곡하여서는 아니된다.
③방송은 성별 역할에 대한 고정관념을 조장하여서는 아니된다. 〈개정 2014.1.9〉

제31조(문화의 다양성 존중) 방송은 인류보편적 가치와 인류문화의 다양성을 존중하여 특정 인종, 민족, 국가 등에 관한 편견을 조장하여서는 아니되며, 특히 타민족이나 타문화 등을 모독하거나 조롱하는 내용을 다루어서는 아니 된다.

제32조(신앙의 자유 존중) 방송은 신앙의 자유를 존중하여야 하며 특정 종교 및 종파를 비방하거나 종교의식을 조롱 또는 모독하여서는 아니 된다.

제33조(법령의 준수)
①방송은 기획·편성·제작에 있어 관계 법령을 준수하여야 한다.
②방송은 위법행위를 조장 또는 방조하여서는 아니 된다.
[전문개정 2014.1.9]

제34조(표절금지) 방송은 국내외의 다른 작품을 표절하여서는 아니 된다.
[전문개정 2012.12.6]

제5절 소재 및 표현기법
제35조(성표현)
①방송은 부도덕하거나 건전치 못한 남녀관계를 주된 내용으로 다루어서 는 아니되며, 내용전개상 불가피한 경우에도 그 표현에 신중을 기하여 야 한다.
②방송은 성과 관련된 내용을 지나치게 선정적으로 묘사하여서는 아니 되며 성을 상품화하는 표현을 하여서도 아니 된다.
③방송은 성과 관련한 다음의 각호의 내용을 방송하여서는 아니된다. 단 내용전개상 불가피한 경우에는 극히 제한적으로 허용할 수 있다.
  1. 기성·괴성을 수반한 과도한 음란성 음향 및 지나친 성적 율동 등을 포함한 원색적이고 직접적인 성애 장면
  2. 성도착·혼음·근친상간·사체강간·시신 앞에서의 성행위와 변태 적 형태의 과도한 정사장면
  3. 유아를 포함한 남녀 성기 및 음모의 노출이나 성기 애무 장면
  4. 폭력적인 행위 및 언어를 동반한 강간·윤간·성폭행 등의 묘사장면

5. 어린이·청소년을 성폭력·유희의 대상으로 한 묘사장면

6. 위 각호에 준하는 사항의 구체적 묘사

제36조(폭력묘사)

①방송은 과도한 폭력(언어 등 비물리적 폭력을 포함한다. 이하 같다)을 다루어서는 아니되며, 내용전개상 불가피하게 폭력을 묘사할 때에도 그 표현에 신중을 기하여야 한다. 〈개정 2014.1.9〉

②방송은 스포츠·게임 프로그램 등에서 지나치게 폭력적인 내용을 방송하여서는 아니된다.

③방송은 폭력을 조장하거나 미화·정당화하는 내용을 포함하여서는 아니 된다. 〈신설 2014.1.9〉

제36조의2(가학적·피학적 묘사) 방송은 지나치게 가학적이거나 피학적인 내용으로 프로그램을 구성하여서는 아니 된다.

[본조신설 2014.1.9]

제37조(충격·혐오감) 방송은 시청자에게 지나친 충격이나 불안감, 혐오감을 줄 수 있는 다음 각 호의 어느 하나에 해당하는 내용을 방송하여서는 아니 된다. 단 내용전개상 불가피한 경우에는 극히 제한적으로 허용할 수 있으나 이 경우에도 표현에 신중을 기하여야 한다. 〈개정 2015.10.8〉

1. 참수·교수 및 지체 절단 등의 잔인한 묘사

2. 총기·도검·살상 도구 등을 이용한 잔학한 살상 장면이나 직접적인 신체의 훼손 묘사

3. 훼손 시신·신체 장면

4. 잔인하고 비참한 동물 살상 장면

5. 범죄 또는 각종 사건·사고로 인한 인명피해 발생장면의 지나치게

상세한 묘사 〈신설 2015.10.8〉
6. 위 각 호에 준하는 사항의 구체적 묘사

제38조(범죄 및 약물묘사)
①방송은 범죄에 관한 내용을 다룰 때에는 불가피한 경우를 제외하고는 폭력·살인 등이 직접 묘사된 자료화면을 이용할 수 없으며, 관련 범죄 내용을 지나치게 상세히 묘사하여서는 아니된다. 〈개정 2014.1.9.〉
②방송은 범죄의 수단과 흉기의 사용방법 또는 약물사용의 묘사에 신중을 기하여야 하며, 이같은 방법이 모방되거나 동기가 유발되지 않도록 하여야 한다.
③방송은 마약류의 사용 및 이로 인한 환각상태 등을 구체적으로 묘사하여서는 아니 된다.

제38조의2(자살묘사)
①방송은 자살 장면을 직접적으로 묘사하거나 자살의 수단·방법을 구체적으로 묘사하여서는 아니 되며, 내용전개상 불가피한 경우에도 그 표현에 신중을 기하여야 한다.
②방송은 자살을 미화·정당화하거나, 삶의 고통을 해결하는 방법으로 오인되도록 하여서는 아니 된다.
③방송은 객관적 근거 없이 자살 동기를 판단하거나 단정하는 표현을 하여서는 아니 된다.
④방송은 자살자(자살자로 추정되는 자와 자살 미수자를 포함한다) 및 그 유족의 인적사항을 공개하여서는 아니 되며, 사생활의 비밀과 자유를 보장하여야 한다.
⑤및 제4항에 해당되는 경우라도 오로지 공공의 이익을 위하여 필요하다고 인정되는 때에는 예외로 한다.
[본조신설 2014.1.9]

참고 문헌

고영근(1989), 국어형태론 연구, 서울대 출판부.

교육과정정책과(2014), 2015 문·이과 통합형 교육과정 총론 주요 사항(시안).

교육과학기술부(2011), 현장 중심 진로교육 활성화 방안.

교육과학기술부(2011), 개정 국어 교과서 집필기준.

국립국어원·한국어문교열기자협회(2008), 사이버 세상 언어여행, 표준 언어 예절.

권보드래(2005), 신소설에 나타난 기독교의 의미, 한국현대문학연구 6집, 한국현대
    문학연구회, 7-30.

권순희(2005), 초등학교 국어과 수업에 나타난 교사 질문, 피드백 양상과 개선 방안,
    국어교육 118, 한국어교육학회, 65-100쪽.

김경완(2000), 개화기 기독교소설 금수회의록 연구, 국제어문 21집, 국제어문학회,
    105-133.

김명희·윤쌍웅(2007), 가드너의 예술 교과에서의 수업 설계와 평가 -창의적 글쓰
    기, 문음사.

김미연(2010), 직업교육의 관점에서 본 독일어 수업 방안, 독어교육 49집, 독어교육
    학회, 39-63쪽.

김승현(2014), 초등 예비교사의 피드백 발화에 대한 분석적 고찰, 화법연구 25호,
    한국화법학회, 41-73쪽.

김신정(2007), 대학 글쓰기 교육에서의 글쓰기 센터의 역할, 작문연구 4집, 한국작문
    학회, 117-143.

김은자·권명진·김명자·김상남·김혜영·변영인·오윤경·유광자·이상오·
    이은화·전미경(2012), 간호상담, 정담미디어.

김인자(1996), 합성명사의 텍스트 압축 기능에 대한 화용론적 고찰, 텍스트언어학
    2호, 한국텍스트언어학회, 109-137.

김재봉(1997), 문 주제 중심의 텍스트 요약과 거시규칙, 텍스트언어학 3호, 한국텍스
    트언어학회, 31-82.

김재봉(2004), 교사 질문-학생 대답-평가 대화연속체에서 교사 질문 전략 연구,
    한국초등국어교육 25, 한국초등국어교육학회, 37-73쪽.

김치풍(2010), 장자로부터 배우는 소통의 지혜, SWRI 경영노트 48호, 삼성경제연구
    소, 1-10.

마운용(2012), 소설 읽기 교육의 줄거리 제시 방안 연구, 국어교육학연구 44집,

국어교육학회, 295-333.

민병곤(2000), 신문 사설의 논증구조 분석, 국어국문학 127권, 국어국문학회, 133-154.

민병곤(2004), 논증교육의 내용 연구, 서울대 박사학위 논문.

민병곤(2008), 초등학교 예비교사의 교수화법 분석, 국어교육학연구 33, 국어교육학회, 367-404쪽.

민현식(1998), 의존명사-문법연구와 자료, 태학사, 165-198쪽.

민현식(2010), 통합적 문법교육의 의의와 방법, 문법교육 12, 한국문법교육학회, 1-37쪽.

민현식 외(2011), 2009 개정 교육과정에 따른 국어과 교육과정(고시 제2011-361호, 교육과학기술부.

민현식(2012), 진로교육의 관점에서 본 국어과 교육, 국어교육 138호, 한국어교육학회, 1-38쪽.

박기선(2012), 한국어교실의 수업대화 분석, 한국언어문화 23(3), 국제한국언어문화학회, 23-54쪽.

박남희(2008), 글쓰기와 해석학의 존재론적 동근원성에 대한 고찰, 작문연구 7집, 한국작문학회.

박선옥(2012), 형태 기능 통합의 한국어교재 개선 방안에 관한 연구, 한국어문회 제189회 학술발표자료집, 398-420쪽.

박승현(2011), 철학상담의 관점에서 장자 읽기, 철학실천과 상담, 한국철학상담치료학회, 255-276.

박용익(2014), 환자 중심의 의료 커뮤니케이션, 수문사.

박재현·김호정·남가영·김은성(2010), 국어교수화법의 유형적 특성에 관한 분석적 고찰-국어교사의 평가피드백 발화를 중심으로, 새국어교육 86권, 한국국어교육학회, 125-156쪽.

박태호(2009), 초등 국어 수업 관찰과 분석, 정인.

박혜란(2011), 우리말 관용표현 '-ㄹ 수 있-'의 의미론적 분석, 길림성 민족사무위원회, 16-20쪽.

백설자(1996), 조건구문과 학술논증의 이행점, 텍스트언어학 2호, 한국텍스트언어학회, 375-401.

방성원(2011), 형식과 기능의 상관성에 기초한 한국어 교육 문법 연구, 어문연구 39-2, 한국어문교육연구회, 343-367.

베커스 김(2014), 동국대학교 한독 대학생 문화교류 발표자료집, 개인자료.

백승주(2011), 화제, 매개화제, 교수주제 분석을 통한 수업대화연구, 국제한국어교육학회 추계학술발표자료집, 257-278쪽.

서승아(2009), 실용적 글쓰기의 성격과 유형, 동국어문학 21, 동국대, 95-116.

서승아(2012), 요약텍스트의 구조화 전략 연구, 텍스트언어학 33, 한국텍스트언어학회, 359-383.

서승아(2012), 창의적 논증 교육론, 한국문화사.

서승아(2014), 가능성 표현의 인식과 활용 방안 연구, 화법연구 26호, 한국화법학회, 327-360.

서혁(1996), 국어교육 관점에서의 텍스트 분석, 텍스트언어학 5호, 한국텍스트언어학회, 223-257.

서혁(2010), 문서 자동 요약 기술의 발전을 위한 학제적 접근의 필요성과 과제, 국어교육학연구 39집, 국어교육학회, 31-63.

손민호·조현영(2010), 학교 수업의 진정성에 관한 일고, 홀리스틱교육연구 14권 3호, 한국홀리스틱교육학회, 89-109쪽.

손승남·강요한·김연숙·남기호·장덕자·장선미·정현미(2010), 동양고전에서 교육을 묻다, 한국학술정보.

손행미(2007), 간호사와 환자의 투약대화 구조와 전개과정, 대한간호학회지 37(1), 대한간호학회, 52-63쪽.

송영민(2012), 상징성과 도덕과 수업, 한국철학논집 33권, 한국철학회, 309-334쪽.

송태효(2009), 새로운 글쓰기로서의 시네마토그라프, 프랑스어문교육 31집, 프랑스어문교육학회, 407-428쪽.

시습학사 시습고전연구회 편역(2012), 천자문자의(千字文義), 다운샘.

시정곤·김건희(2009), '-을 수 {있다/없다} 구문의 통사·의미론, 어문학 56집, 131-313쪽.

신상규(2004), '이해하다'와 '할 수 있다'의 근친성 -비트겐슈타인 철학적 탐구(해제), 서울대 철학사상연구소, 97.

신성옥(1991), 시지프스의 운명을 안고, 한국논단 11월호, 78-79.

안주호(2008), 양태와 양태동사의 기능에 대하여, 형태론 10권 1호, 195-212쪽.

양미경(2004), 교육과정 및 교수방법, 교육과학사.

안주호(2008), 양태와 양태동사의 기능에 대하여, 형태론 10권 1호, 195-212쪽.

엄선희·정영근(2010), 훔볼트 언어관과 한국의 언어교육, 교육의미론과 실천 15(3), 107-126쪽.

염재상(1999), 한국어 양상표현 '-ㄹ 수 있다'의 중의성과 의미해석들, 불어불문학연구, 한국불어불문학회, 18-29쪽.

오규원(1992), 꽃 피는 절망, 진화.

유협(최동호 역편, 2008), 문심조룡, 민음사.

유혜경(2013), 예술과 심리, 학연사.

이기상(1995), 카뮈의 부조리의 영웅 시지프스, 철학윤리교육연구 11, 한국철학윤리
　　교육연구회, 143-154.

이명실(2008), 대학 글쓰기 교육에서의 평가 방법 제고, 작문연구 6집, 한국작문학회,
　　67-97.

이삼형(1999), 텍스트 구조 분석 연구, 텍스트언어학 6호, 한국텍스트언어학회, 207-
　　228.

이성만(1998), 텍스트 이해에서의 바꿔쓰기의 구조와 기능, 텍스트언어학 5호, 한국
　　텍스트언어학회, 59-85.

이성만(2009), 텍스트언어학과 작문, 배재대 외국인대학 독일어문화학과, 한국작문
　　학회 창간호 작문연구, 29-53.

이수진(2008), 쓰기 평가 결과의 해석과 활용 방안 연구, 작문연구 6집, 한국작문학
　　회, 39-65.

이재걸·박설배·이상조(2010), 2단계 문장 추출 방법을 이용한 회의록 요약, KIIS
　　가을학술대회 20(2), KIIS, 121-124.

이정숙·김국태·박창균(2011), 국어 수업대화의 재개념화, 우리말현장교육연구
　　제5집 2호(통권 제9호), 우리말현장교육학회, 282-313쪽.

이정옥(2005), 대학 글쓰기 교육의 새로운 방향 모색, 작문연구 창간호, 한국작문학
　　회, 165-192.

이정화(2009), 이야기 구조를 활용한 줄거리 요약하기 지도 방안 연구, 어문학교육
　　39집, 어문학회, 221-251.

이주령(2005), 도입부 수업대화의 분석적 연구, 어문학교육 제30집, 한국어문학교육
　　연구회, 219-246쪽.

이주행·박경현·민현식·이경우·이삼형·박수자·권순희(2003), 교사화법의 이
　　론과 실제, 역락.

이창덕(2003), 교사화법연구와 교육의 필요성과 그 과제, 화법연구 5, 한국화법학회,
　　9-48쪽.

이혜문(2008), 상호작용이론, 인지 그리고 제2언어습득, 응용언어학 24(3), 한국응용
　　언어학회, 63-85쪽.

임동훈(2003), 국어 양태 체계의 정립을 위하여, 한국어의미학 12호, 한국어의미학
　　회, 127-153쪽.

임수진(2008), 오류 고쳐 되말하기가 한국어 학습자의 형태 습득에 미치는 영향,
　　응용언어학 24권 1호, 한국응용언어학회, 271-292쪽.

임칠성 · 민병곤 · 박창균 · 이정우 · 김주영(2010), 수업을 살리는 교사화법, 즐거운 학교.

전숙경(2009), 교육적 의사소통에 관한 연구-텍스트의 대화분석을 토대로, 연세대학교 박사학위논문.

전지현 · 김재윤(2005), 취업 커뮤니케이션에 관한 연구, 비서학 논총 제14권 1호, 이화여자대학교, 169-191.

정광희 · 이정모(2005), 지식유형과 인지양식이 글 요약과 이해에 미치는 영향, 인지과학 16권 4호, 한국인지과학회, 271-285.

정민주(2009), 자기소개 담화에 나타난 자아 표현 양상과 실현 맥락에 관한 고찰, 국어교육학연구 44집, 국어교육학회, 129-152.

정민주(2011), 국어과 예비교사들의 수업목표 제시 양상에 관한 고찰, 국어교육학연구 42, 국어교육학회, 593-626쪽.

정이채(2013), 서울신문 연예 리뷰 기사 모음.

정희모(2005), 대학 글쓰기 교육과 사고력 학습에 관한 연구, 작문연구 창간호, 한국작문학회, 111-136.

정희심 · 최소은 · 김상돌(2012), 간호관리자의 촉진적 의사소통과 간호사의 자아존중감과의 관계, 한국직업건강간호학회지 21(3), 한국직업건강간호학회, 175-183쪽.

조성애(2010), 신화학적 분석과 신화비평(1), 유럽사회문화 4호, 연세대학교 유럽사회문화연구소, 103-129.

조영달(1999), 한국 교실수업의 이해, 교육과학사.

조한석(2008), 남당 한원진의 장자-소요유/제물론 해석, 원불교 사상과 종교문화 40집, 원광대학교 원불교사상연구소, 269-296.

최상민(2008), 대학생 글쓰기 지도에서 비계 설정하기, 국제어문 42집, 국제어문학회, 137-163.

최영인 · 박재현(2011), 국어과 예비교사들의 시범보이기에 나타나는 문제 양상, 국어교육학연구 41, 국어교육학회, 689-715쪽.

최현섭 · 박태호 · 이정숙 · 이수진(2003), 자기주도 쓰기 학습을 위한 과정 중심의 쓰기 워크숍, 역락.

한국교육방송공사(2009-2010), 지식채널 동영상 자료.

한국산업인력관리공단(2014), 직업기초능력프로그램(교수자용 매뉴얼)-의사소통능력.

황미향(1999), 한국어 텍스트의 구성소 분석, 텍스트언어학 6호, 한국텍스트언어학회, 187-205.

황성근(2005), 대학 글쓰기 교육의 효과적 지도 방안, 작문연구 창간호, 한국작문학회.

허선익(2009), 설명문 요약의 특징이 설명문 요약글 평가 기준 설정에 지니는 함의, 국어교육학 45집, 국어교육학회, 421-443.

헤럴드 블룸/최용훈 역(2004), 교양인의 책 읽기, 해바라기, www.Bookcosmos.com

Arbor, A.(1994), How to write a summary, U. Michigan P, 105-130.

Arieli, H./김진자(2014), 헤츠키 아리엘리의 탈무드 하브루타 러닝, iMD center.

Asari, Y.(2012), Types of recasts and learner's uptake, Diologue, Vol. 10, pp. 1-20.

Aviva Freedman & Peter Medway(1994), Locating Genre Studies : Antecedents and Prospects, Genre and the Rhetoric, London : Tayler & Francis, Ltd.

Beaugrande R. & Dressler W.(1981), *Introduction to Text Linguistics*, A Longman Paperbook.

Borchers, T.(2006), Rhetorical theory/이희복 옮김(2007), 수사학이론, 커뮤니케이션 북스.

Byram, M.(2000), *Routledge Encyclopedia of Language Teaching and Learning*, Taylor and Francis Routledge.

Calhoun C. C., & Finch A. V.(1982), *Vocational Education : Concepts and Operations (2nd ed.)*. Belmont, CA : Wadsworth.

Cialdini, R.B.(2001), *Influence Science and Practice*, Allyn & Bacon A Pearson Education Company 160 Gould Street Needham Heights, MA 02494.

Fiske, J.(1990), Introduction to communication studies/강태완 · 김선남 옮김(2001), 커뮤니케이션학이란 무엇인가, 커뮤니케이션북스.

Fleischer, S., Berg, A., Zimmermann, M., Wiiste, K. & Behrens, J.(2009), *Nurse-patient interaction and communication : A systematic literature review*, Journal of public health 17(5), 339-353.

Flower, R.(1981, 1985, 1989, 1993), Problem-solving strategies for writing/원진숙 · 황정현 옮김(1998), 글쓰기의 문제해결전략, 동문선.

Habermas, J./장춘익 옮김(2006), 의사소통행위이론, 나남.

Halliday M.A.K.(1994), *An Introduction to Functional Grammer*, Edward Arnold.

Heinemann, W.& Viehweger, D.(1991), *Textlinguistik, Kollegbuch*/ 백설자(2001), 텍스트언어학입문, 역락.

Maclyntyre, P.(2013), *Pathways1-4 : Listening, Speaking and Critical thinking*, National Geographic Learning.

Maneli, M.(1994), New Rhetoric/손장권 · 김상희 옮김(2006), Perelman의 신수사학, 고려대 출판부.

Luhmann, N./박여성 · 이철 옮김(2014), 예술체계이론, 한길사.

Paul Ric œ r/김윤성 · 조현범 옮김(1998), 해석이론, 서광사.

Ross, F.(2004), *Writing summaries*, Findyourfeet.de

Seely, J.(2013), *Oxford guide to effective writing & speaking*, Oxford Univ. Press.

Suzanne Eggins(1994), *An Introduction to Syatemic Functional Linguistic*, PINTER.

Walter J. Ong/이기우 · 임명진 옮김(1996), 구술문화와 문자문화, 문예출판사.

www.fsg.un.in.hagen.de, *Basic writing skills : Summary writing*

Van Geyte, E.(2013), *Writing : Learning to write better academic essays*, HarlerCollins Pub.

Yonkers, V.(2007), *The Business Communication Model for Teaching Foreign Business Languages*, Global Business Languages, Volume 7(5), pp. 1-9.

http : //news.mk.co.kr/newsRead.php?year=2013&no=1991

찾아보기